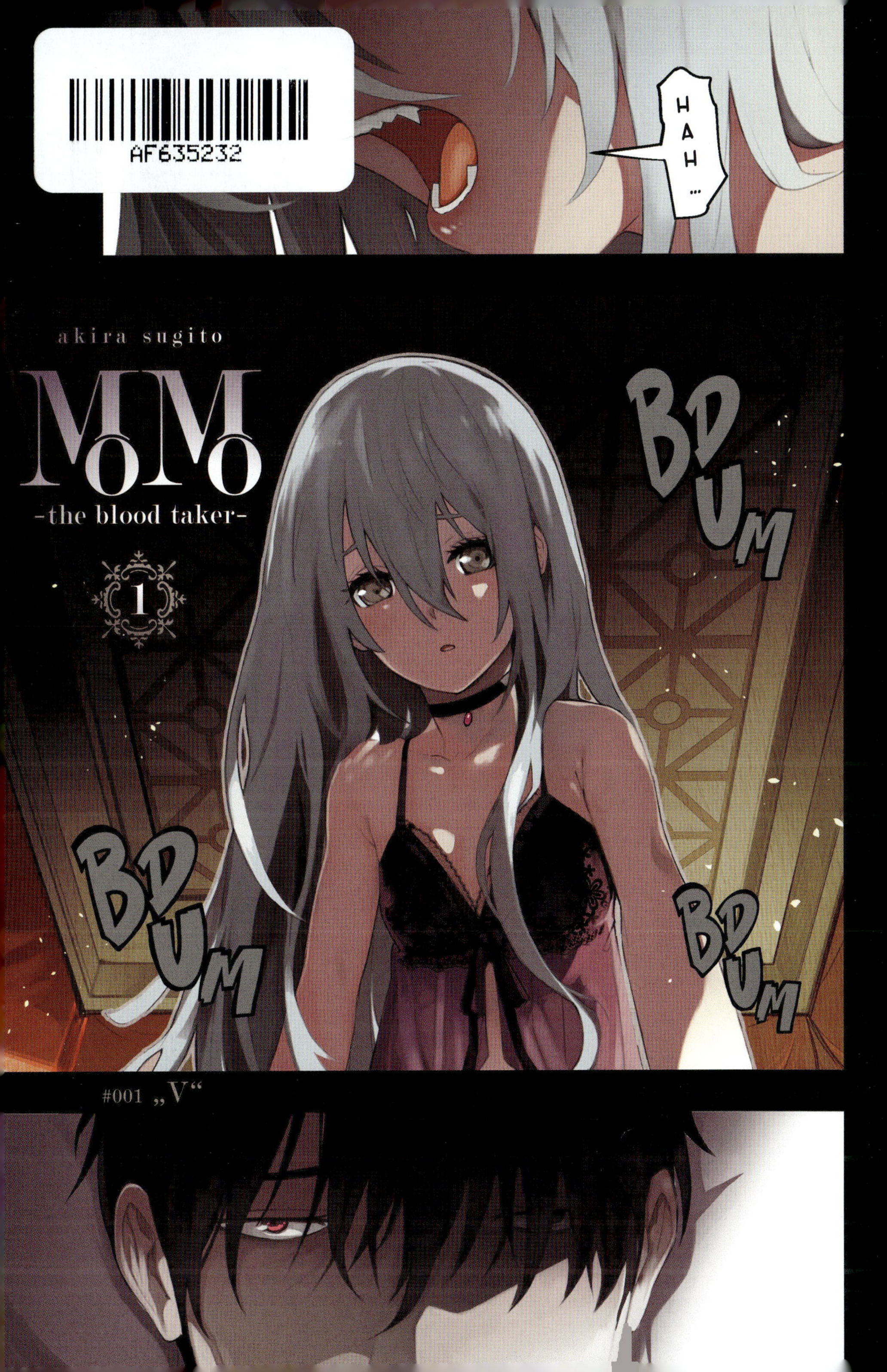
HAH...
akira sugito
MOMO
-the blood taker-
1
BDUM
BDUM
BDUM
#001 „V“

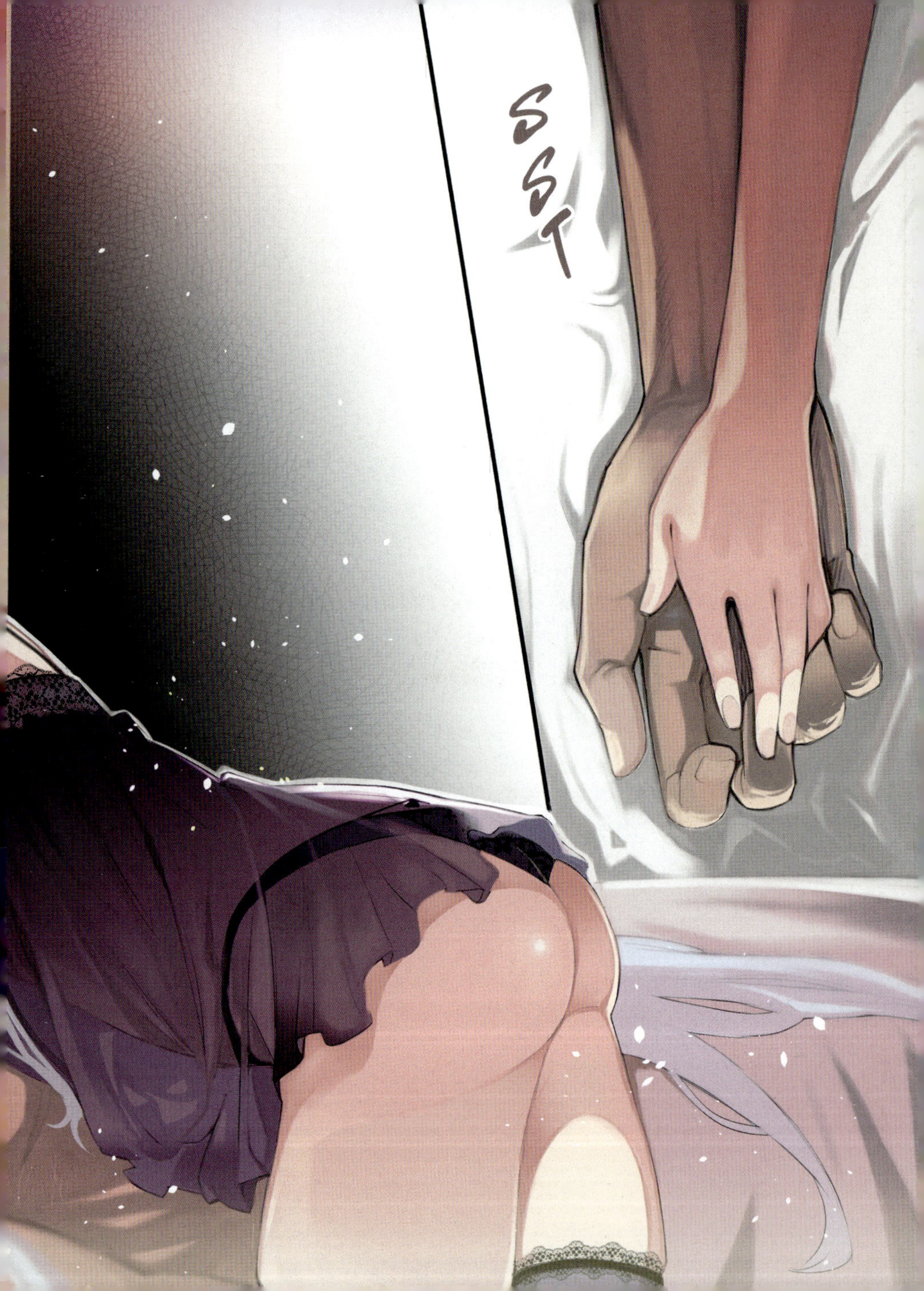
SSST

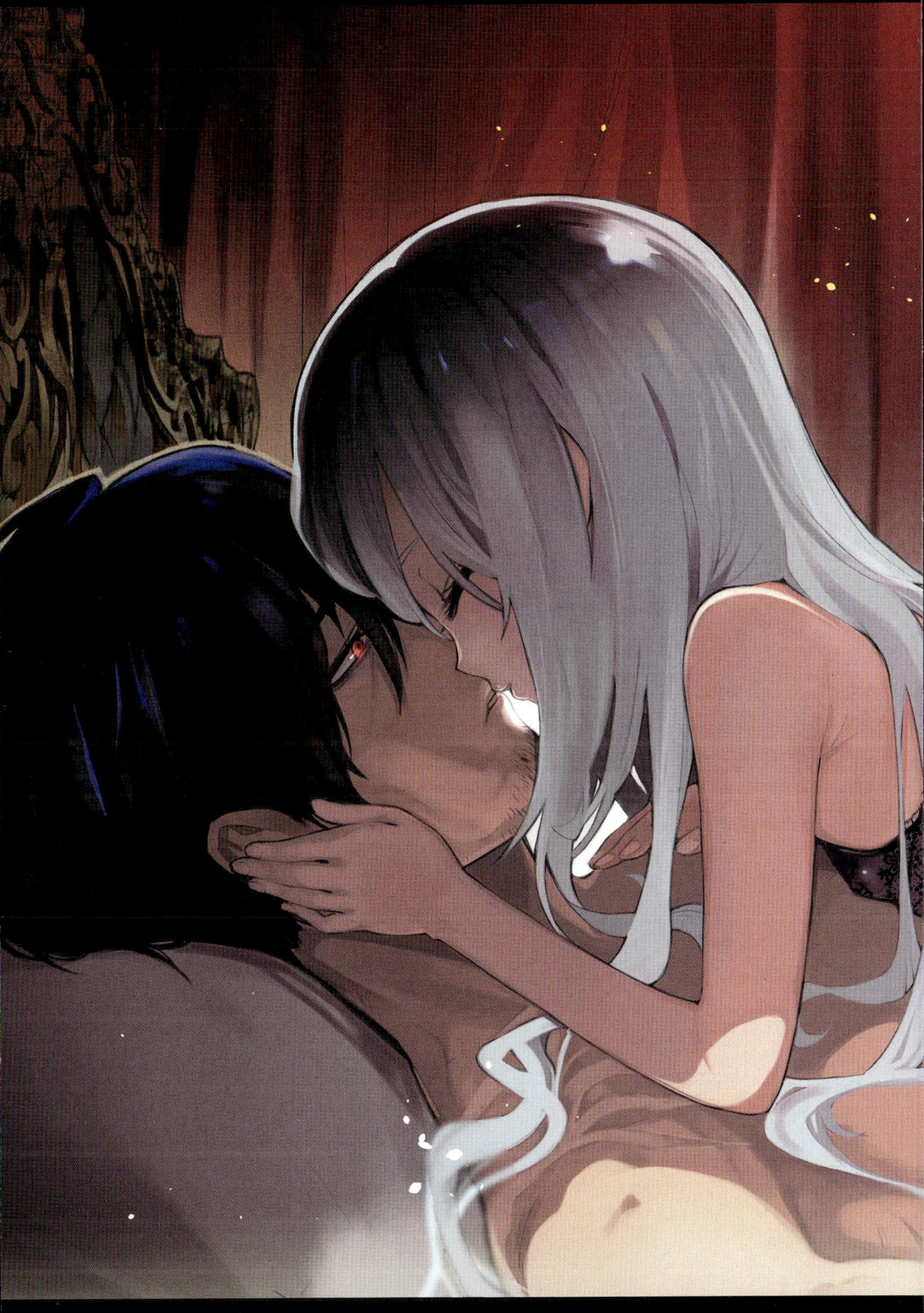

#001 „V“

MOMO -the blood taker-

INHALT

1

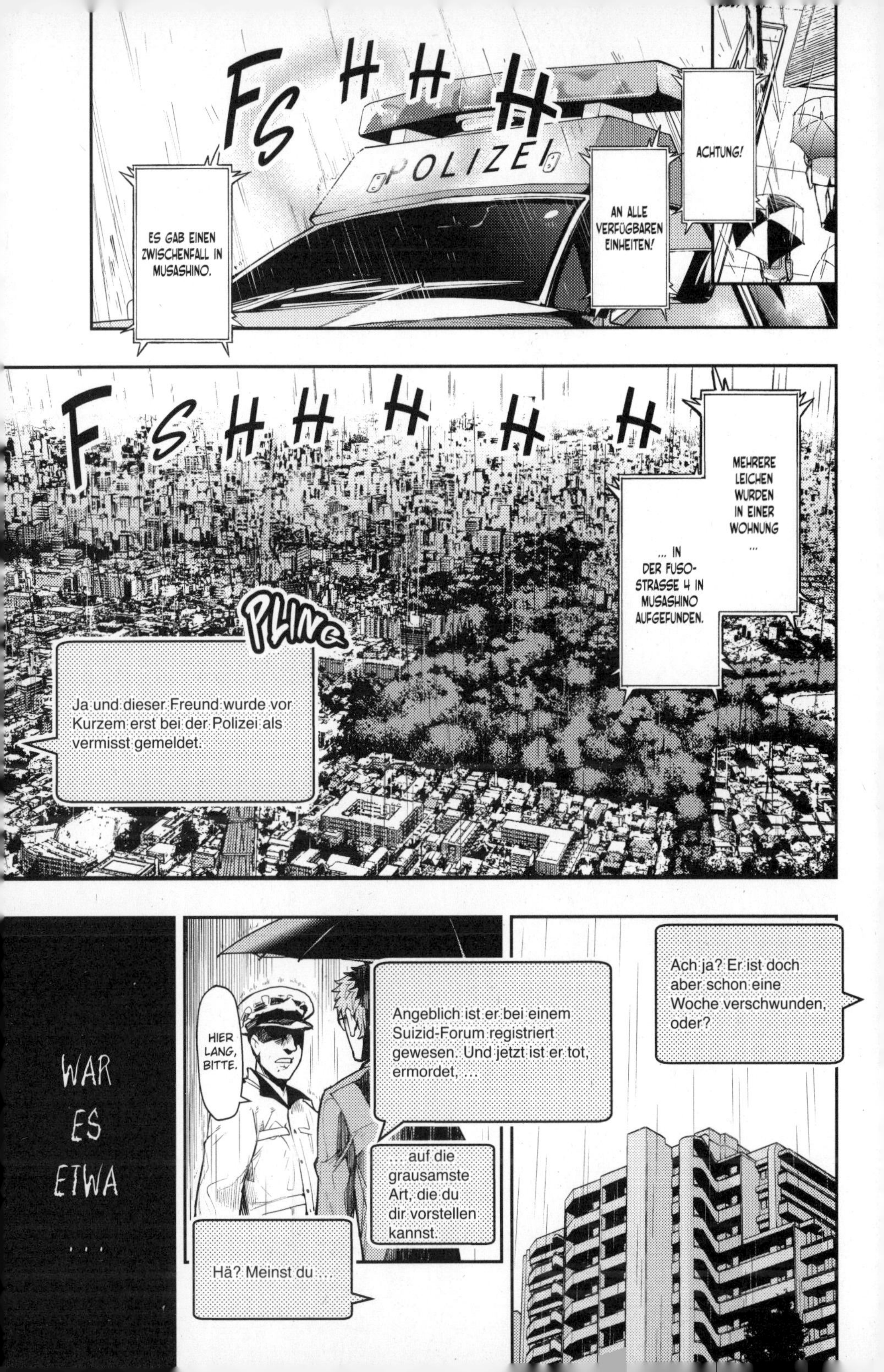
FSHHH
ACHTUNG!
AN ALLE VERFÜGBAREN EINHEITEN!
ES GAB EINEN ZWISCHENFALL IN MUSASHINO.
FSHHHHHH
MEHRERE LEICHEN WURDEN IN EINER WOHNUNG ...
... IN DER FUSO-STRASSE 4 IN MUSASHINO AUFGEFUNDEN.
PLING
Ja und dieser Freund wurde vor Kurzem erst bei der Polizei als vermisst gemeldet.
Ach ja? Er ist doch aber schon eine Woche verschwunden, oder?
Angeblich ist er bei einem Suizid-Forum registriert gewesen. Und jetzt ist er tot, ermordet, …
HIER LANG, BITTE.
… auf die grausamste Art, die du dir vorstellen kannst.
Hä? Meinst du …
WAR ES ETWA …

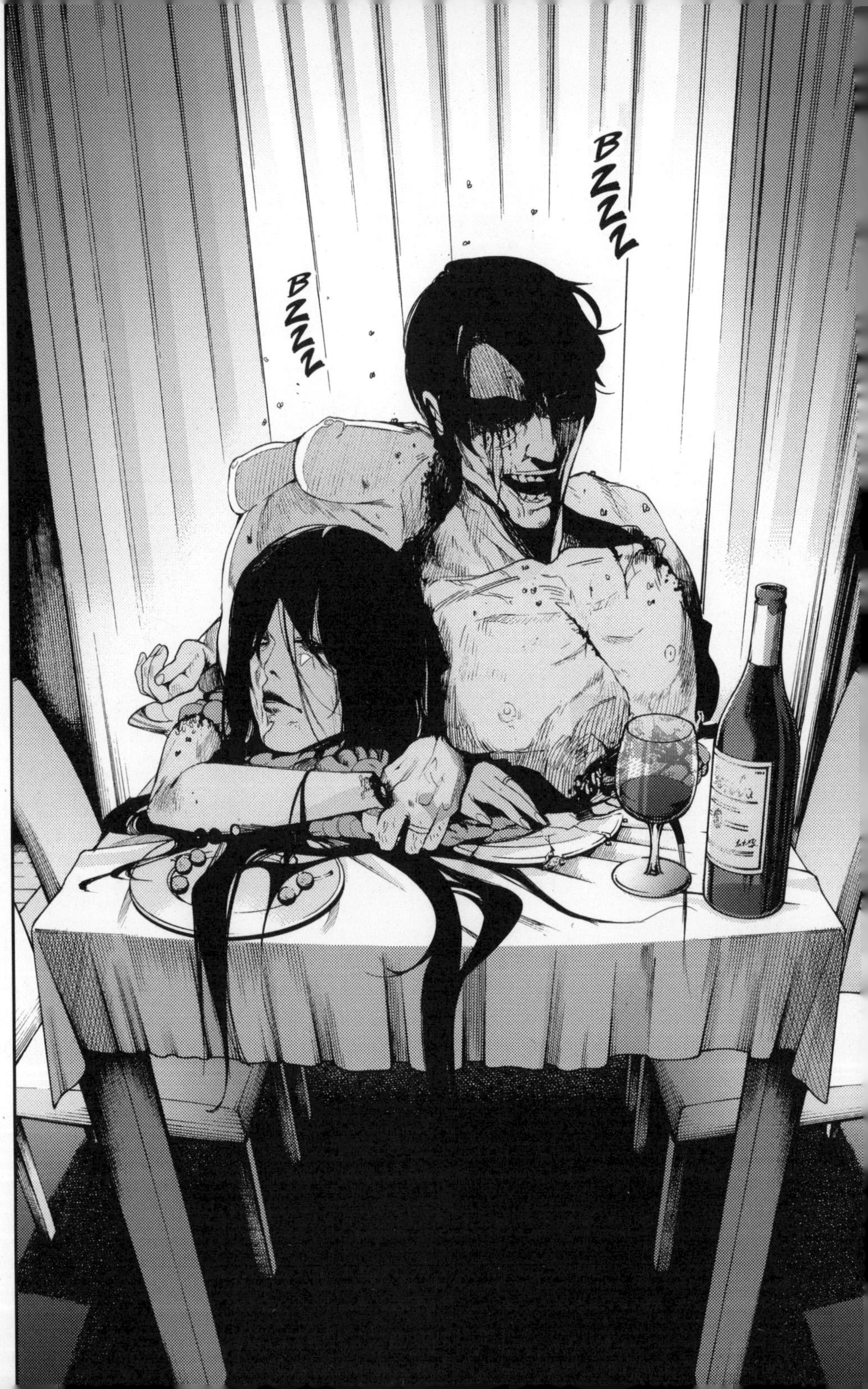
BZZZ
BZZZ

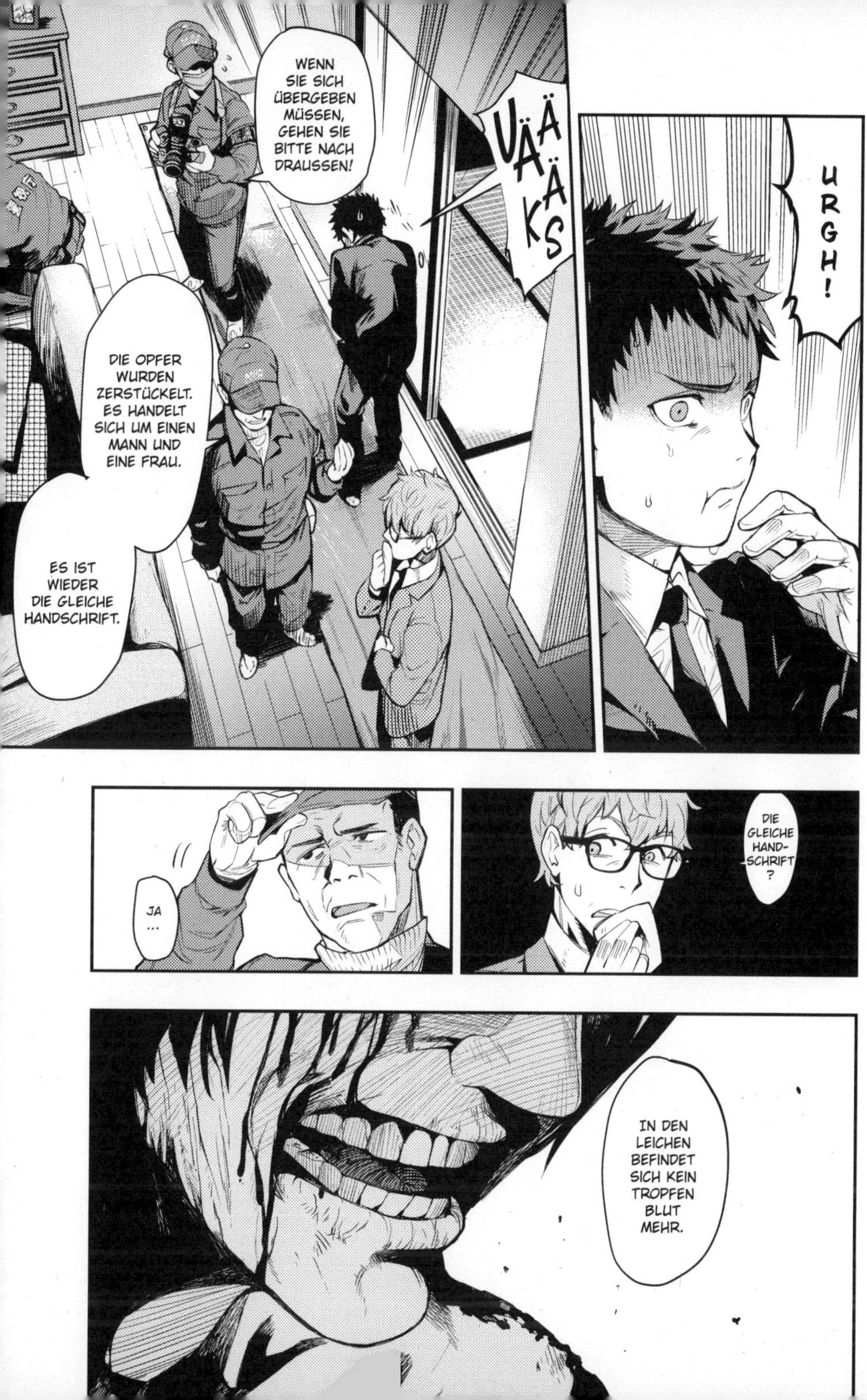
URGH!
UÄÄÄKS
WENN SIE SICH ÜBERGEBEN MÜSSEN, GEHEN SIE BITTE NACH DRAUSSEN!
DIE OPFER WURDEN ZERSTÜCKELT. ES HANDELT SICH UM EINEN MANN UND EINE FRAU.
ES IST WIEDER DIE GLEICHE HANDSCHRIFT.
DIE GLEICHE HAND-SCHRIFT?
JA …
IN DEN LEICHEN BEFINDET SICH KEIN TROPFEN BLUT MEHR.

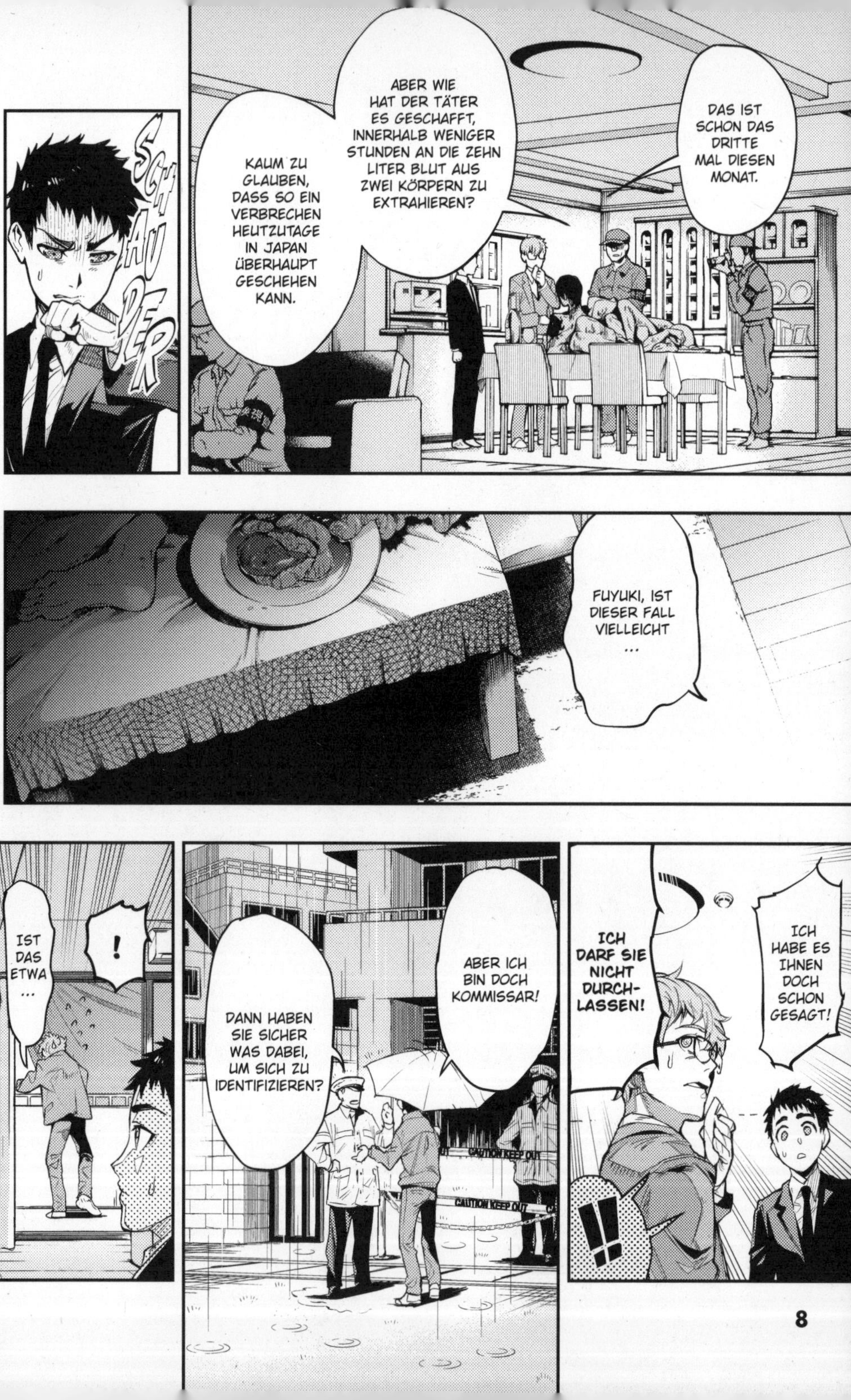
DAS IST SCHON DAS DRITTE MAL DIESEN MONAT.
ABER WIE HAT DER TÄTER ES GESCHAFFT, INNERHALB WENIGER STUNDEN AN DIE ZEHN LITER BLUT AUS ZWEI KÖRPERN ZU EXTRAHIEREN?
KAUM ZU GLAUBEN, DASS SO EIN VERBRECHEN HEUTZUTAGE IN JAPAN ÜBERHAUPT GESCHEHEN KANN.
SCHAUDER
FUYUKI, IST DIESER FALL VIELLEICHT …
ICH HABE ES IHNEN DOCH SCHON GESAGT!
ICH DARF SIE NICHT DURCH-LASSEN!
ABER ICH BIN DOCH KOMMISSAR!
DANN HABEN SIE SICHER WAS DABEI, UM SICH ZU IDENTIFIZIEREN?
CAUTION KEEP OUT
!
IST DAS ETWA …

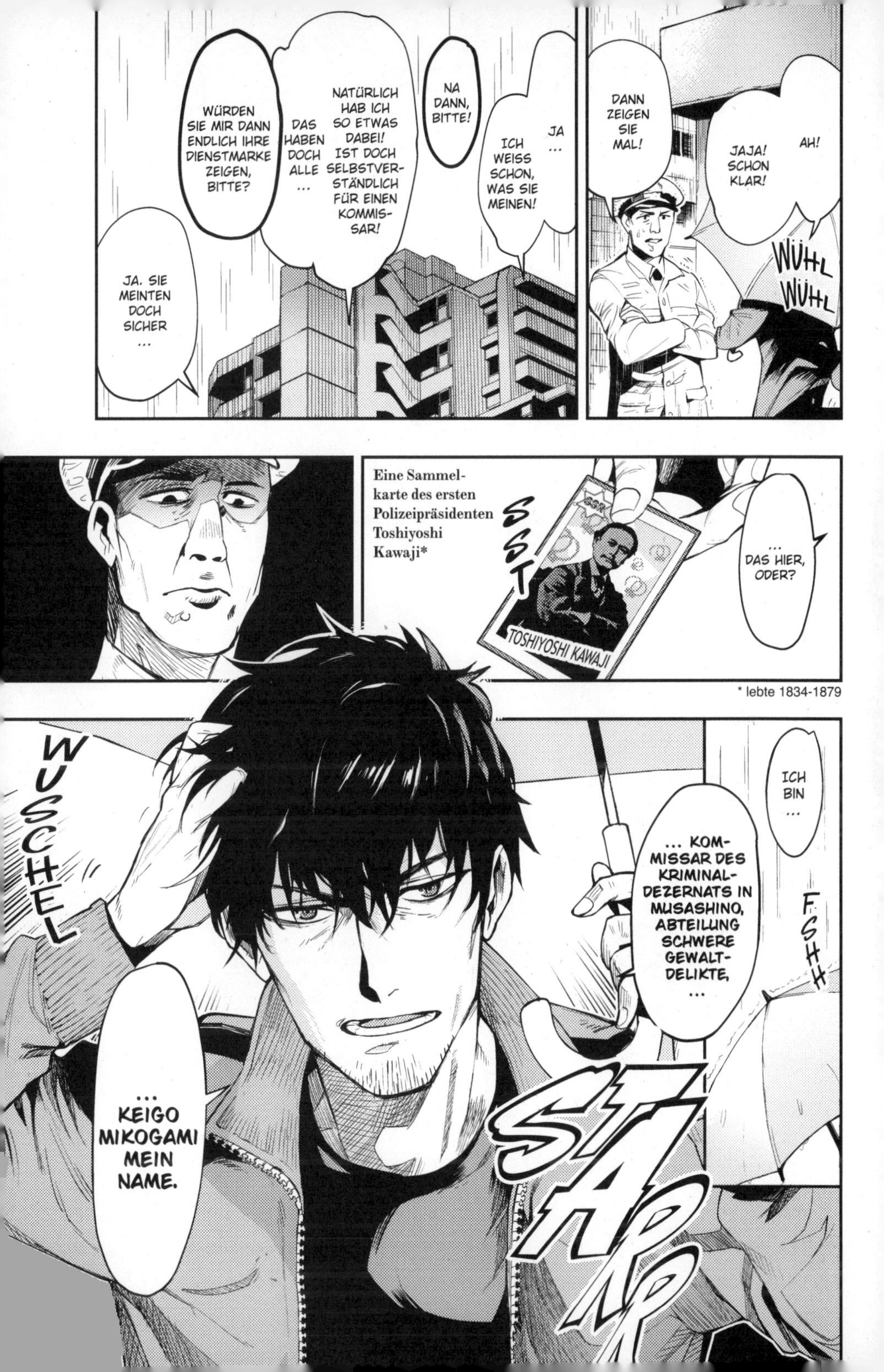

* lebte 1834-1879

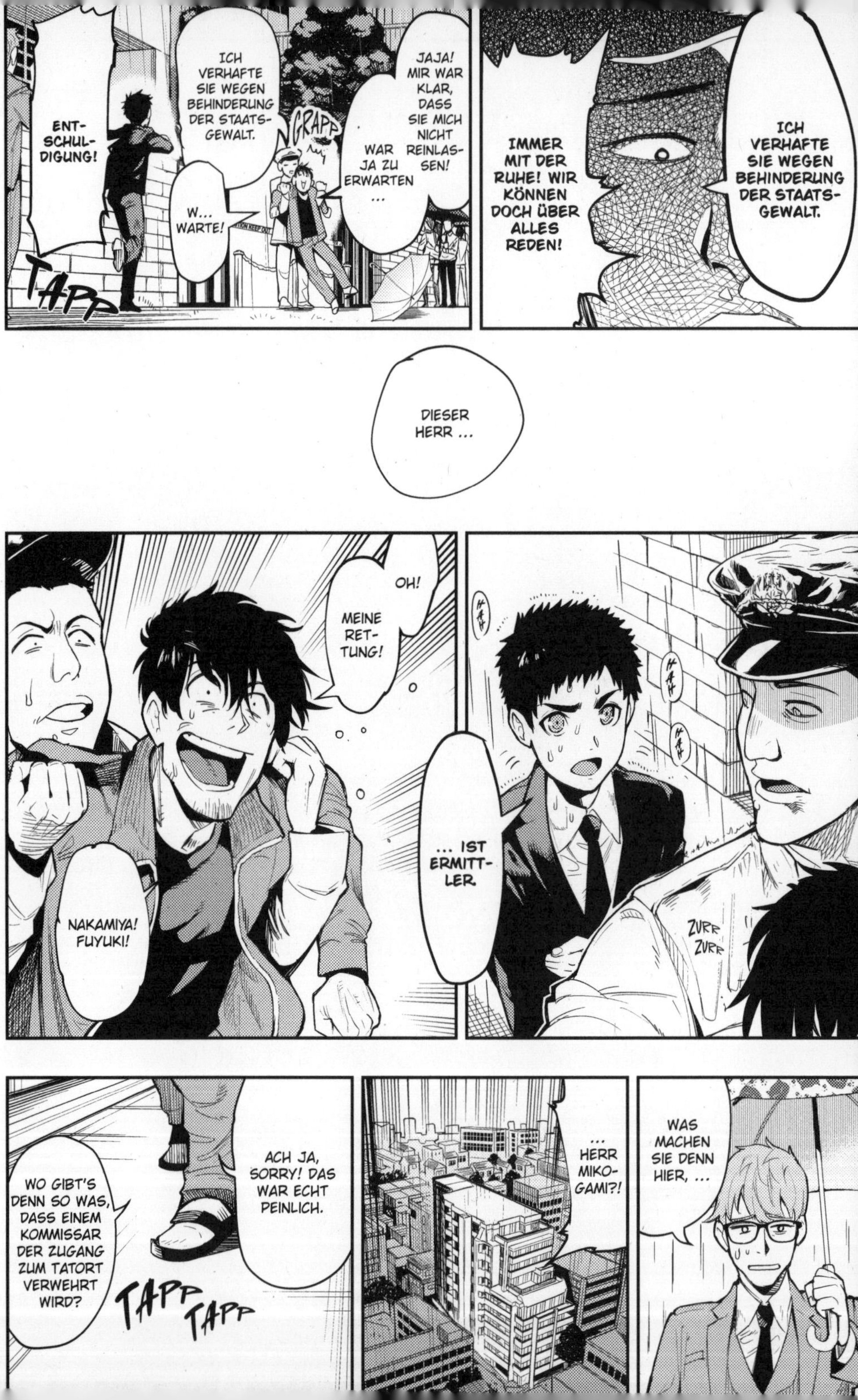
ICH VERHAFTE SIE WEGEN BEHINDERUNG DER STAATSGEWALT.
IMMER MIT DER RUHE! WIR KÖNNEN DOCH ÜBER ALLES REDEN!
JAJA! MIR WAR KLAR, DASS SIE MICH NICHT REINLASSEN!
WAR JA ZU ERWARTEN ...
GRAPP
ICH VERHAFTE SIE WEGEN BEHINDERUNG DER STAATSGEWALT.
W... WARTE!
ENT-SCHUL-DIGUNG!
TAPP
DIESER HERR ...
... IST ERMITTLER.
ZURR ZURR
OH!
MEINE RETTUNG!
NAKAMIYA! FUYUKI!
WAS MACHEN SIE DENN HIER, ...
... HERR MIKOGAMI?!
ACH JA, SORRY! DAS WAR ECHT PEINLICH.
WO GIBT'S DENN SO WAS, DASS EINEM KOMMISSAR DER ZUGANG ZUM TATORT VERWEHRT WIRD?
TAPP TAPP

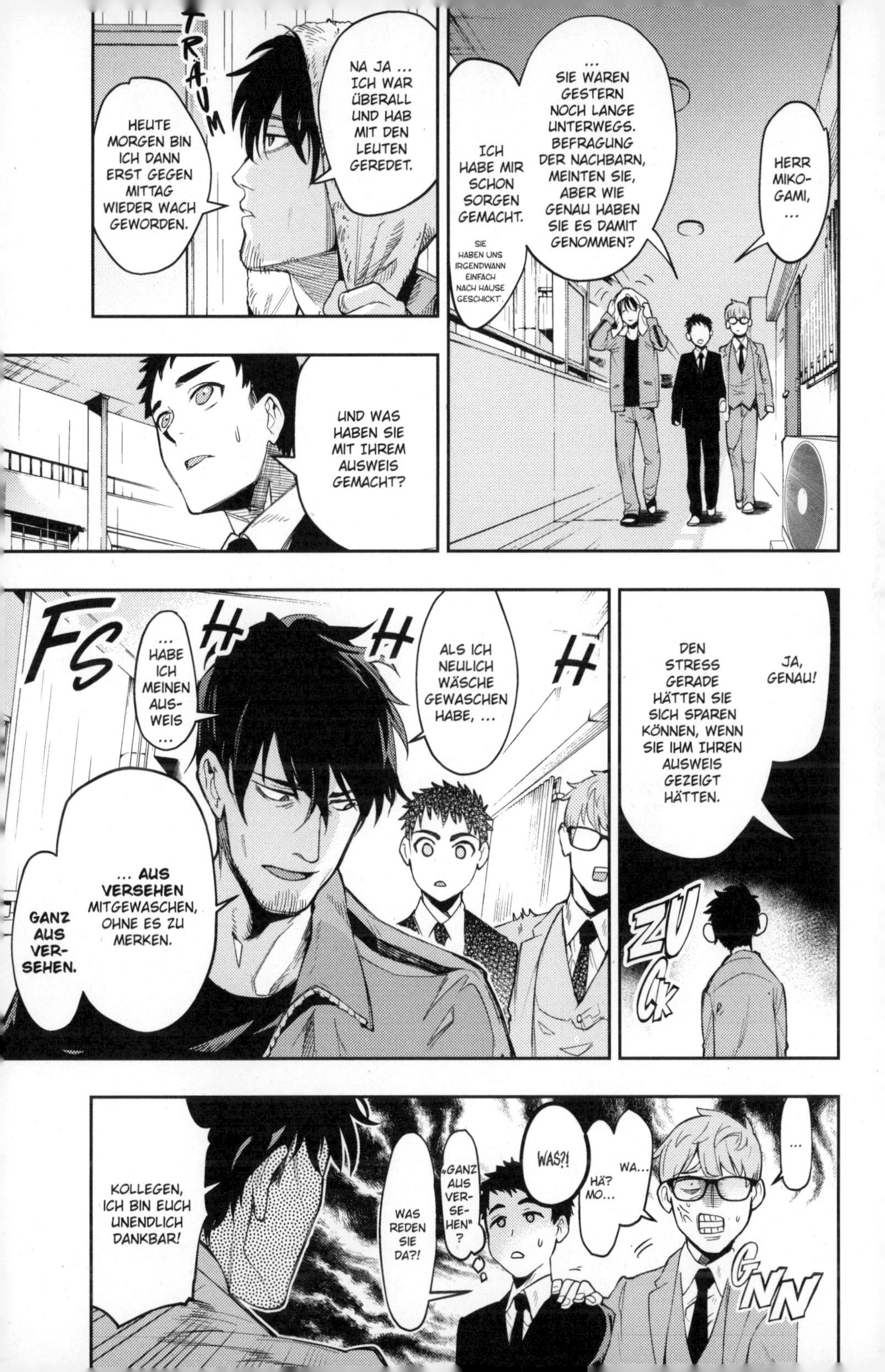

Herr Miko-gami, …
… Sie waren gestern noch lange unterwegs. Befragung der Nachbarn, meinten Sie, aber wie genau haben Sie es damit genommen?
Ich habe mir schon Sorgen gemacht.
Sie haben uns irgendwann einfach nach Hause geschickt.
Na ja … ich war überall und hab mit den Leuten geredet.
TRÄUM
Heute Morgen bin ich dann erst gegen Mittag wieder wach geworden.
Und was haben Sie mit Ihrem Ausweis gemacht?
Ja, genau!
Den Stress gerade hätten Sie sich sparen können, wenn Sie ihm Ihren Ausweis gezeigt hätten.
ZUCK
H
Als ich neulich Wäsche gewaschen habe, …
H
… habe ich meinen Aus-weis …
H
FS
… **aus Versehen** mitgewaschen, ohne es zu merken.
Ganz aus Ver-sehen.
…
Wa…
GNN
Was?!
Hä? Mo…
„Ganz aus Ver-se-hen"?
Was reden Sie da?!
Kollegen, ich bin euch unendlich dankbar!

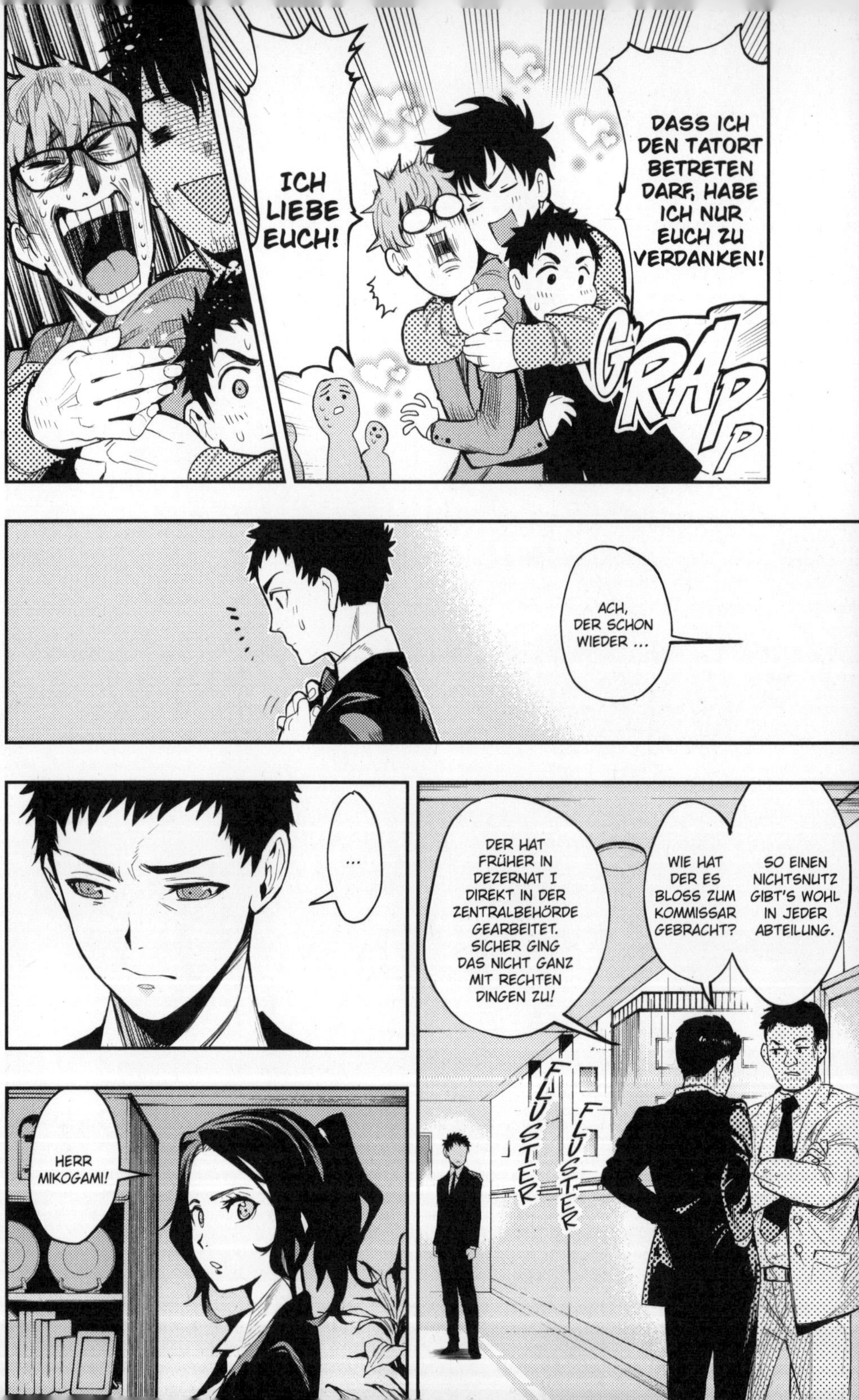

DASS ICH DEN TATORT BETRETEN DARF, HABE ICH NUR EUCH ZU VERDANKEN!
ICH LIEBE EUCH!
GRAPP
ACH, DER SCHON WIEDER …
SO EINEN NICHTSNUTZ GIBT'S WOHL IN JEDER ABTEILUNG.
WIE HAT DER ES BLOSS ZUM KOMMISSAR GEBRACHT?
DER HAT FRÜHER IN DEZERNAT I DIREKT IN DER ZENTRALBEHÖRDE GEARBEITET. SICHER GING DAS NICHT GANZ MIT RECHTEN DINGEN ZU!
FLÜSTER
FLÜSTER
…
HERR MIKOGAMI!

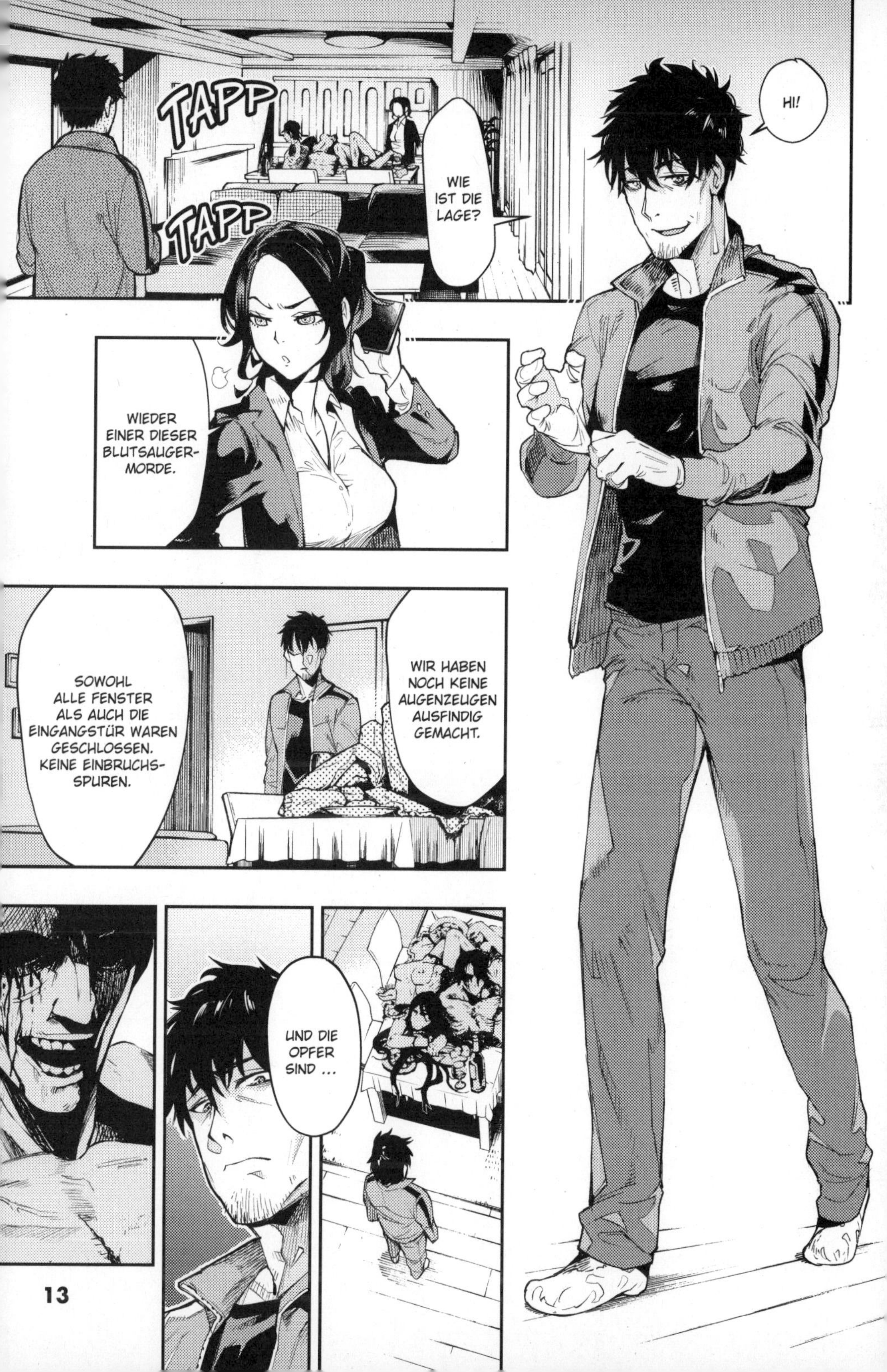
TAPP
TAPP
WIE IST DIE LAGE?
HI!
WIEDER EINER DIESER BLUTSAUGER-MORDE.
WIR HABEN NOCH KEINE AUGENZEUGEN AUSFINDIG GEMACHT.
SOWOHL ALLE FENSTER ALS AUCH DIE EINGANGSTÜR WAREN GESCHLOSSEN. KEINE EINBRUCHS-SPUREN.
UND DIE OPFER SIND …

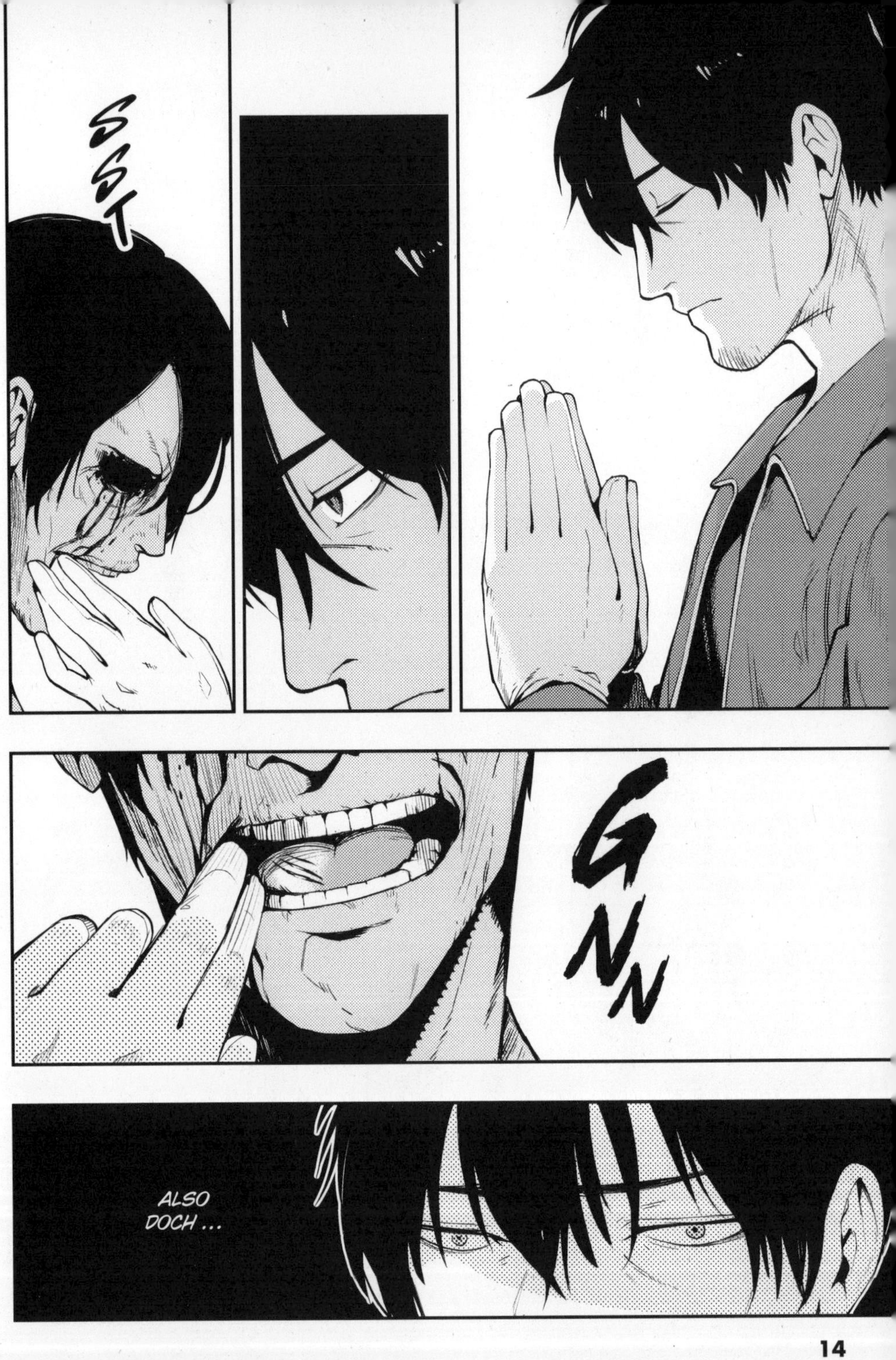
SST
GNN
ALSO DOCH ...

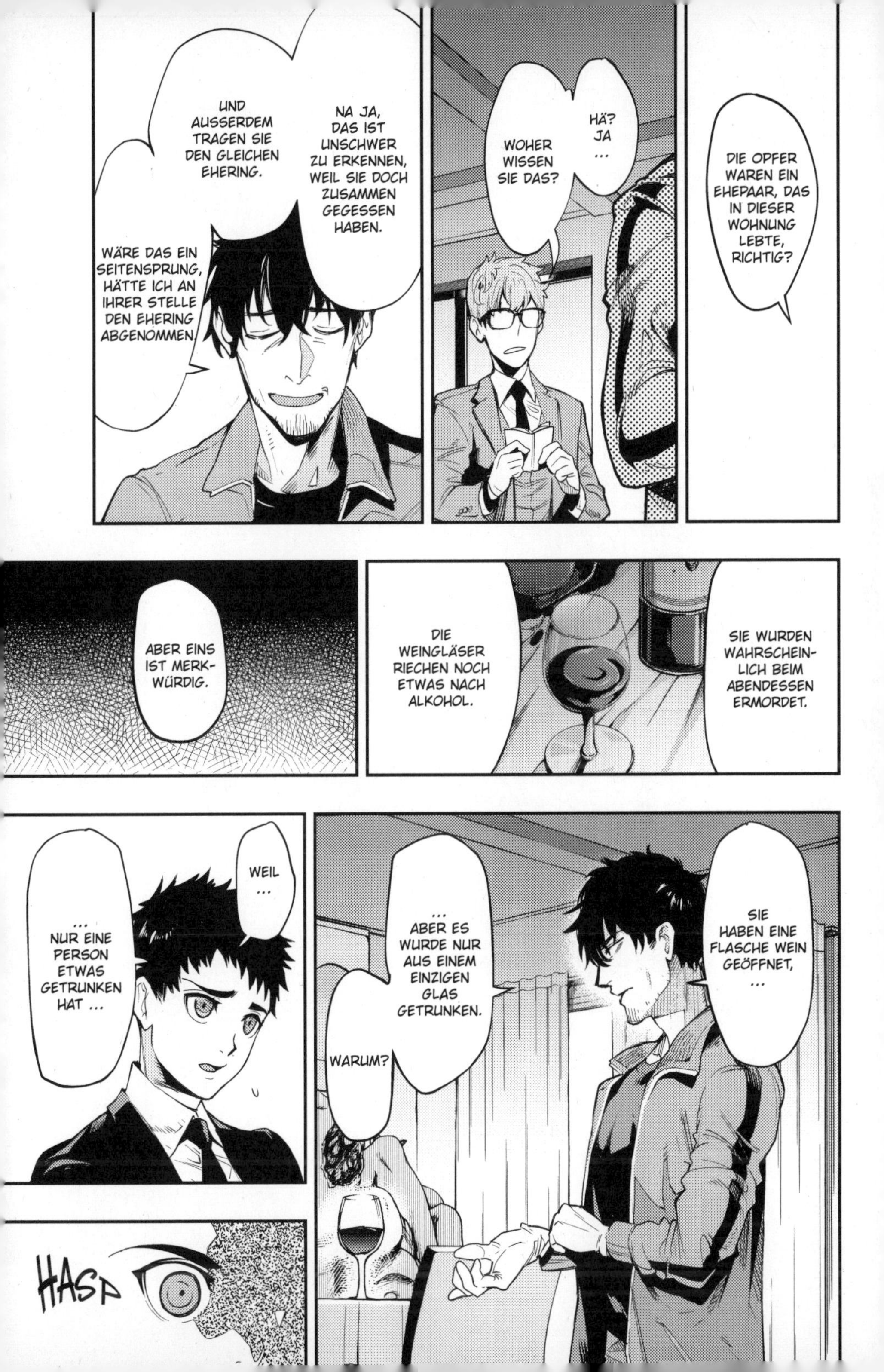
DIE OPFER WAREN EIN EHEPAAR, DAS IN DIESER WOHNUNG LEBTE, RICHTIG?
HÄ? JA …
WOHER WISSEN SIE DAS?
NA JA, DAS IST UNSCHWER ZU ERKENNEN, WEIL SIE DOCH ZUSAMMEN GEGESSEN HABEN.
UND AUSSERDEM TRAGEN SIE DEN GLEICHEN EHERING.
WÄRE DAS EIN SEITENSPRUNG, HÄTTE ICH AN IHRER STELLE DEN EHERING ABGENOMMEN.
SIE WURDEN WAHRSCHEIN-LICH BEIM ABENDESSEN ERMORDET.
DIE WEINGLÄSER RIECHEN NOCH ETWAS NACH ALKOHOL.
ABER EINS IST MERK-WÜRDIG.
SIE HABEN EINE FLASCHE WEIN GEÖFFNET, …
… ABER ES WURDE NUR AUS EINEM EINZIGEN GLAS GETRUNKEN.
WARUM?
WEIL …
… NUR EINE PERSON ETWAS GETRUNKEN HAT …
HASP

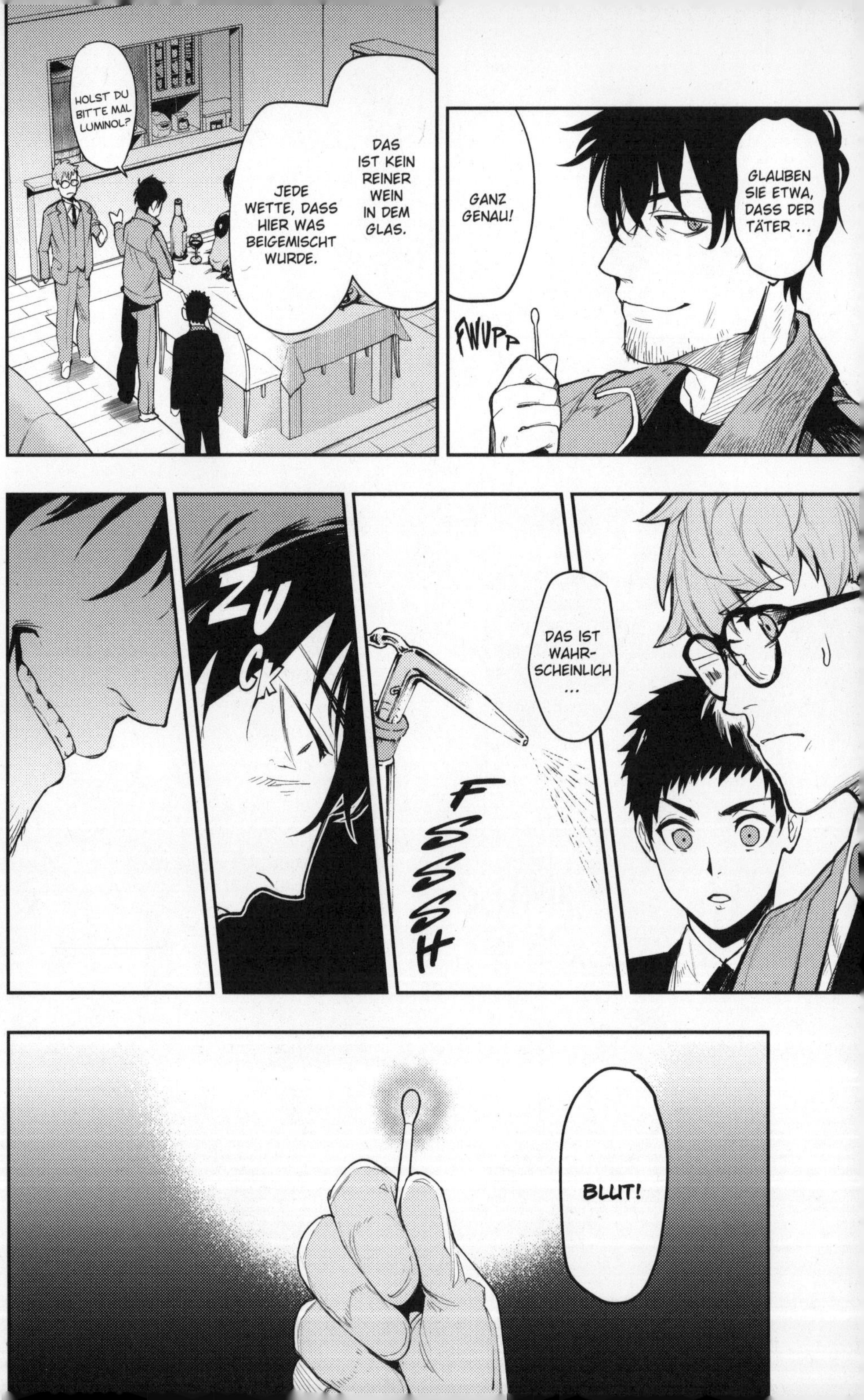
GLAUBEN SIE ETWA, DASS DER TÄTER …
GANZ GENAU!
FWUPP
DAS IST KEIN REINER WEIN IN DEM GLAS.
JEDE WETTE, DASS HIER WAS BEIGEMISCHT WURDE.
HOLST DU BITTE MAL LUMINOL?
DAS IST WAHR-SCHEINLICH …
FSSSSH
ZUCK
BLUT!

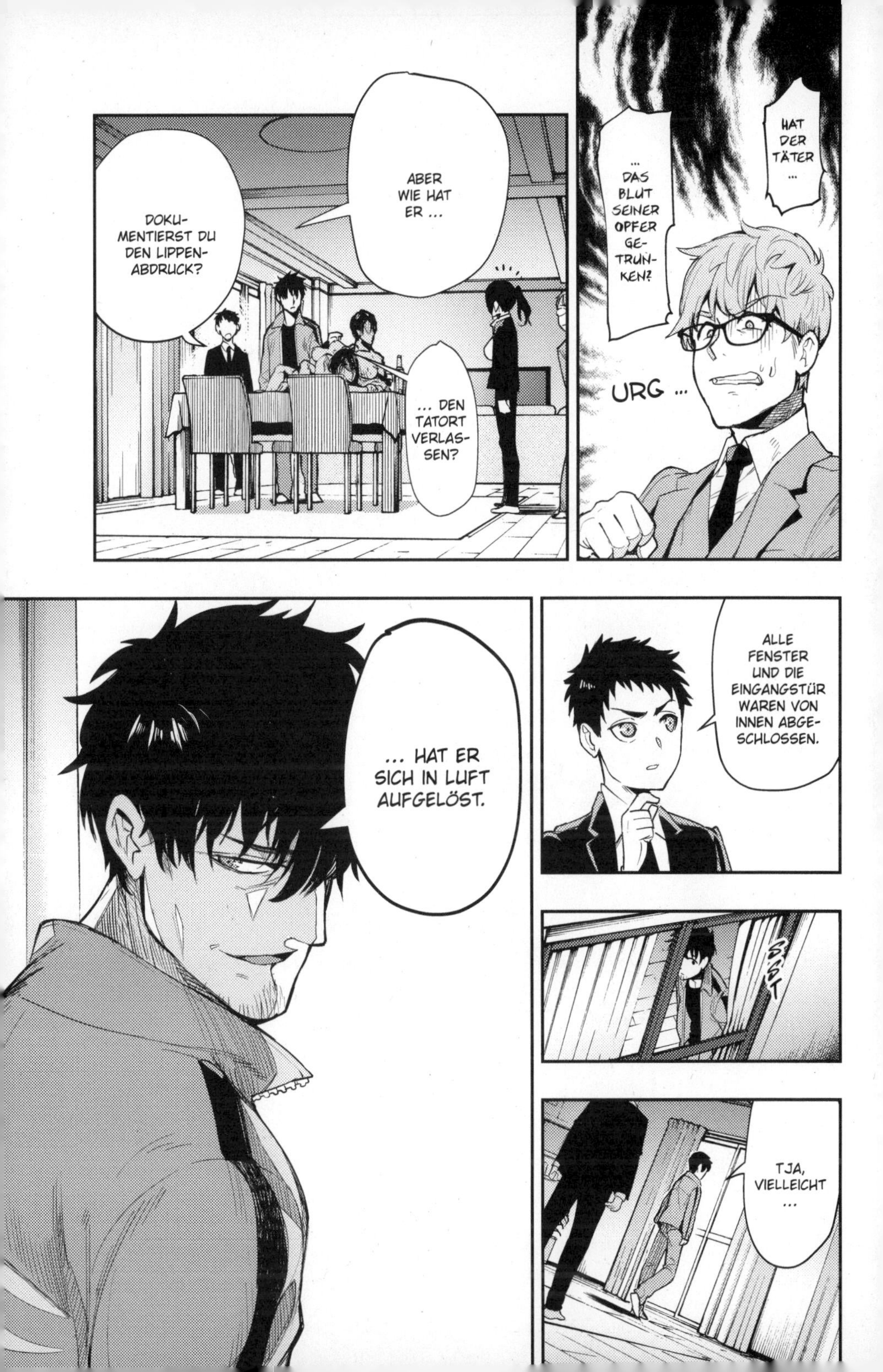
HAT DER TÄTER …
… DAS BLUT SEINER OPFER GETRUNKEN?
URG …
ABER WIE HAT ER …
DOKUMENTIERST DU DEN LIPPENABDRUCK?
… DEN TATORT VERLASSEN?
ALLE FENSTER UND DIE EINGANGSTÜR WAREN VON INNEN ABGESCHLOSSEN.
… HAT ER SICH IN LUFT AUFGELÖST.
SSST
TJA, VIELLEICHT …

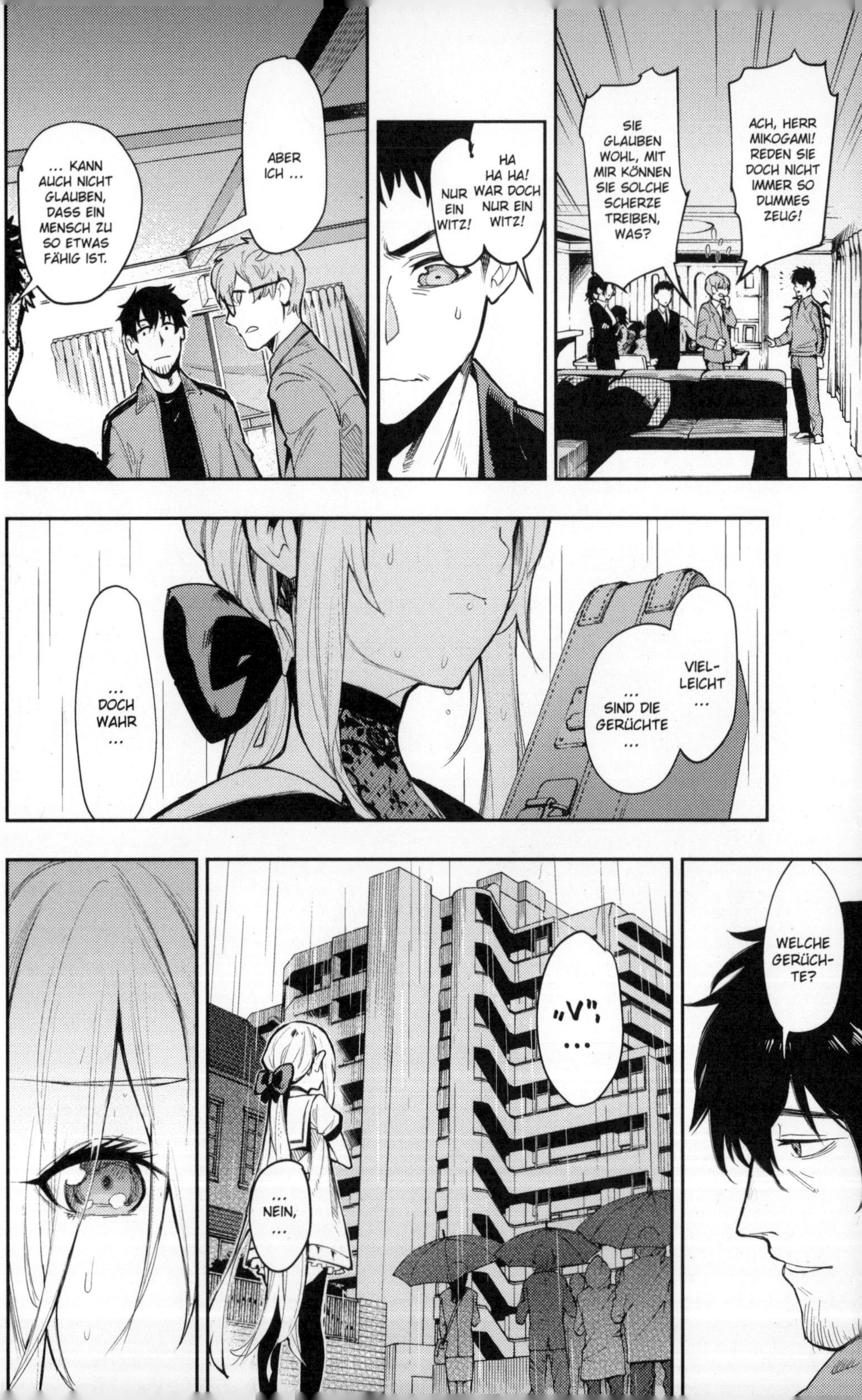
ACH, HERR MIKOGAMI! REDEN SIE DOCH NICHT IMMER SO DUMMES ZEUG!
SIE GLAUBEN WOHL, MIT MIR KÖNNEN SIE SOLCHE SCHERZE TREIBEN, WAS?
HA HA HA! WAR DOCH NUR EIN WITZ!
NUR EIN WITZ!
ABER ICH …
… KANN AUCH NICHT GLAUBEN, DASS EIN MENSCH ZU SO ETWAS FÄHIG IST.
VIEL-LEICHT …
… SIND DIE GERÜCHTE …
… DOCH WAHR …
WELCHE GERÜCH-TE?
„V", …
… NEIN, …

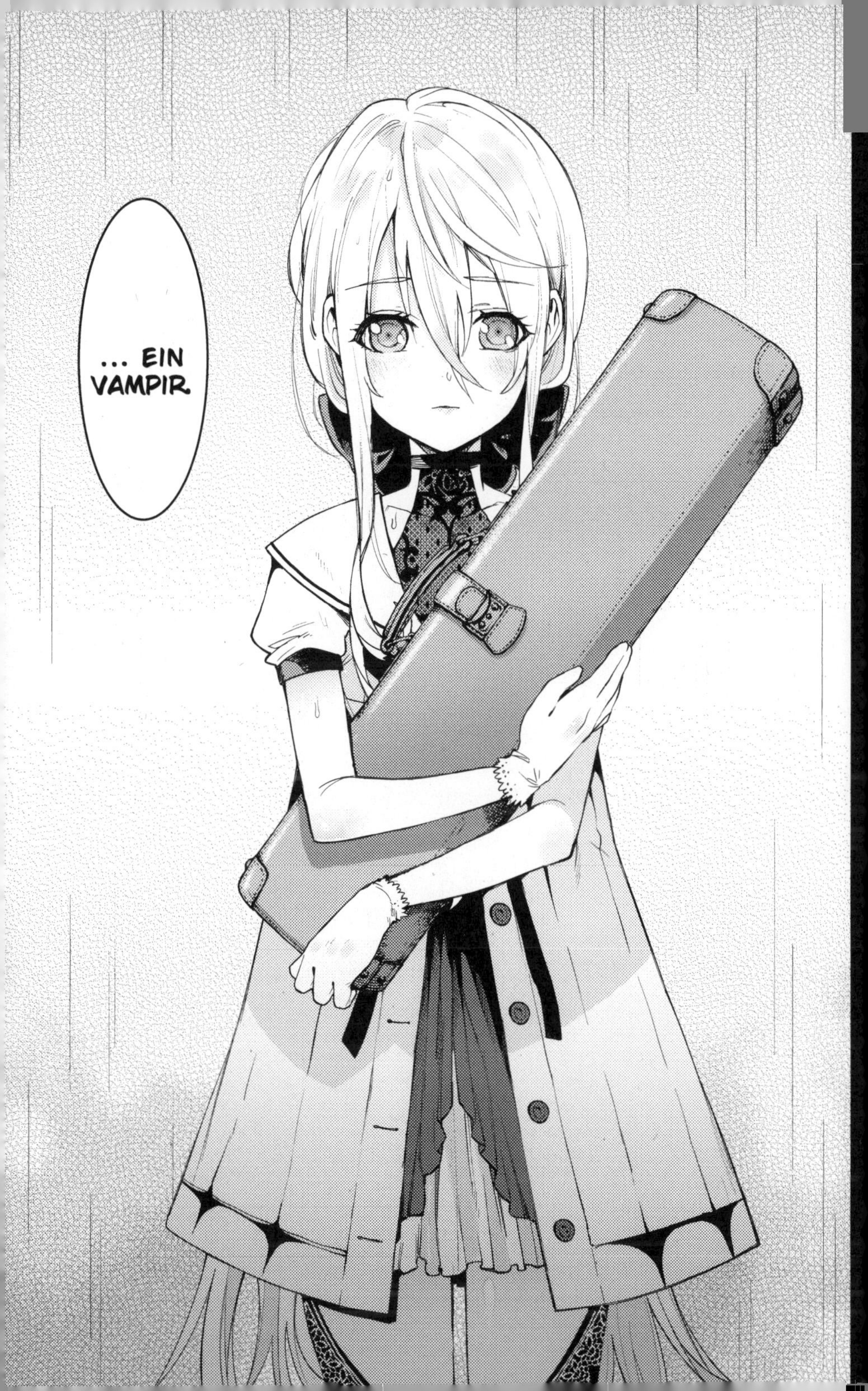
... EIN VAMPIR

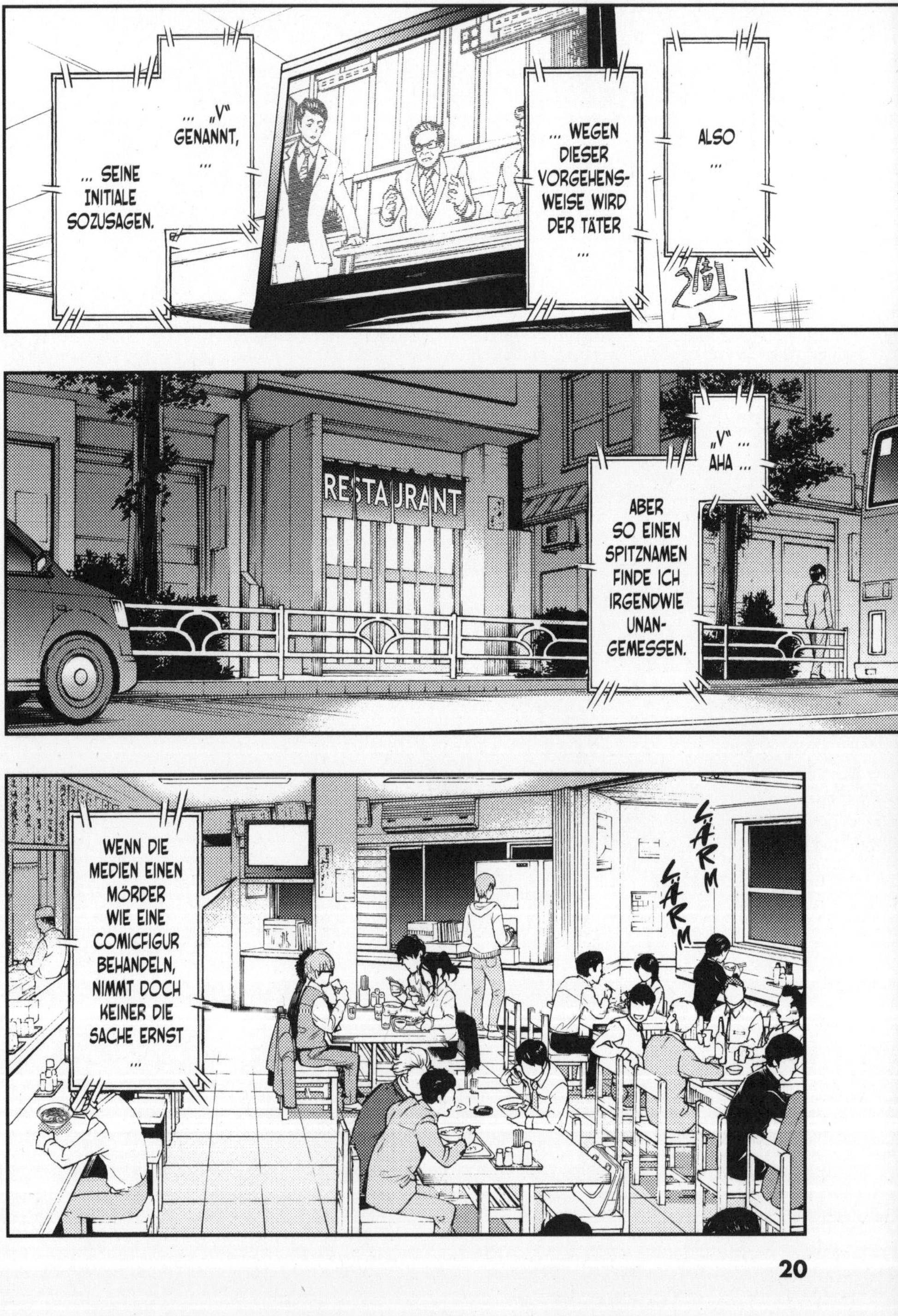
ALSO …
… WEGEN DIESER VORGEHENSWEISE WIRD DER TÄTER …
… „V" GENANNT, …
… SEINE INITIALE SOZUSAGEN.
RESTAURANT
„V" … AHA …
ABER SO EINEN SPITZNAMEN FINDE ICH IRGENDWIE UNANGEMESSEN.
LÄRM
LÄRM
WENN DIE MEDIEN EINEN MÖRDER WIE EINE COMICFIGUR BEHANDELN, NIMMT DOCH KEINER DIE SACHE ERNST …

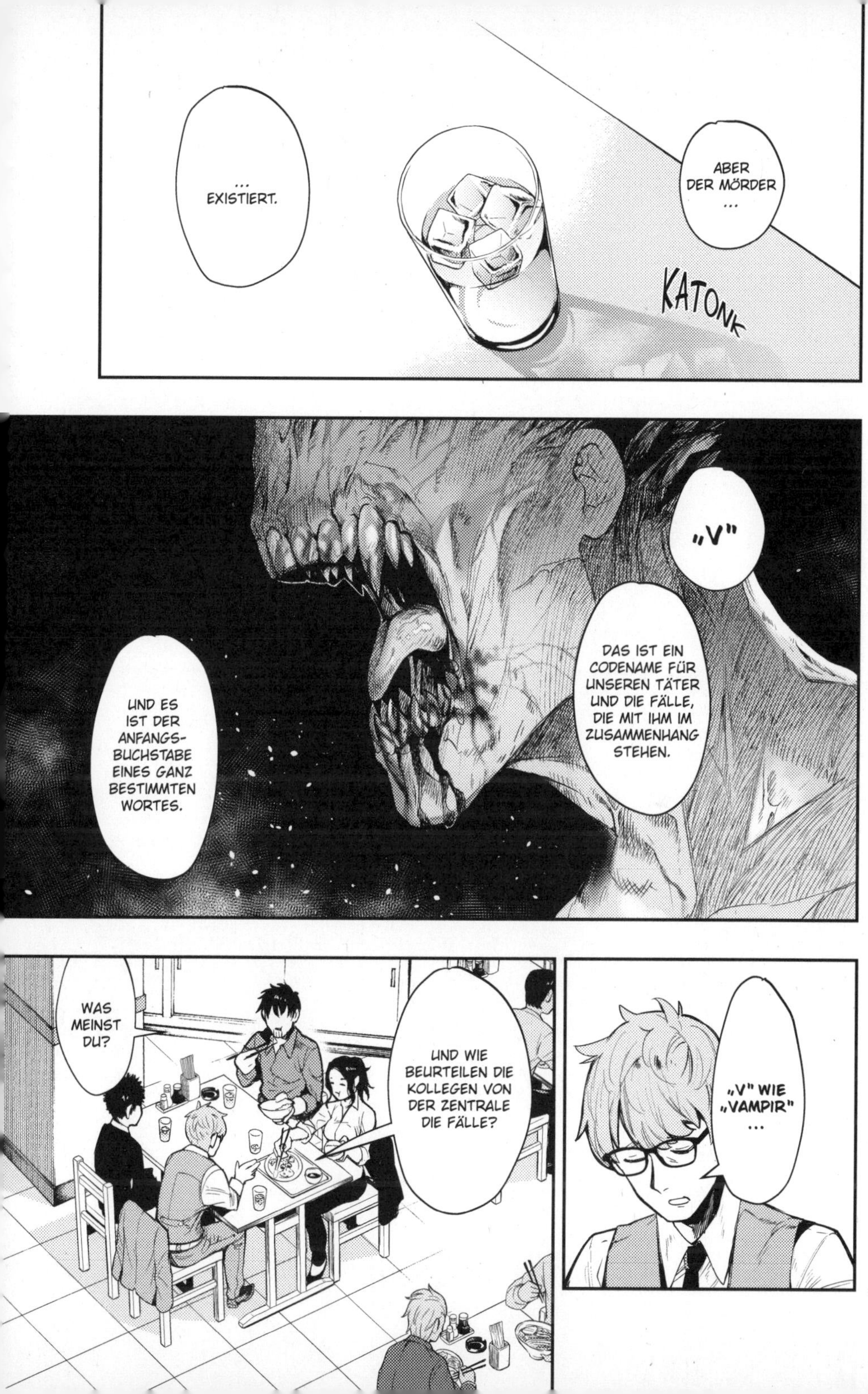
ABER DER MÖRDER …
KATONK
… EXISTIERT.
„V“
DAS IST EIN CODENAME FÜR UNSEREN TÄTER UND DIE FÄLLE, DIE MIT IHM IM ZUSAMMENHANG STEHEN.
UND ES IST DER ANFANGS-BUCHSTABE EINES GANZ BESTIMMTEN WORTES.
„V“ WIE „VAMPIR“ …
UND WIE BEURTEILEN DIE KOLLEGEN VON DER ZENTRALE DIE FÄLLE?
WAS MEINST DU?

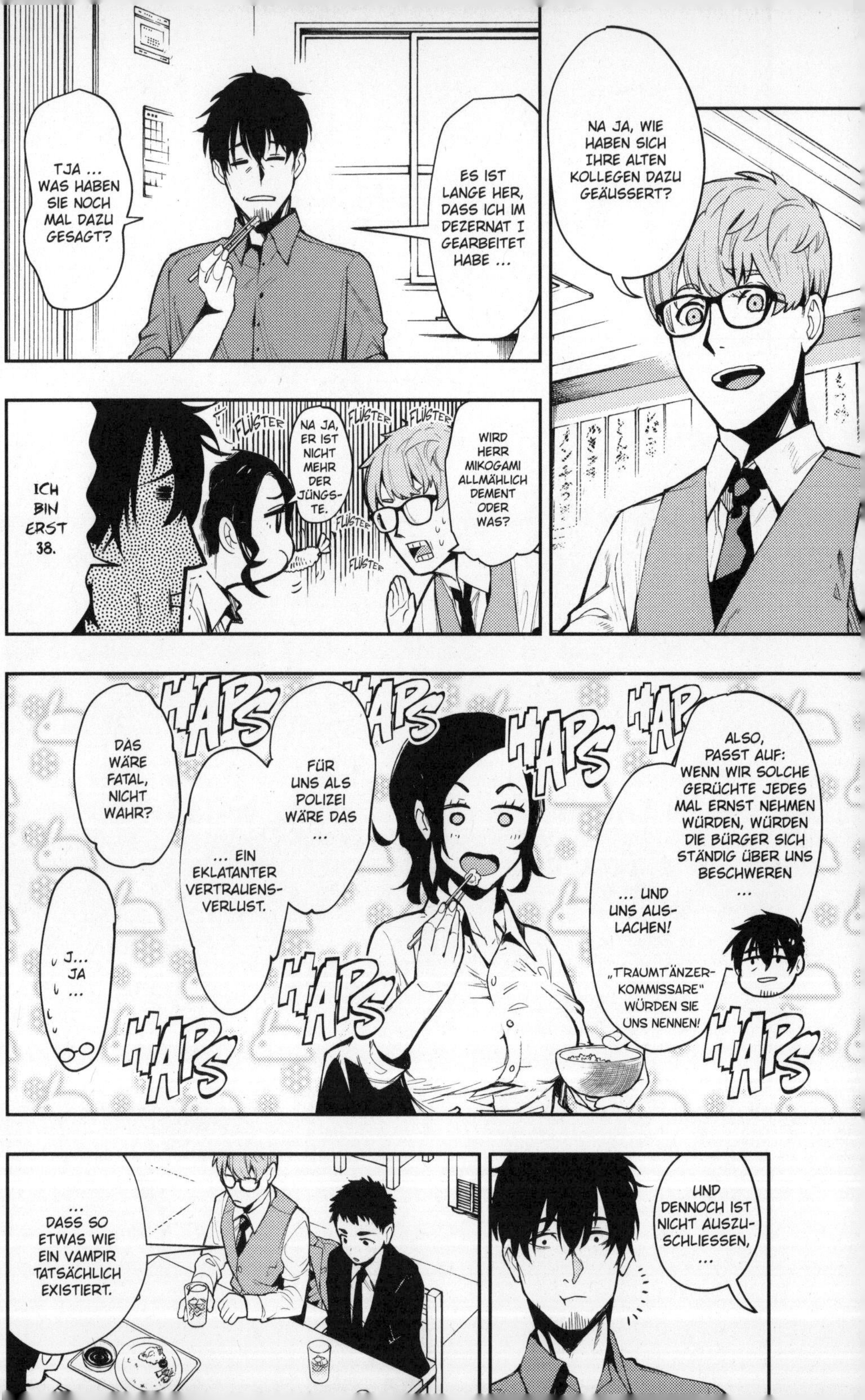
NA JA, WIE HABEN SICH IHRE ALTEN KOLLEGEN DAZU GEÄUSSERT?
ES IST LANGE HER, DASS ICH IM DEZERNAT I GEARBEITET HABE …
TJA … WAS HABEN SIE NOCH MAL DAZU GESAGT?
FLÜSTER FLÜSTER
WIRD HERR MIKOGAMI ALLMÄHLICH DEMENT ODER WAS?
NA JA, ER IST NICHT MEHR DER JÜNGS-TE.
FLÜSTER FLÜSTER
ICH BIN ERST 38.
HAPS HAPS HAPS HAPS
ALSO, PASST AUF: WENN WIR SOLCHE GERÜCHTE JEDES MAL ERNST NEHMEN WÜRDEN, WÜRDEN DIE BÜRGER SICH STÄNDIG ÜBER UNS BESCHWEREN …
… UND UNS AUS-LACHEN!
„TRAUMTÄNZER-KOMMISSARE“ WÜRDEN SIE UNS NENNEN!
FÜR UNS ALS POLIZEI WÄRE DAS …
… EIN EKLATANTER VERTRAUENS-VERLUST.
DAS WÄRE FATAL, NICHT WAHR?
J… JA …
HAPS HAPS HAPS
UND DENNOCH IST NICHT AUSZU-SCHLIESSEN, …
… DASS SO ETWAS WIE EIN VAMPIR TATSÄCHLICH EXISTIERT.

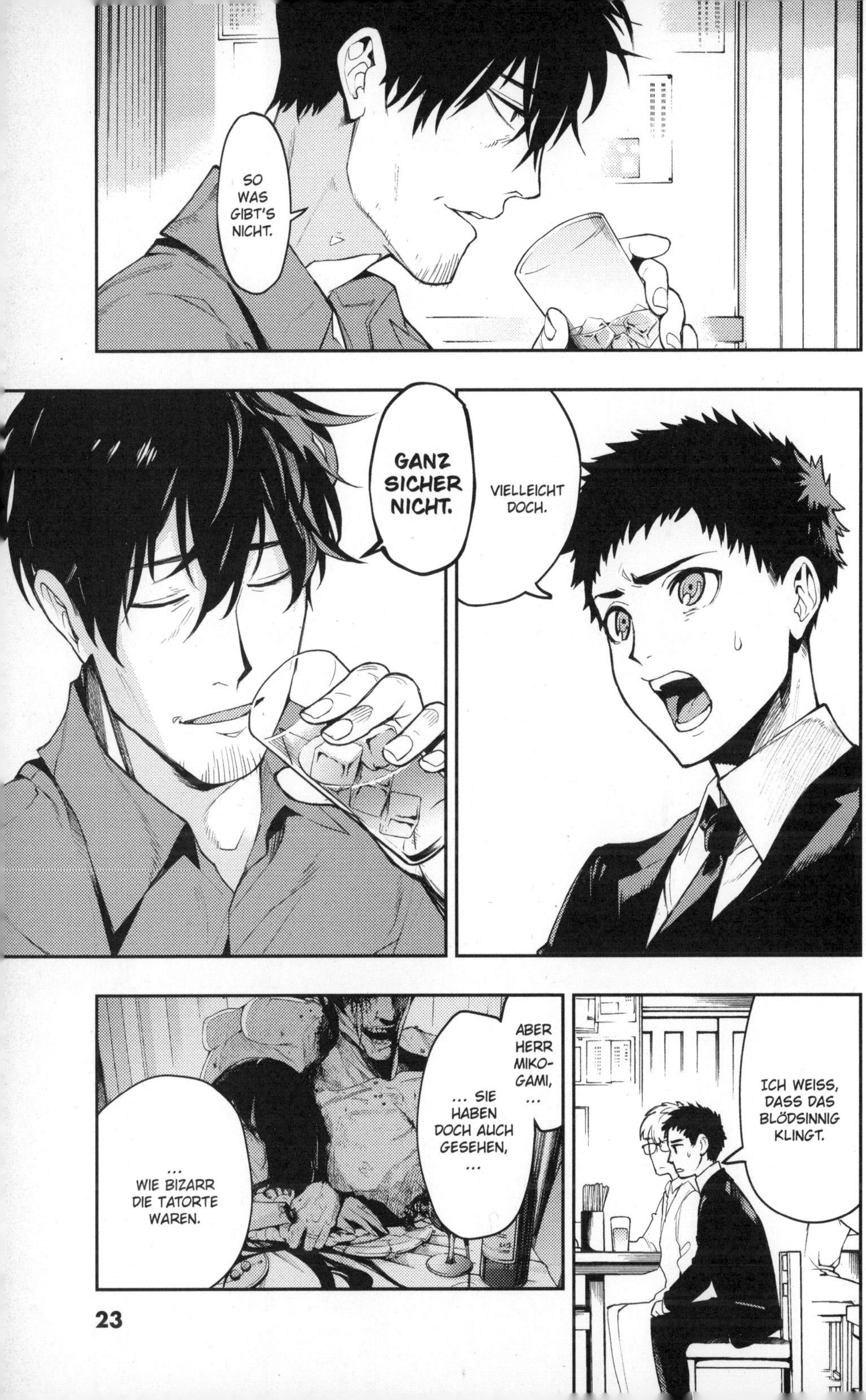
SO WAS GIBT'S NICHT.
VIELLEICHT DOCH.
GANZ SICHER NICHT.
ICH WEISS, DASS DAS BLÖDSINNIG KLINGT.
ABER HERR MIKO-GAMI, ...
... SIE HABEN DOCH AUCH GESEHEN, ...
... WIE BIZARR DIE TATORTE WAREN.

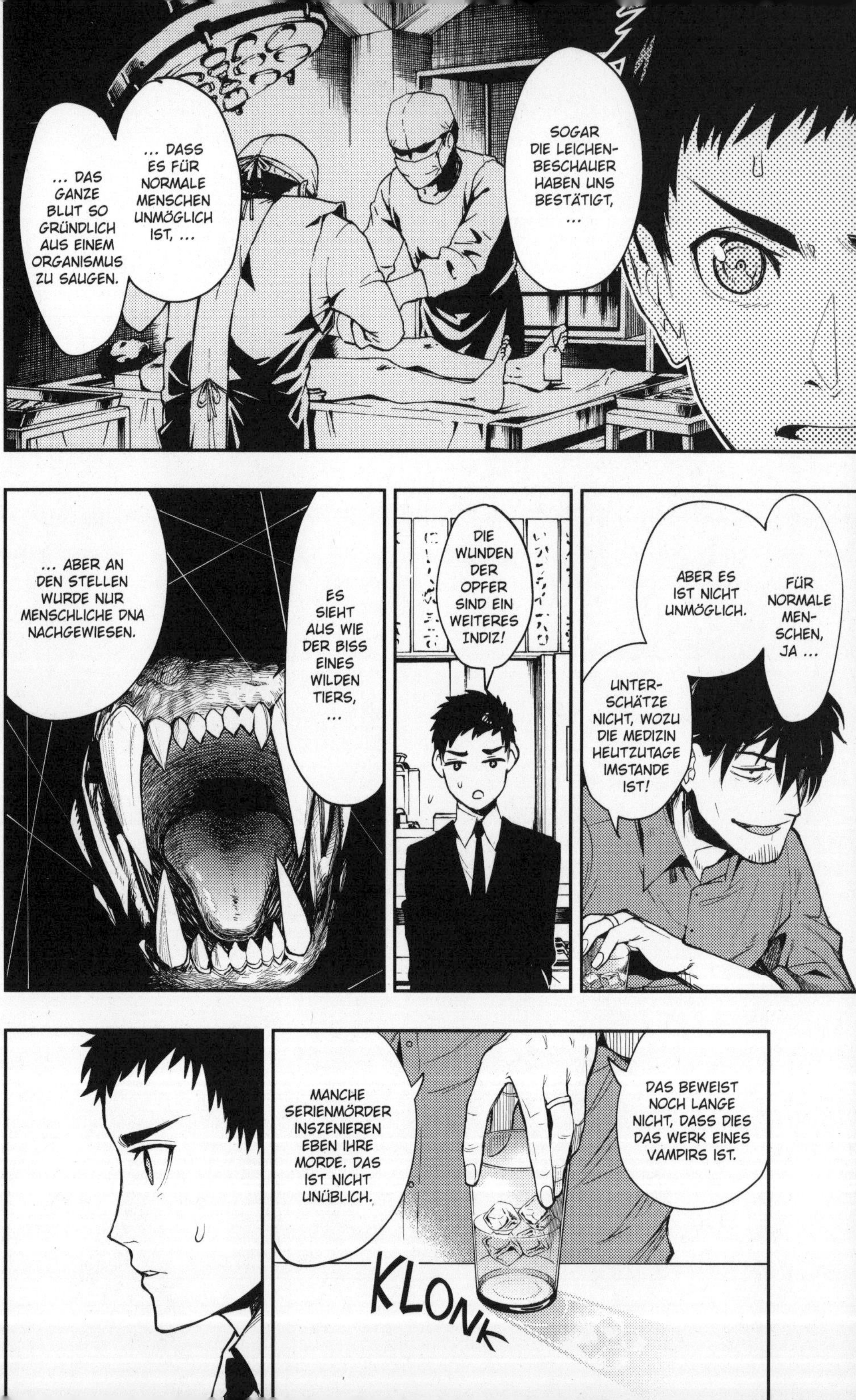
SOGAR DIE LEICHEN-BESCHAUER HABEN UNS BESTÄTIGT, ...
... DASS ES FÜR NORMALE MENSCHEN UNMÖGLICH IST, ...
... DAS GANZE BLUT SO GRÜNDLICH AUS EINEM ORGANISMUS ZU SAUGEN.
FÜR NORMALE MEN-SCHEN, JA ...
ABER ES IST NICHT UNMÖGLICH.
UNTER-SCHÄTZE NICHT, WOZU DIE MEDIZIN HEUTZUTAGE IMSTANDE IST!
DIE WUNDEN DER OPFER SIND EIN WEITERES INDIZ!
ES SIEHT AUS WIE DER BISS EINES WILDEN TIERS, ...
... ABER AN DEN STELLEN WURDE NUR MENSCHLICHE DNA NACHGEWIESEN.
DAS BEWEIST NOCH LANGE NICHT, DASS DIES DAS WERK EINES VAMPIRS IST.
MANCHE SERIENMÖRDER INSZENIEREN EBEN IHRE MORDE. DAS IST NICHT UNÜBLICH.
KLONK

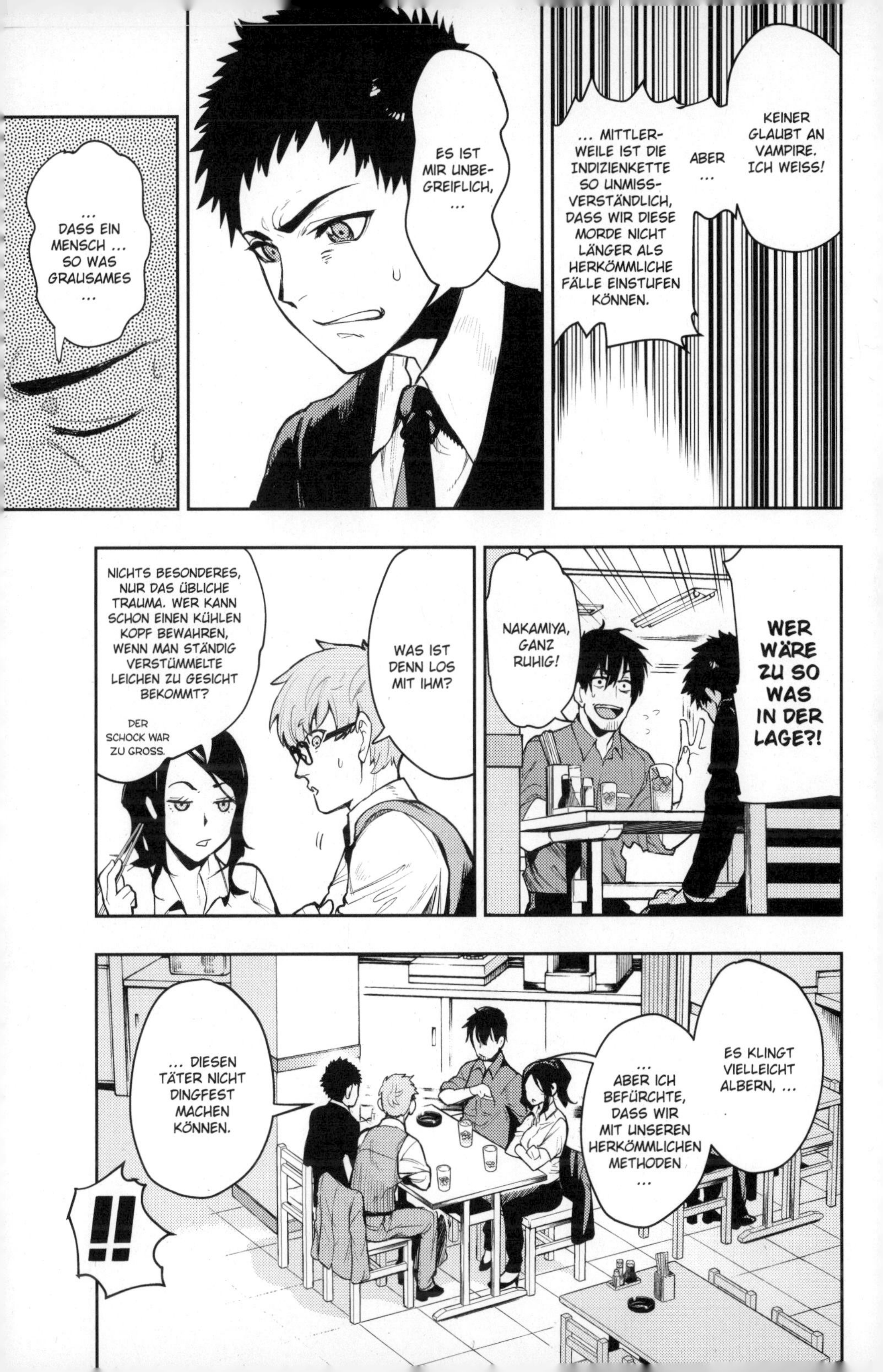

KEINER GLAUBT AN VAMPIRE. ICH WEISS!
ABER ...
... MITTLERWEILE IST DIE INDIZIENKETTE SO UNMISSVERSTÄNDLICH, DASS WIR DIESE MORDE NICHT LÄNGER ALS HERKÖMMLICHE FÄLLE EINSTUFEN KÖNNEN.
ES IST MIR UNBEGREIFLICH, ...
... DASS EIN MENSCH ... SO WAS GRAUSAMES ...
WER WÄRE ZU SO WAS IN DER LAGE?!
NAKAMIYA, GANZ RUHIG!
WAS IST DENN LOS MIT IHM?
NICHTS BESONDERES, NUR DAS ÜBLICHE TRAUMA. WER KANN SCHON EINEN KÜHLEN KOPF BEWAHREN, WENN MAN STÄNDIG VERSTÜMMELTE LEICHEN ZU GESICHT BEKOMMT?
DER SCHOCK WAR ZU GROSS.
ES KLINGT VIELLEICHT ALBERN, ...
... ABER ICH BEFÜRCHTE, DASS WIR MIT UNSEREN HERKÖMMLICHEN METHODEN ...
... DIESEN TÄTER NICHT DINGFEST MACHEN KÖNNEN.
!!

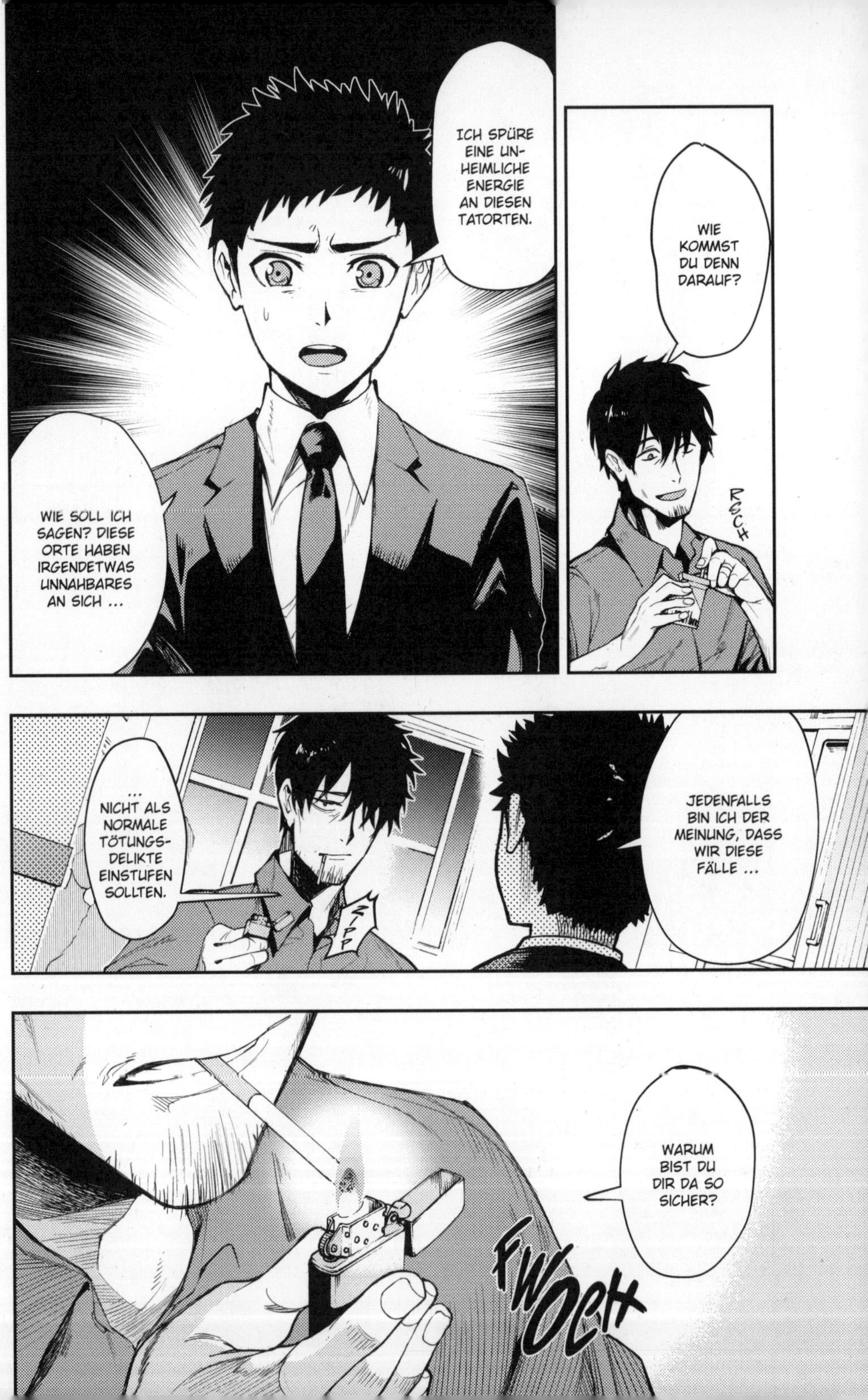
ICH SPÜRE EINE UN-HEIMLICHE ENERGIE AN DIESEN TATORTEN.
WIE KOMMST DU DENN DARAUF?
RECH
WIE SOLL ICH SAGEN? DIESE ORTE HABEN IRGENDETWAS UNNAHBARES AN SICH …
JEDENFALLS BIN ICH DER MEINUNG, DASS WIR DIESE FÄLLE …
… NICHT ALS NORMALE TÖTUNGS-DELIKTE EINSTUFEN SOLLTEN.
ZIPP
WARUM BIST DU DIR DA SO SICHER?
FWOOCH

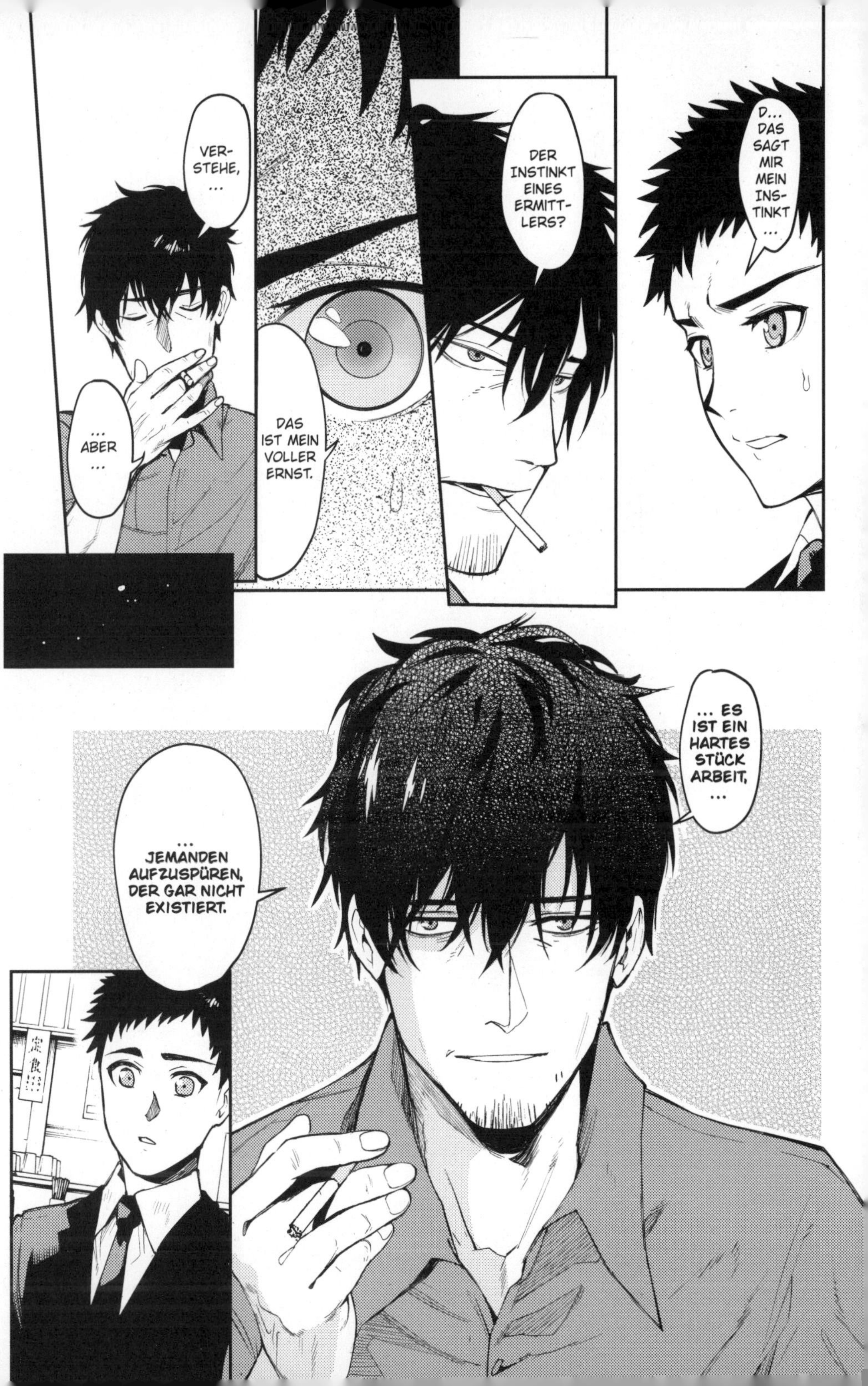
D... DAS SAGT MIR MEIN INS-TINKT ...
DER INSTINKT EINES ERMITT-LERS?
DAS IST MEIN VOLLER ERNST.
VER-STEHE, ...
... ABER ...
... ES IST EIN HARTES STÜCK ARBEIT, ...
... JEMANDEN AUFZUSPÜREN, DER GAR NICHT EXISTIERT.

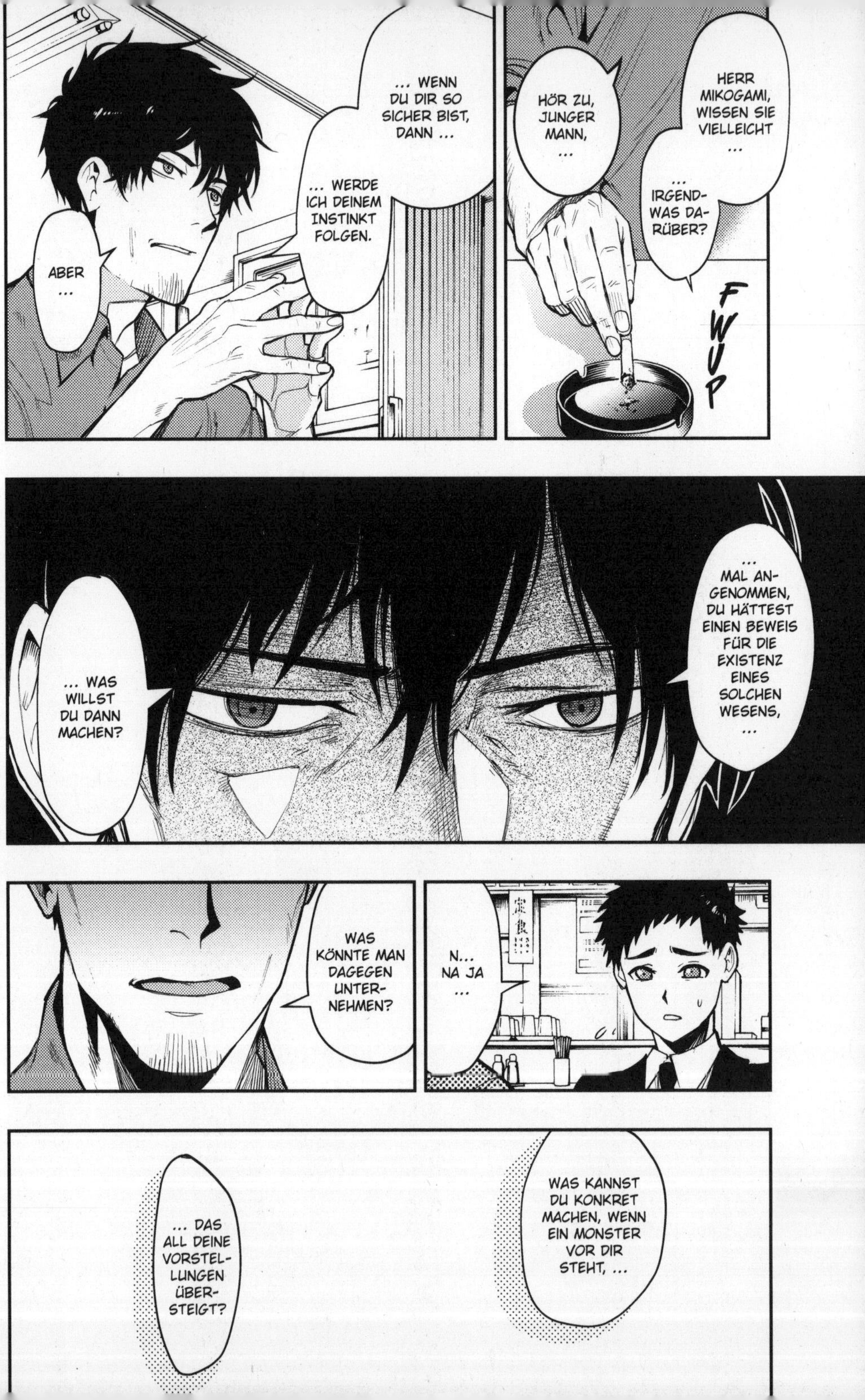
HERR MIKOGAMI, WISSEN SIE VIELLEICHT ...
... IRGEND-WAS DA-RÜBER?
FWUP
HÖR ZU, JUNGER MANN, ...
... WENN DU DIR SO SICHER BIST, DANN ...
... WERDE ICH DEINEM INSTINKT FOLGEN.
ABER ...
... MAL AN-GENOMMEN, DU HÄTTEST EINEN BEWEIS FÜR DIE EXISTENZ EINES SOLCHEN WESENS, ...
... WAS WILLST DU DANN MACHEN?
N... NA JA ...
WAS KÖNNTE MAN DAGEGEN UNTER-NEHMEN?
WAS KANNST DU KONKRET MACHEN, WENN EIN MONSTER VOR DIR STEHT, ...
... DAS ALL DEINE VORSTEL-LUNGEN ÜBER-STEIGT?

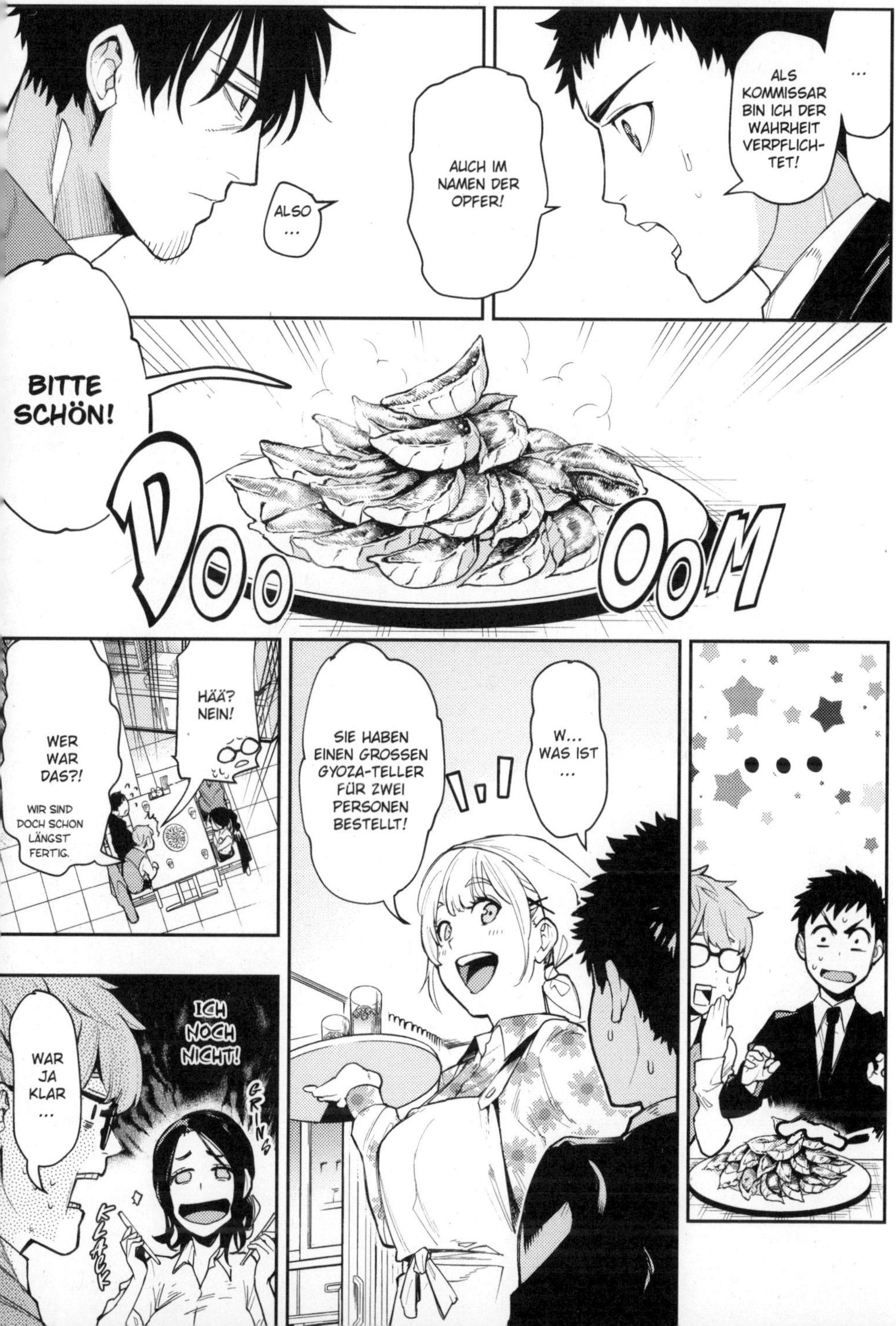
…
ALS KOMMISSAR BIN ICH DER WAHRHEIT VERPFLICHTET!
AUCH IM NAMEN DER OPFER!
ALSO …
BITTE SCHÖN!
DOOOOOM
• • •
W… WAS IST …
SIE HABEN EINEN GROSSEN GYOZA-TELLER FÜR ZWEI PERSONEN BESTELLT!
HÄÄ? NEIN!
WER WAR DAS?!
WIR SIND DOCH SCHON LÄNGST FERTIG.
ICH NOCH NICHT!
GRINS
WAR JA KLAR …
KLACK

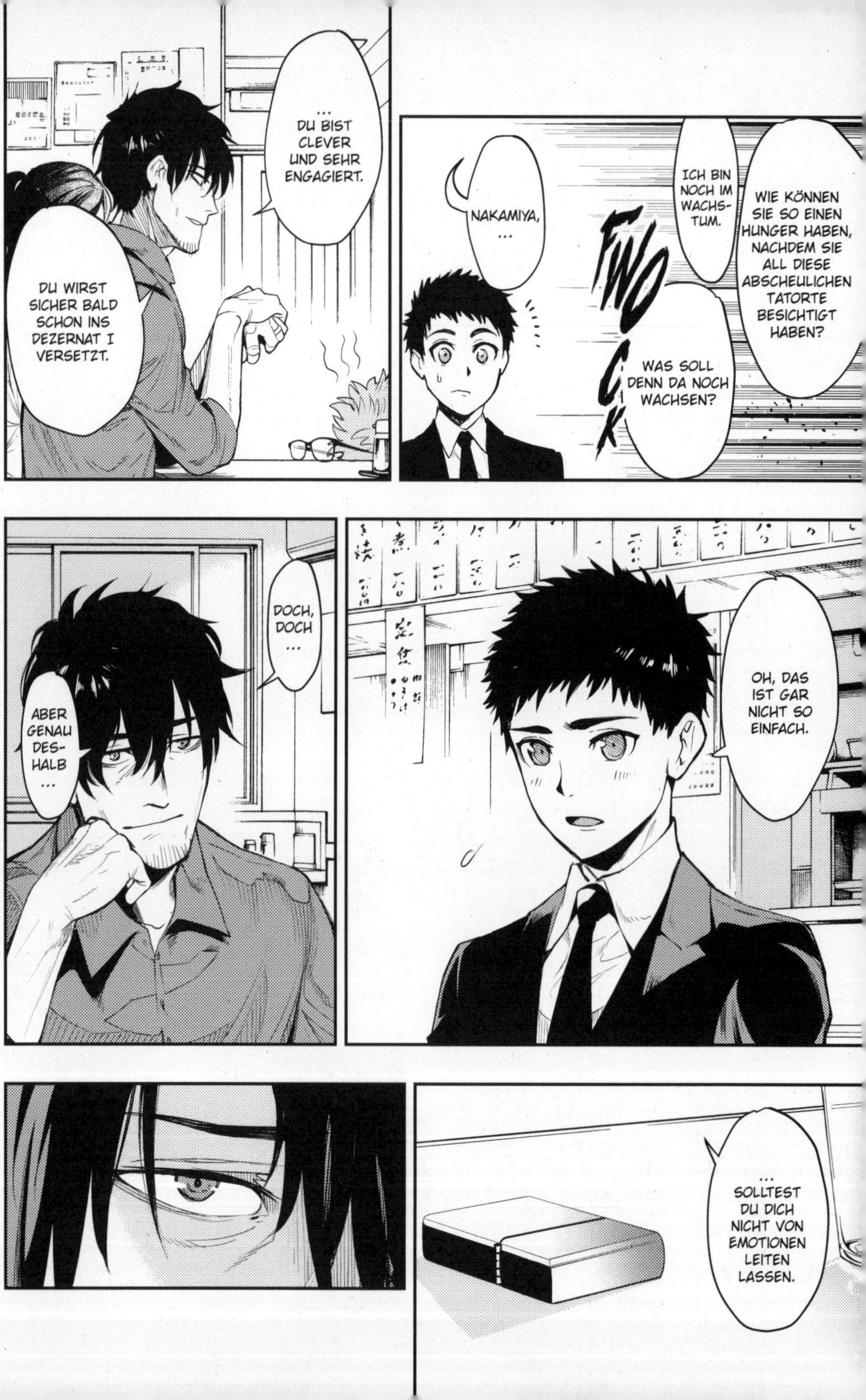
WIE KÖNNEN SIE SO EINEN HUNGER HABEN, NACHDEM SIE ALL DIESE ABSCHEULICHEN TATORTE BESICHTIGT HABEN?
ICH BIN NOCH IM WACHS-TUM.
FWOCK
WAS SOLL DENN DA NOCH WACHSEN?
NAKAMIYA, ...
... DU BIST CLEVER UND SEHR ENGAGIERT.
DU WIRST SICHER BALD SCHON INS DEZERNAT I VERSETZT.
OH, DAS IST GAR NICHT SO EINFACH.
DOCH, DOCH ...
ABER GENAU DES-HALB ...
... SOLLTEST DU DICH NICHT VON EMOTIONEN LEITEN LASSEN.

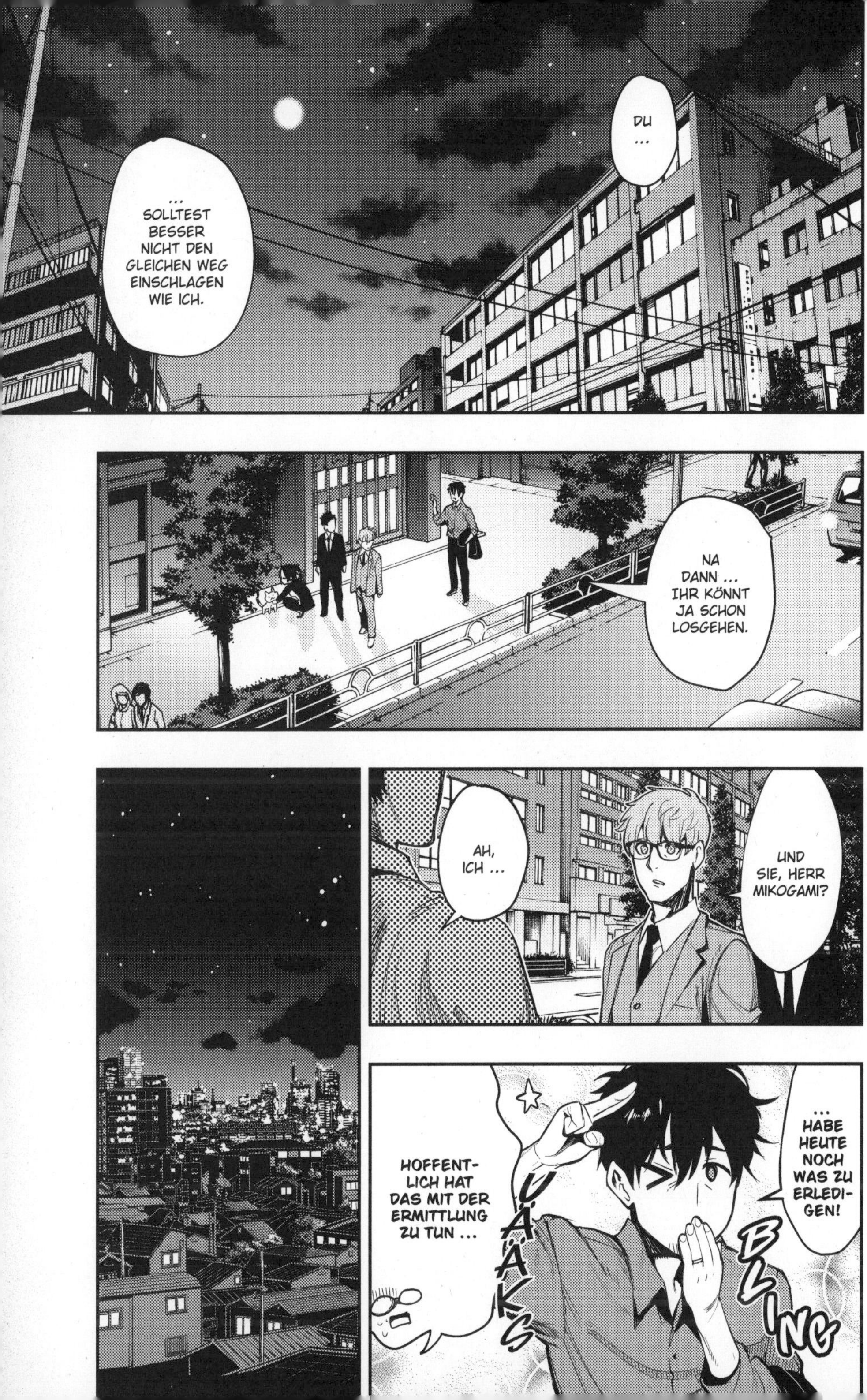
DU …
… SOLLTEST BESSER NICHT DEN GLEICHEN WEG EINSCHLAGEN WIE ICH.
NA DANN … IHR KÖNNT JA SCHON LOSGEHEN.
UND SIE, HERR MIKOGAMI?
AH, ICH …
… HABE HEUTE NOCH WAS ZU ERLEDIGEN!
BLING
UÄÄKS
HOFFENT-LICH HAT DAS MIT DER ERMITTLUNG ZU TUN …

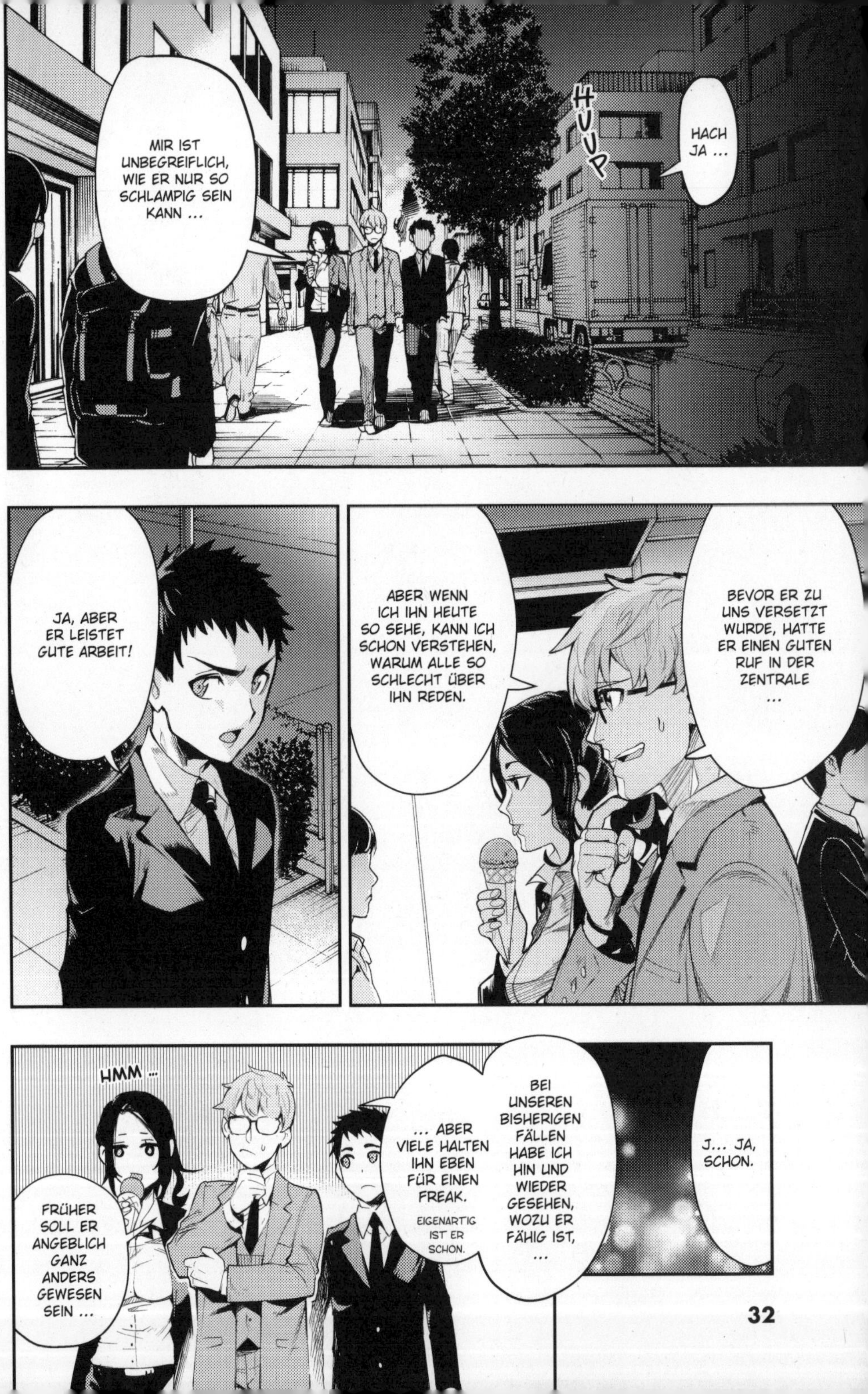
HACH JA …
HUUP
MIR IST UNBEGREIFLICH, WIE ER NUR SO SCHLAMPIG SEIN KANN …
BEVOR ER ZU UNS VERSETZT WURDE, HATTE ER EINEN GUTEN RUF IN DER ZENTRALE …
ABER WENN ICH IHN HEUTE SO SEHE, KANN ICH SCHON VERSTEHEN, WARUM ALLE SO SCHLECHT ÜBER IHN REDEN.
JA, ABER ER LEISTET GUTE ARBEIT!
J… JA, SCHON.
BEI UNSEREN BISHERIGEN FÄLLEN HABE ICH HIN UND WIEDER GESEHEN, WOZU ER FÄHIG IST, …
… ABER VIELE HALTEN IHN EBEN FÜR EINEN FREAK.
EIGENARTIG IST ER SCHON.
HMM …
FRÜHER SOLL ER ANGEBLICH GANZ ANDERS GEWESEN SEIN …

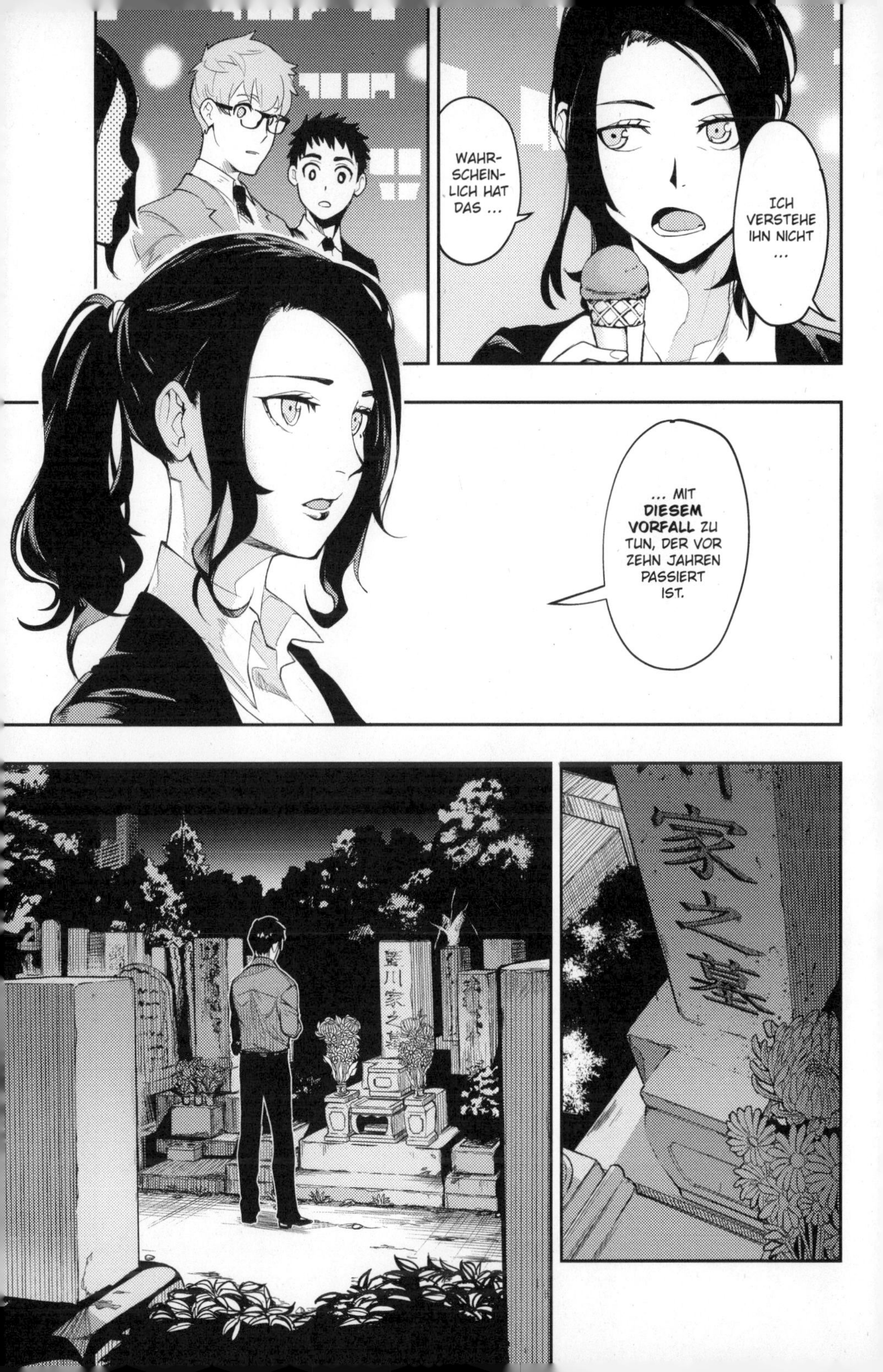
ICH VERSTEHE IHN NICHT …
WAHR-SCHEIN-LICH HAT DAS …
… MIT **DIESEM VORFALL** ZU TUN, DER VOR ZEHN JAHREN PASSIERT IST.
家之墓

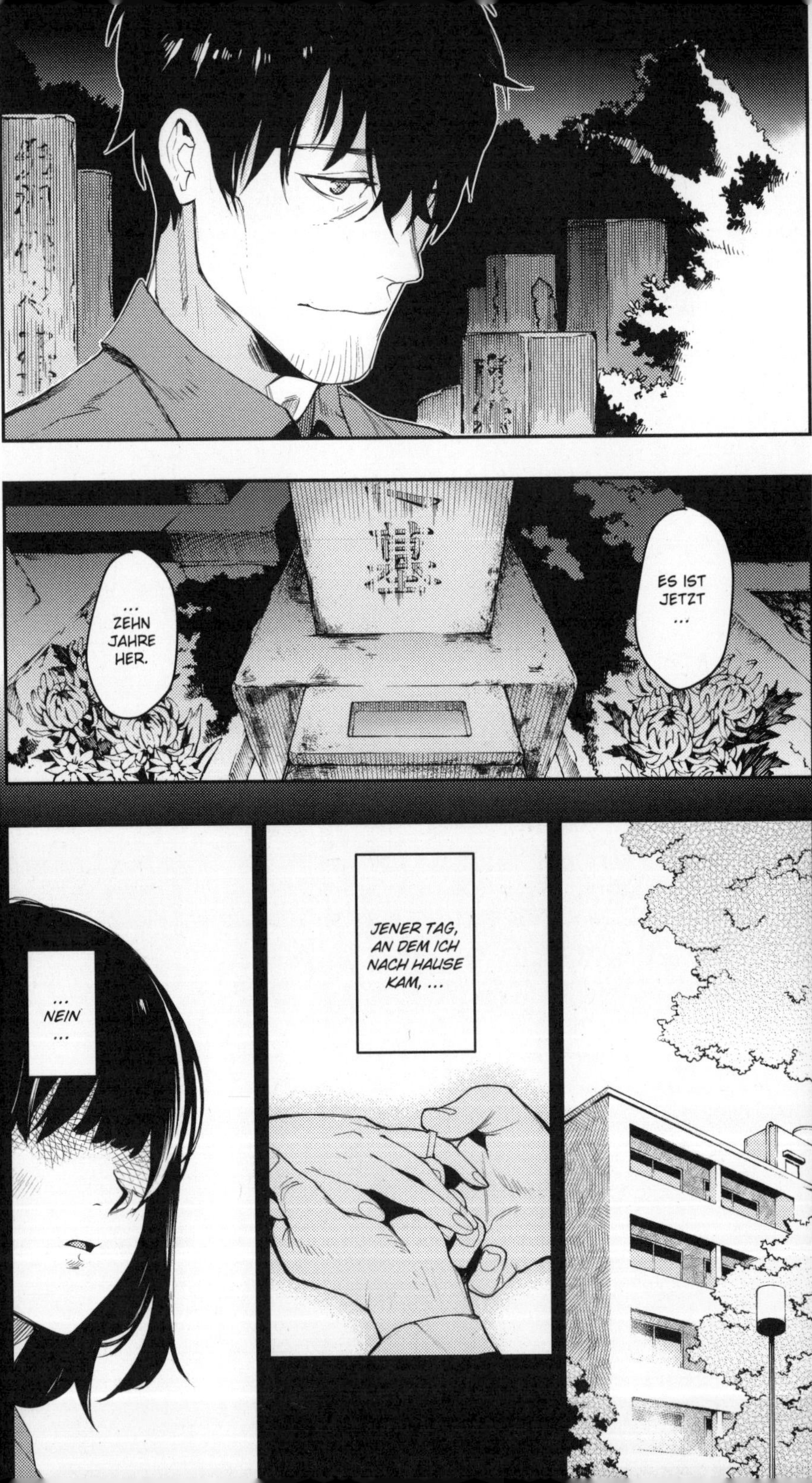
ES IST JETZT ...
... ZEHN JAHRE HER.
JENER TAG, AN DEM ICH NACH HAUSE KAM, ...
... NEIN ...

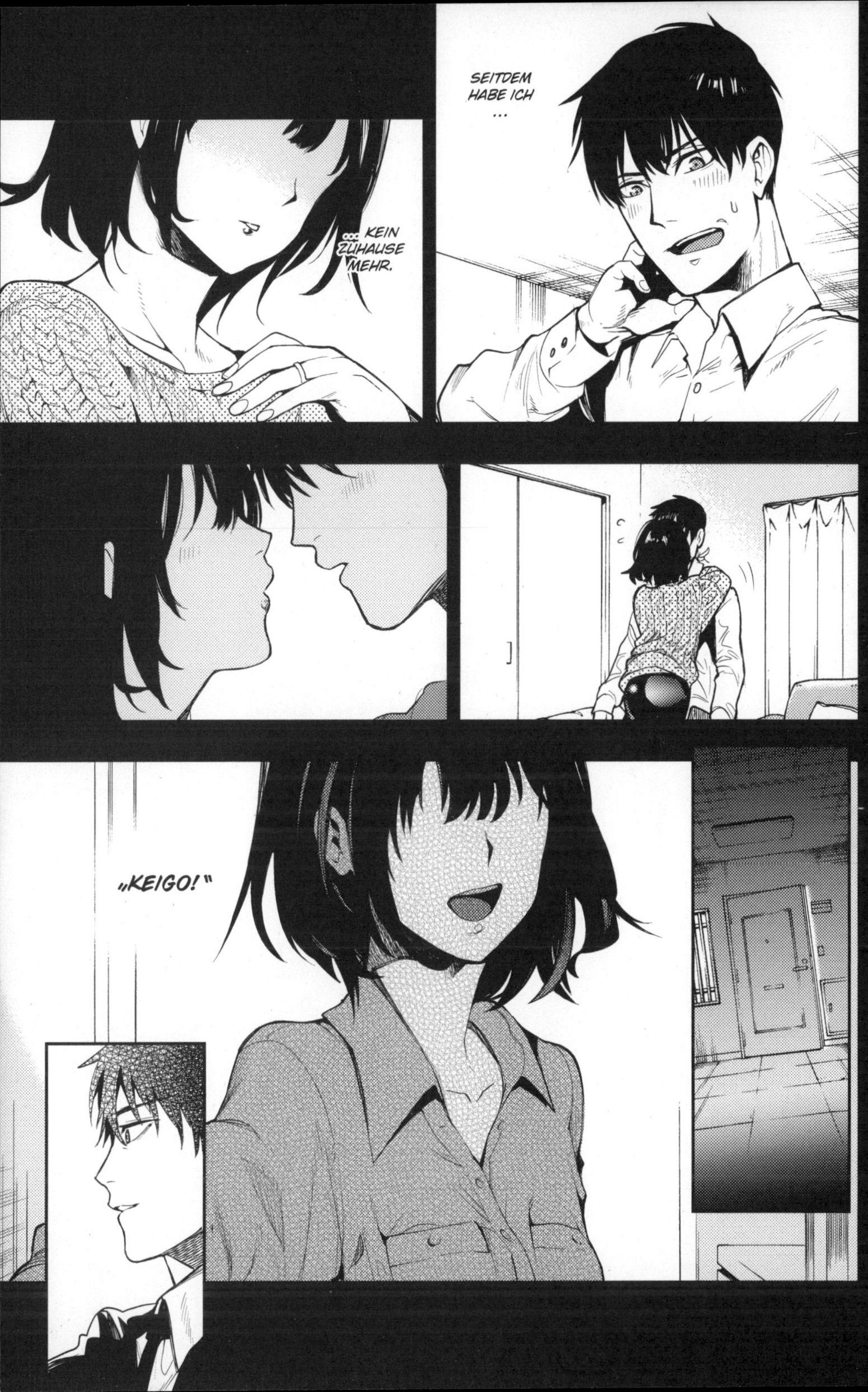
SEITDEM HABE ICH ...
... KEIN ZUHAUSE MEHR.
„KEIGO!"

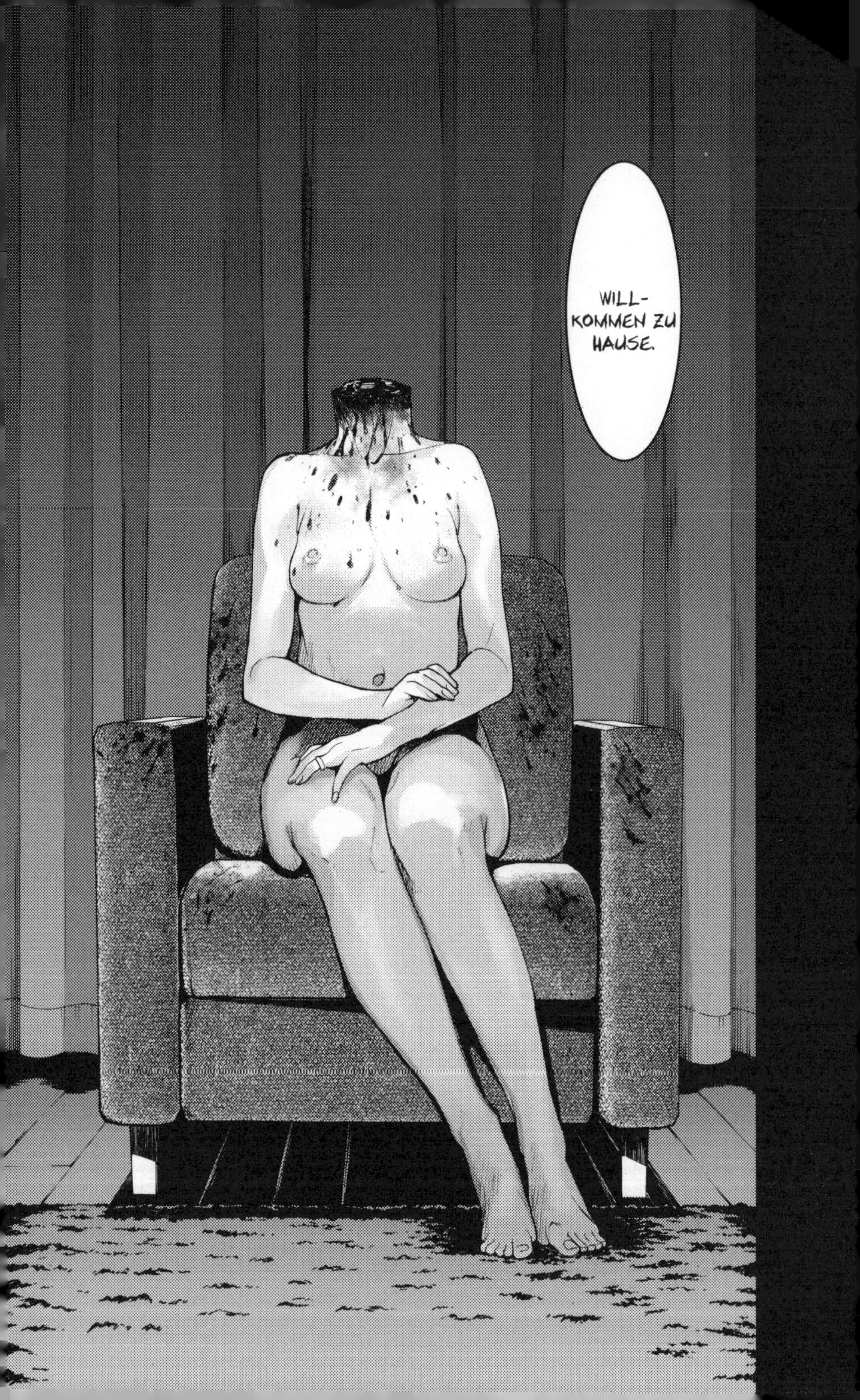
WILL-
KOMMEN ZU
HAUSE.

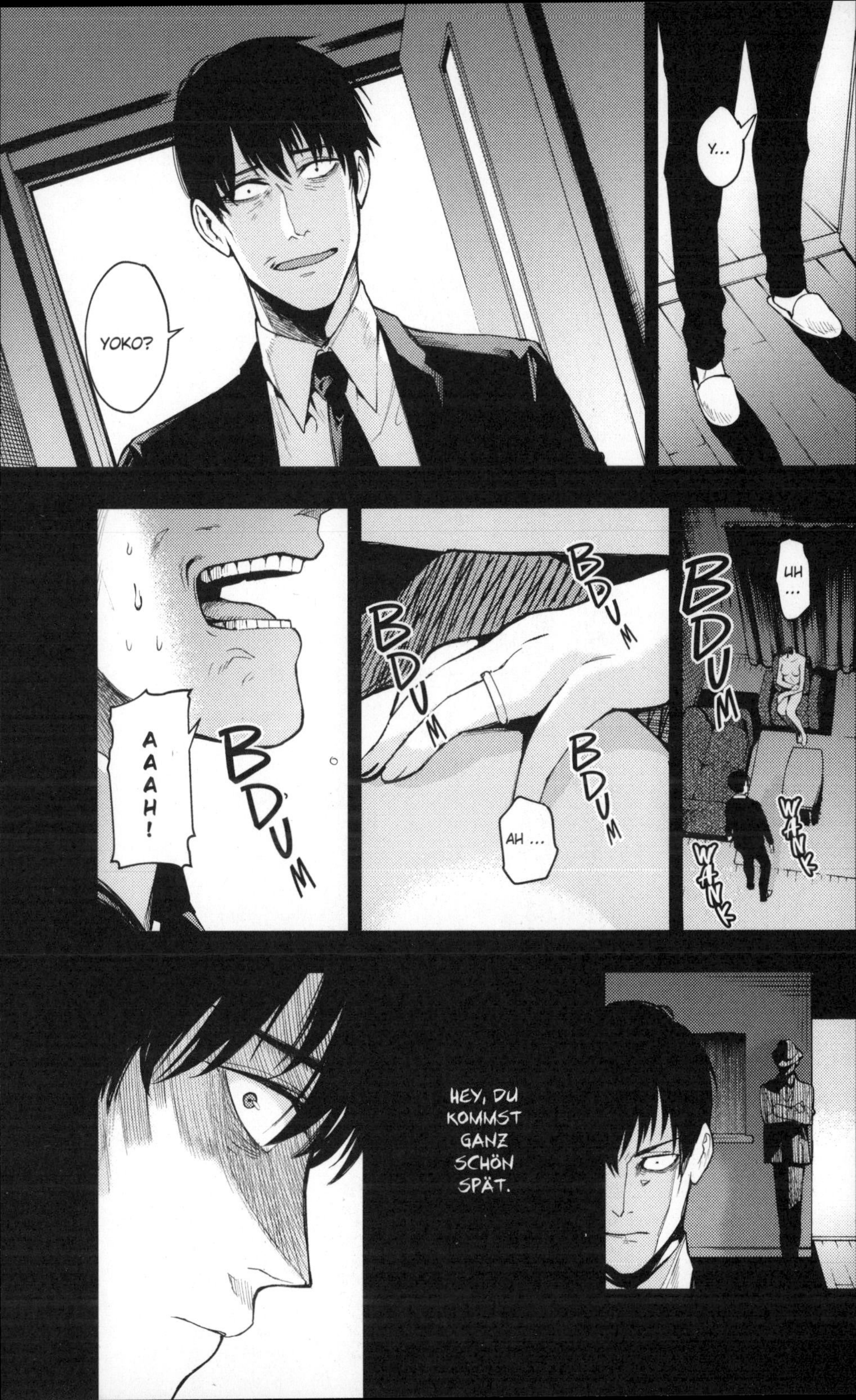
Y…
YOKO?
UH …
BDUM
WANK
WANK
BDUM
BDUM
BDUM
AH …
BDUM
AAAH!
HEY, DU KOMMST GANZ SCHÖN SPÄT.

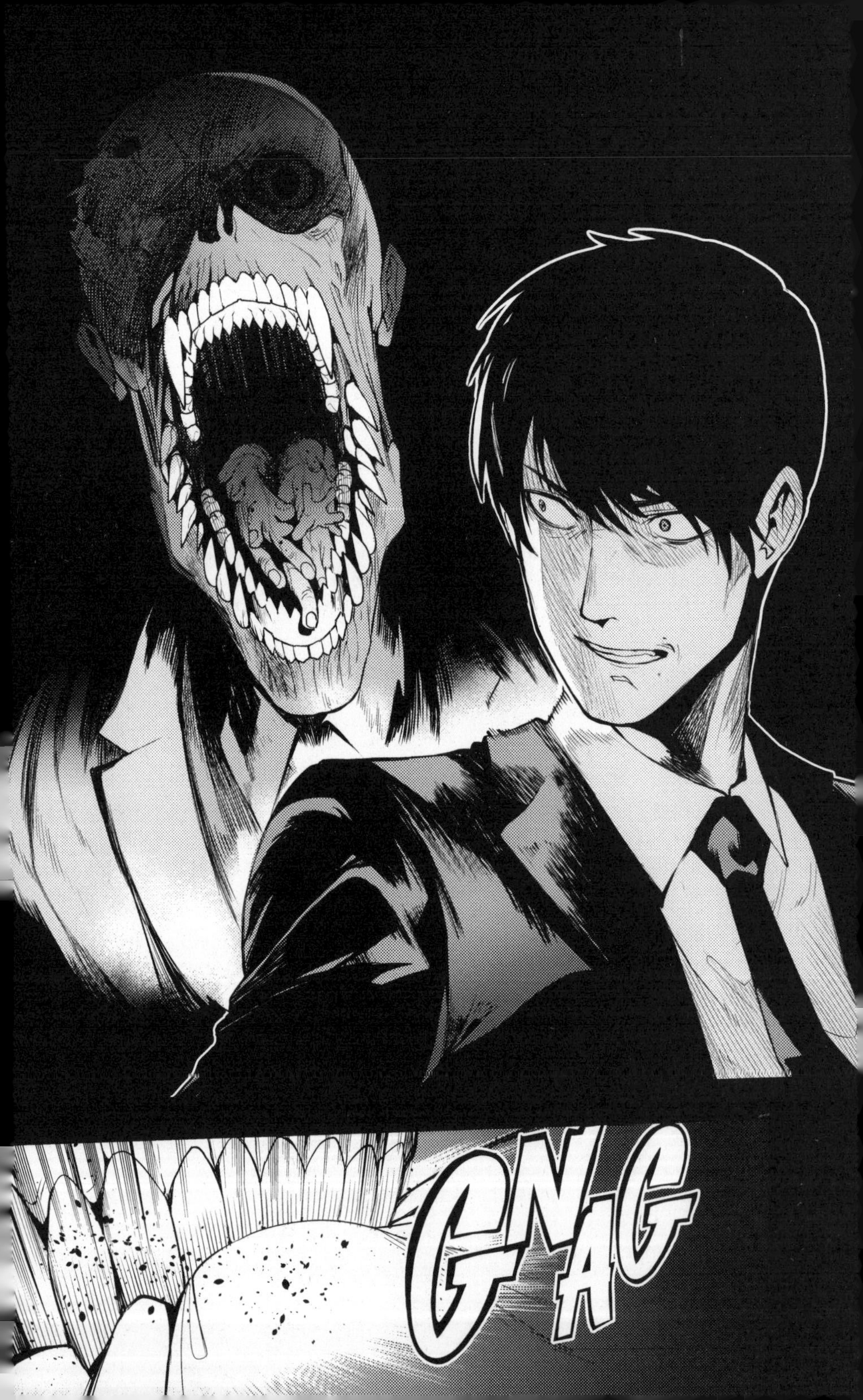
GNAG

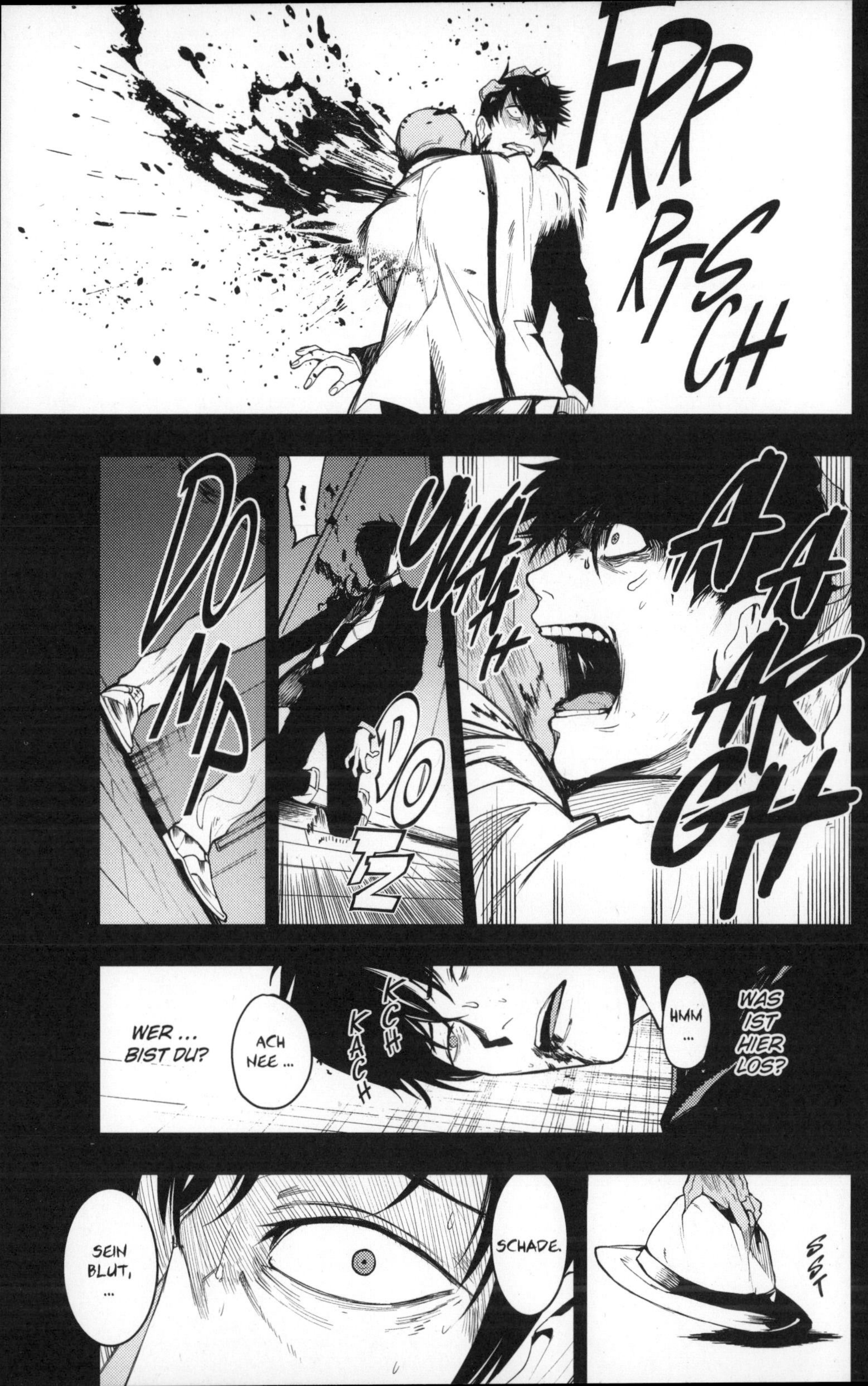
FRR RTSCH CH
AAAARGH
UWAAH
!
DOMP
DOOZ
WAS IST HIER LOS?
HMM ...
KCH KACH
ACH NEE ...
WER ... BIST DU?
SSST
SCHADE.
SEIN BLUT, ...

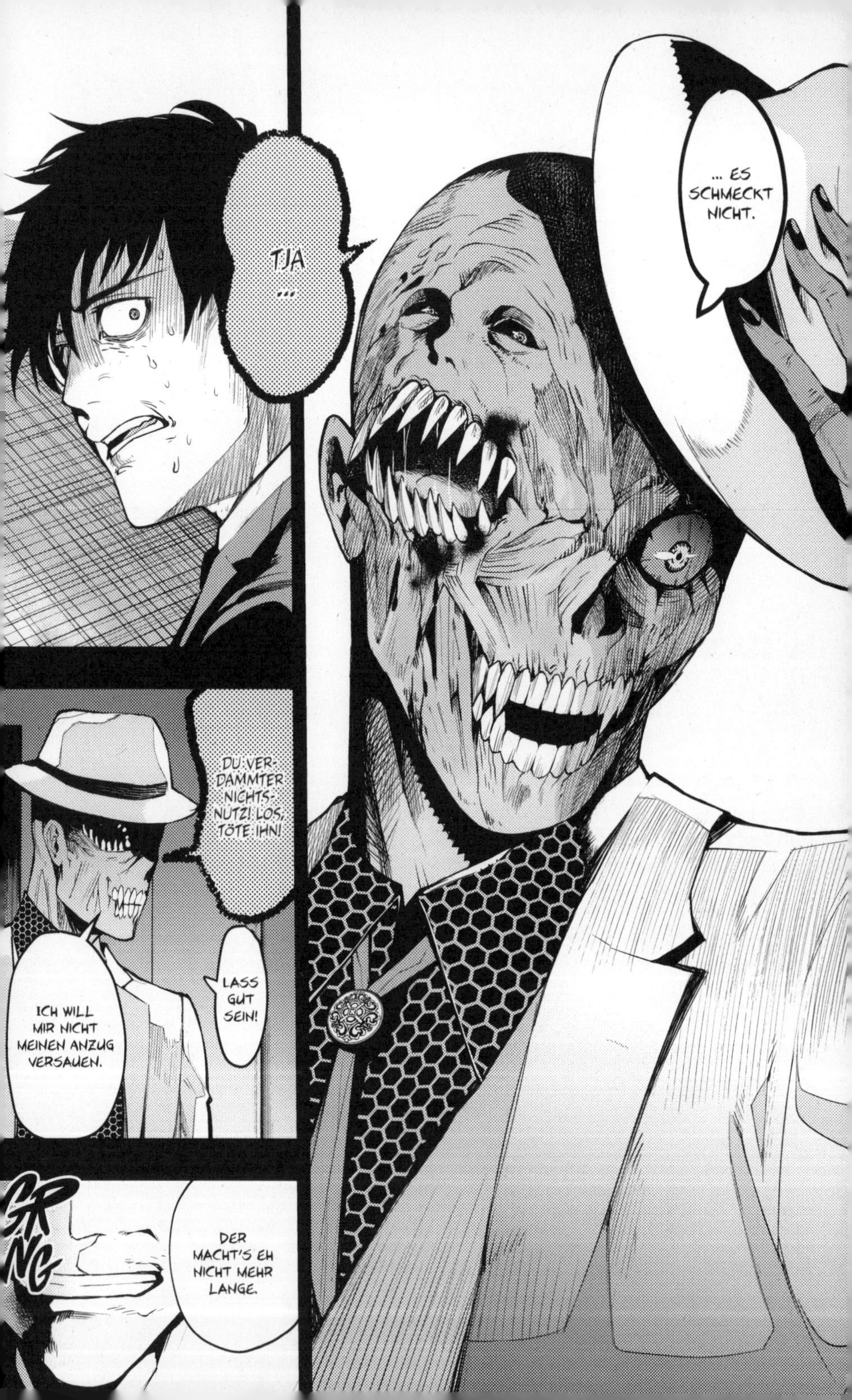
... ES SCHMECKT NICHT.
TJA ...
DU VERDAMMTER NICHTSNUTZ! LOS, TÖTE IHN!
LASS GUT SEIN!
ICH WILL MIR NICHT MEINEN ANZUG VERSAUEN.
GRNG
DER MACHT'S EH NICHT MEHR LANGE.

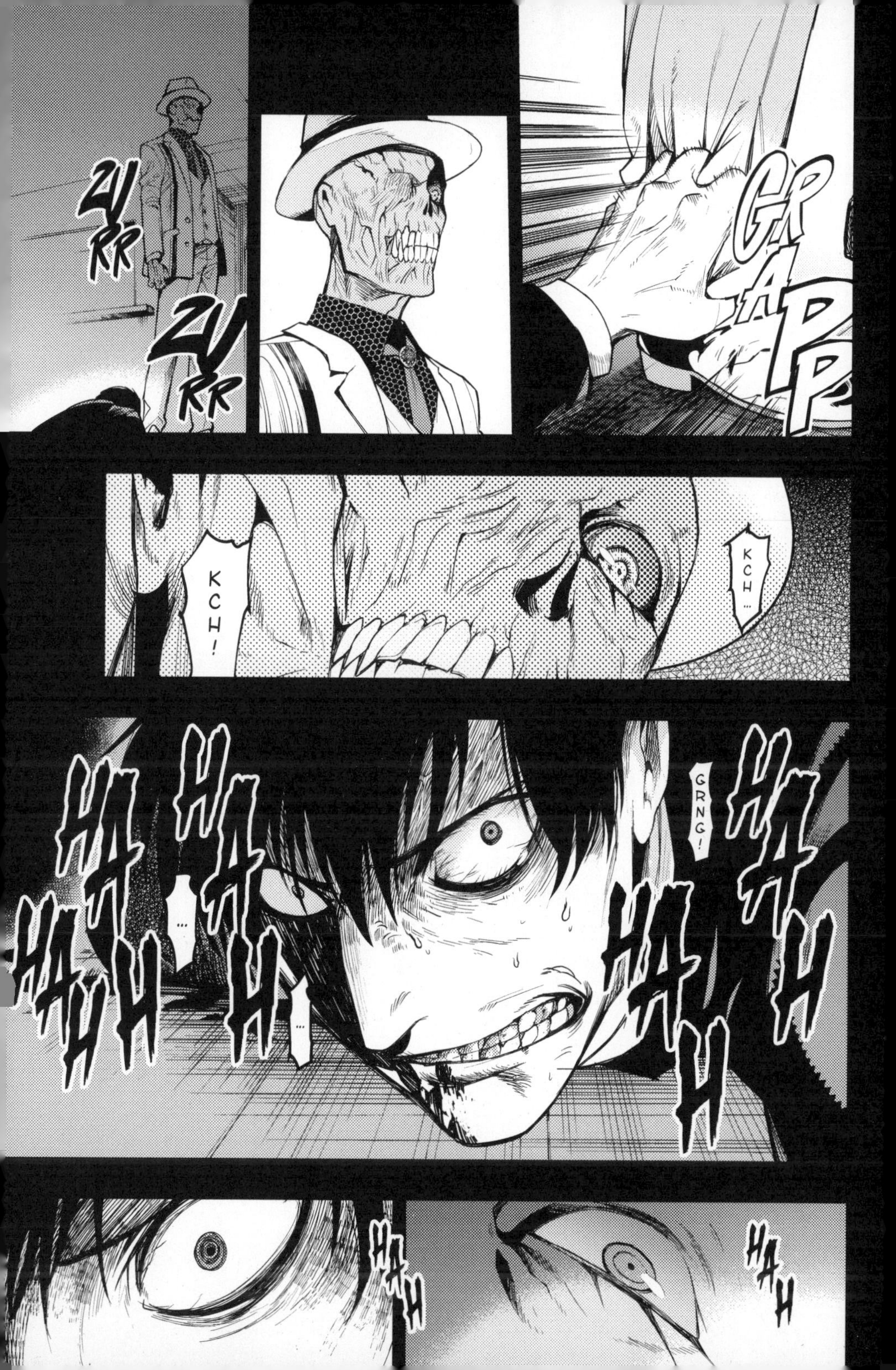
GRAPP
ZURR
ZURR
KCH...
KCH!
HAH
HAH
GRNG!
...
...
HAH
HAH
HAH
HAH

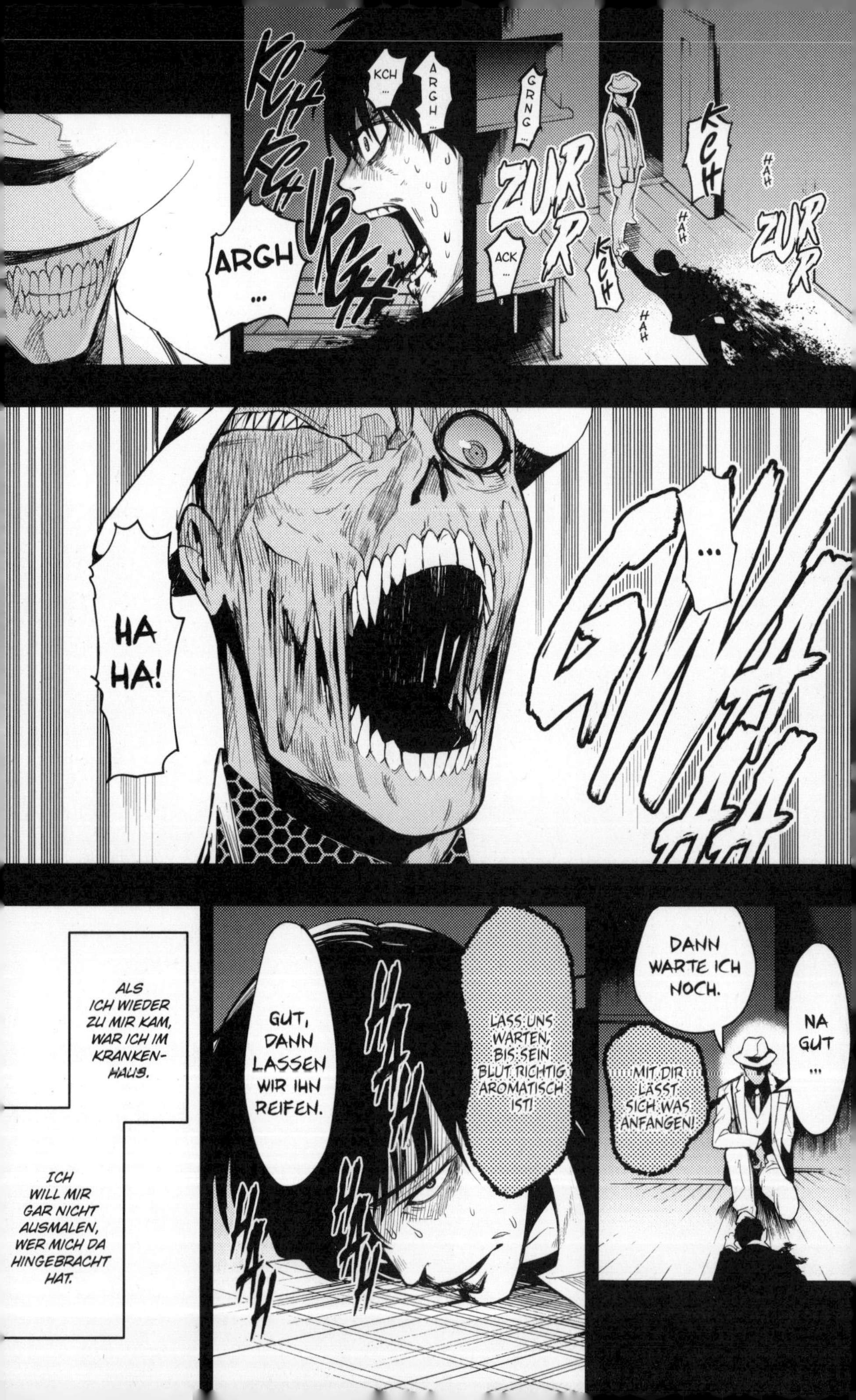
KCH
HAH
ZURR
KCH
HAH
HAH
ZURR
GRNG ...
ACK ...
ARGH ...
KCH ...
ARGH ...
...
HA HA!
NA GUT ...
DANN WARTE ICH NOCH.
MIT DIR LÄSST SICH WAS ANFANGEN!
LASS UNS WARTEN, BIS SEIN BLUT RICHTIG AROMATISCH IST!
GUT, DANN LASSEN WIR IHN REIFEN.
ALS ICH WIEDER ZU MIR KAM, WAR ICH IM KRANKENHAUS.
ICH WILL MIR GAR NICHT AUSMALEN, WER MICH DA HINGEBRACHT HAT.

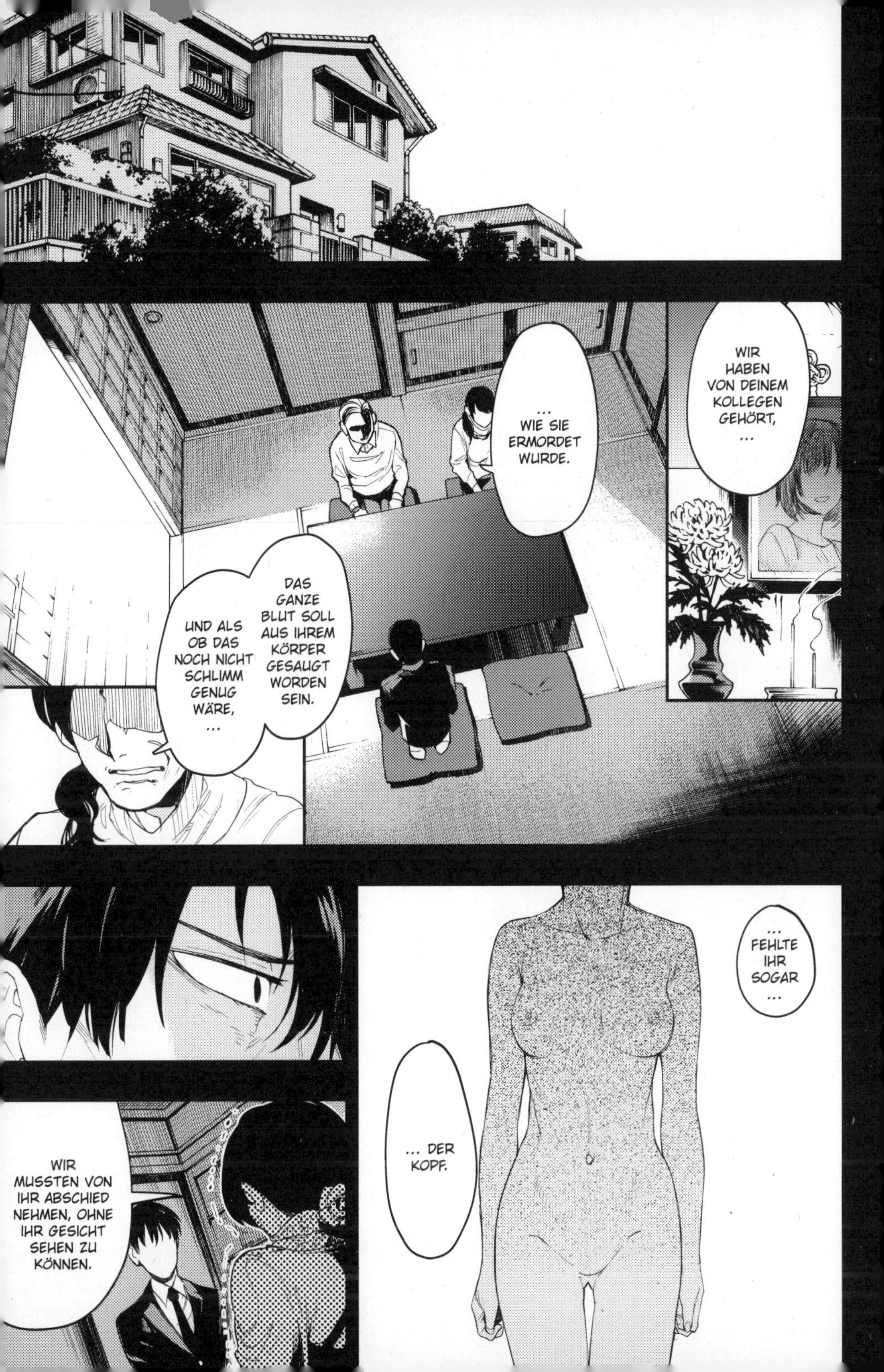
WIR HABEN VON DEINEM KOLLEGEN GEHÖRT, ...
... WIE SIE ERMORDET WURDE.
DAS GANZE BLUT SOLL AUS IHREM KÖRPER GESAUGT WORDEN SEIN.
UND ALS OB DAS NOCH NICHT SCHLIMM GENUG WÄRE, ...
... FEHLTE IHR SOGAR ...
... DER KOPF.
WIR MUSSTEN VON IHR ABSCHIED NEHMEN, OHNE IHR GESICHT SEHEN ZU KÖNNEN.

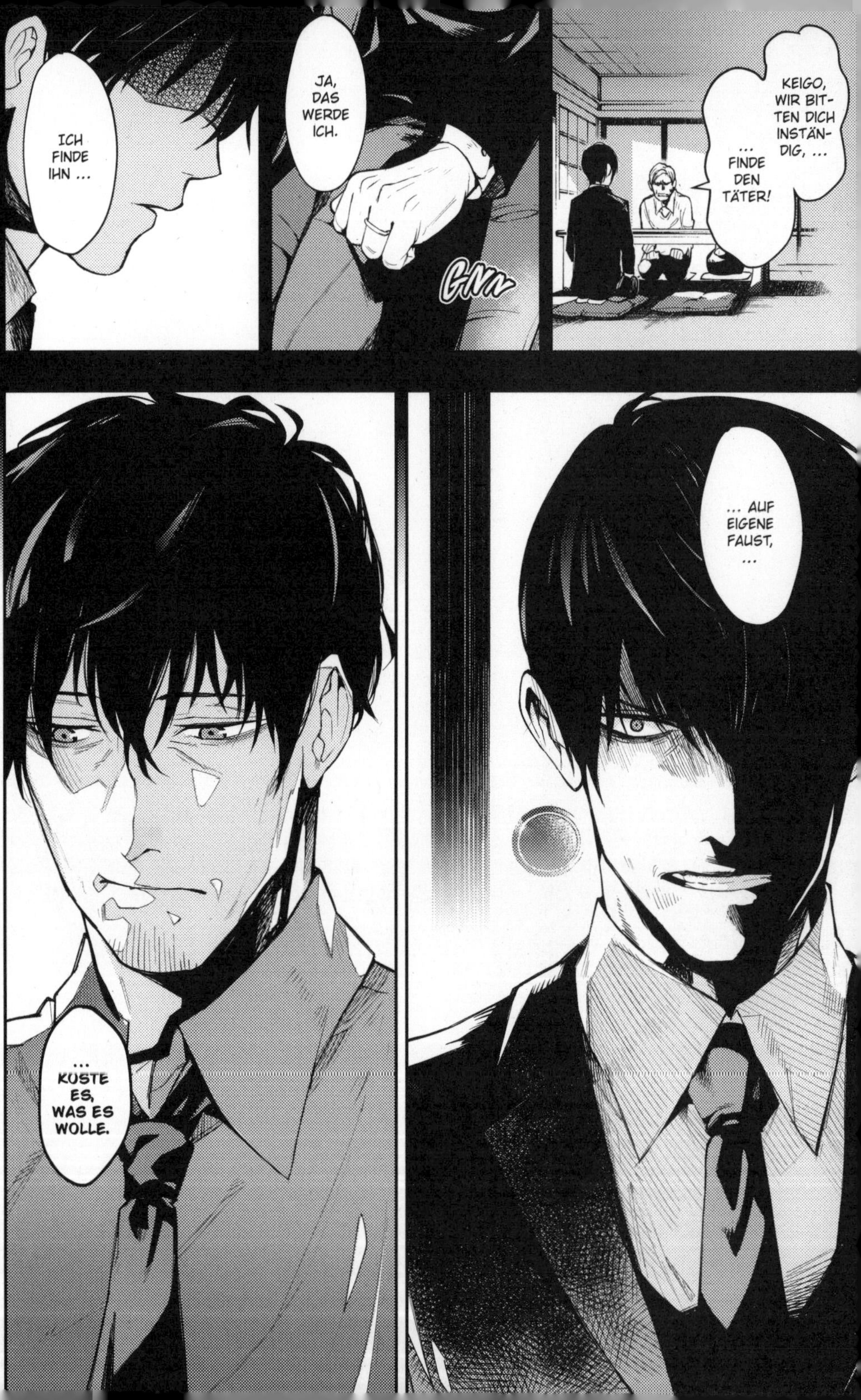
KEIGO, WIR BITTEN DICH INSTÄNDIG, …
… FINDE DEN TÄTER!
JA, DAS WERDE ICH.
GNN
ICH FINDE IHN …
… AUF EIGENE FAUST, …
… KOSTE ES, WAS ES WOLLE.

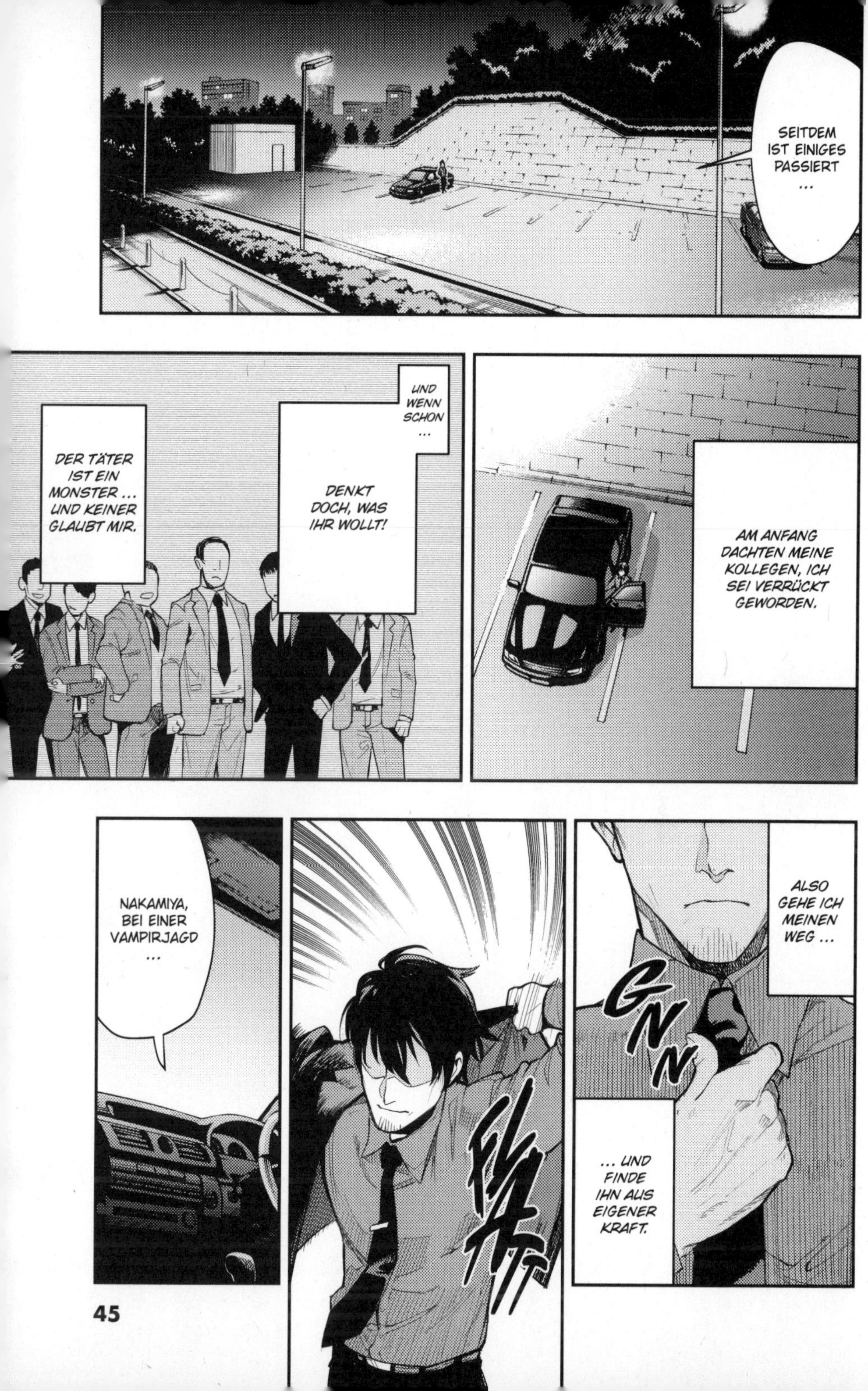
SEITDEM IST EINIGES PASSIERT …
AM ANFANG DACHTEN MEINE KOLLEGEN, ICH SEI VERRÜCKT GEWORDEN.
DER TÄTER IST EIN MONSTER … UND KEINER GLAUBT MIR.
UND WENN SCHON …
DENKT DOCH, WAS IHR WOLLT!
ALSO GEHE ICH MEINEN WEG …
GNN
… UND FINDE IHN AUS EIGENER KRAFT.
NAKAMIYA, BEI EINER VAMPIRJAGD …

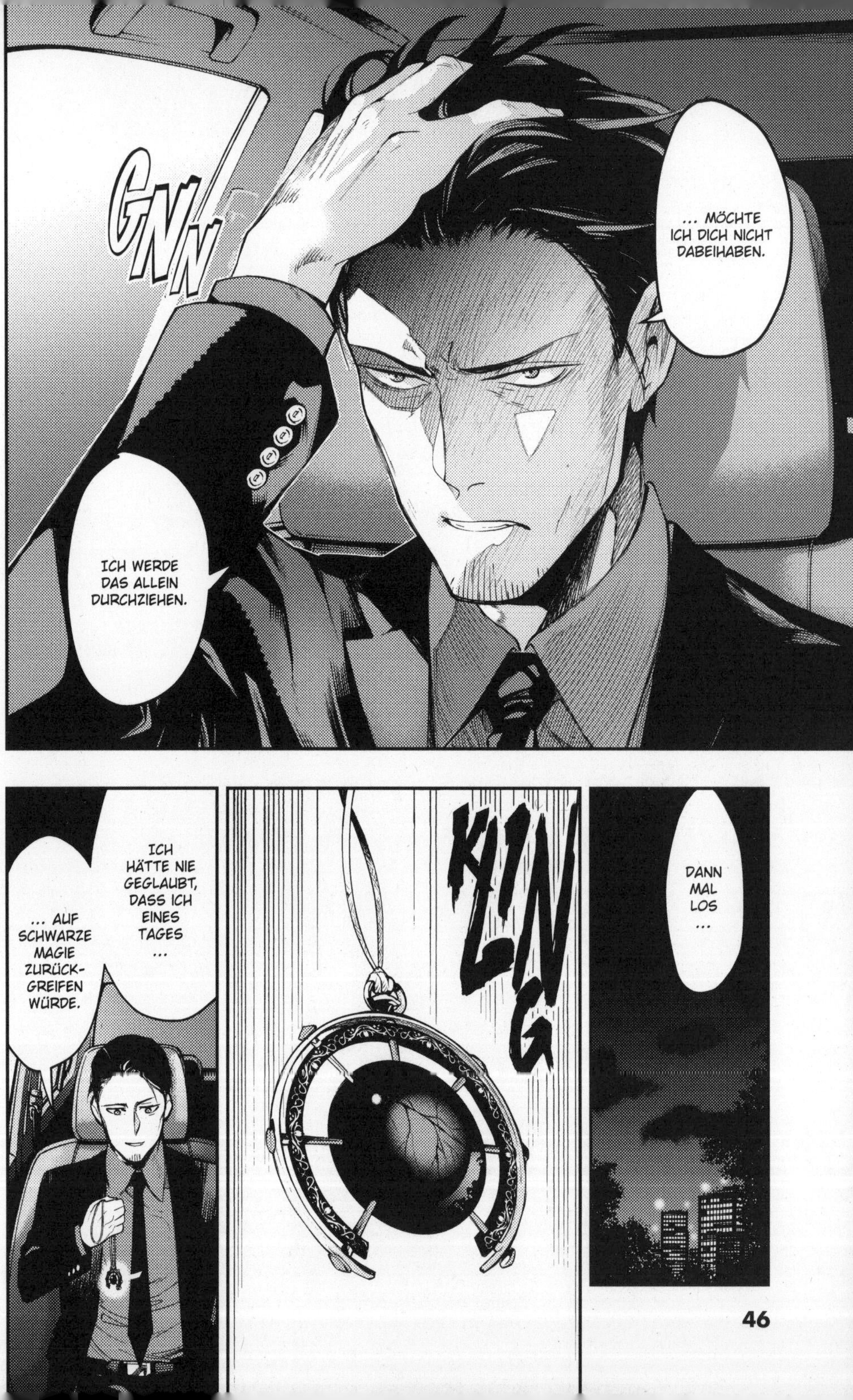
... MÖCHTE ICH DICH NICHT DABEIHABEN.
GNN
ICH WERDE DAS ALLEIN DURCHZIEHEN.
DANN MAL LOS ...
KLING
ICH HÄTTE NIE GEGLAUBT, DASS ICH EINES TAGES ...
... AUF SCHWARZE MAGIE ZURÜCK-GREIFEN WÜRDE.

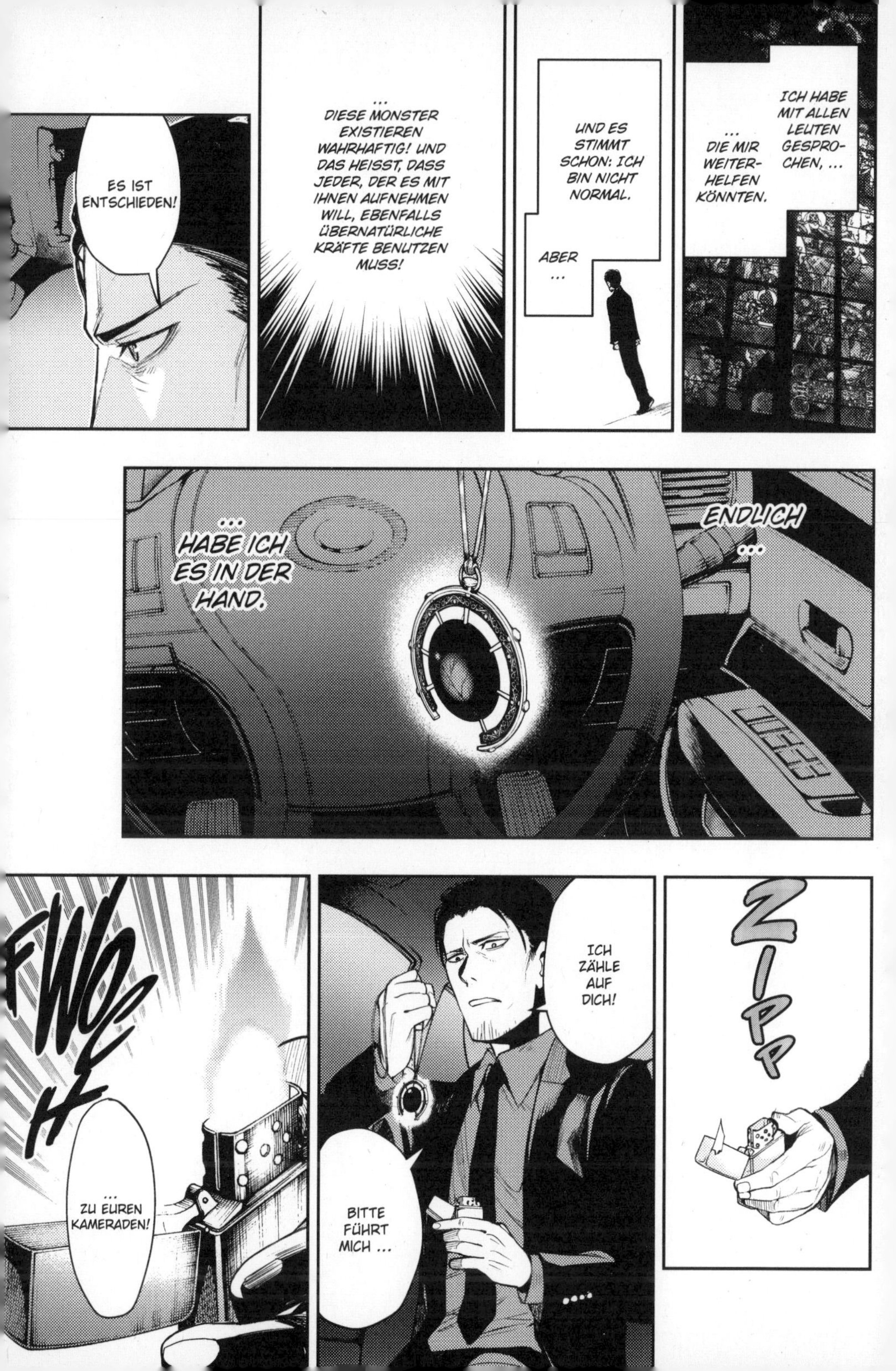
ICH HABE MIT ALLEN LEUTEN GESPROCHEN, …
… DIE MIR WEITERHELFEN KÖNNTEN.
UND ES STIMMT SCHON: ICH BIN NICHT NORMAL.
ABER …
… DIESE MONSTER EXISTIEREN WAHRHAFTIG! UND DAS HEISST, DASS JEDER, DER ES MIT IHNEN AUFNEHMEN WILL, EBENFALLS ÜBERNATÜRLICHE KRÄFTE BENUTZEN MUSS!
ES IST ENTSCHIEDEN!
ENDLICH …
… HABE ICH ES IN DER HAND.
ZIPP
ICH ZÄHLE AUF DICH!
BITTE FÜHRT MICH …
… ZU EUREN KAMERADEN!

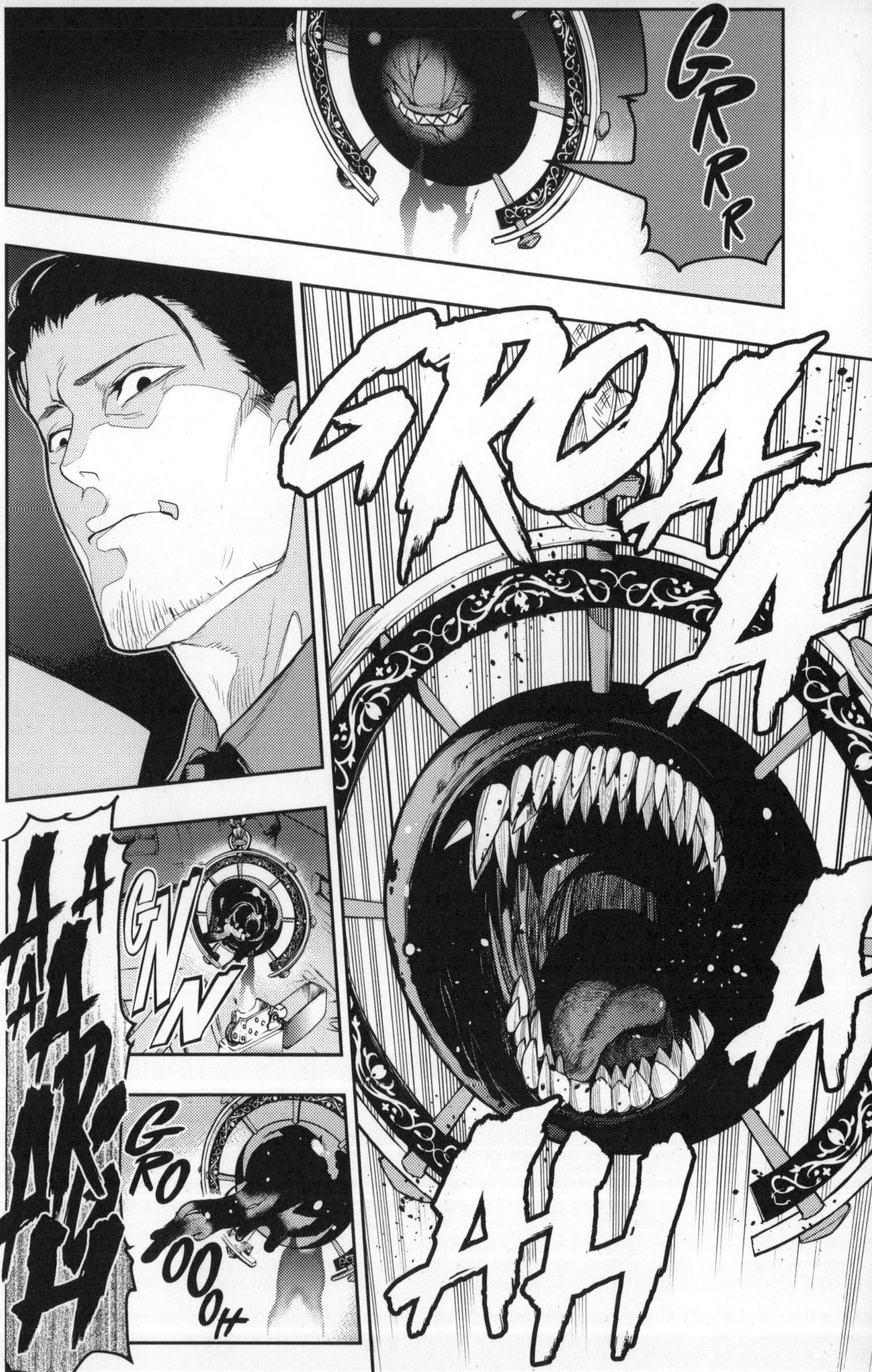
GRRR
GROAAAAAH
GNN
GROOOOOH

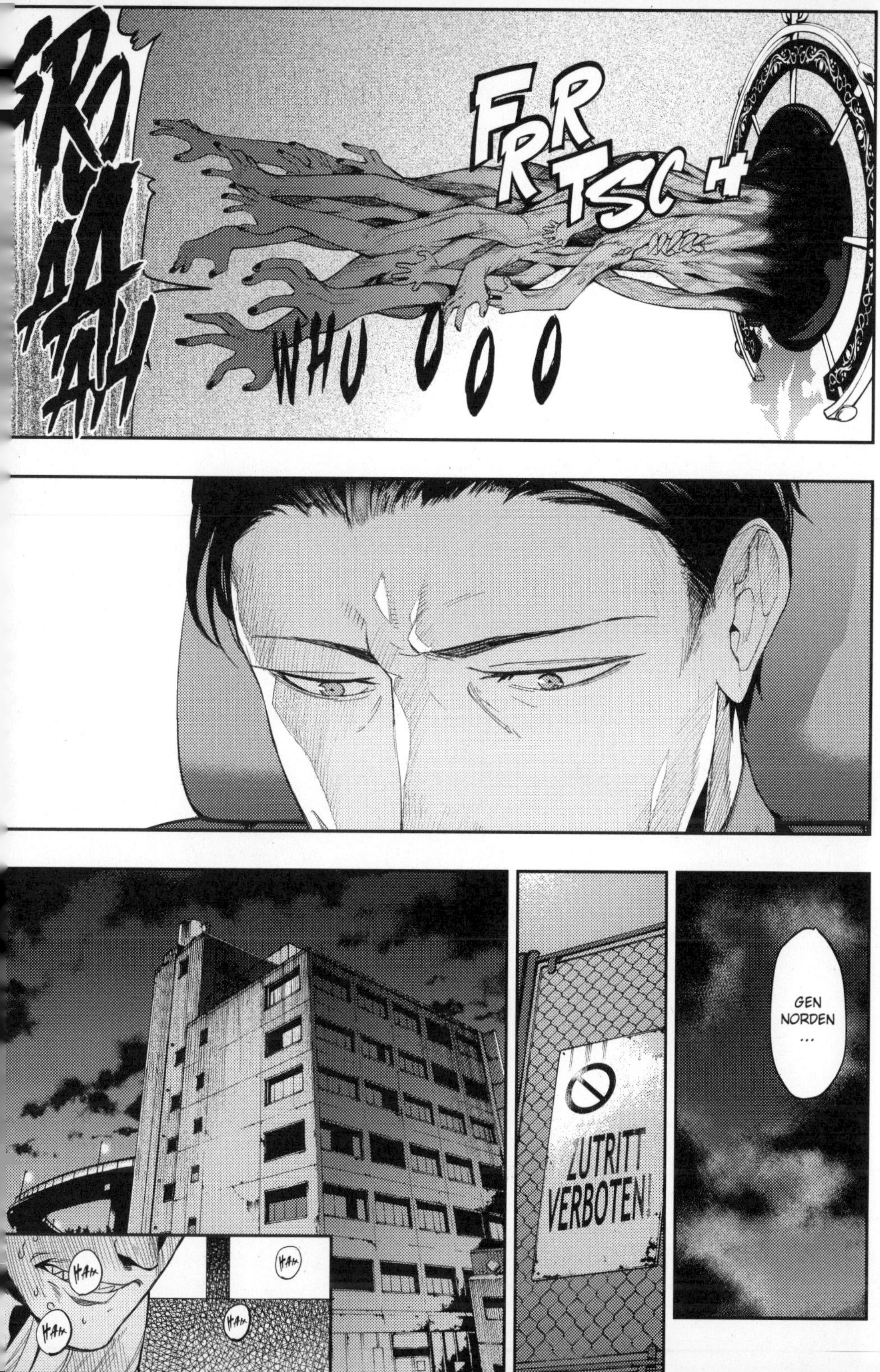
FRRTSCH
WHUOOO
GEN NORDEN ...
ZUTRITT VERBOTEN!
HAH
HAH
HAH
HAH

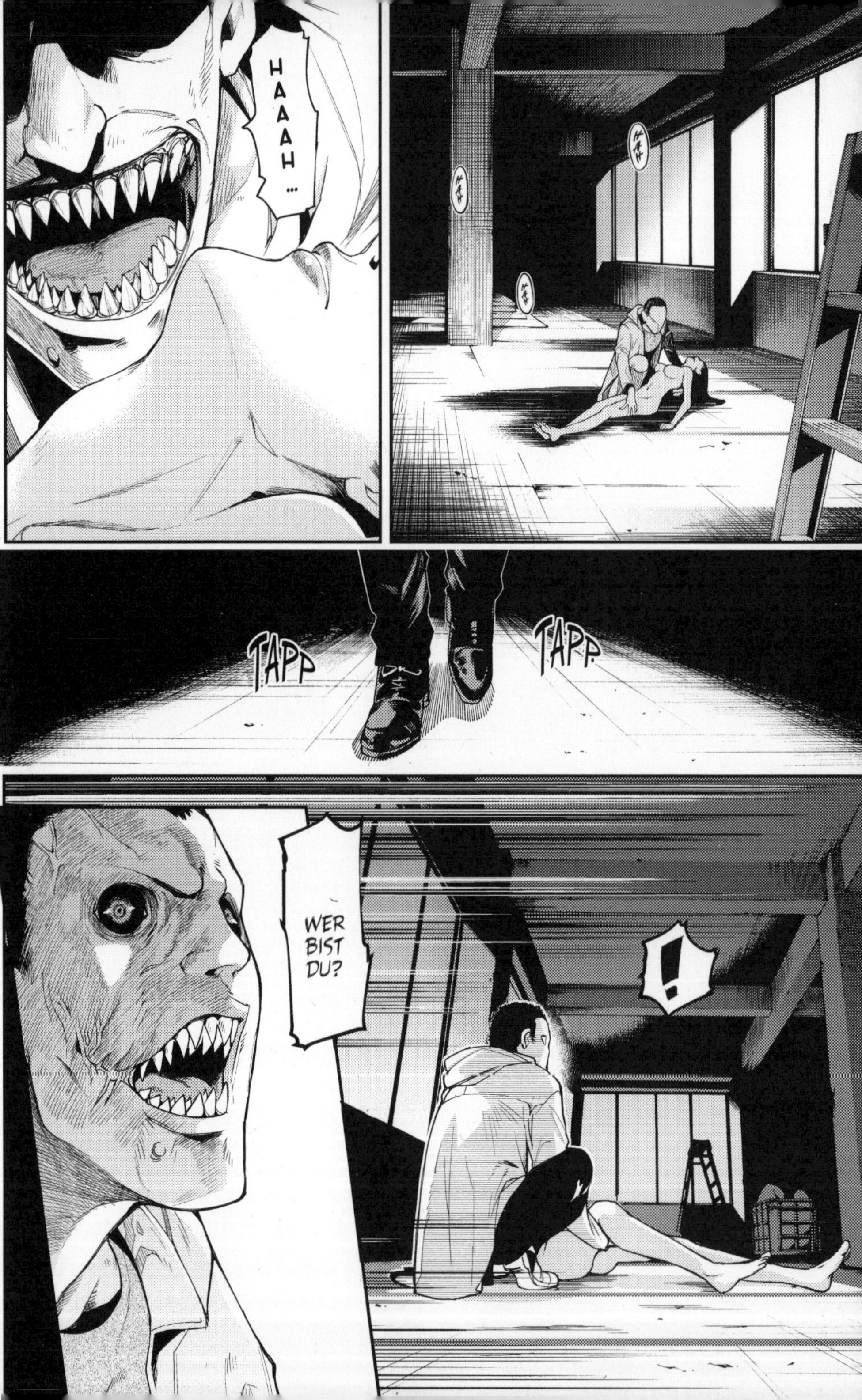
HAAAH ...
TAPP
TAPP
WER BIST DU?
!

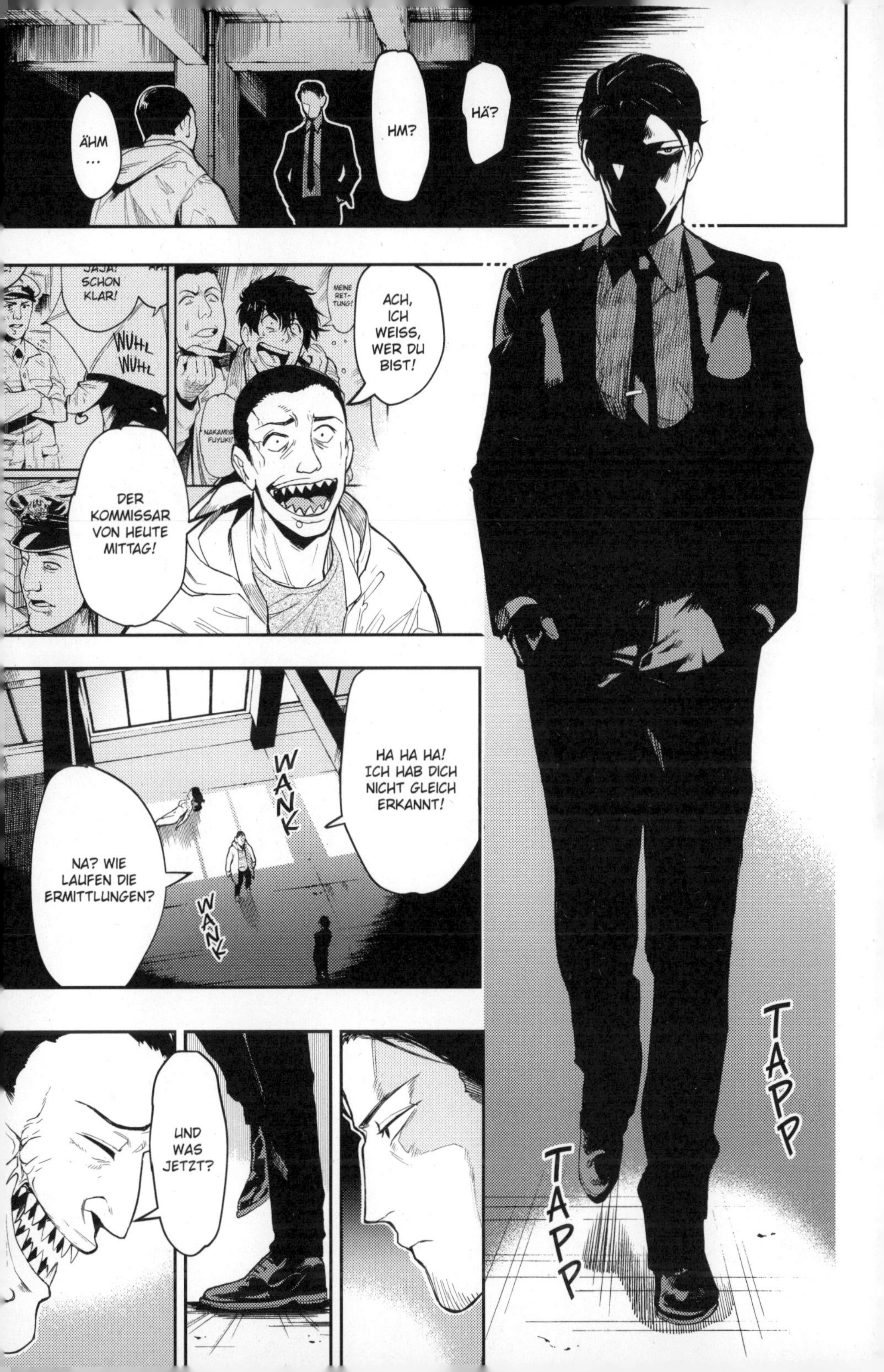
HÄ?
HM?
ÄHM ...
ACH, ICH WEISS, WER DU BIST!
MEINE RETTUNG!
SCHON KLAR!
WÜHL WÜHL
NAKAMIYA FUYUKI!
DER KOMMISSAR VON HEUTE MITTAG!
HA HA HA! ICH HAB DICH NICHT GLEICH ERKANNT!
WANK
NA? WIE LAUFEN DIE ERMITTLUNGEN?
WANK
UND WAS JETZT?
TAPP
TAPP

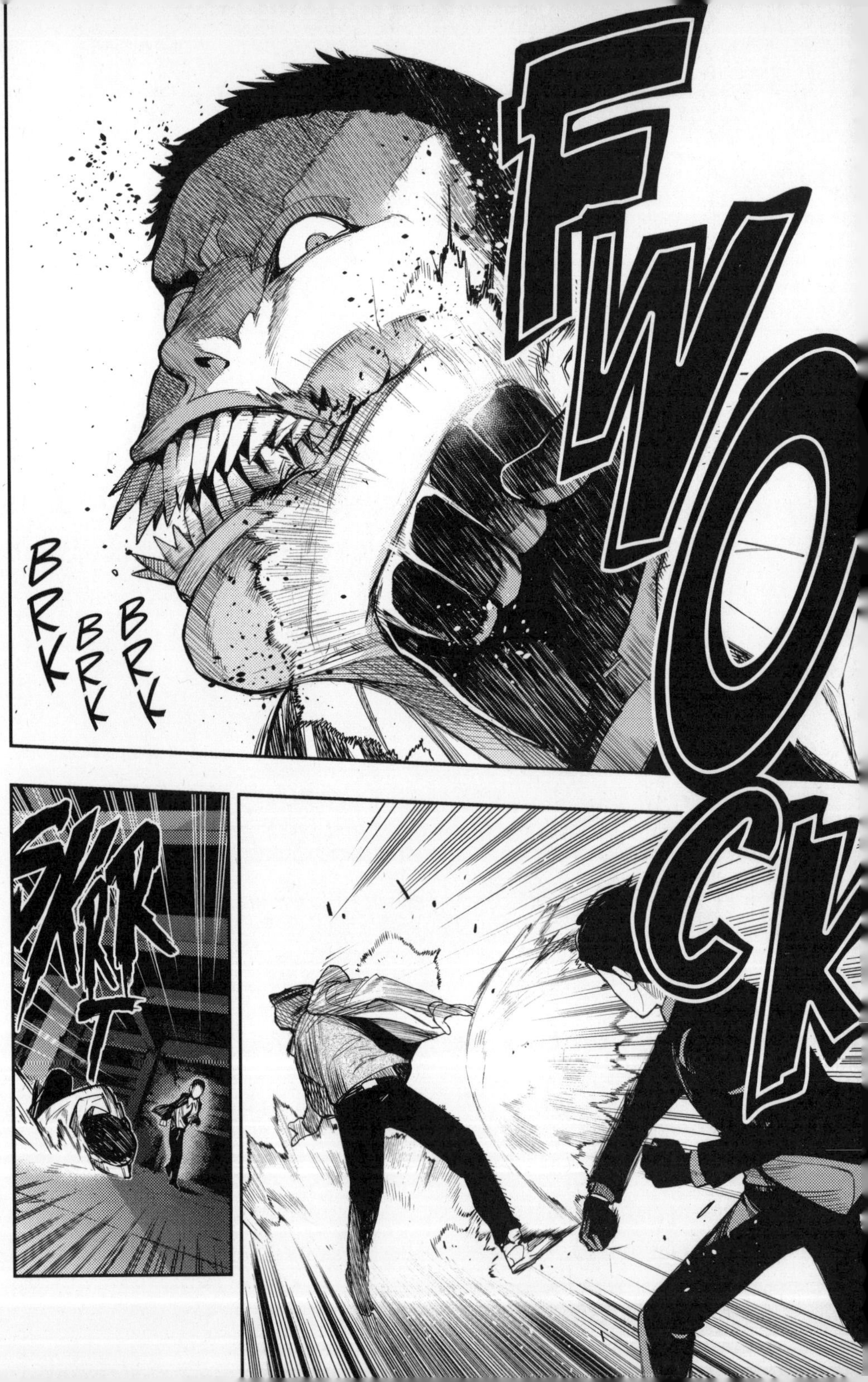
FWOCK
BRK BRK BRK
SKRRT

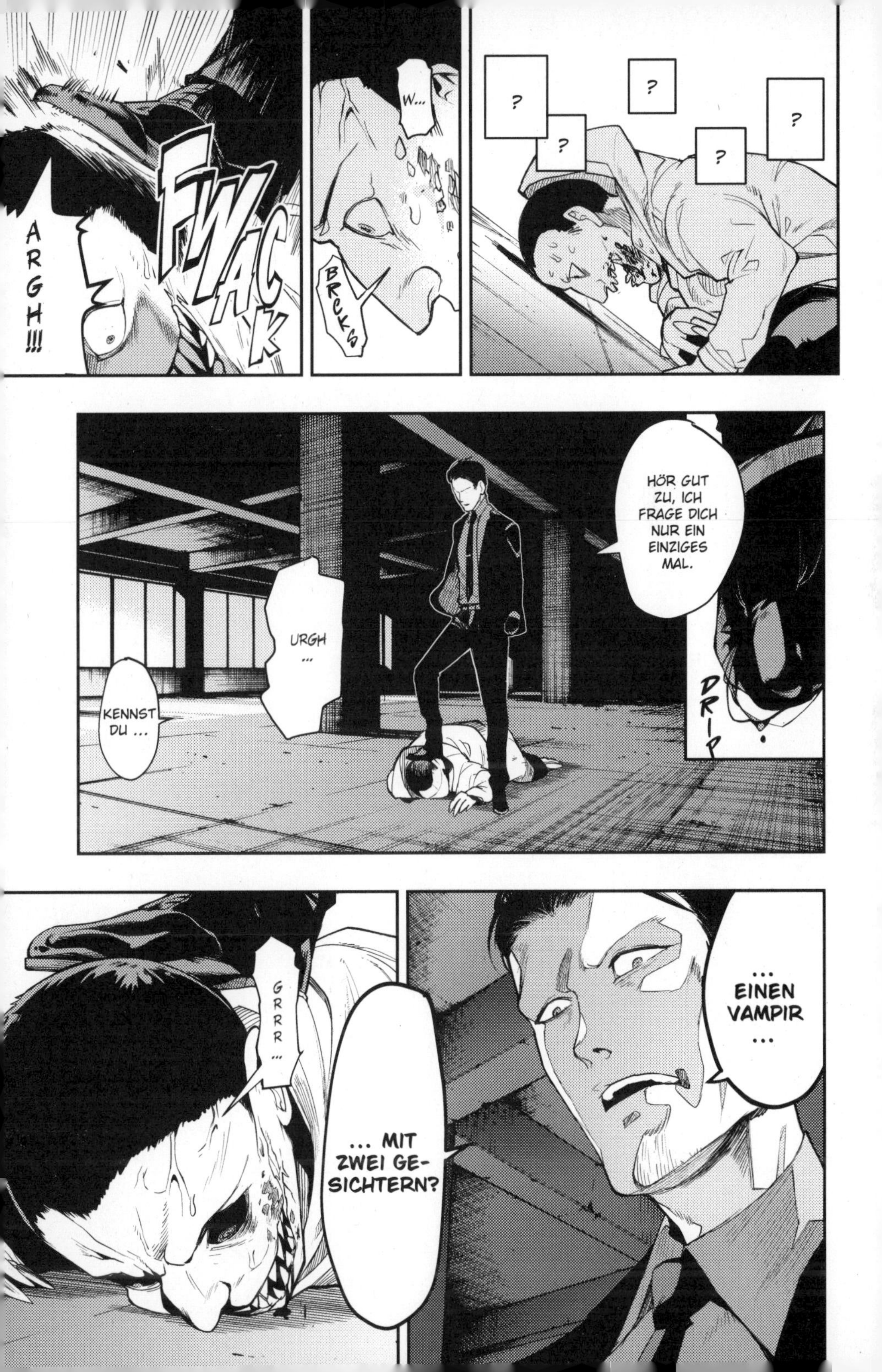

ARGH!!!
FWACK
W...
BRCKS
?
?
?
?
?
?
HÖR GUT ZU, ICH FRAGE DICH NUR EIN EINZIGES MAL.
DRIP
URGH ...
KENNST DU ...
... EINEN VAMPIR ...
GRRR ...
... MIT ZWEI GE-SICHTERN?

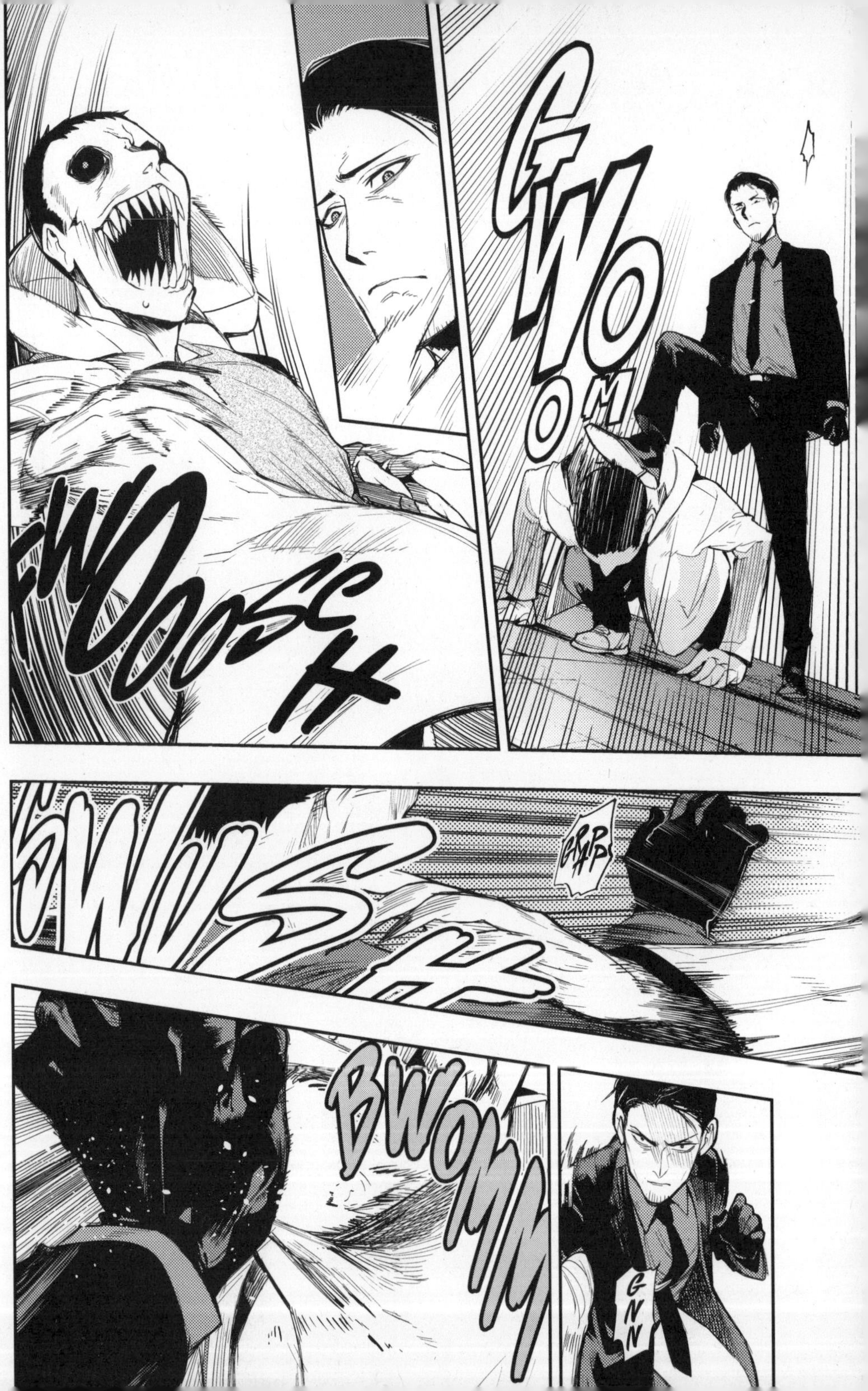

GWOOOM
FWOOSCH
GRAP
FWUSH
BWOMMM
GNN

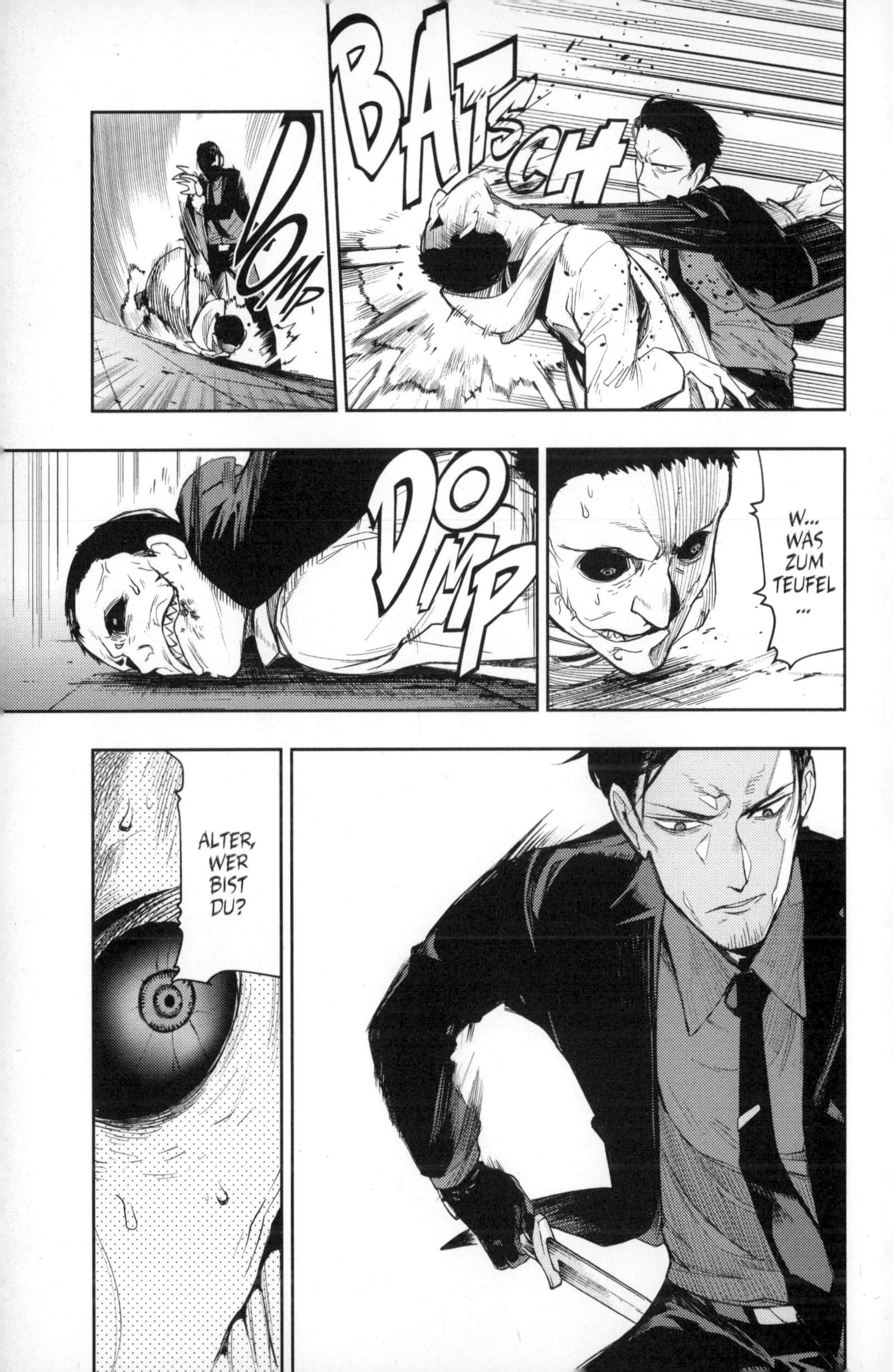
BATSCH
WOMP
DOMP
W... WAS ZUM TEUFEL ...
ALTER, WER BIST DU?

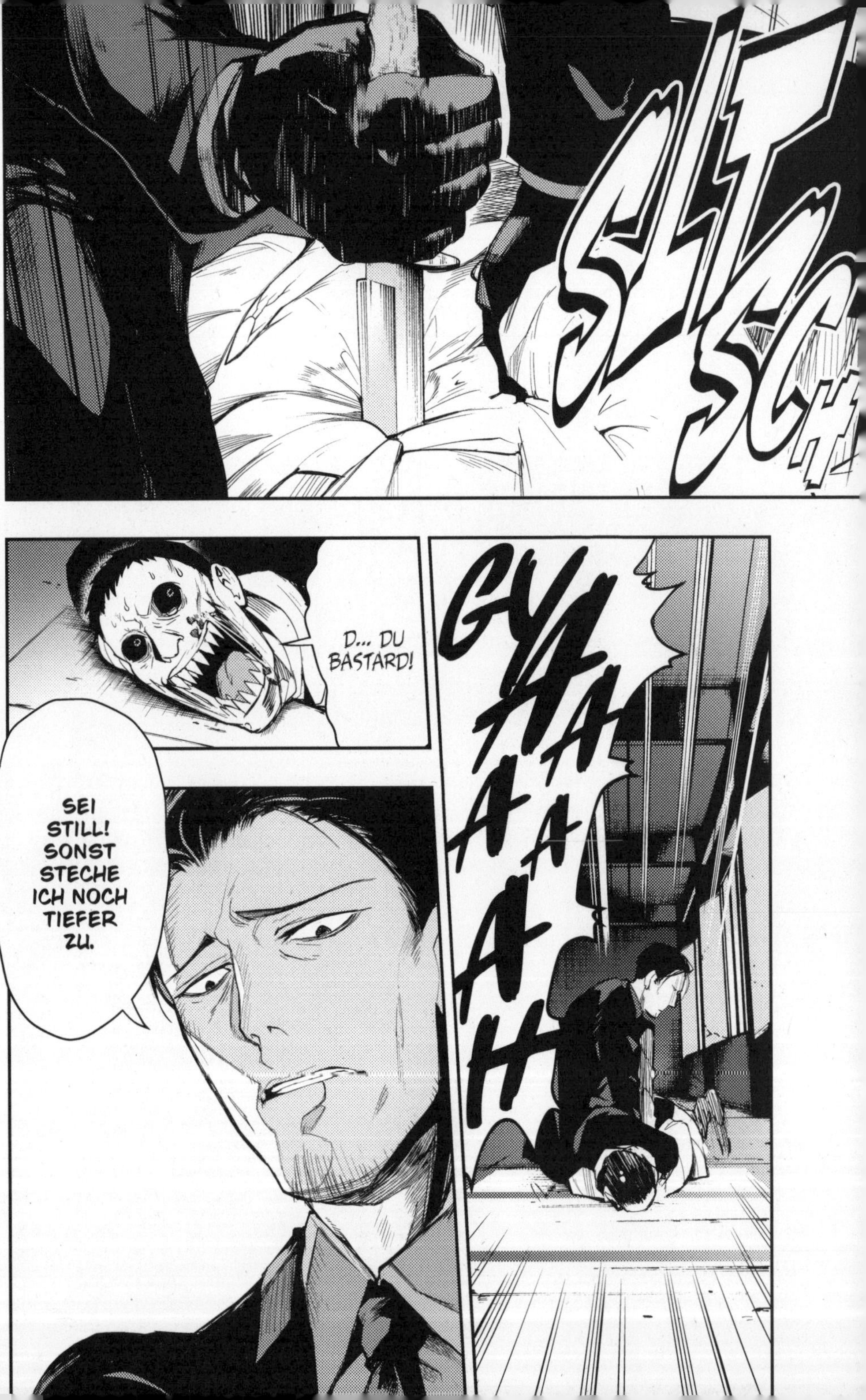
SCHSCH
GYAAAAAAH
D... DU BASTARD!
SEI STILL! SONST STECHE ICH NOCH TIEFER ZU.

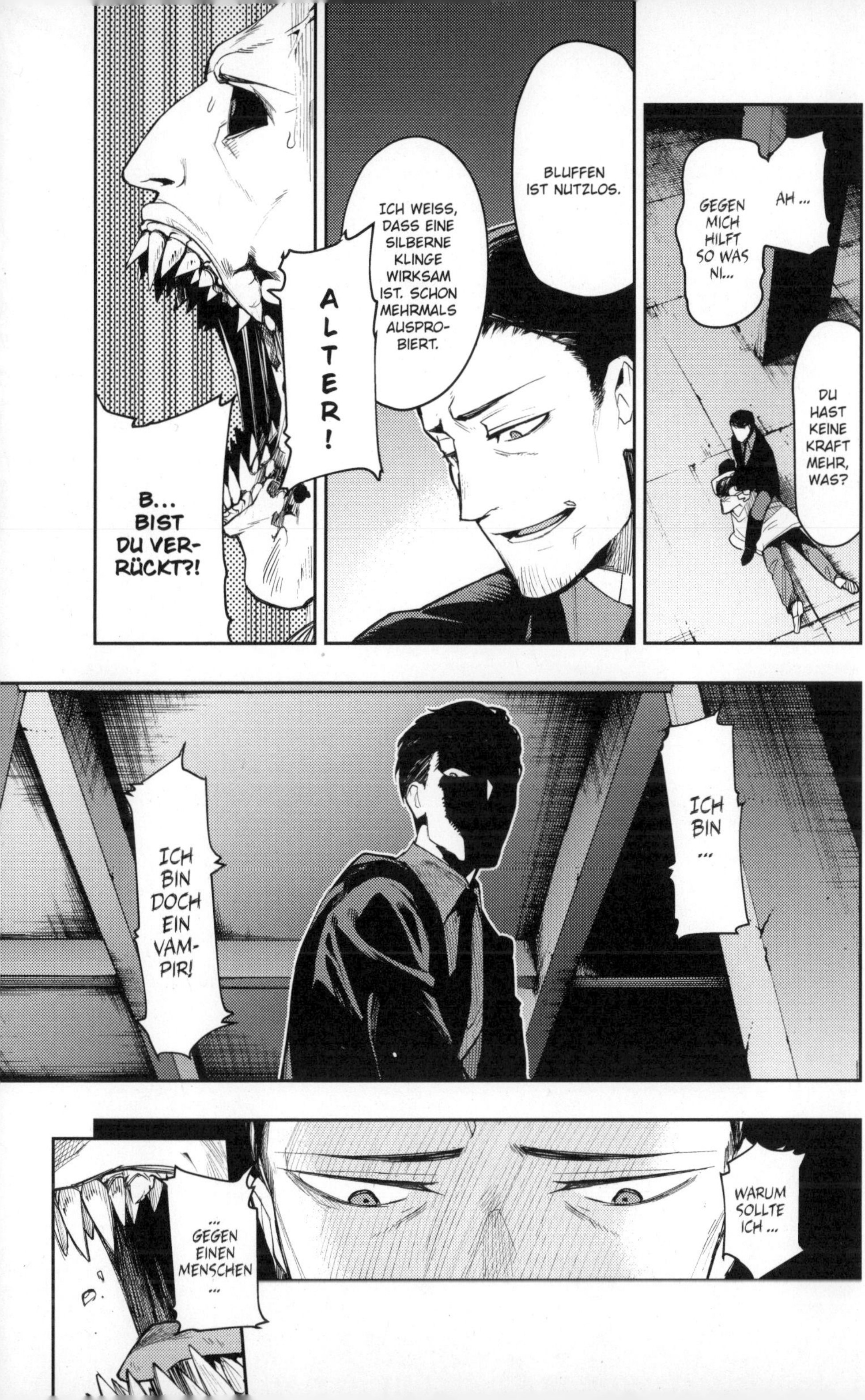
AH ...
GEGEN MICH HILFT SO WAS NI...
DU HAST KEINE KRAFT MEHR, WAS?
BLUFFEN IST NUTZLOS.
ICH WEISS, DASS EINE SILBERNE KLINGE WIRKSAM IST. SCHON MEHRMALS AUSPROBIERT.
ALTER!
B... BIST DU VERRÜCKT?!
ICH BIN ...
ICH BIN DOCH EIN VAMPIR!
WARUM SOLLTE ICH ...
... GEGEN EINEN MENSCHEN ...

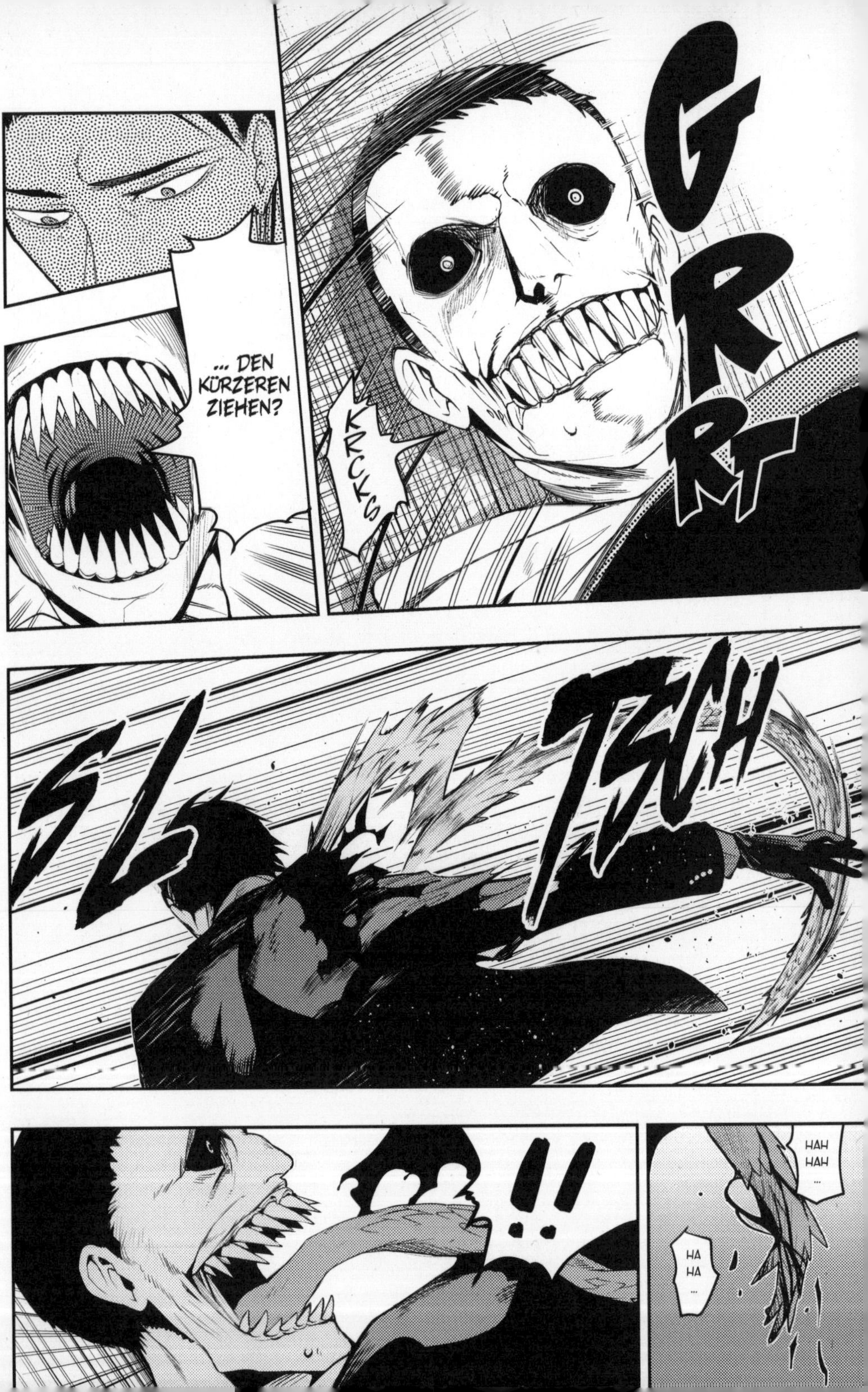
GRRRT
KRCKS
... DEN KÜRZEREN ZIEHEN?
SLTSCH
HAH HAH ...
HA HA ...
!!

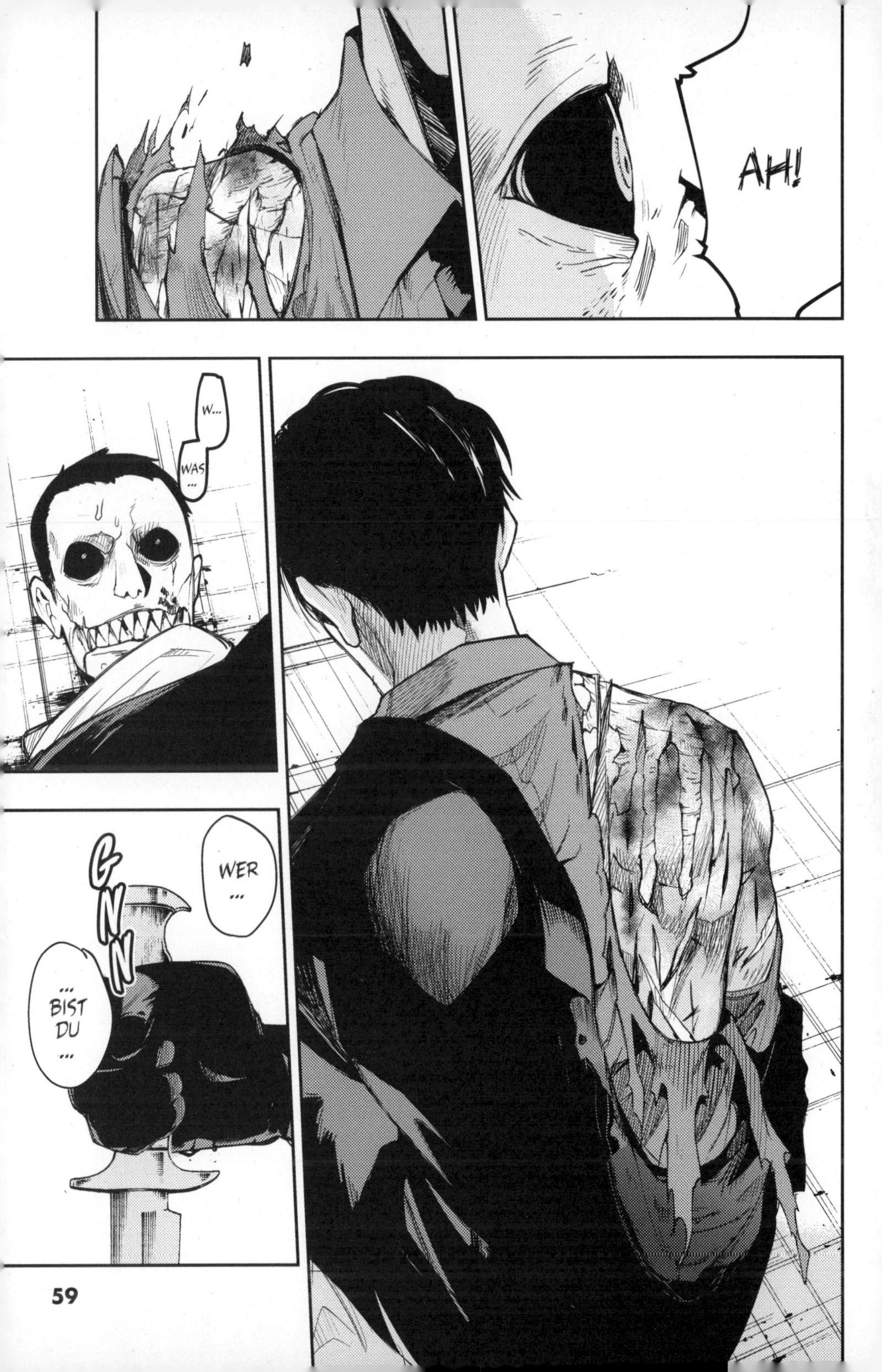
AH!
W...
WAS ...
WER ...
GNN
... BIST DU ...

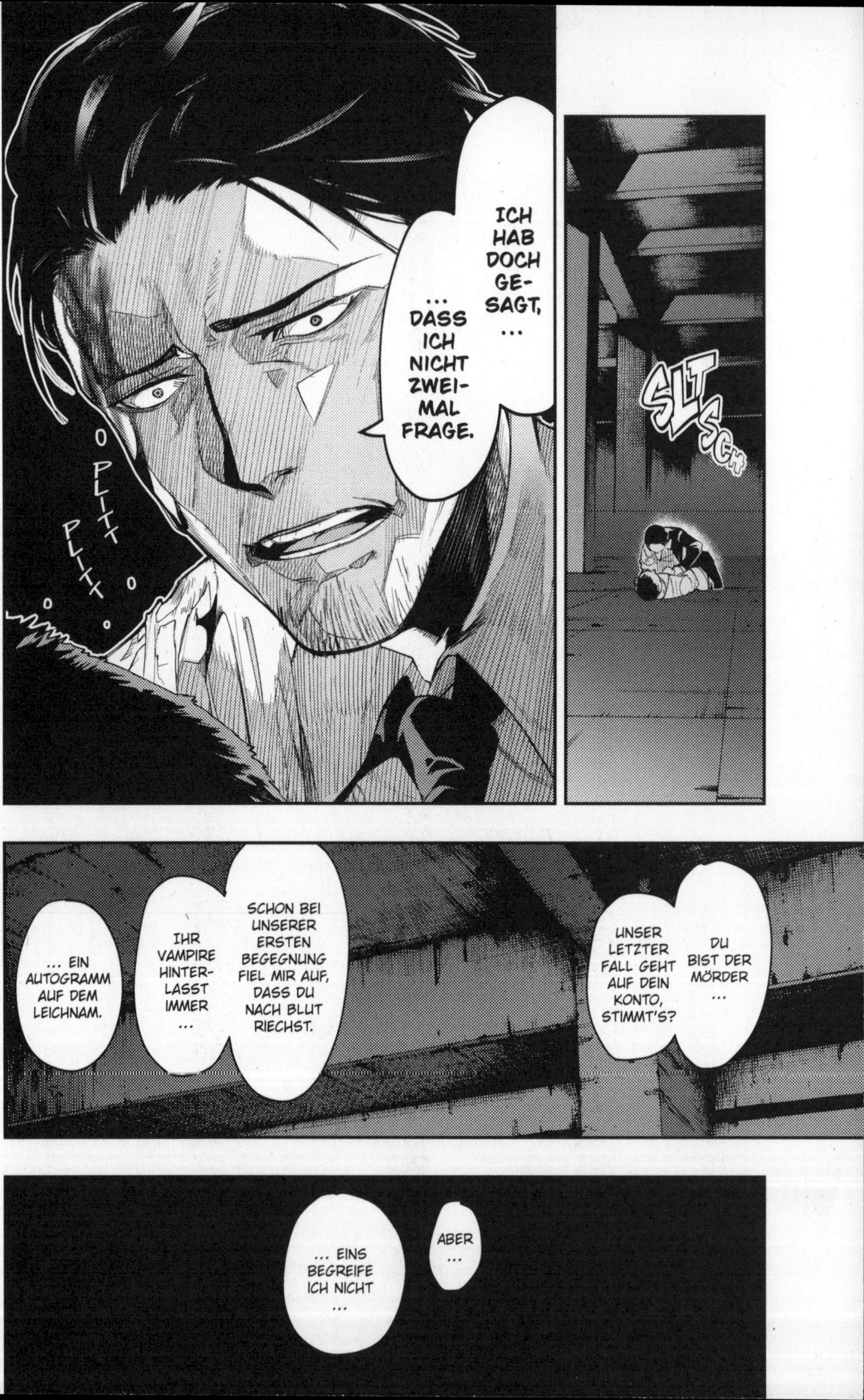
SLITSCH
ICH HAB DOCH GESAGT, …
… DASS ICH NICHT ZWEIMAL FRAGE.
PLITT PLITT
DU BIST DER MÖRDER …
UNSER LETZTER FALL GEHT AUF DEIN KONTO, STIMMT'S?
SCHON BEI UNSERER ERSTEN BEGEGNUNG FIEL MIR AUF, DASS DU NACH BLUT RIECHST.
IHR VAMPIRE HINTERLASST IMMER …
… EIN AUTOGRAMM AUF DEM LEICHNAM.
ABER …
… EINS BEGREIFE ICH NICHT …

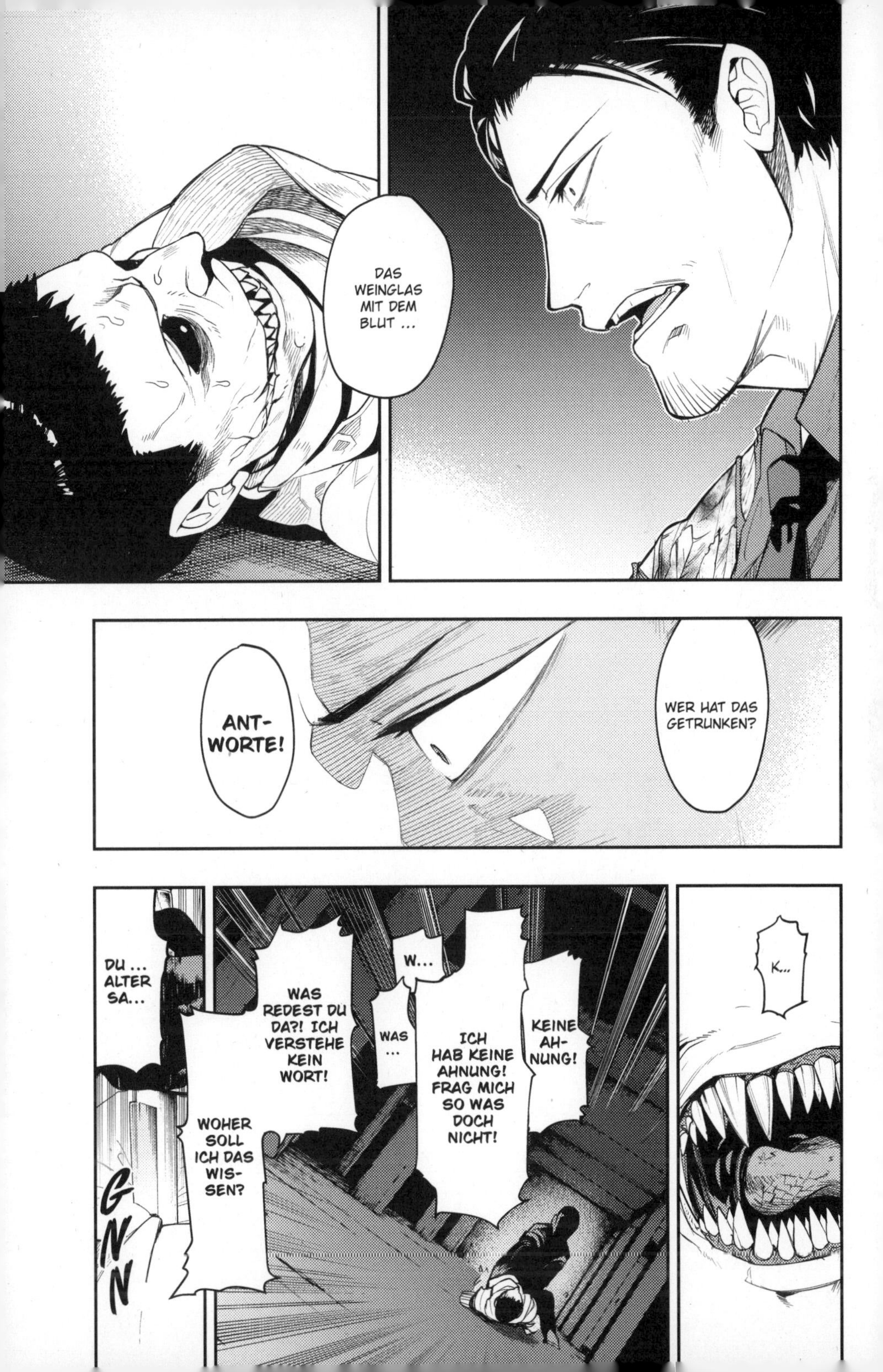
DAS WEINGLAS MIT DEM BLUT …
WER HAT DAS GETRUNKEN?
ANT-WORTE!
K…
W…
KEINE AH-NUNG!
ICH HAB KEINE AHNUNG! FRAG MICH SO WAS DOCH NICHT!
WAS …
WAS REDEST DU DA?! ICH VERSTEHE KEIN WORT!
WOHER SOLL ICH DAS WIS-SEN?
DU … ALTER SA…
GNN

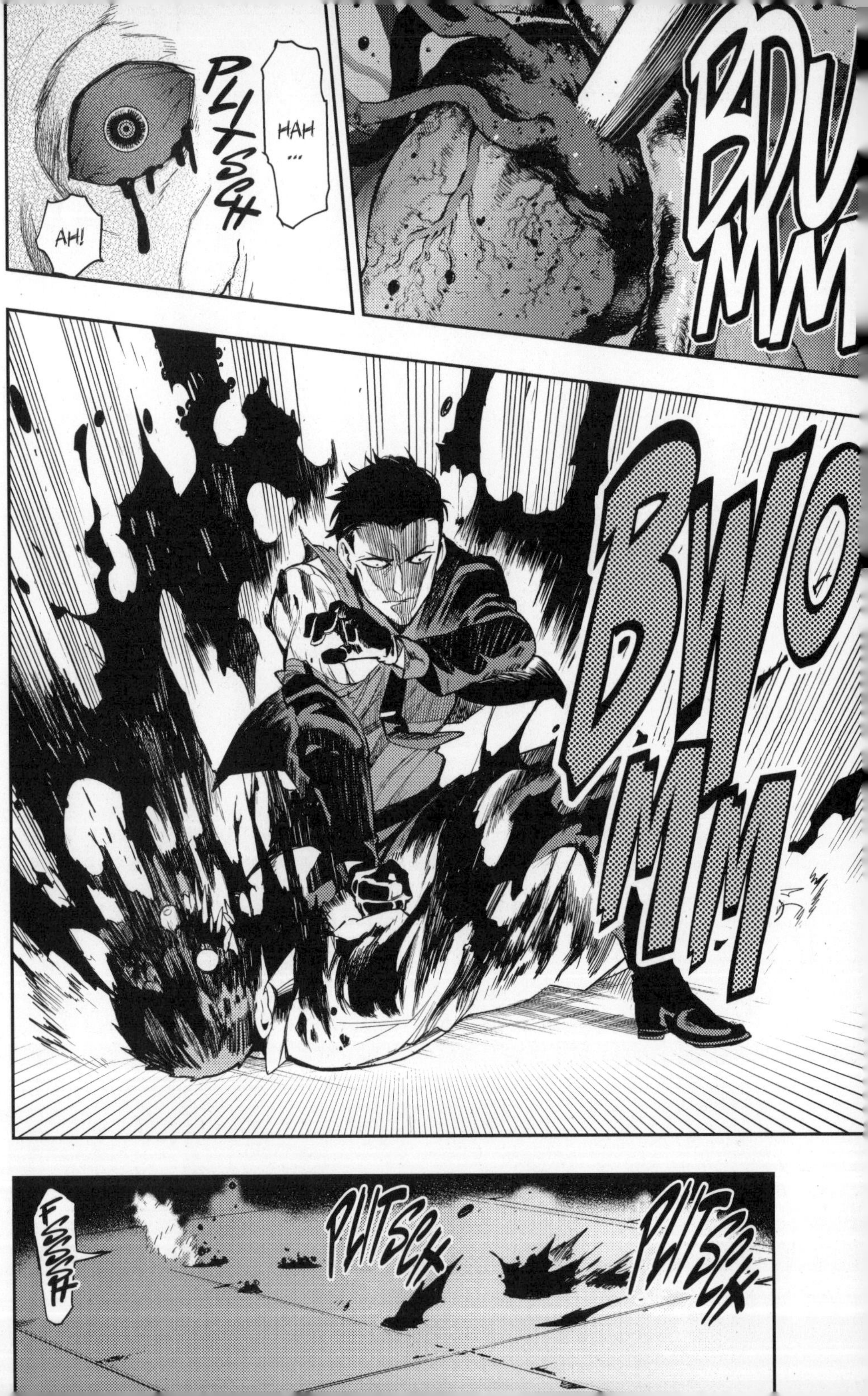
BDUMM
HAH ...
PLITSCH
AH!
BWOMM
FSSSCH
PLITSCH
PLITSCH

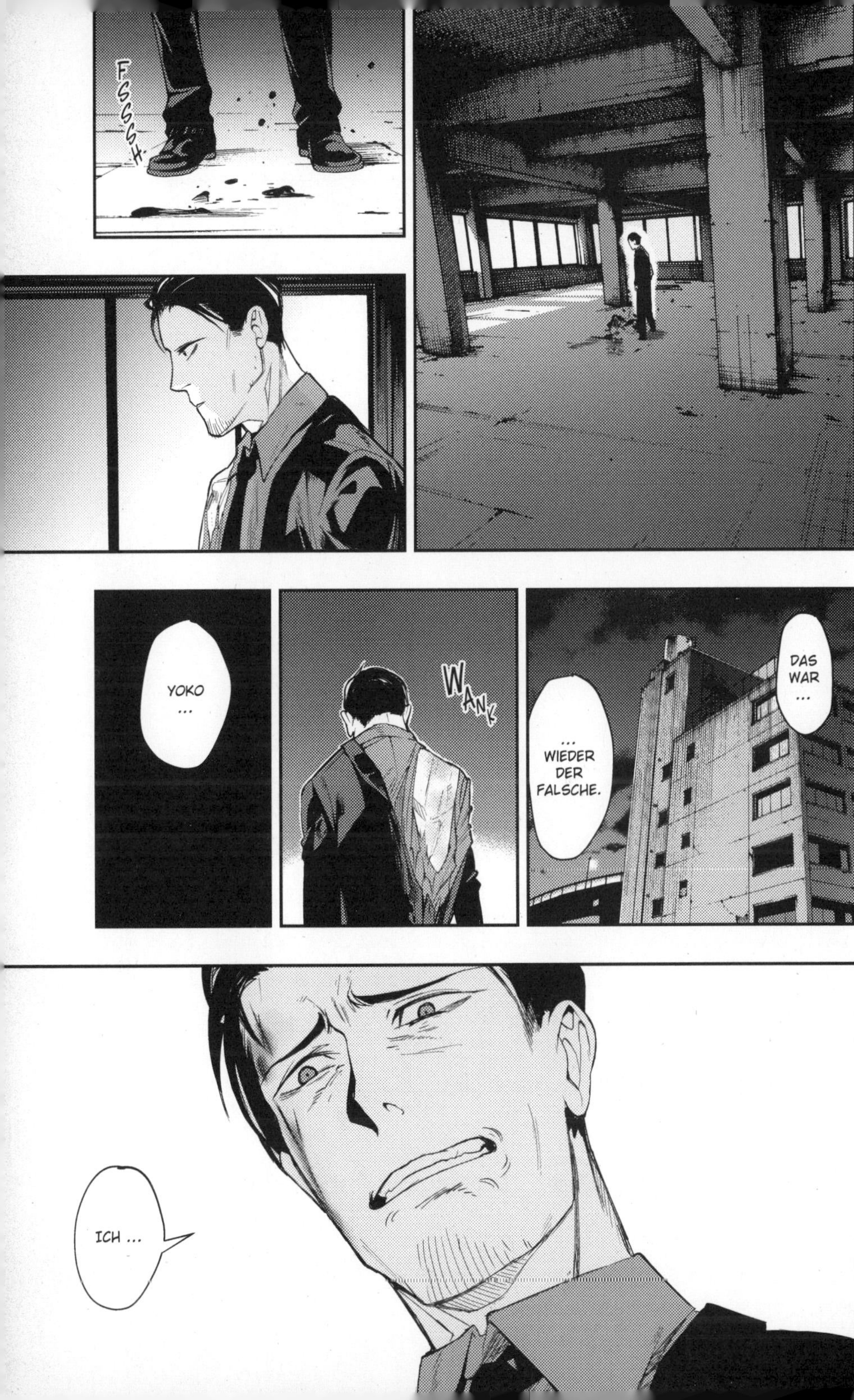

FSSSH
DAS WAR ...
... WIEDER DER FALSCHE.
WANK
YOKO ...
ICH ...

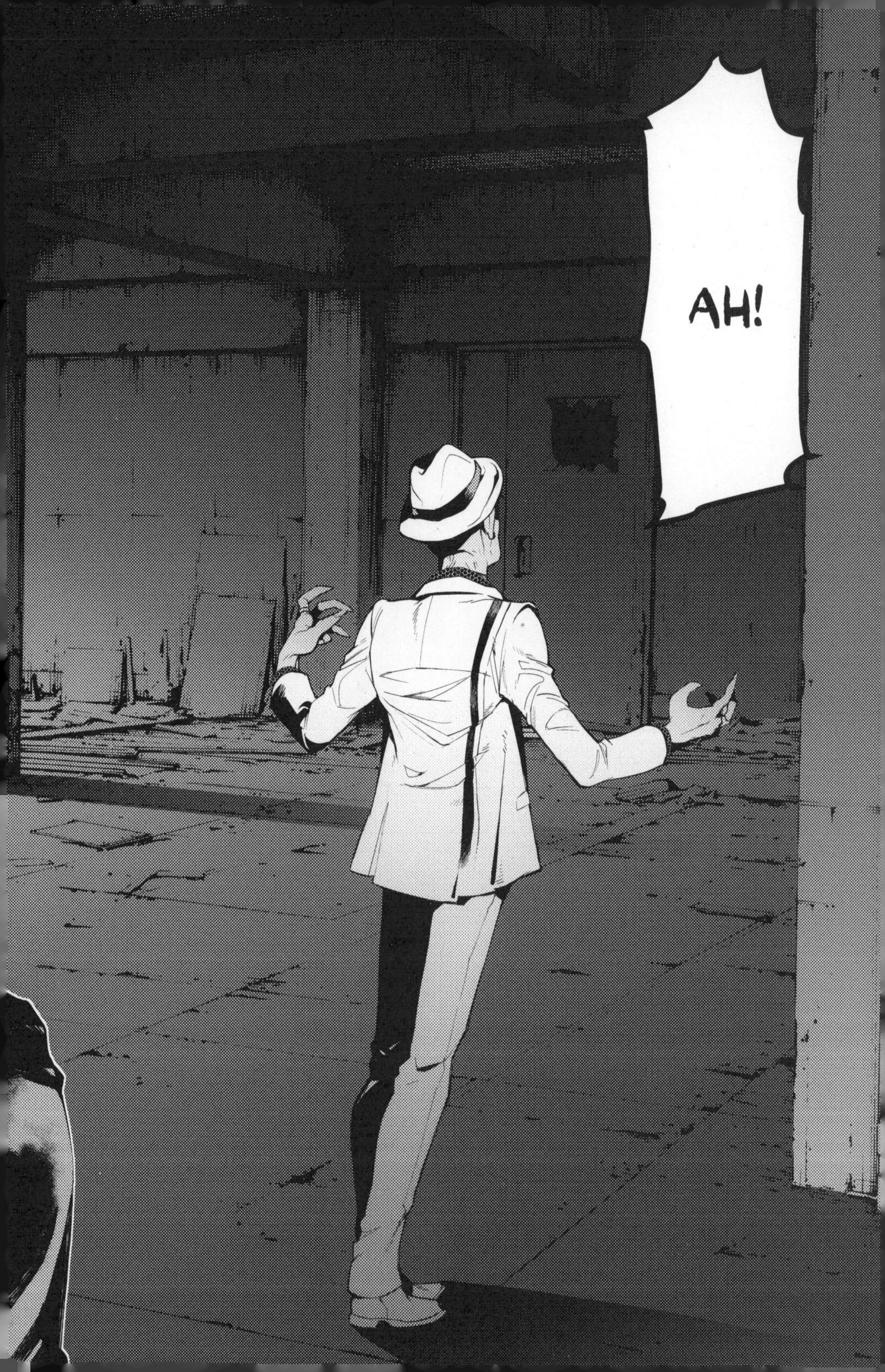
AH!

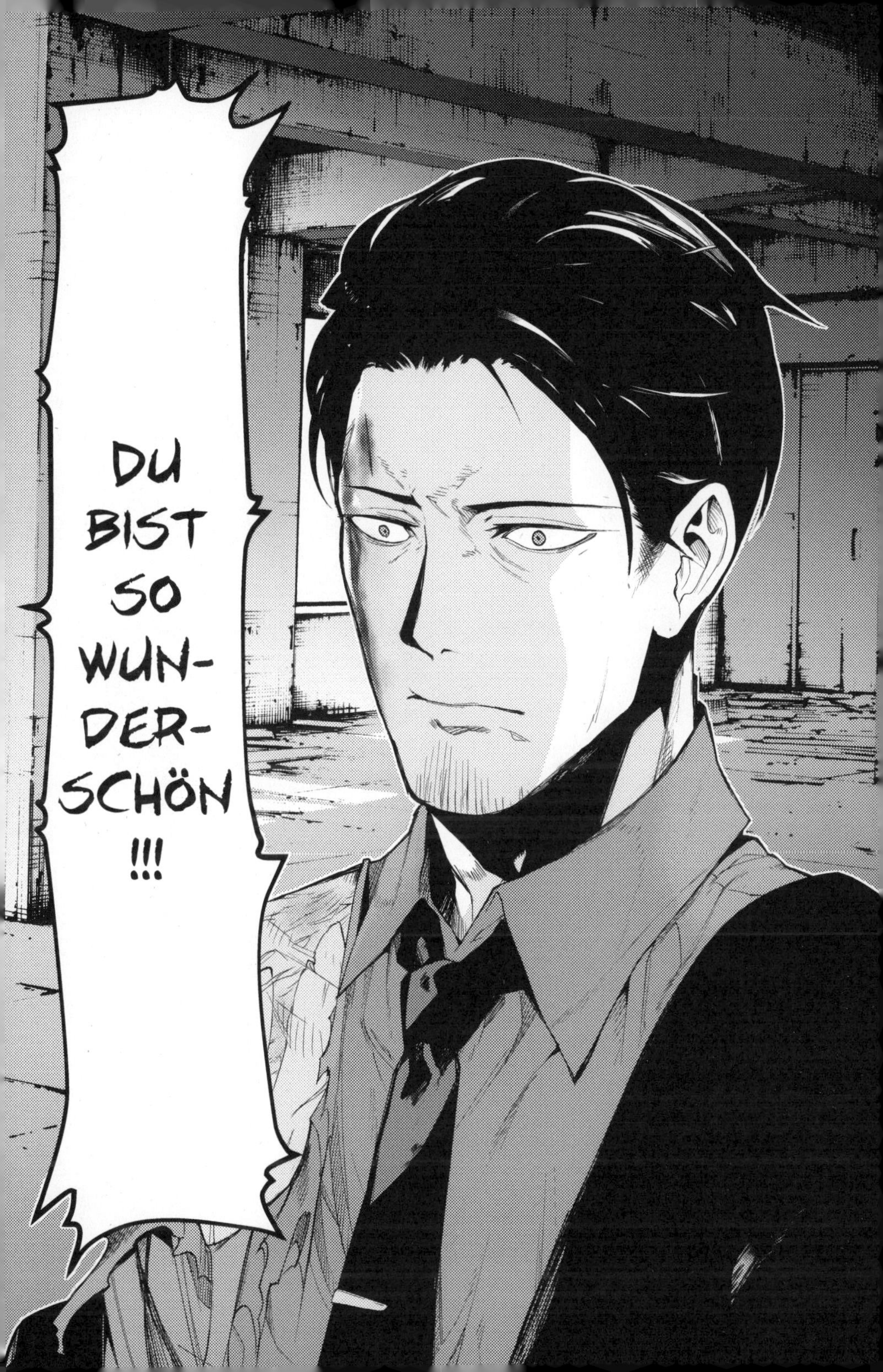
DU BIST SO WUN-DER-SCHÖN !!!

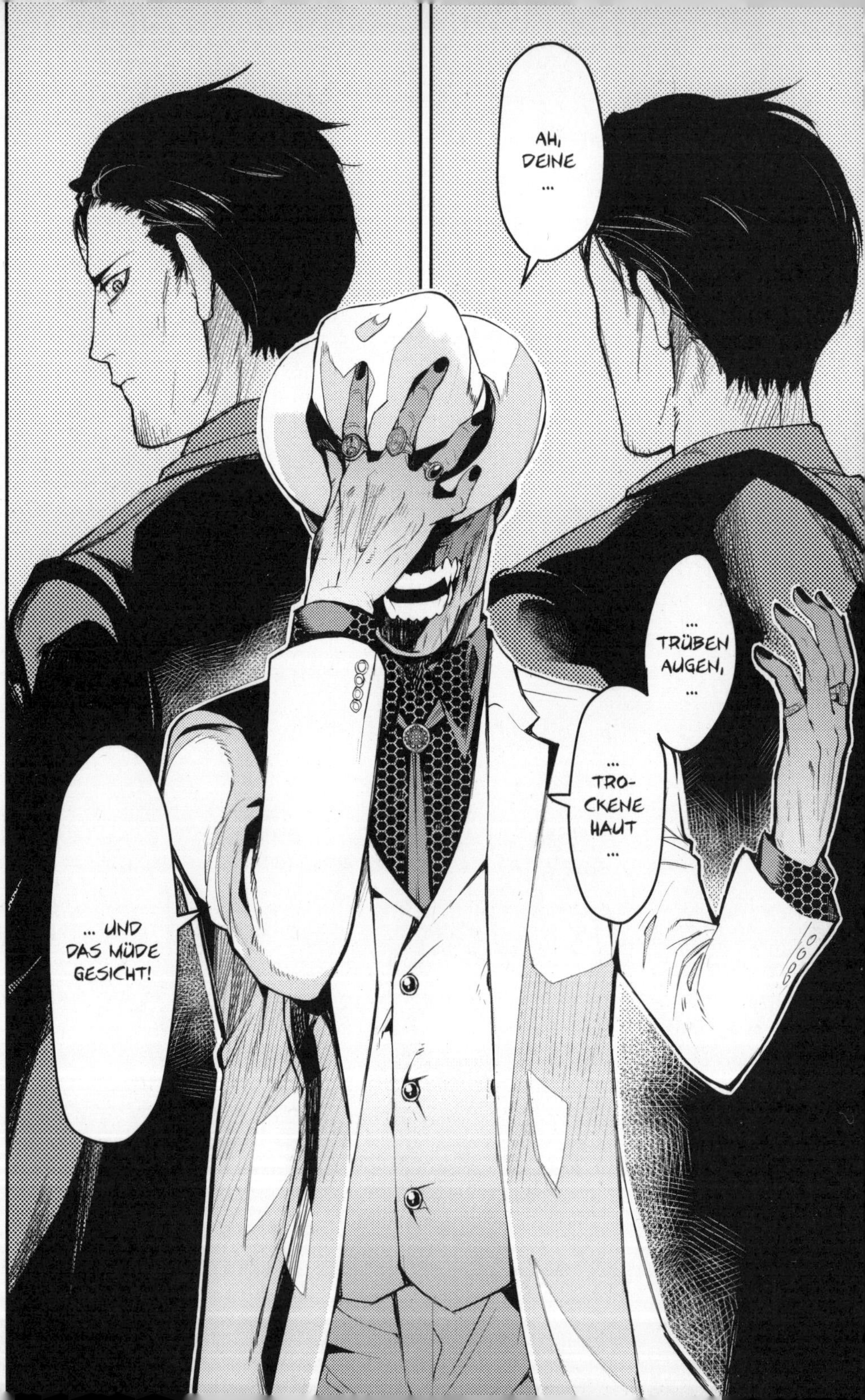

AH, DEINE ...
... TRÜBEN AUGEN, ...
... TRO-CKENE HAUT ...
... UND DAS MÜDE GESICHT!

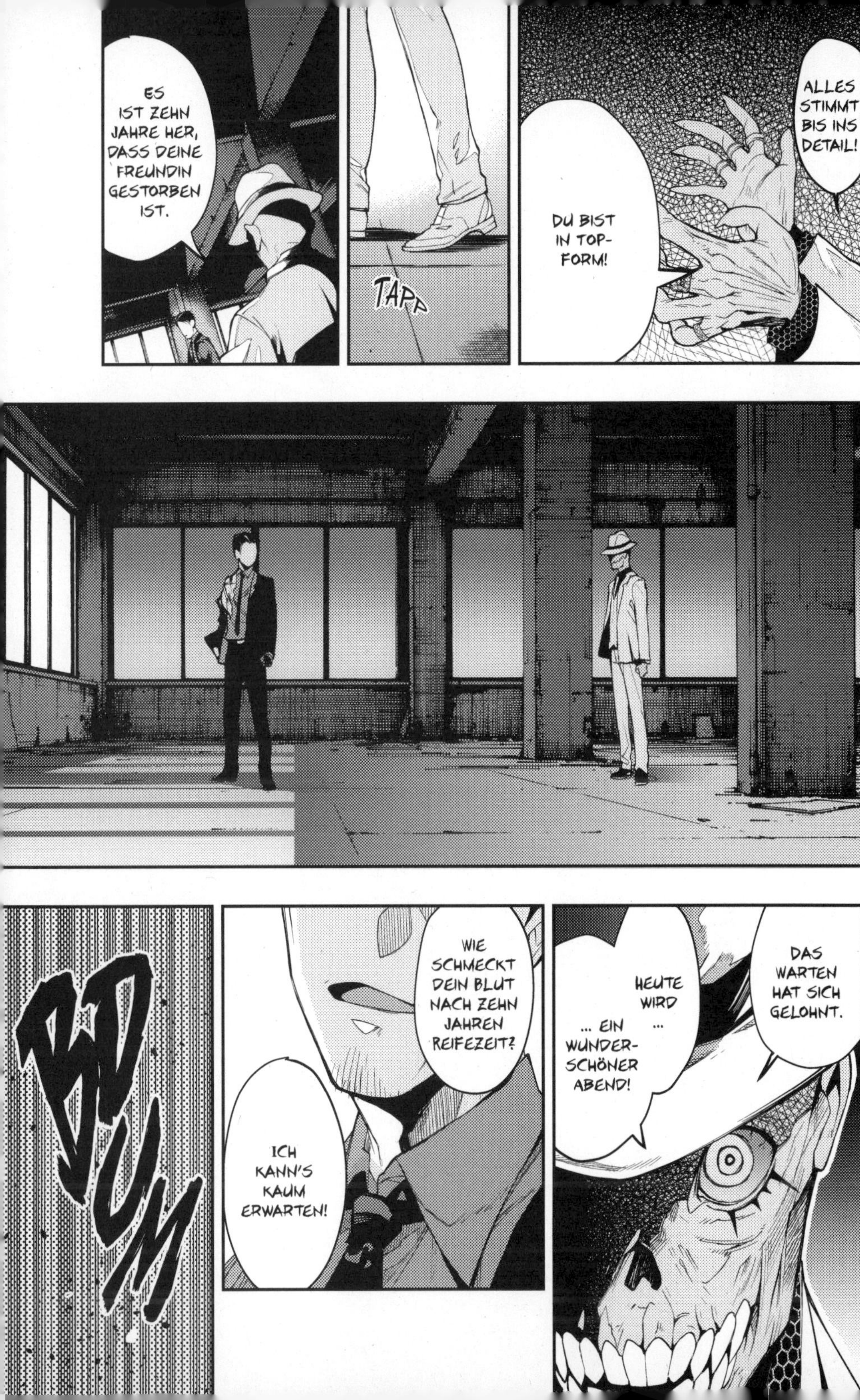
ALLES STIMMT BIS INS DETAIL!
DU BIST IN TOP-FORM!
TAPP
ES IST ZEHN JAHRE HER, DASS DEINE FREUNDIN GESTORBEN IST.
DAS WARTEN HAT SICH GELOHNT.
HEUTE WIRD ...
... EIN WUNDERSCHÖNER ABEND!
WIE SCHMECKT DEIN BLUT NACH ZEHN JAHREN REIFEZEIT?
ICH KANN'S KAUM ERWARTEN!
BDUM

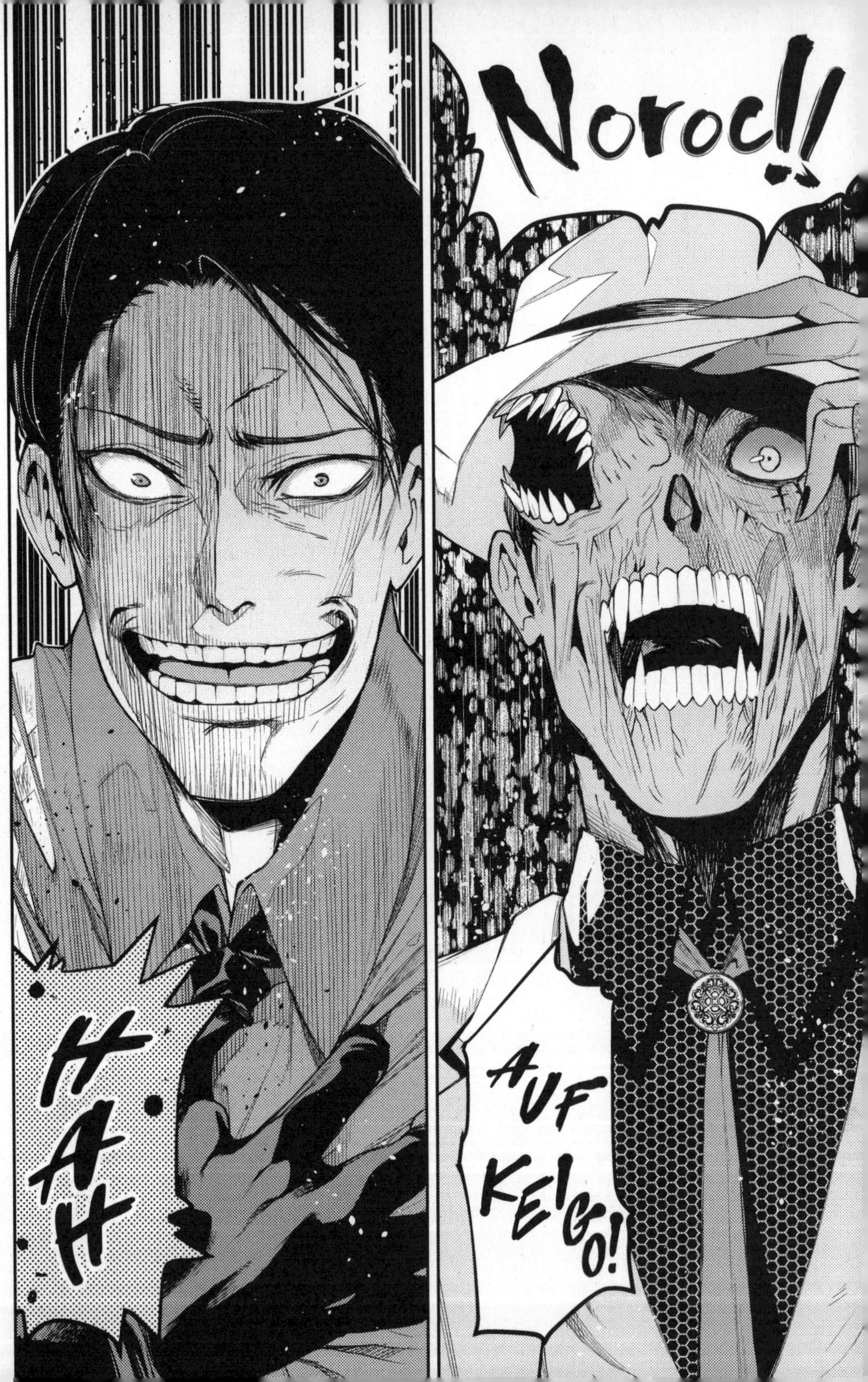
Noroc!!
AUF KEIGO!
HAH

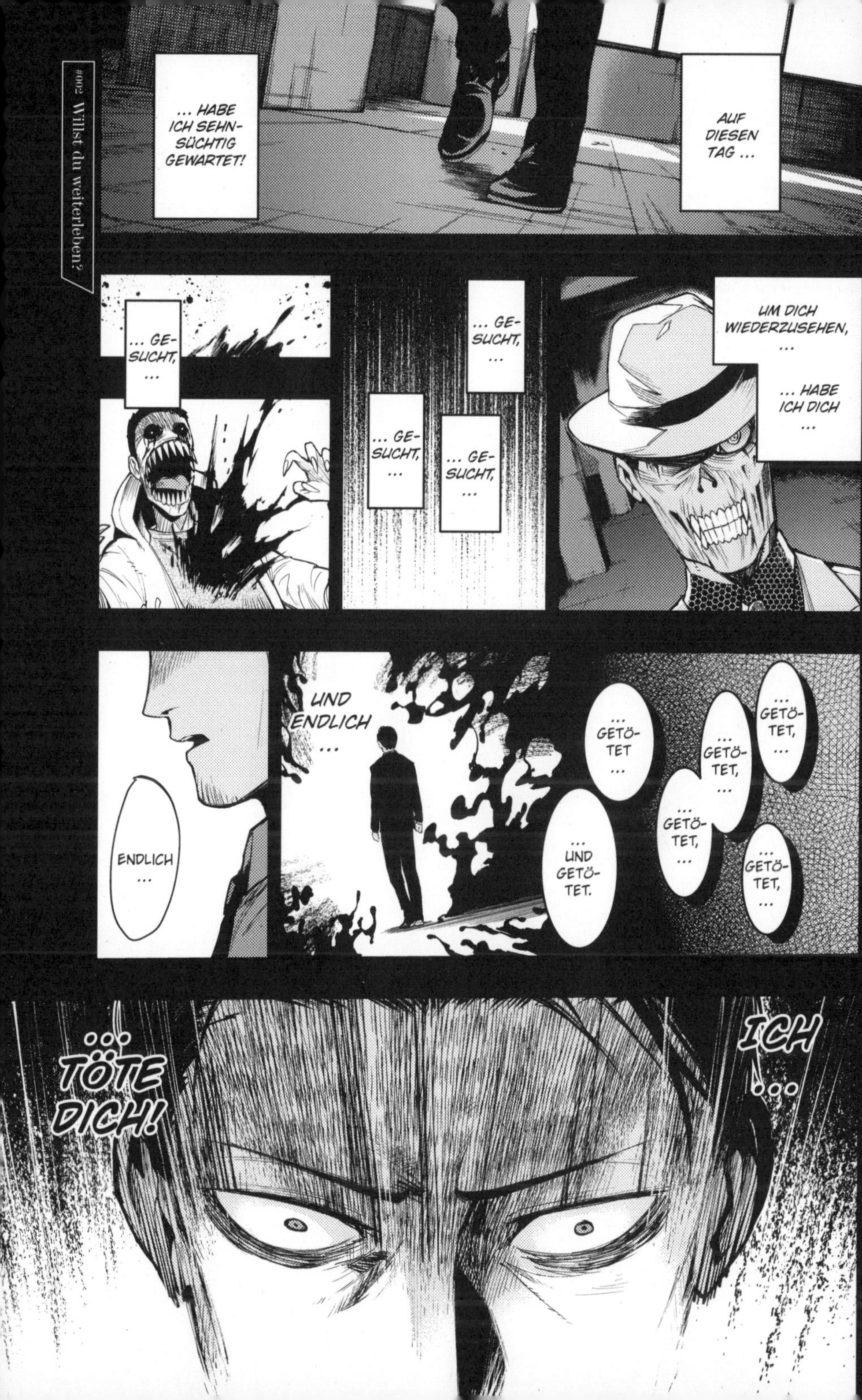
AUF DIESEN TAG …
… HABE ICH SEHNSÜCHTIG GEWARTET!
UM DICH WIEDERZUSEHEN, …
… HABE ICH DICH …
… GE-SUCHT, …
… GE-SUCHT, …
… GE-SUCHT, …
… GE-SUCHT, …
… GETÖ-TET, …
… GETÖ-TET, …
… GETÖ-TET …
… GETÖ-TET, …
… GETÖ-TET, …
… UND GETÖ-TET.
UND ENDLICH …
ENDLICH …
ICH …
… TÖTE DICH!

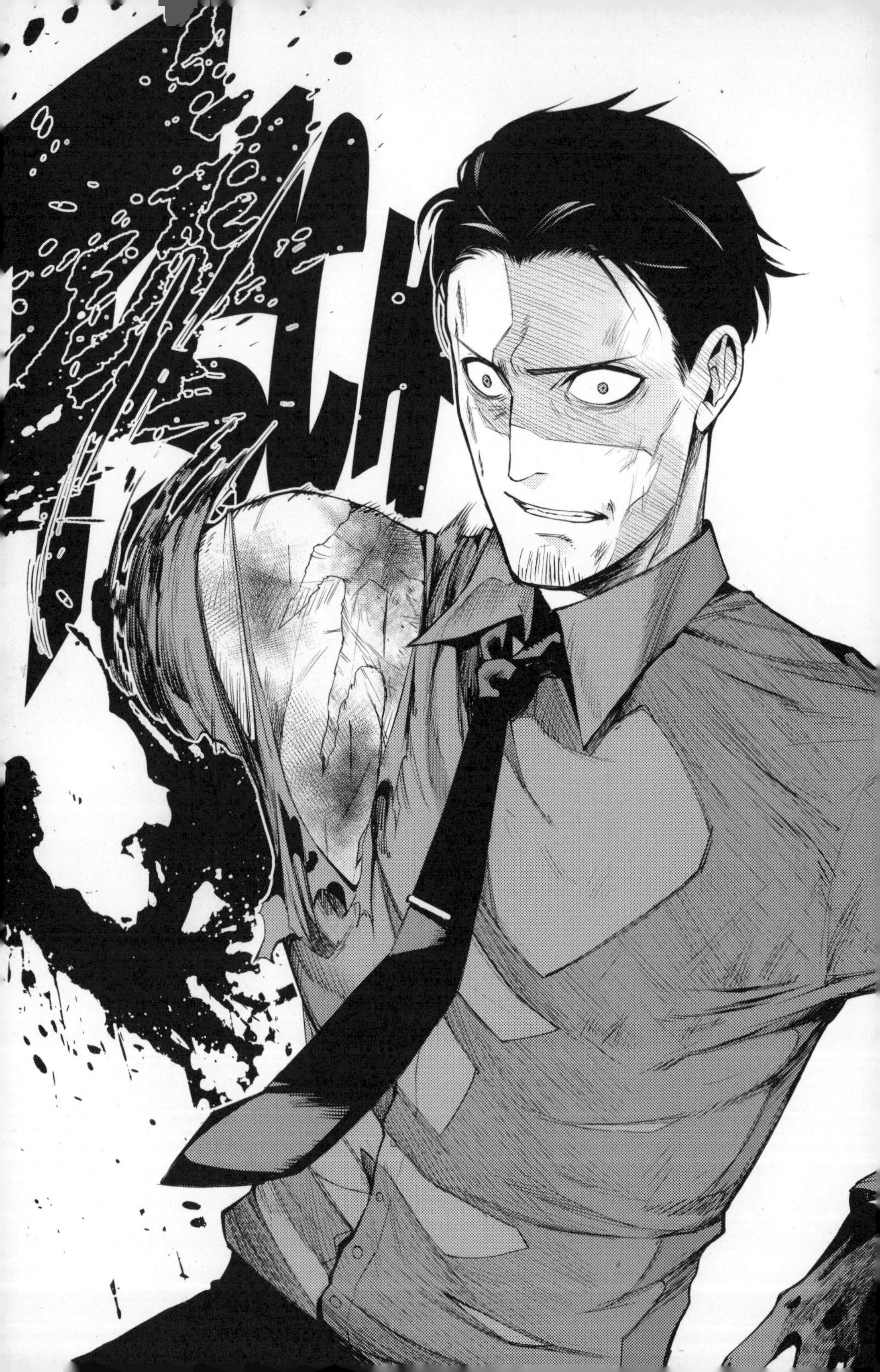

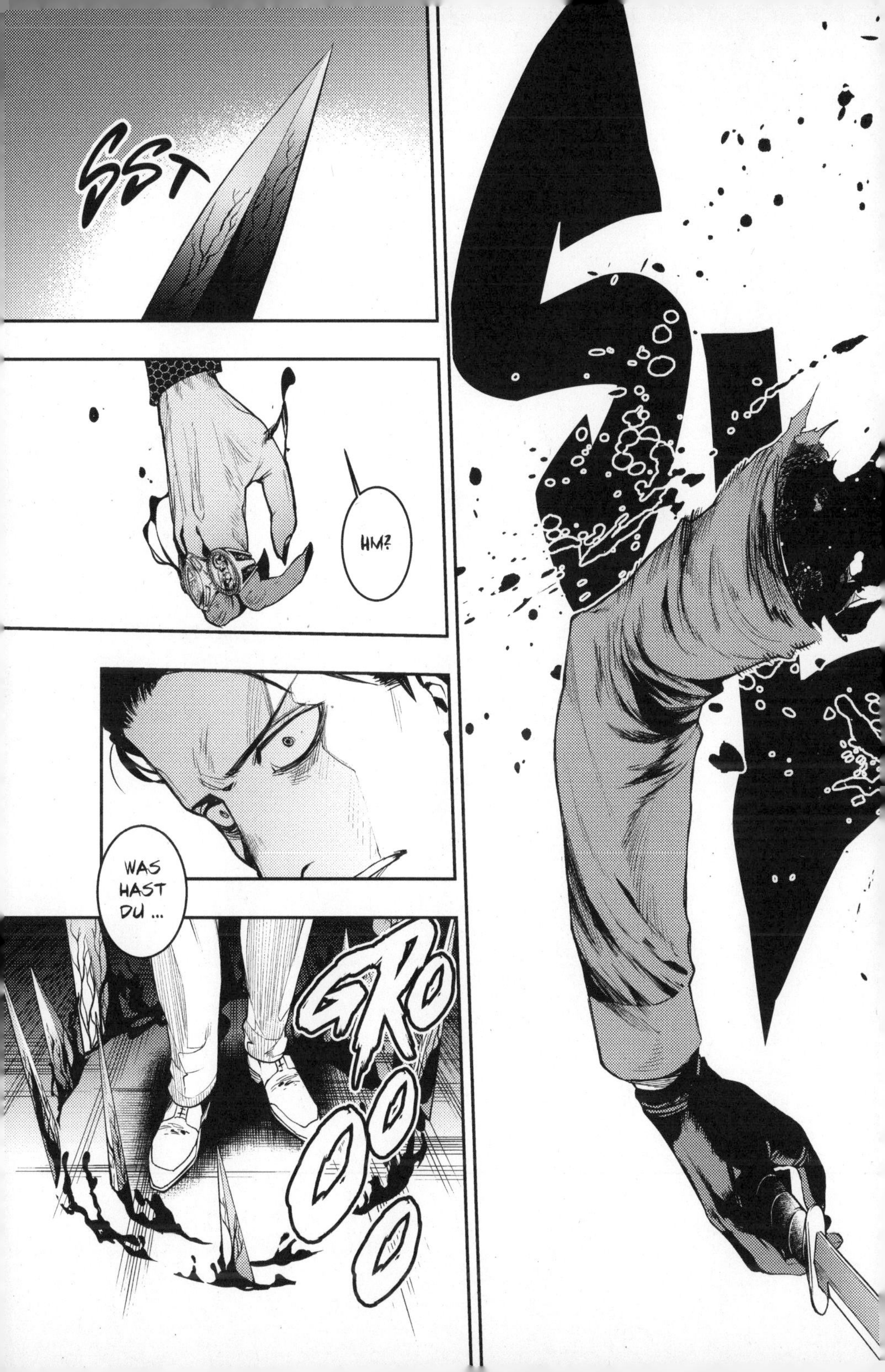
SST
HM?
WAS HAST DU ...
GROOOOOO

#002 Willst du weiterleben?

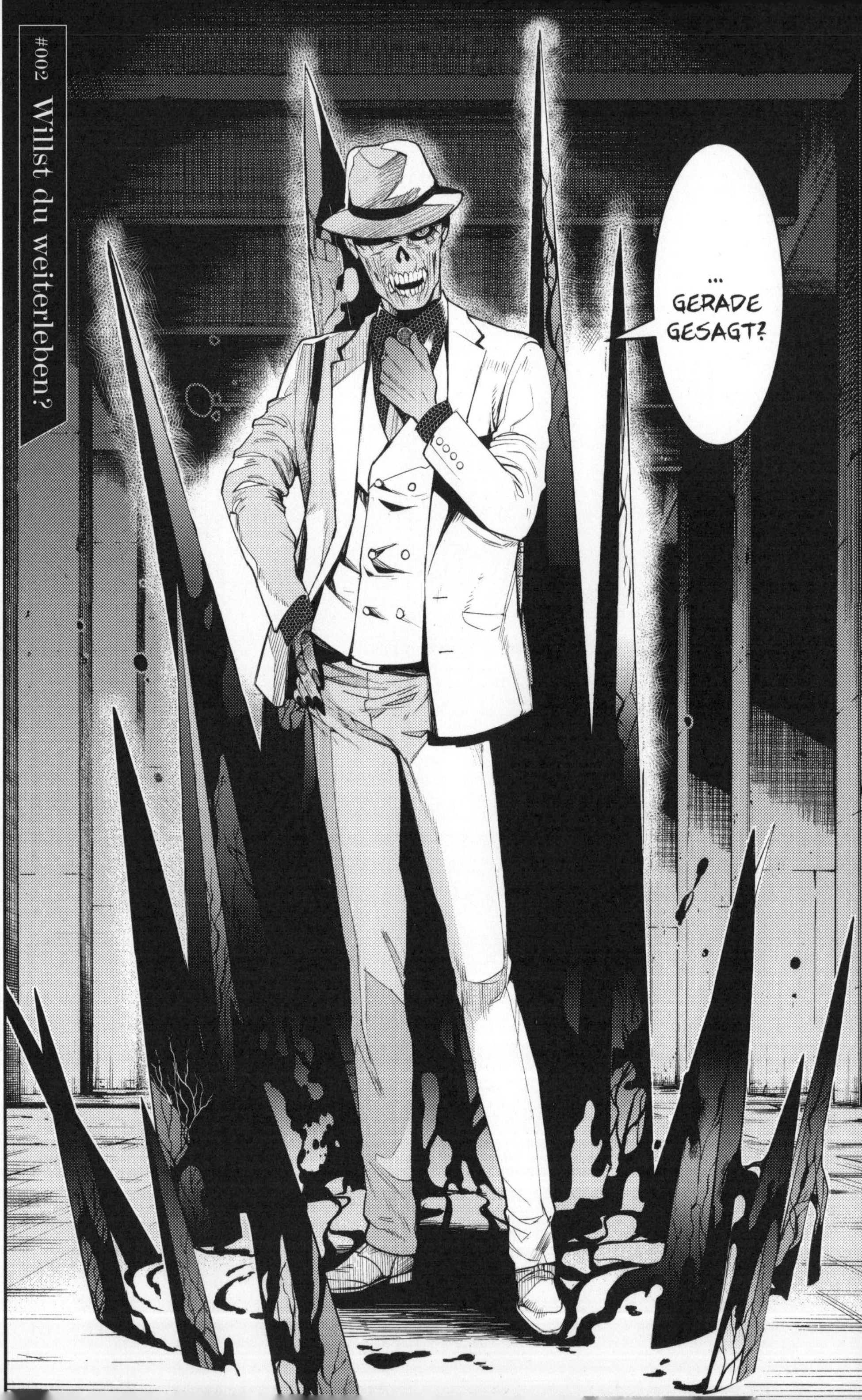

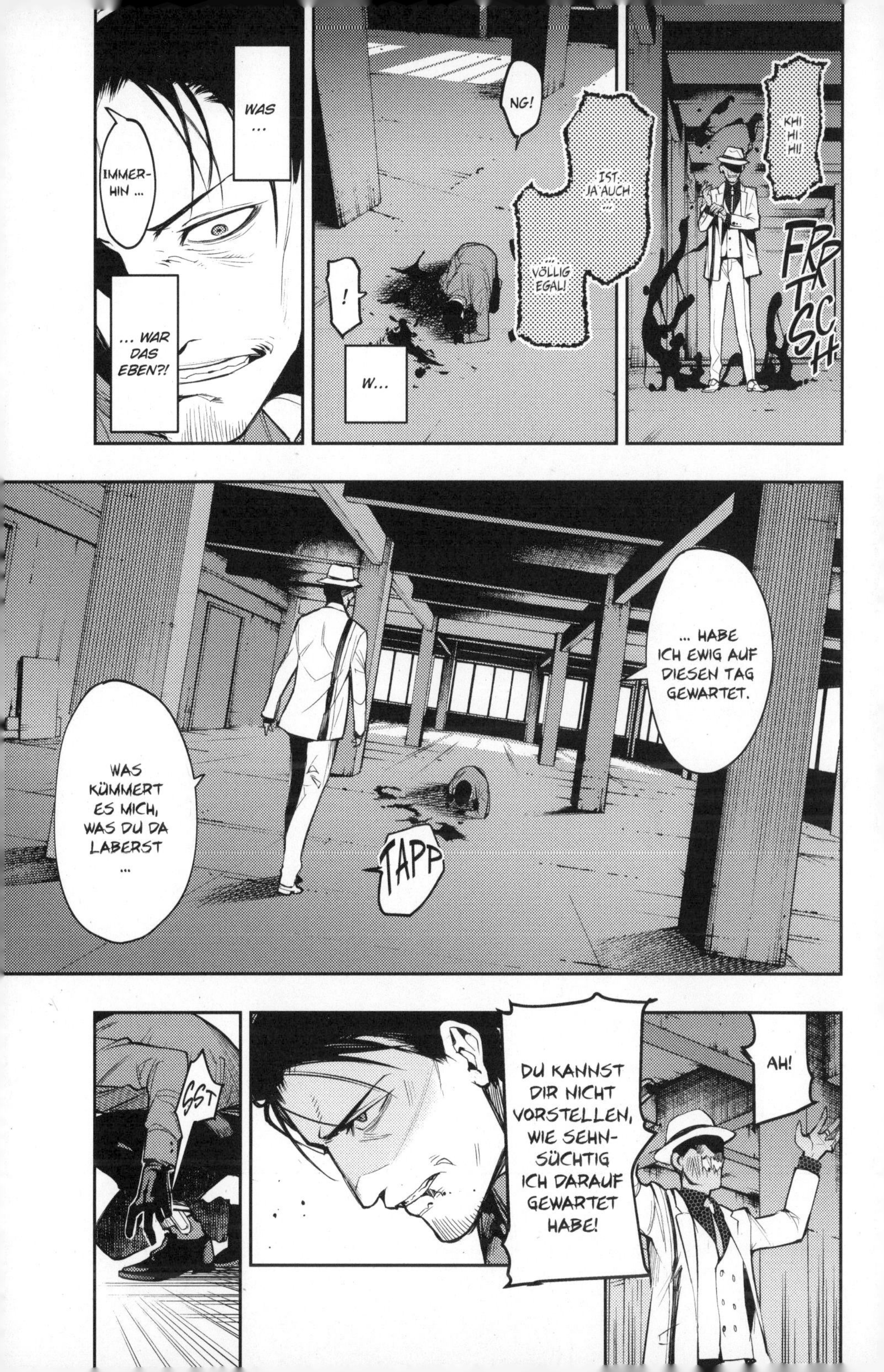
KHI HI HI!
FRRTSCH
IST JA AUCH …
… VÖLLIG EGAL!
NG!
!
W…
WAS …
IMMER-HIN …
… WAR DAS EBEN?!
… HABE ICH EWIG AUF DIESEN TAG GEWARTET.
TAPP
WAS KÜMMERT ES MICH, WAS DU DA LABERST …
AH!
DU KANNST DIR NICHT VORSTELLEN, WIE SEHN-SÜCHTIG ICH DARAUF GEWARTET HABE!
SST

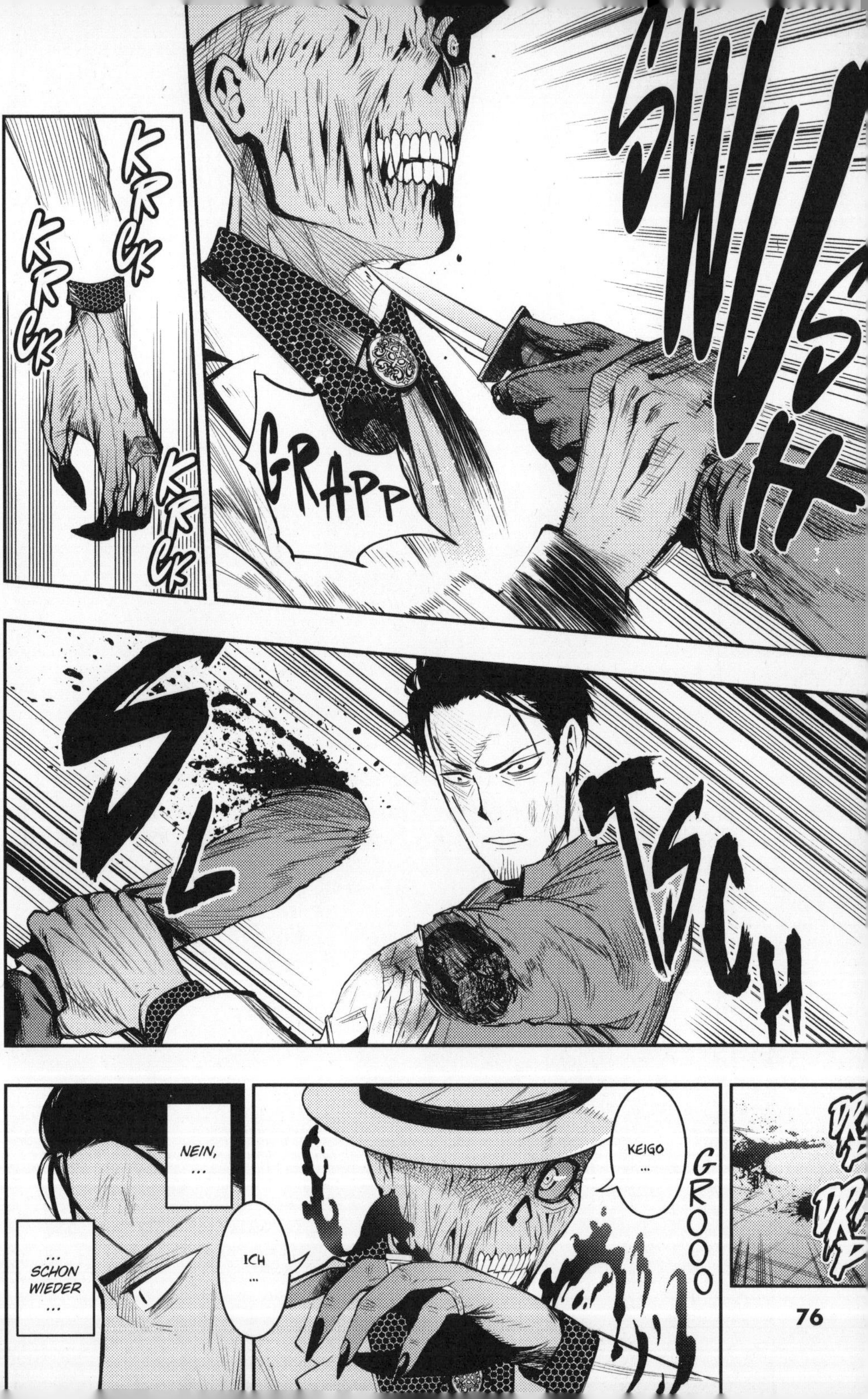
SWUSH
GRAPP
KRCK KRCK
KRCK
SL
TSCH
DRIP DRIP
KEIGO ...
GROOO
ICH ...
NEIN, ...
... SCHON WIEDER ...

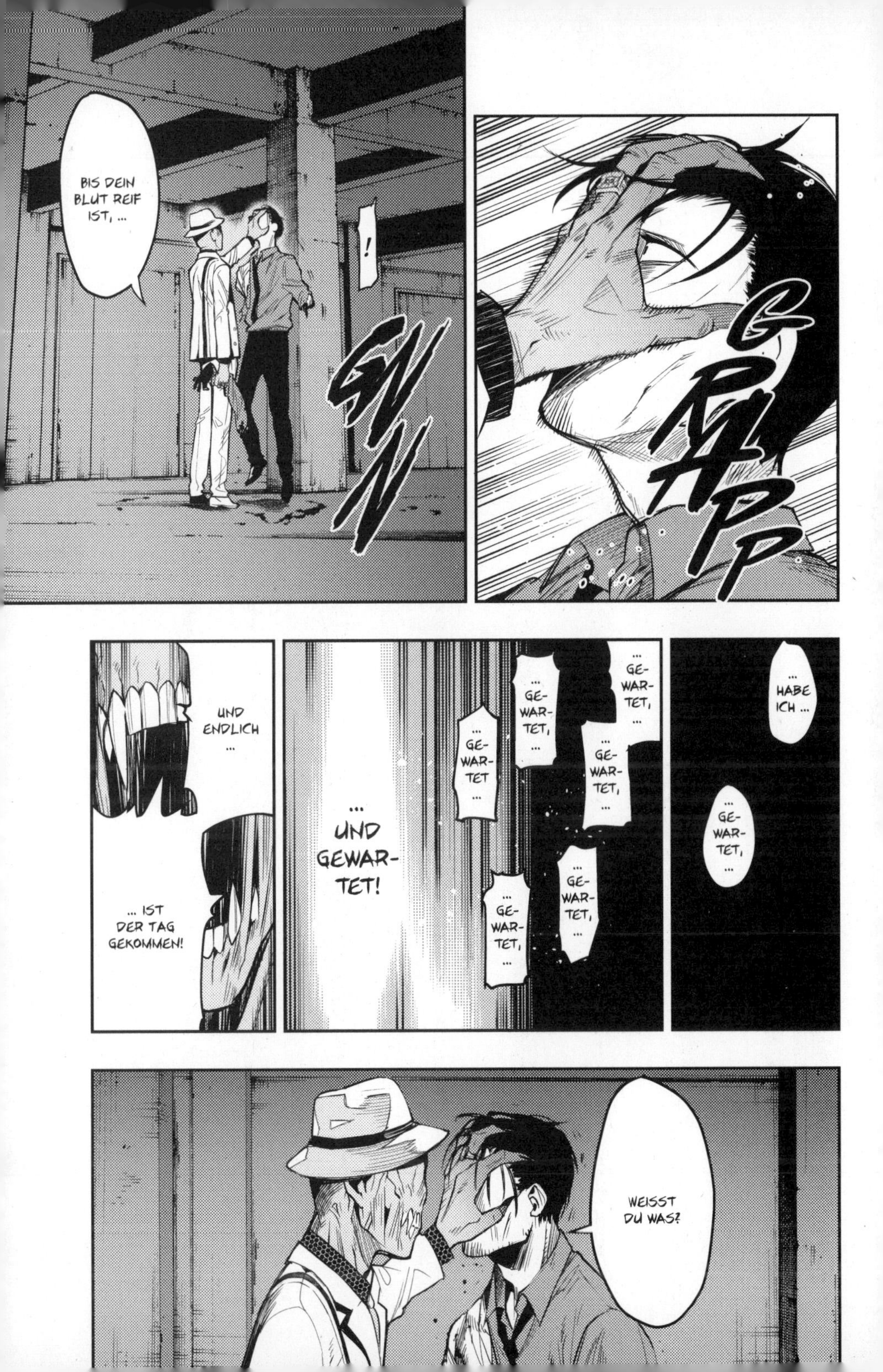
GRAPP
BIS DEIN BLUT REIF IST, ...
!
GWN
... HABE ICH ...
... GEWARTET, ...
... GEWARTET, ...
... GEWARTET, ...
... GEWARTET, ...
... GEWARTET ...
... GEWARTET, ...
... GEWARTET, ...
... UND GEWARTET!
UND ENDLICH ...
... IST DER TAG GEKOMMEN!
WEISST DU WAS?

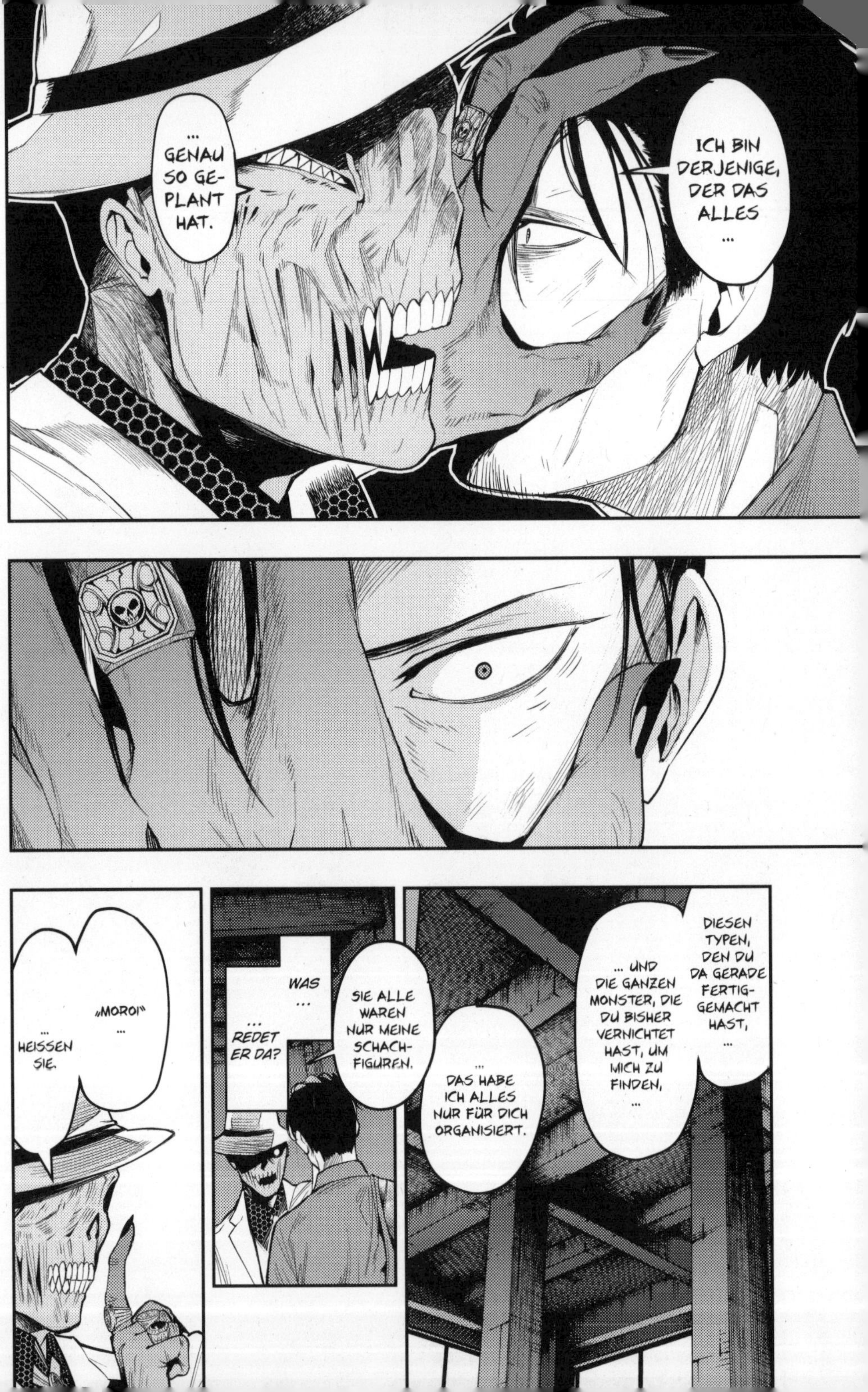
ICH BIN DERJENIGE, DER DAS ALLES ...
... GENAU SO GE-PLANT HAT.
DIESEN TYPEN, DEN DU DA GERADE FERTIG-GEMACHT HAST, ...
... UND DIE GANZEN MONSTER, DIE DU BISHER VERNICHTET HAST, UM MICH ZU FINDEN, ...
... DAS HABE ICH ALLES NUR FÜR DICH ORGANISIERT.
SIE ALLE WAREN NUR MEINE SCHACH-FIGUREN.
WAS ... ... REDET ER DA?
»MOROI« ...
... HEISSEN SIE.

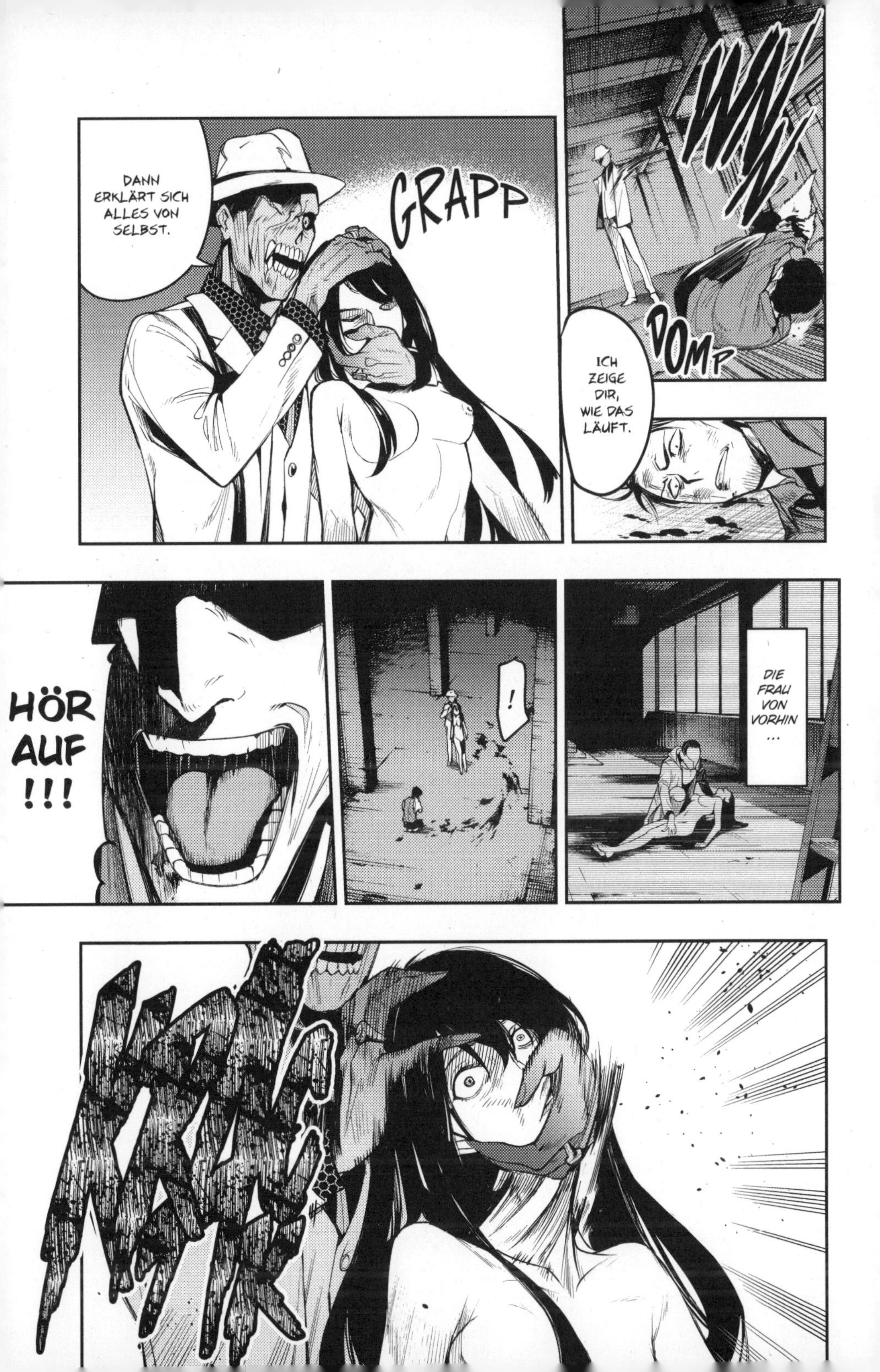

DOMP
ICH ZEIGE DIR, WIE DAS LÄUFT.
GRAPP
DANN ERKLÄRT SICH ALLES VON SELBST.
DIE FRAU VON VORHIN ...
!
HÖR AUF !!!

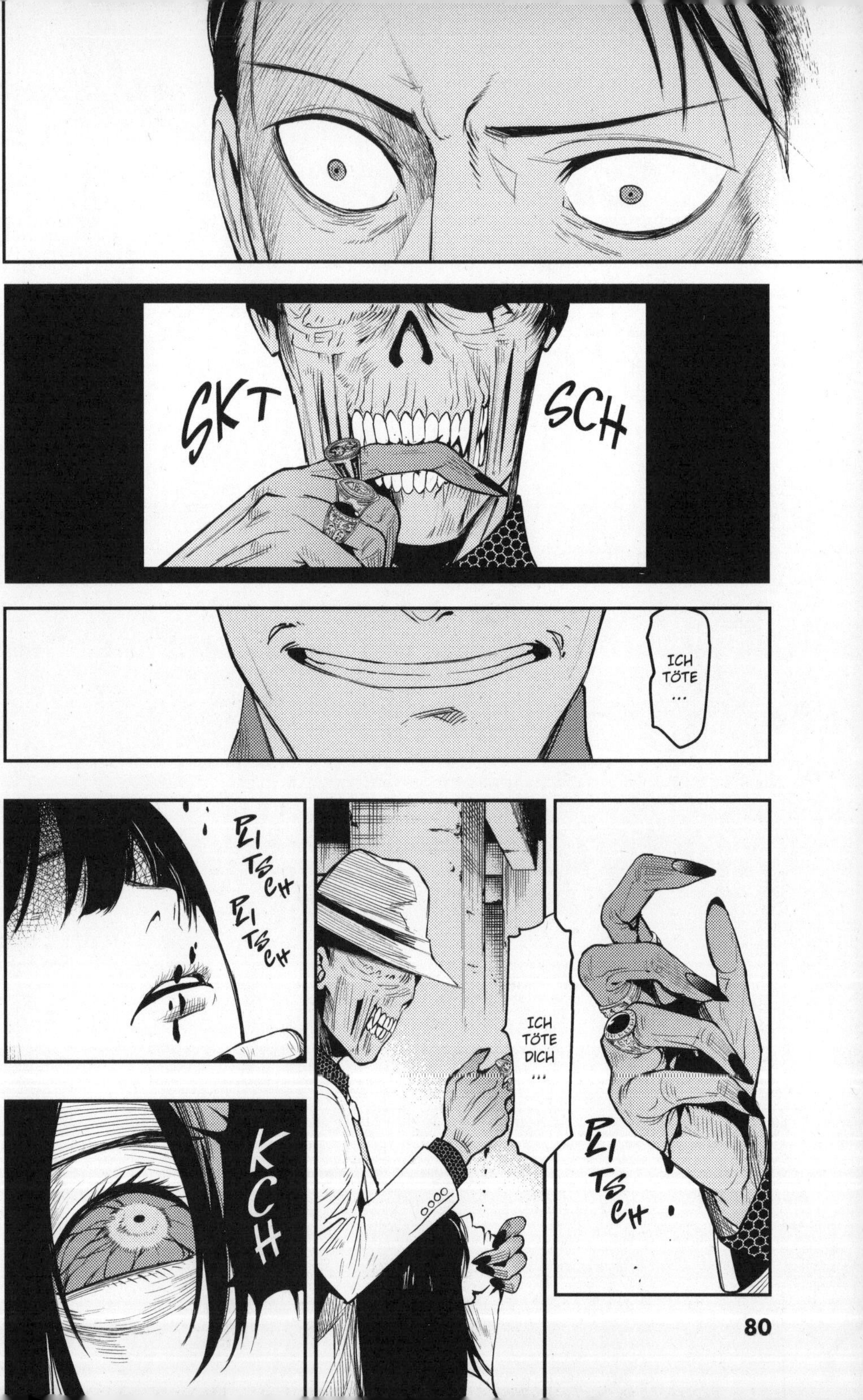
SKT
SCH
ICH TÖTE ...
PLITSCH
PLITSCH
ICH TÖTE DICH ...
PLITSCH
KCH

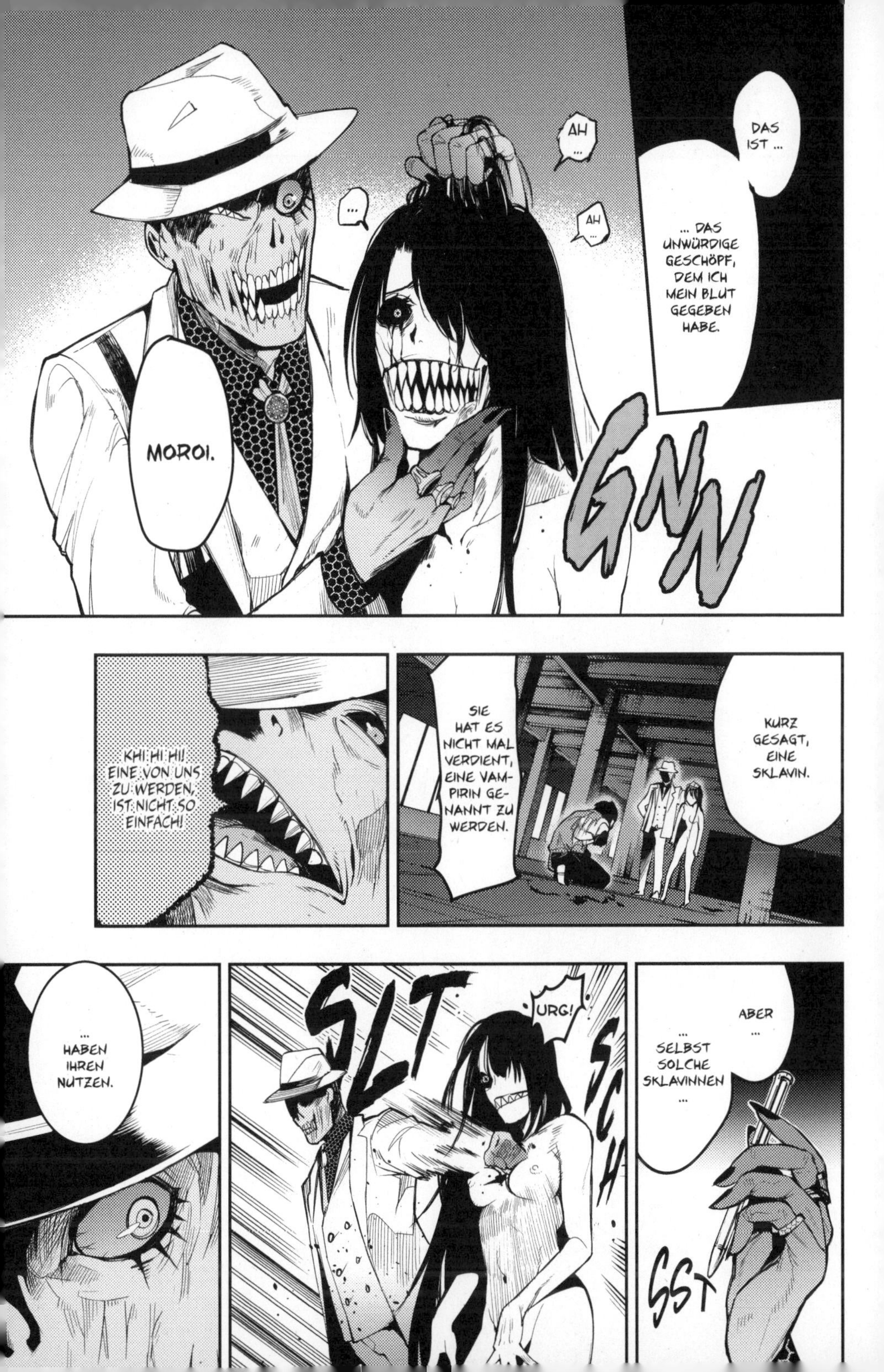
DAS IST …
… DAS UNWÜRDIGE GESCHÖPF, DEM ICH MEIN BLUT GEGEBEN HABE.
AH …
AH …
…
GNN
MOROI.
KURZ GESAGT, EINE SKLAVIN.
SIE HAT ES NICHT MAL VERDIENT, EINE VAMPIRIN GENANNT ZU WERDEN.
KHI HI HI! EINE VON UNS ZU WERDEN, IST NICHT SO EINFACH!
ABER …
… SELBST SOLCHE SKLAVINNEN …
SST
URG!
SCH
SLT
… HABEN IHREN NUTZEN.

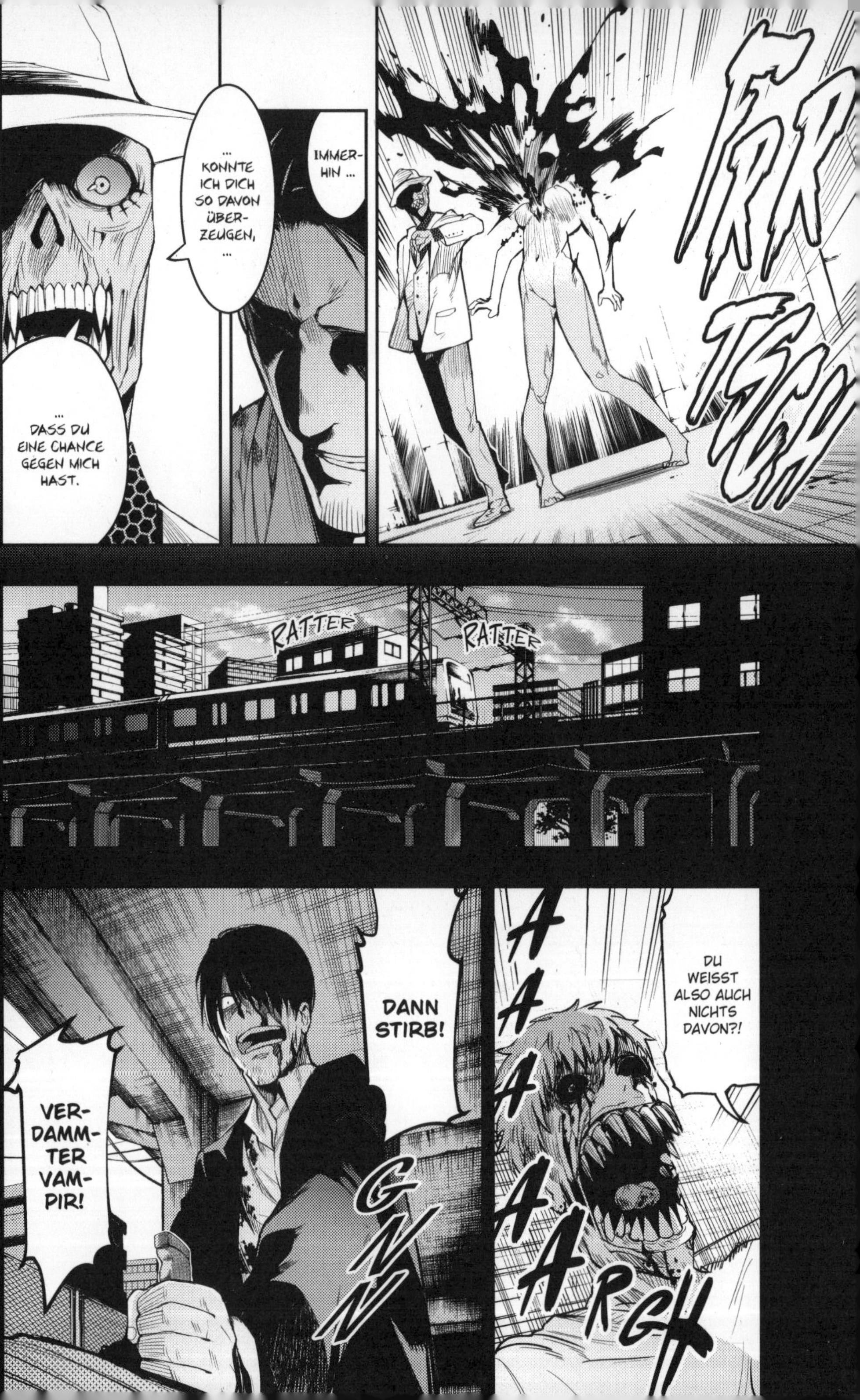
FRRRTSCH
IMMER-HIN ...
... KONNTE ICH DICH SO DAVON ÜBER-ZEUGEN, ...
... DASS DU EINE CHANCE GEGEN MICH HAST.
RATTER
RATTER
DU WEISST ALSO AUCH NICHTS DAVON?!
AAAAAAAARGH
DANN STIRB!
GNN
VER-DAMM-TER VAMP-PIR!

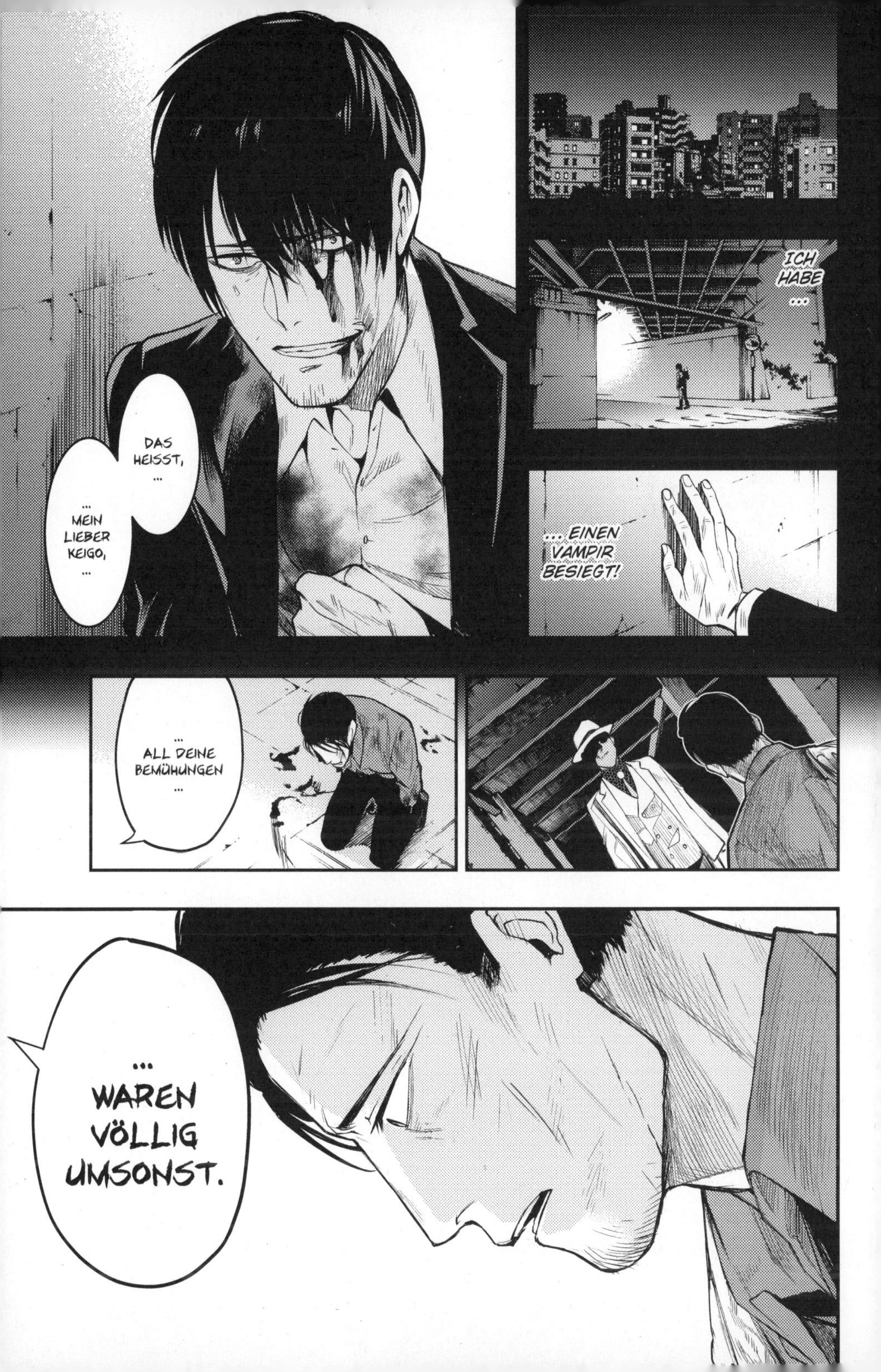
ICH HABE ...
... EINEN VAMPIR BESIEGT!
DAS HEISST, ...
... MEIN LIEBER KEIGO, ...
... ALL DEINE BEMÜHUNGEN ...
... WAREN VÖLLIG UMSONST.

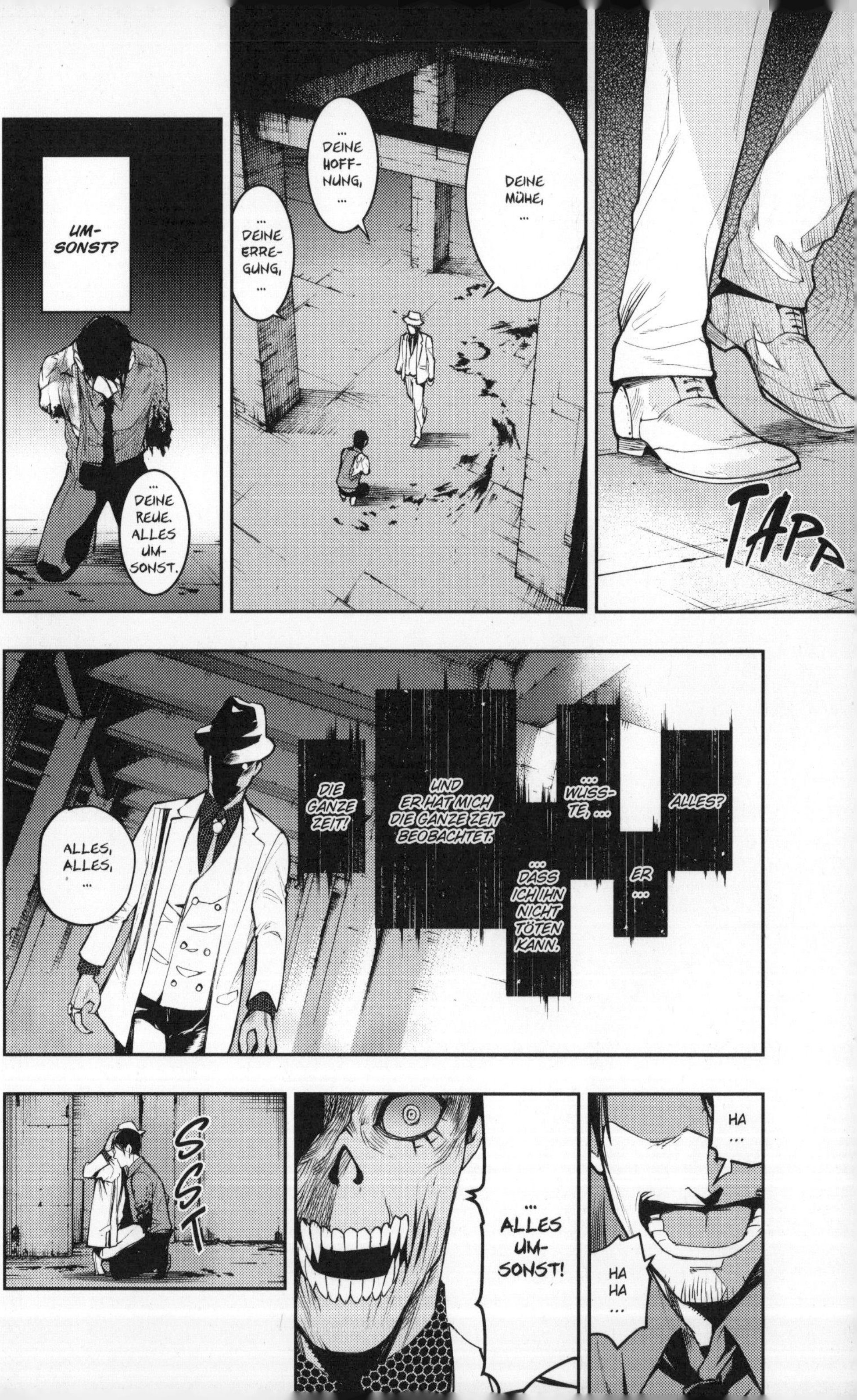
TAPP
DEINE MÜHE, ...
... DEINE HOFFNUNG, ...
... DEINE ERREGUNG, ...
UMSONST?
... DEINE REUE. ALLES UMSONST.
ALLES?
ER ...
... WÜSSTE, ...
... DASS ICH IHN NICHT TÖTEN KANN.
UND ER HAT MICH DIE GANZE ZEIT BEOBACHTET.
DIE GANZE ZEIT!
ALLES, ALLES, ...
HA ...
HA HA ...
... ALLES UMSONST!
SST

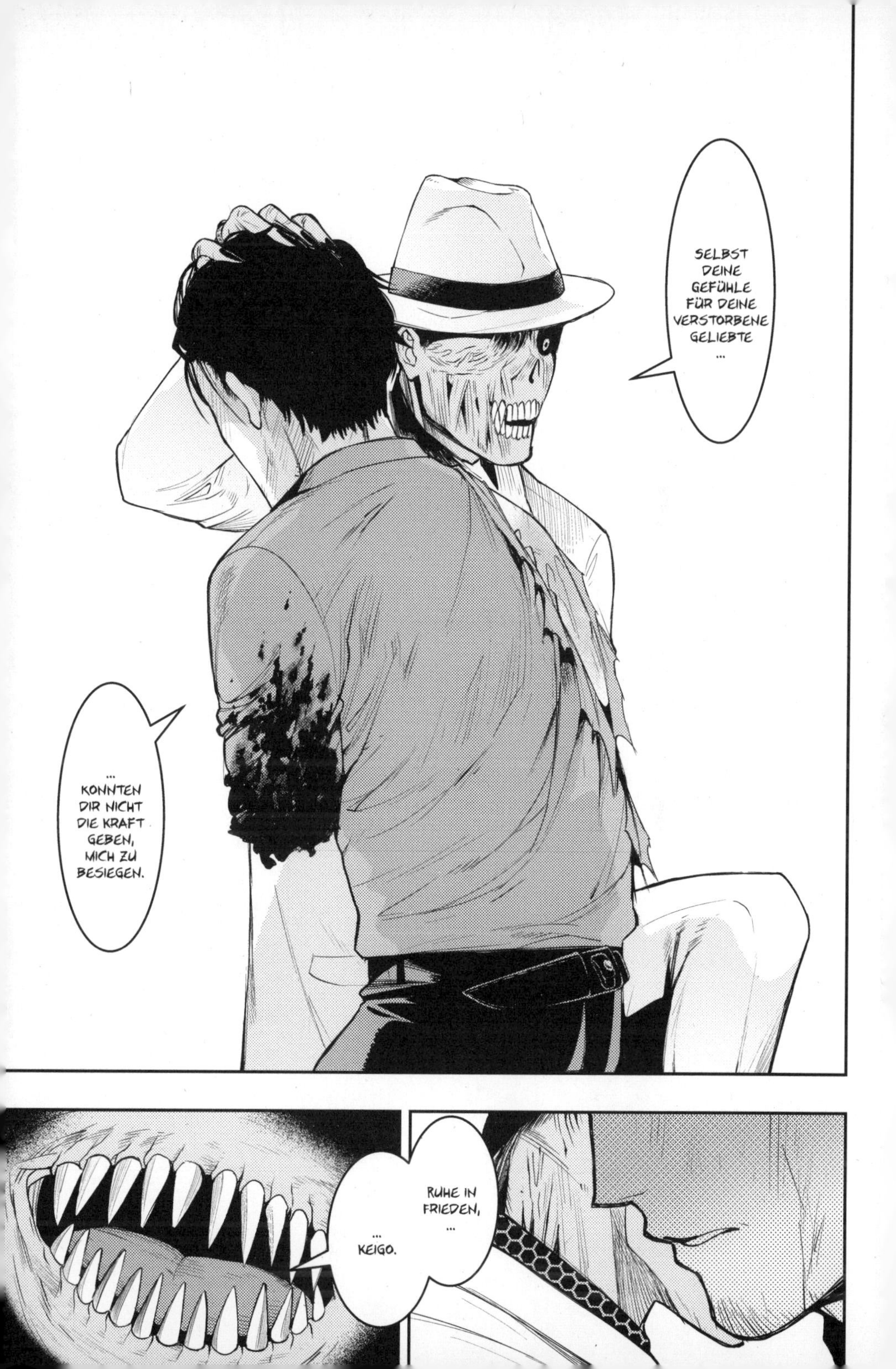
SELBST DEINE GEFÜHLE FÜR DEINE VERSTORBENE GELIEBTE ...
... KONNTEN DIR NICHT DIE KRAFT GEBEN, MICH ZU BESIEGEN.
RUHE IN FRIEDEN, ... KEIGO.

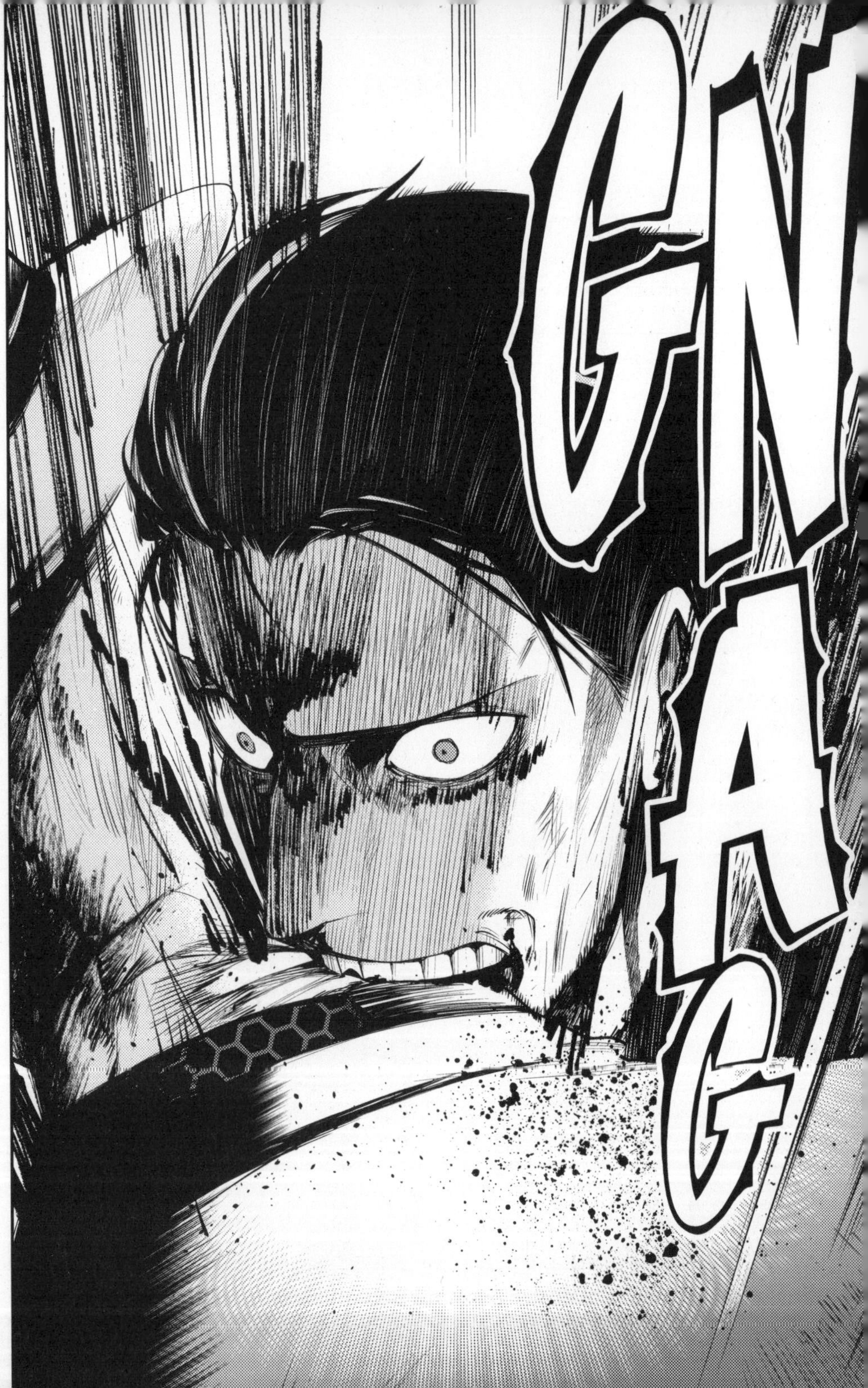
GNAG

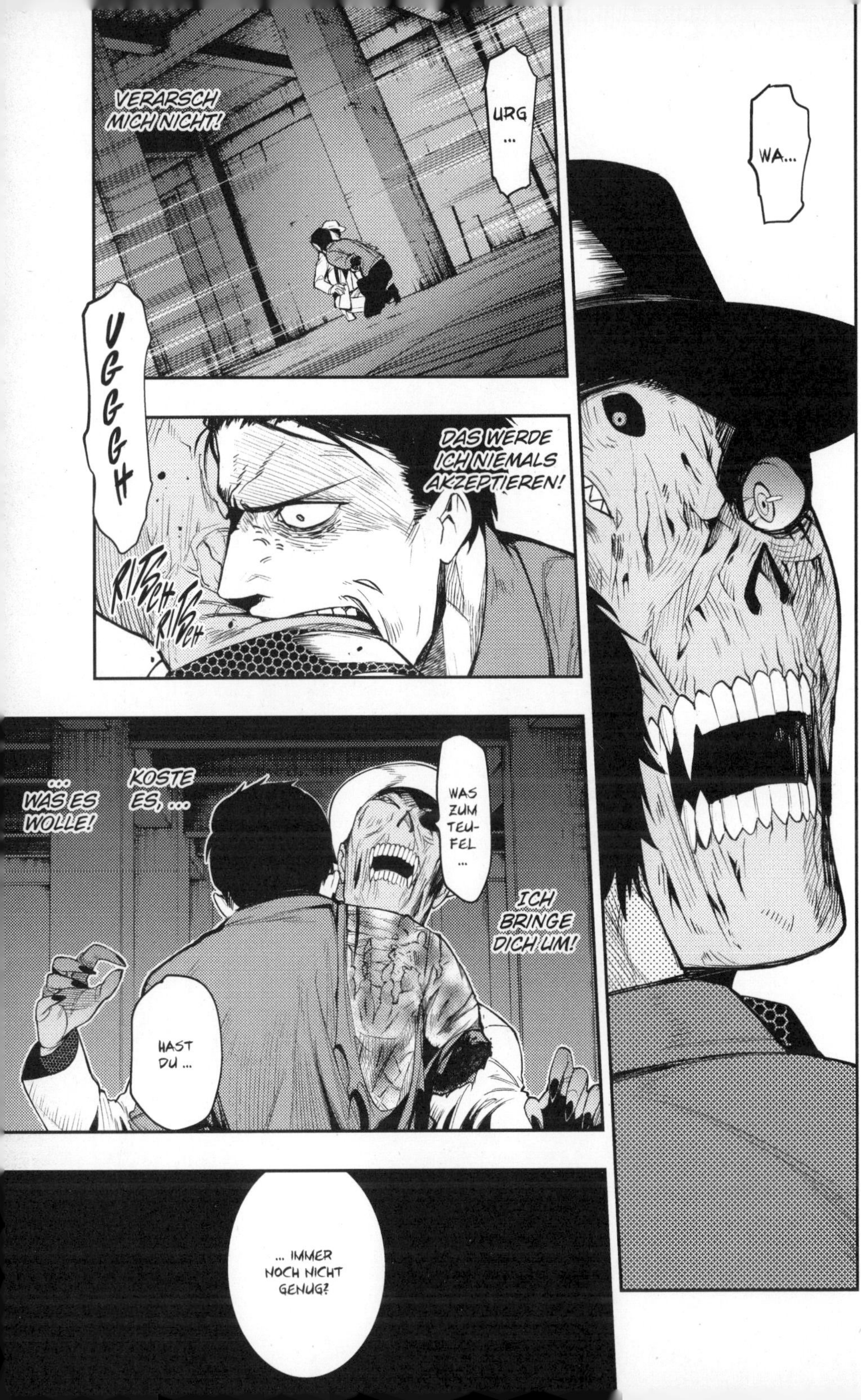
WA...
URG ...
VERARSCH MICH NICHT!
UGGGH
DAS WERDE ICH NIEMALS AKZEPTIEREN!
RITSCH RITSCH
WAS ZUM TEU-FEL ...
KOSTE ES, ...
... WAS ES WOLLE!
ICH BRINGE DICH UM!
HAST DU ...
... IMMER NOCH NICHT GENUG?

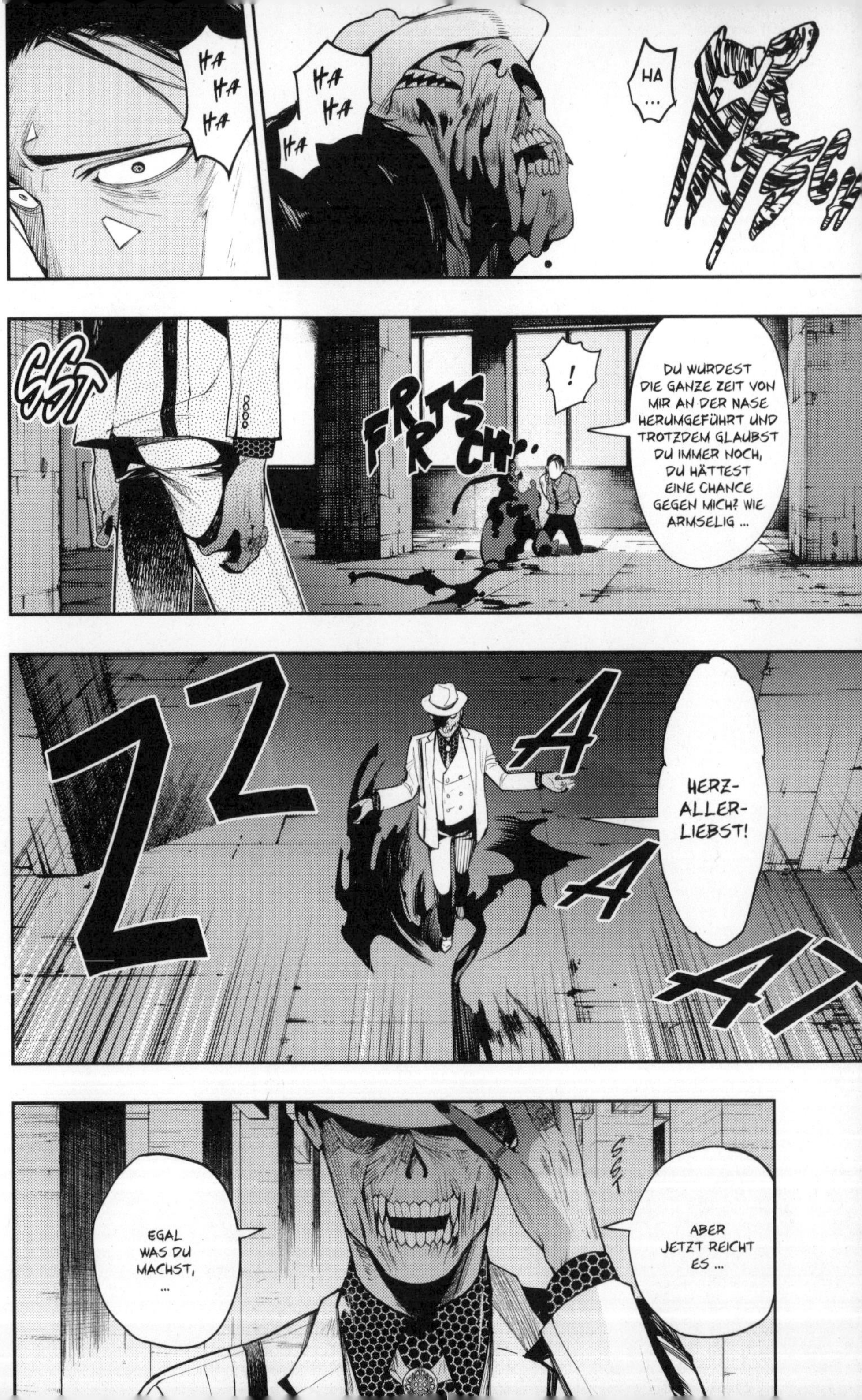
HA ...
HA HA HA
HA HA HA
DU WURDEST DIE GANZE ZEIT VON MIR AN DER NASE HERUMGEFÜHRT UND TROTZDEM GLAUBST DU IMMER NOCH, DU HÄTTEST EINE CHANCE GEGEN MICH? WIE ARMSELIG ...
!
GST
HERZ-ALLER-LIEBST!
ABER JETZT REICHT ES ...
GST
EGAL WAS DU MACHST, ...

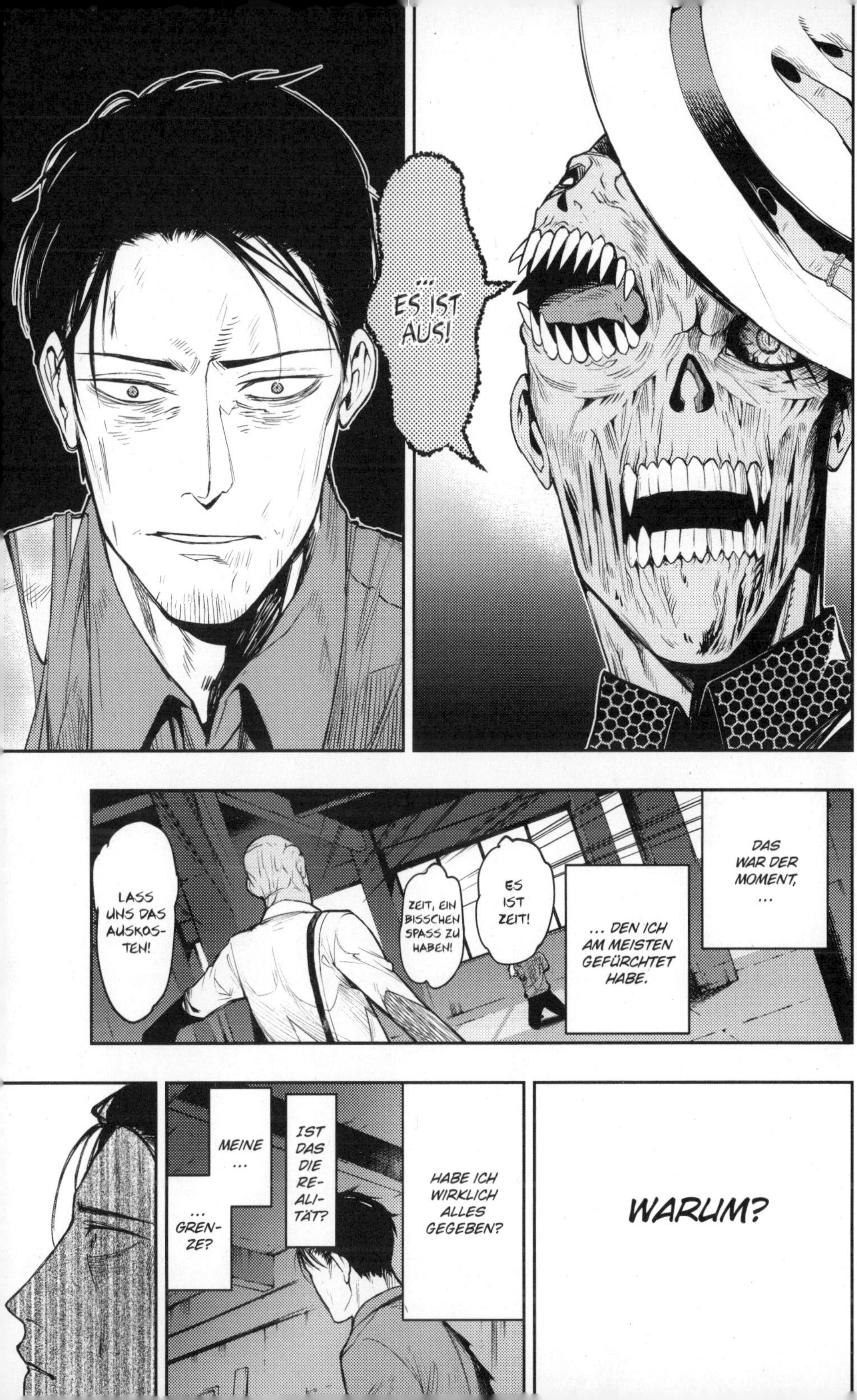
... ES IST AUS!
DAS WAR DER MOMENT, ...
... DEN ICH AM MEISTEN GEFÜRCHTET HABE.
ES IST ZEIT!
ZEIT, EIN BISSCHEN SPASS ZU HABEN!
LASS UNS DAS AUSKOS-TEN!
WARUM?
HABE ICH WIRKLICH ALLES GEGEBEN?
IST DAS DIE RE-ALI-TÄT?
MEINE ...
... GREN-ZE?

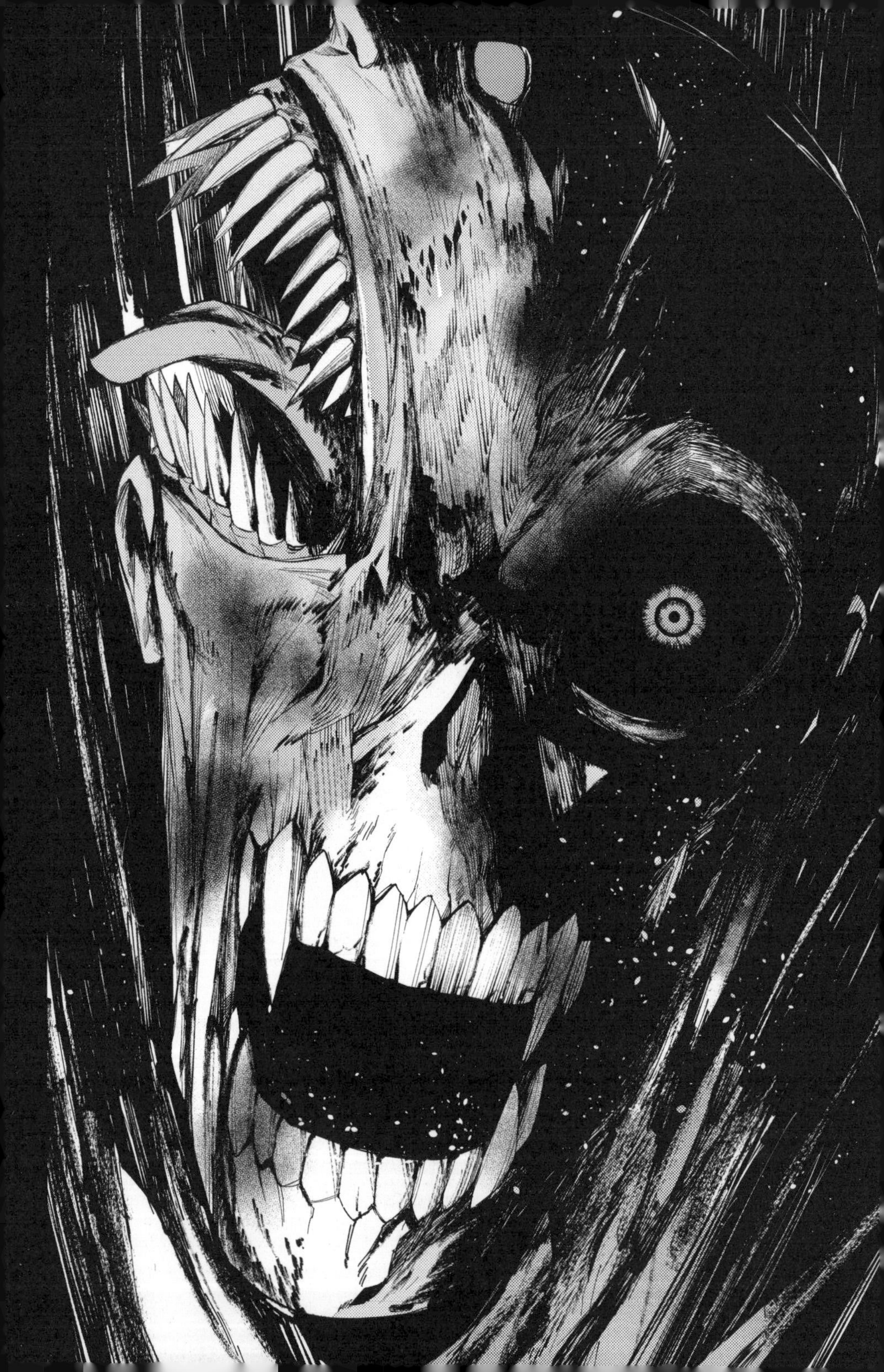

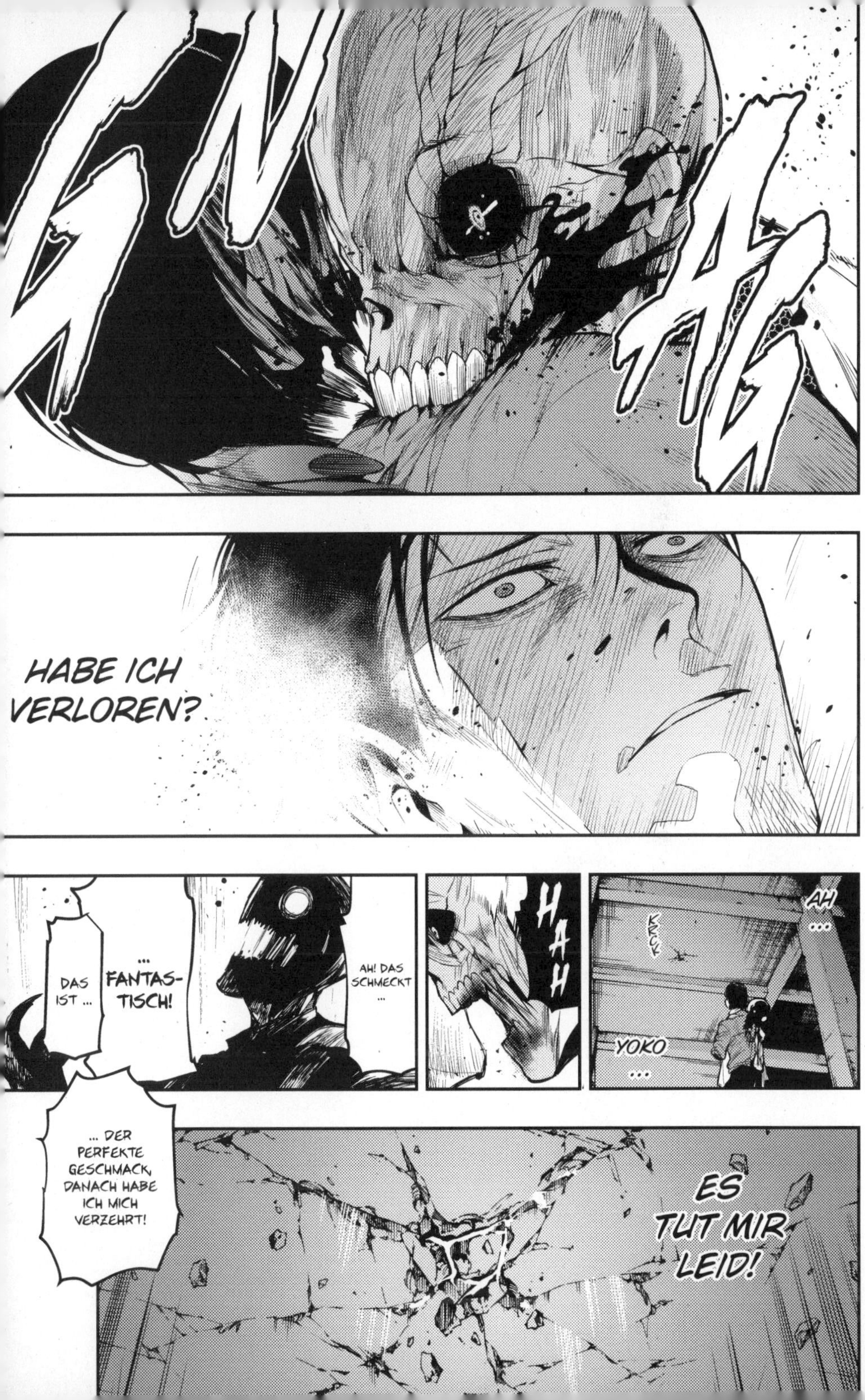
HABE ICH VERLOREN?
AH ...
KRCK
YOKO ...
HAH
AH! DAS SCHMECKT ...
DAS IST ...
... FANTAS-TISCH!
ES TUT MIR LEID!
... DER PERFEKTE GESCHMACK, DANACH HABE ICH MICH VERZEHRT!

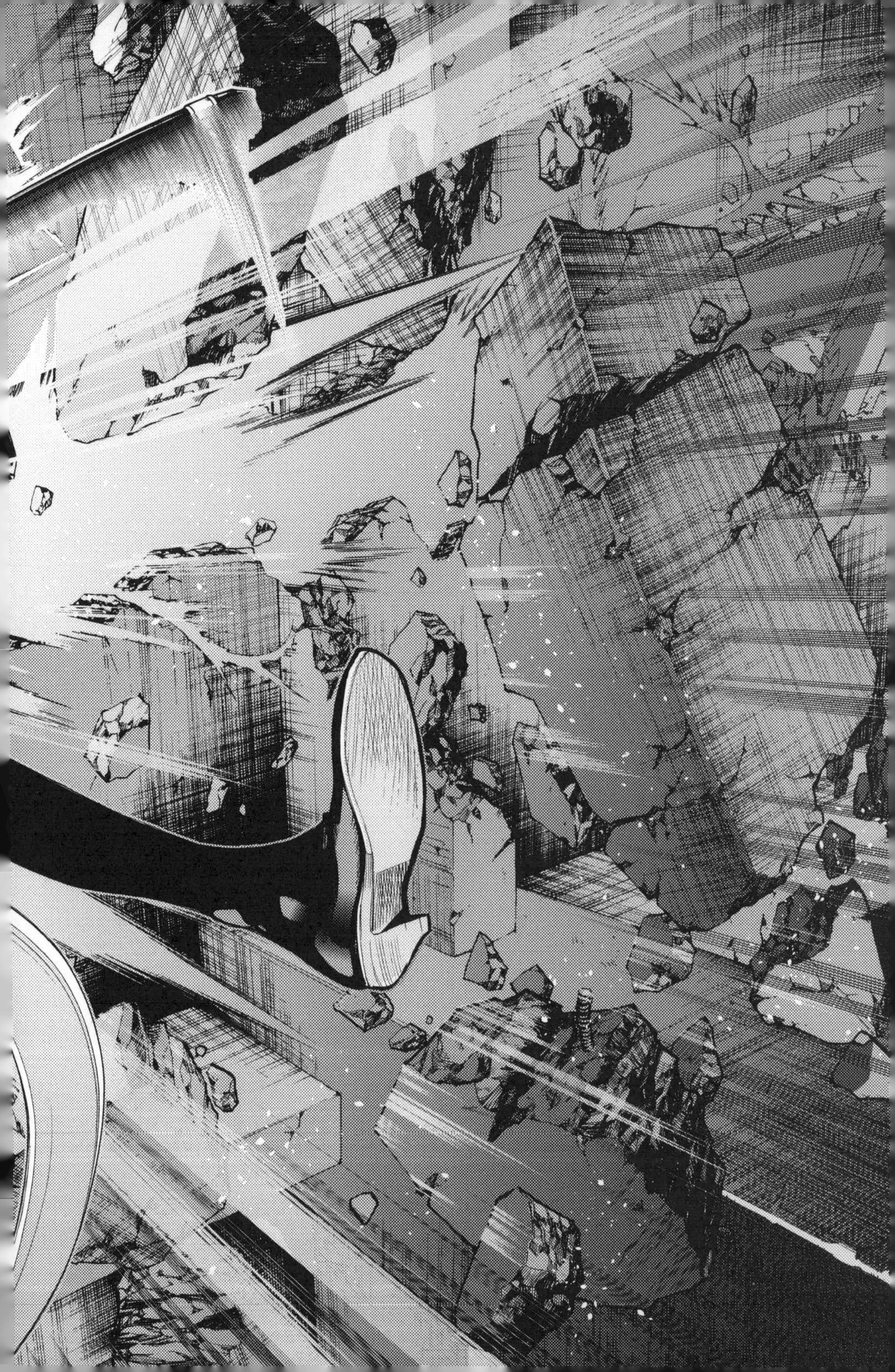

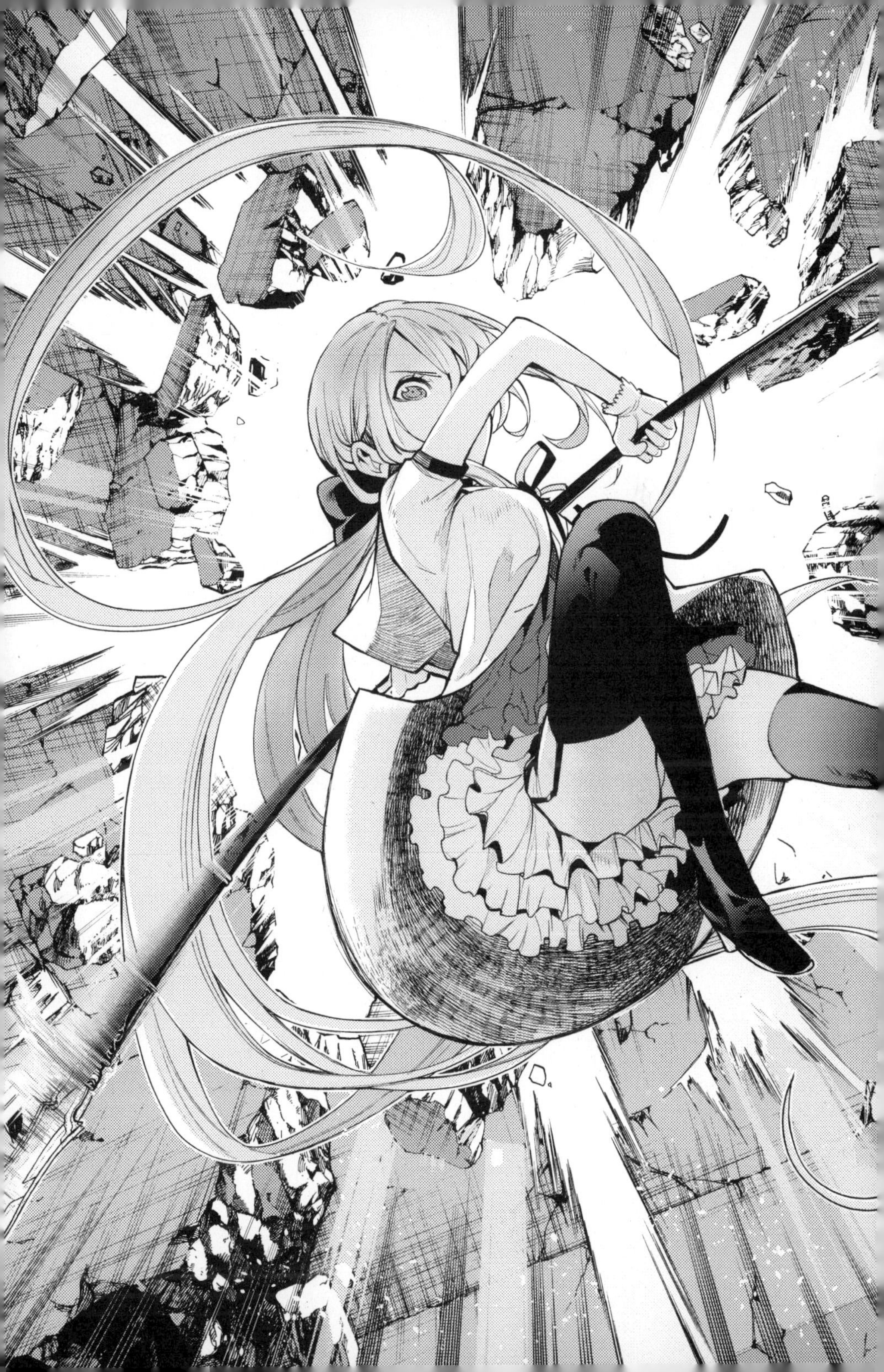

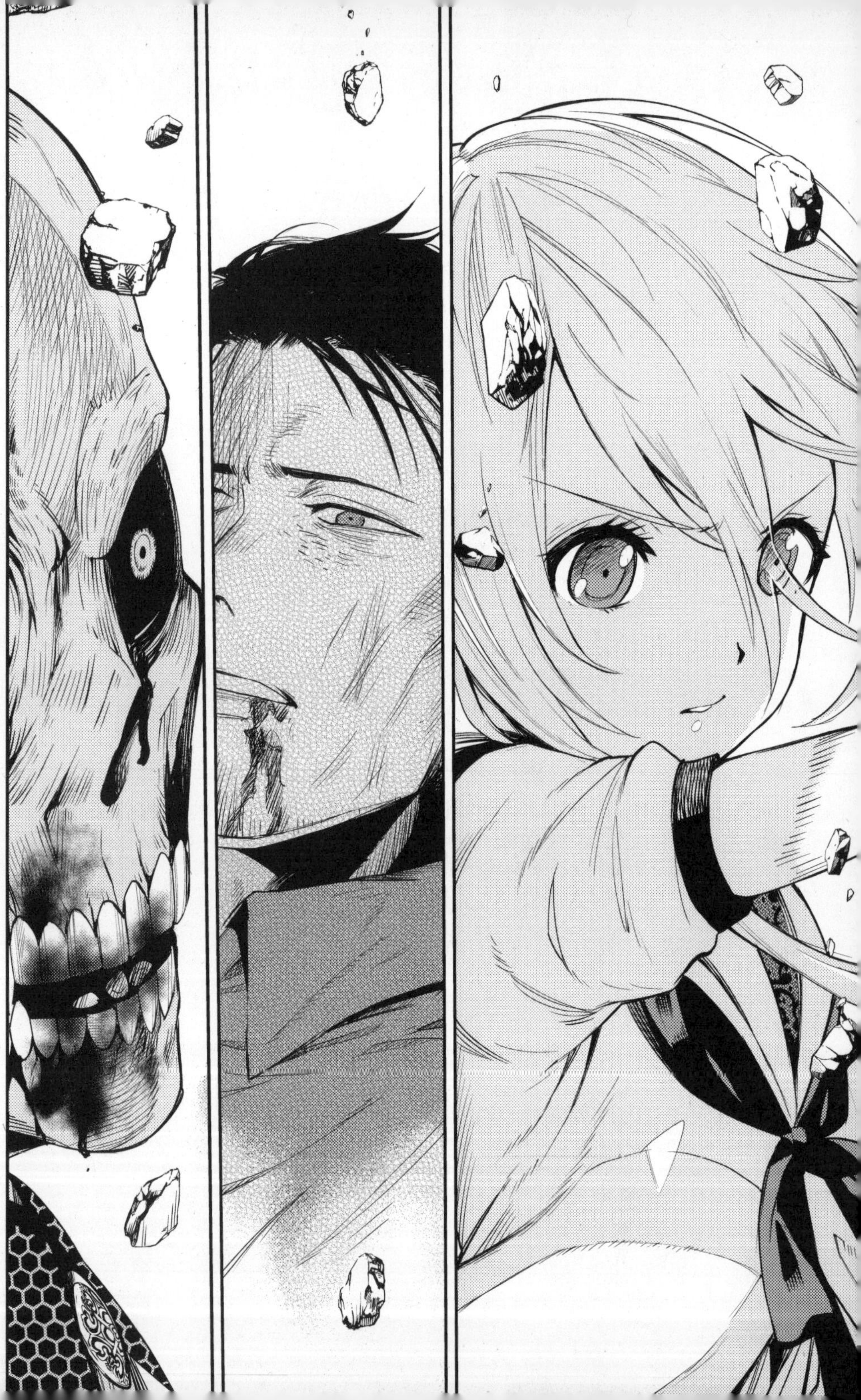

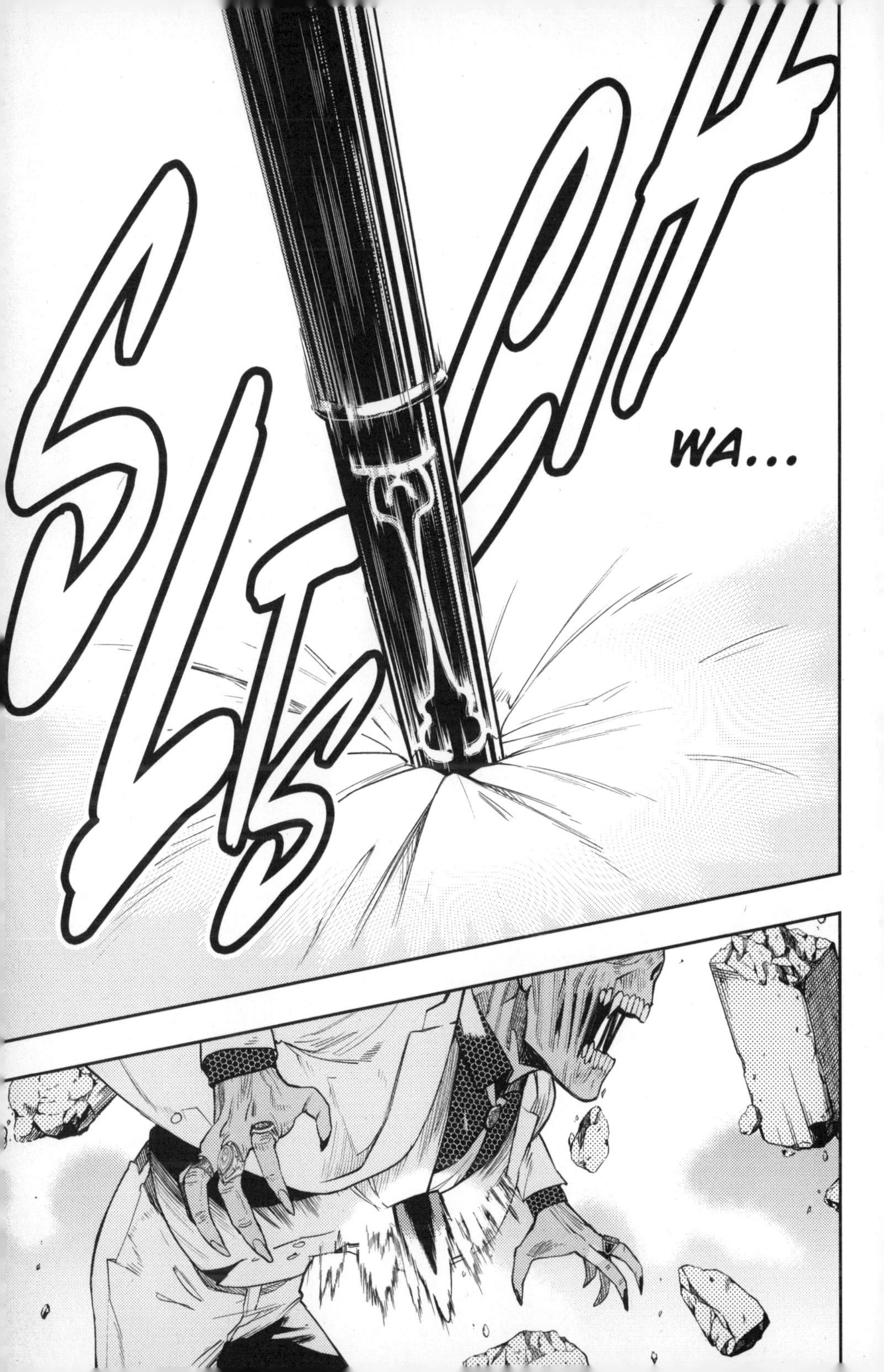
WA...

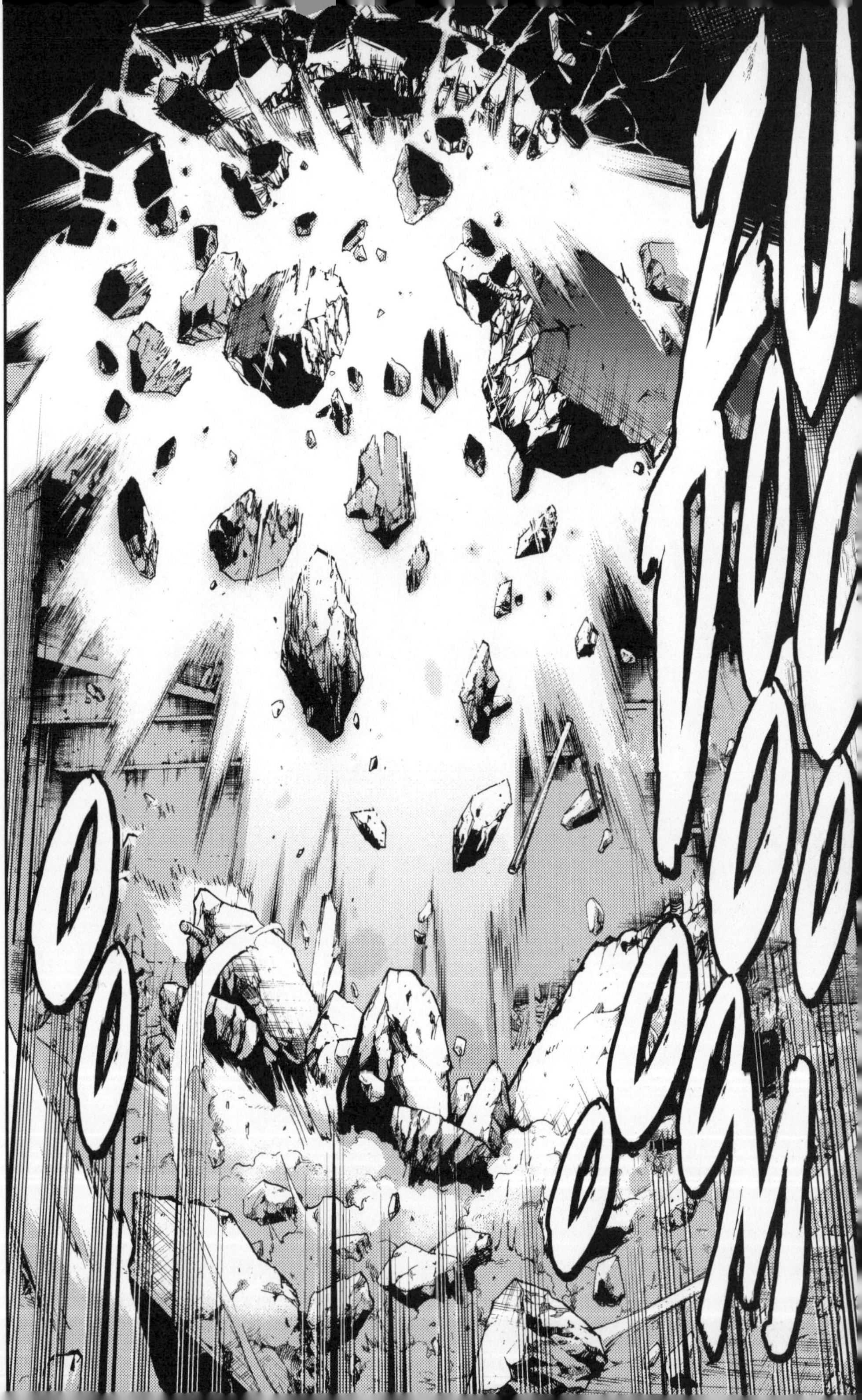

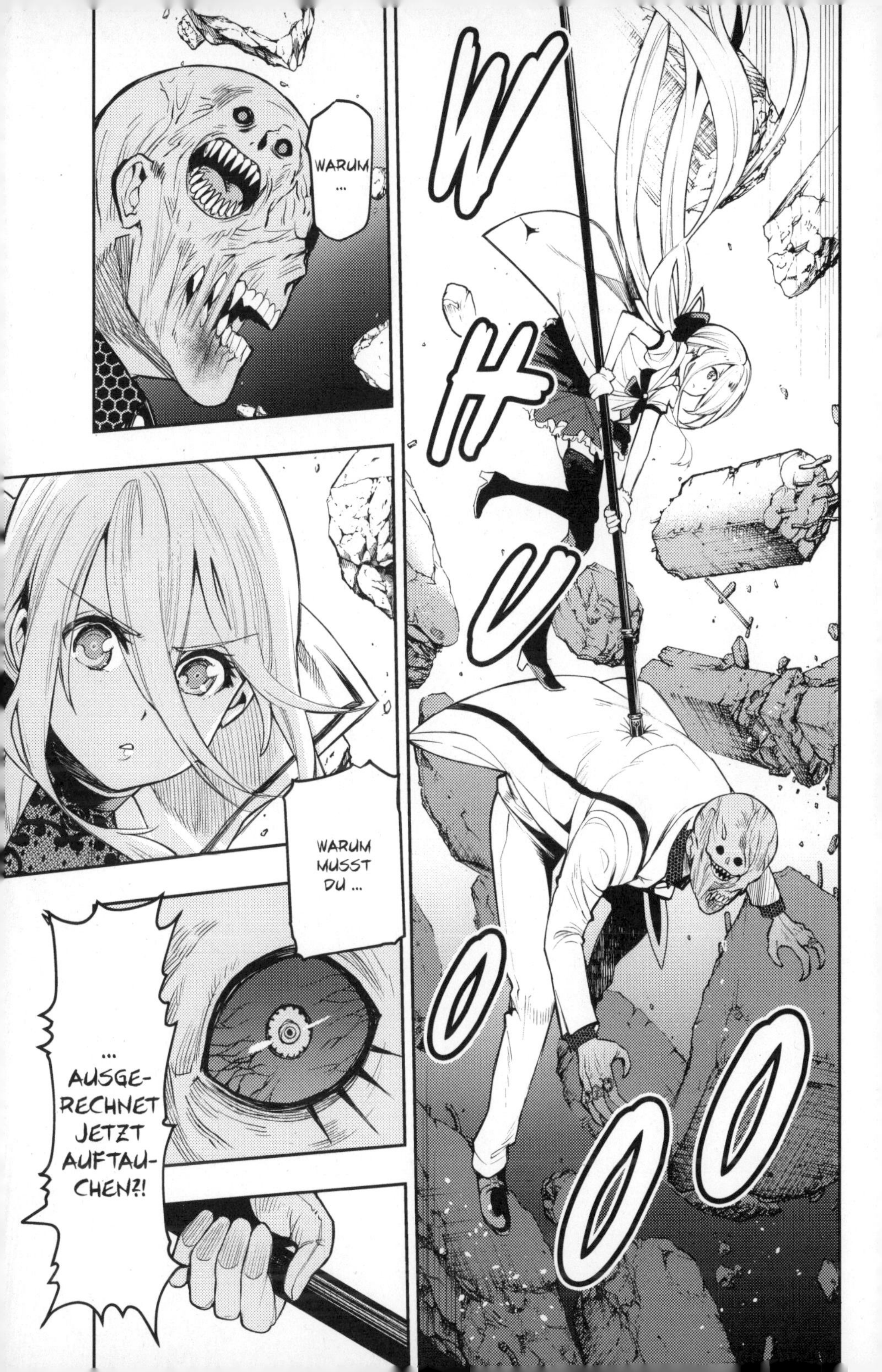

WARUM ...
WARUM MUSST DU ...
... AUSGE-RECHNET JETZT AUFTAU-CHEN?!

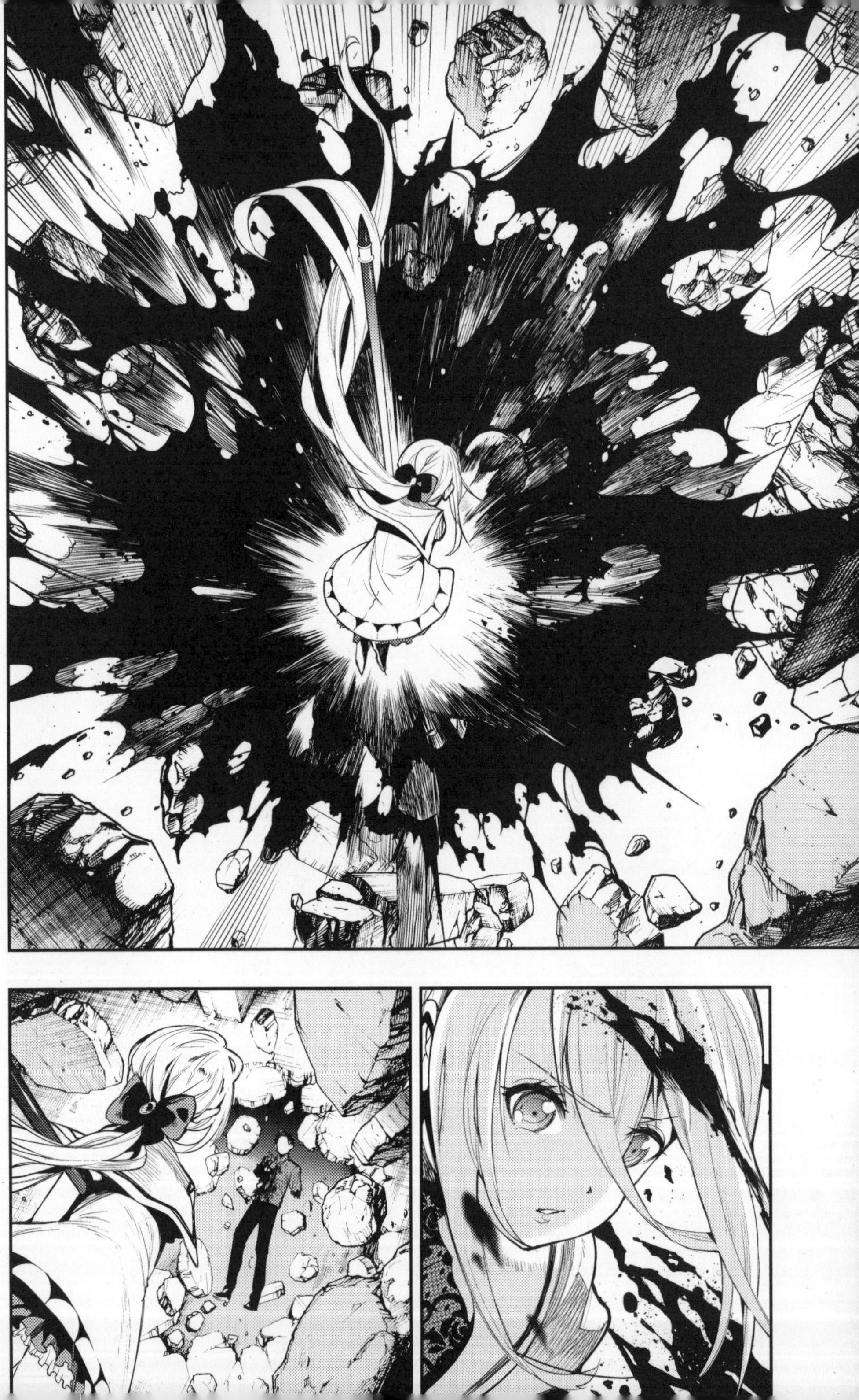

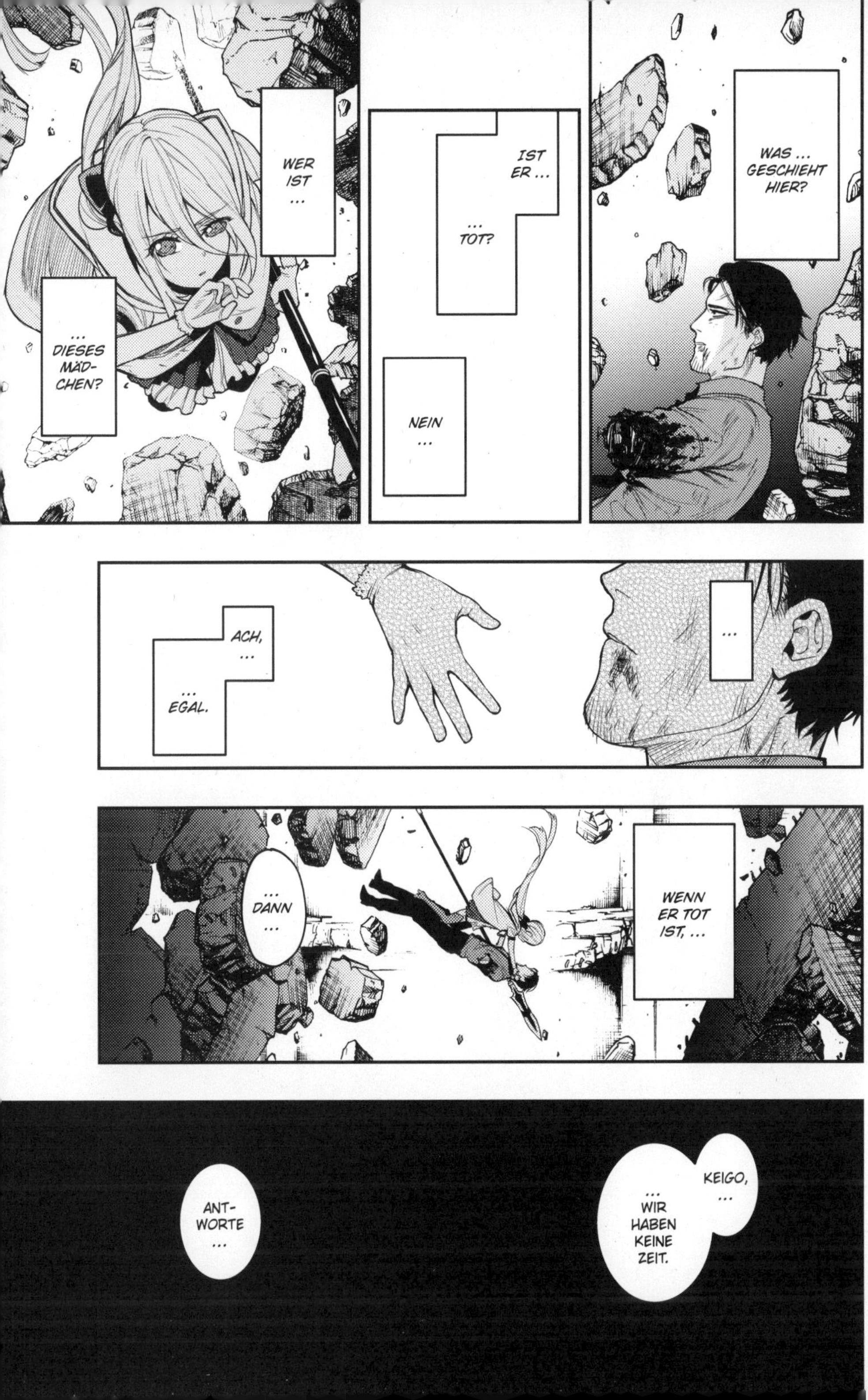
WAS … GESCHIEHT HIER?
IST ER …
… TOT?
NEIN …
WER IST …
… DIESES MÄD-CHEN?
…
ACH, …
… EGAL.
WENN ER TOT IST, …
… DANN …
KEIGO, …
… WIR HABEN KEINE ZEIT.
ANT-WORTE …

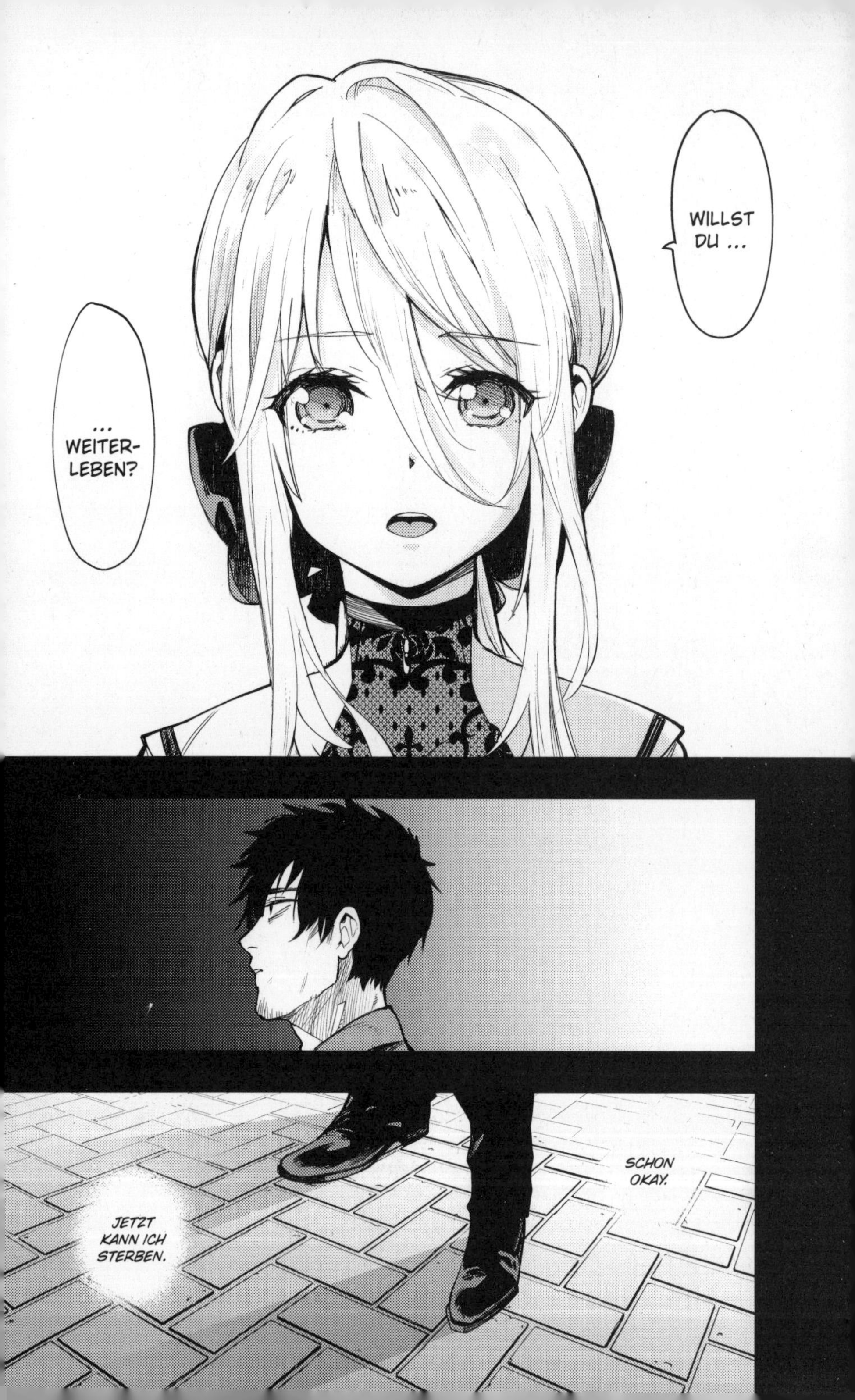
WILLST DU ...
... WEITER-LEBEN?
SCHON OKAY.
JETZT KANN ICH STERBEN.

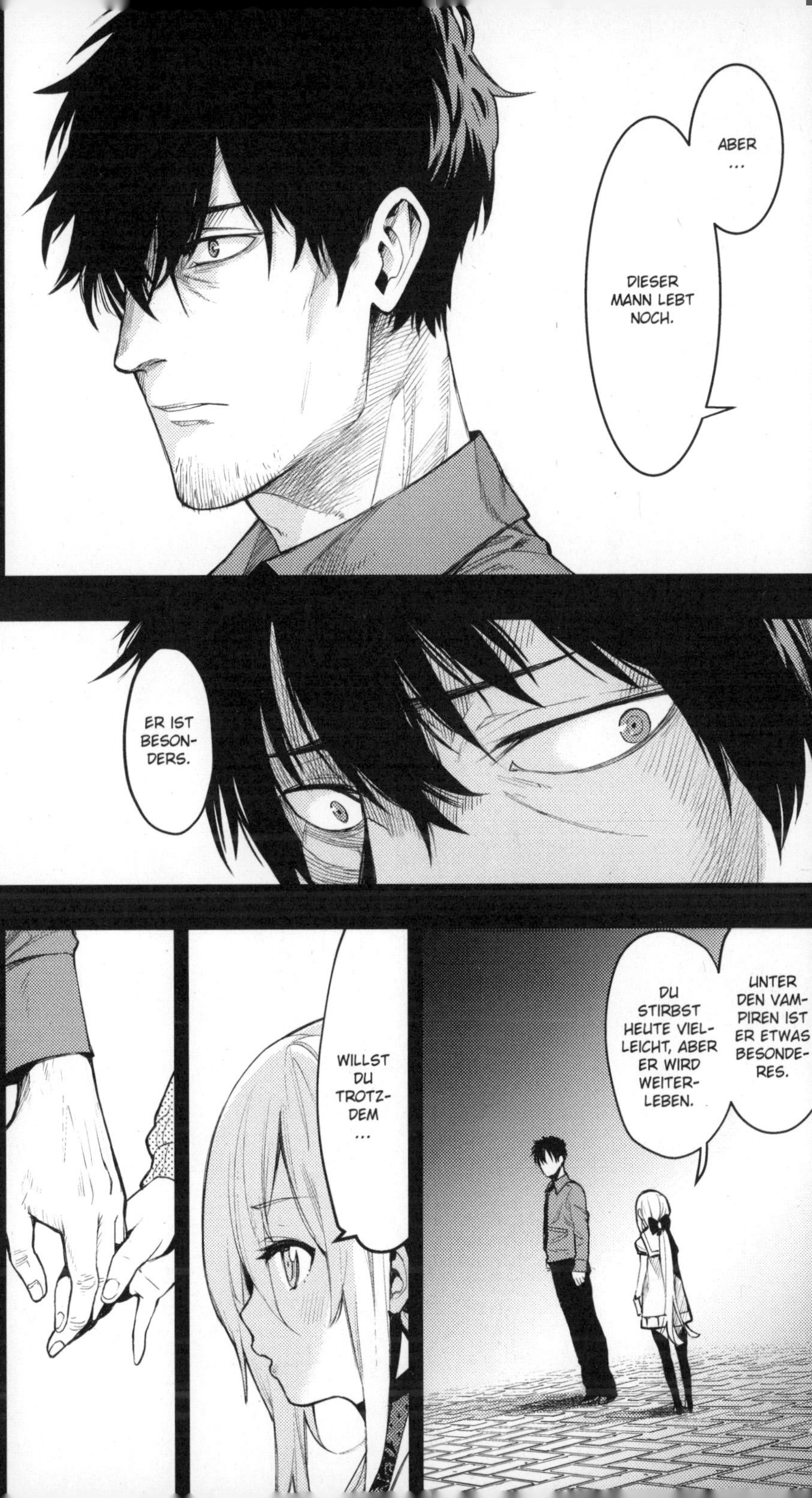
ABER ...
DIESER MANN LEBT NOCH.
ER IST BESONDERS.
UNTER DEN VAMPIREN IST ER ETWAS BESONDERES.
DU STIRBST HEUTE VIELLEICHT, ABER ER WIRD WEITERLEBEN.
WILLST DU TROTZDEM ...

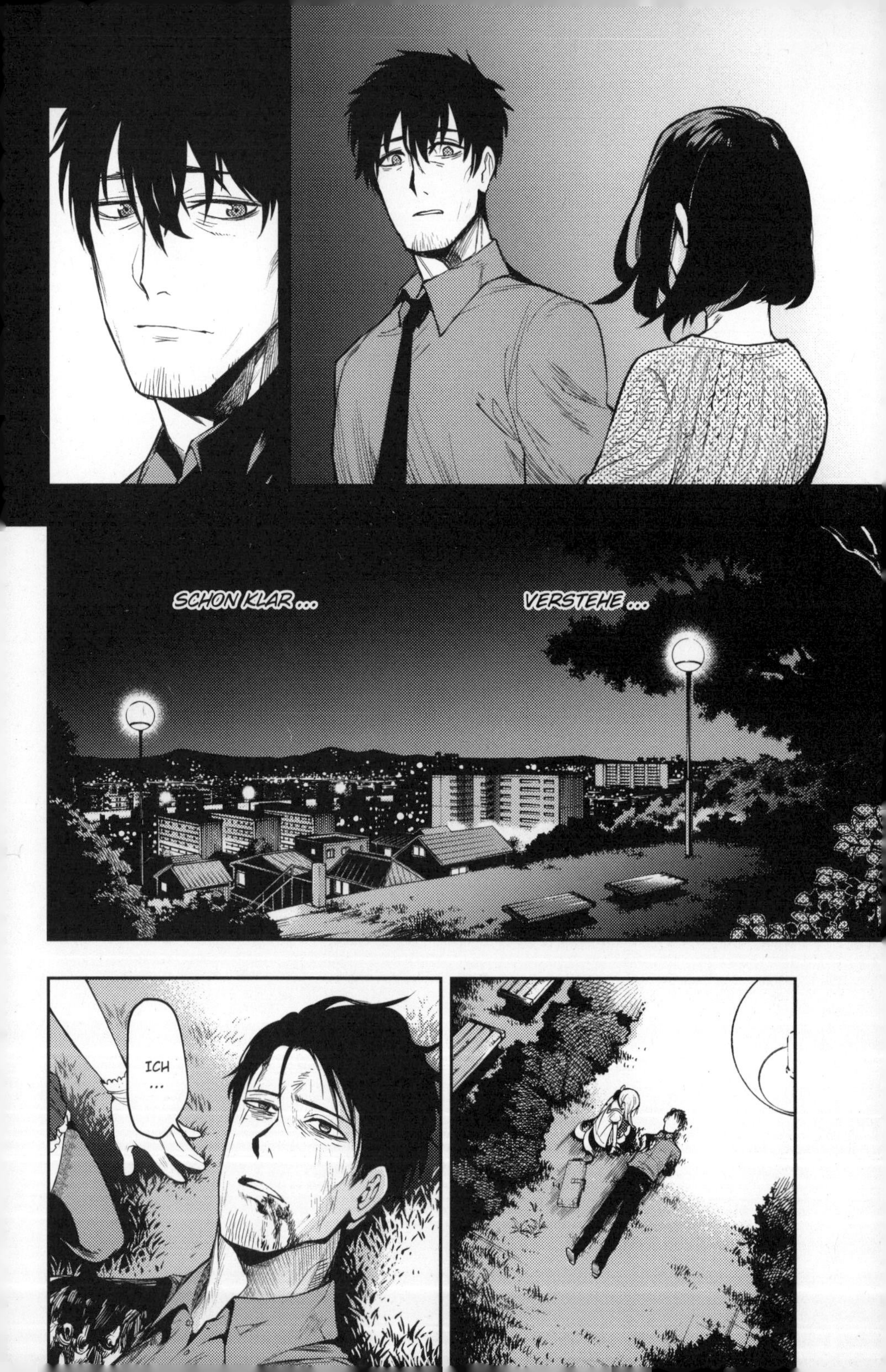
VERSTEHE ...
SCHON KLAR ...
ICH ...

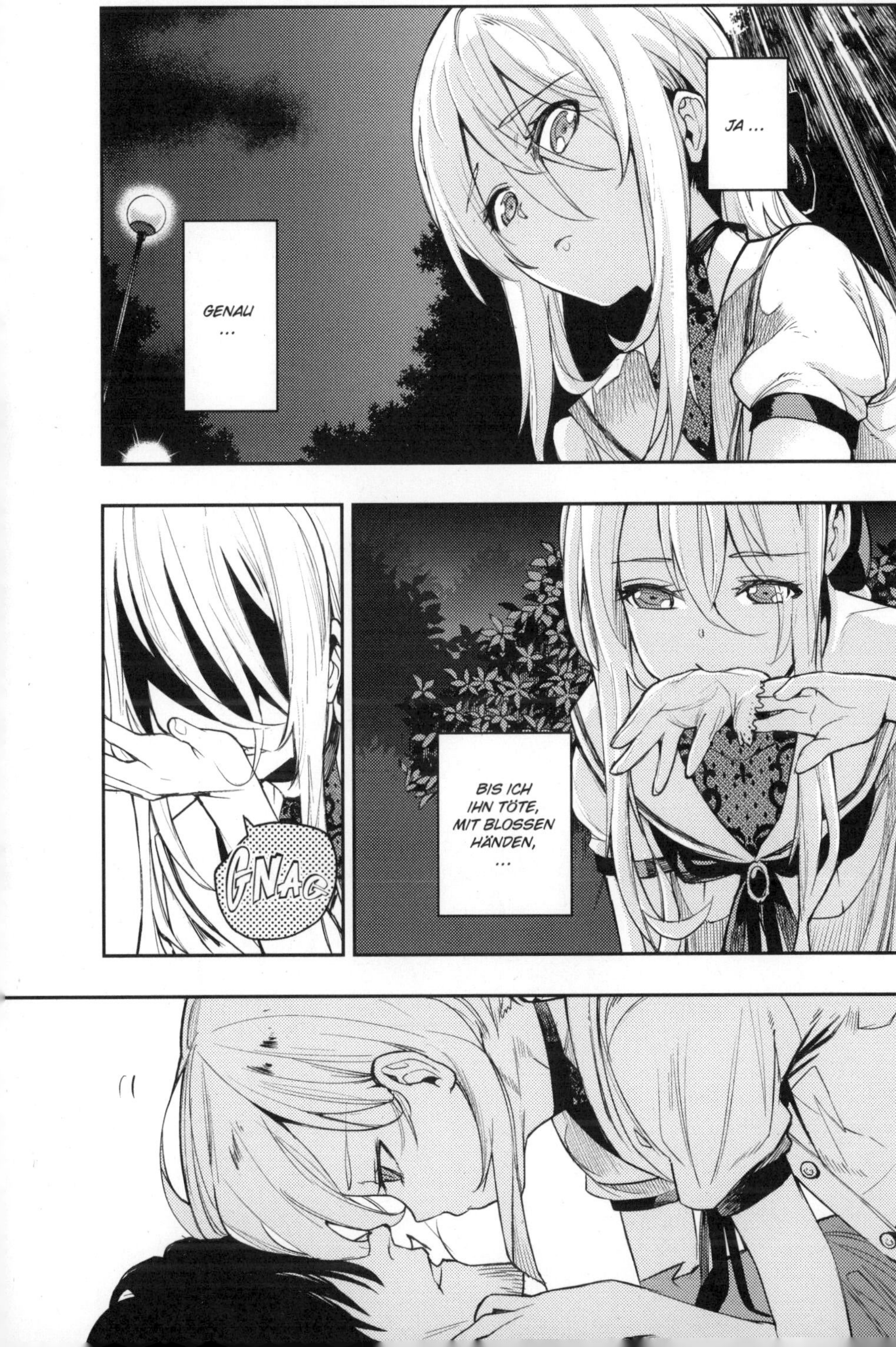
JA ...
GENAU
...
BIS ICH
IHN TÖTE,
MIT BLOSSEN
HÄNDEN,
...
GNAG

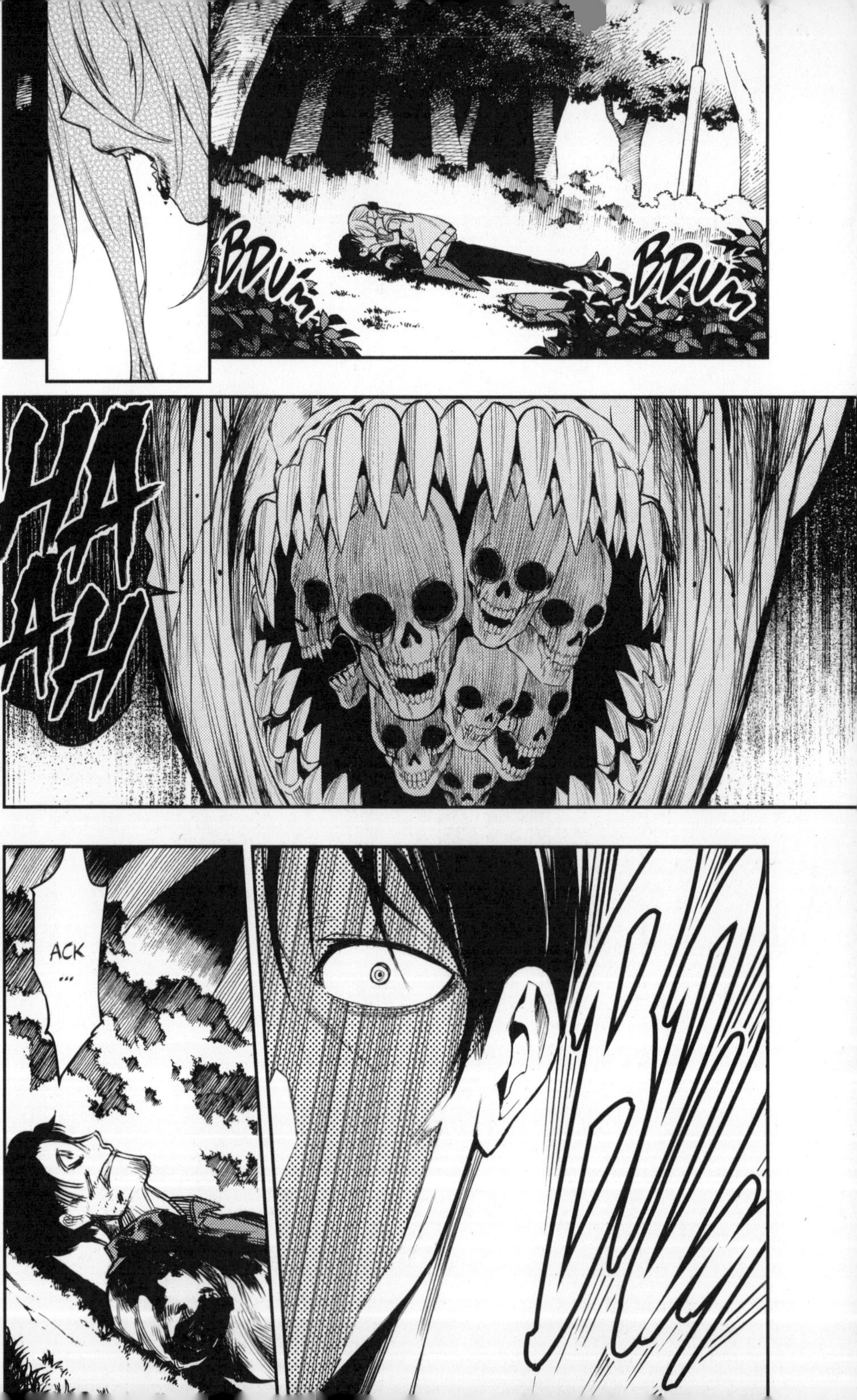

BDUM
BDUM
HA AH
ACK ...

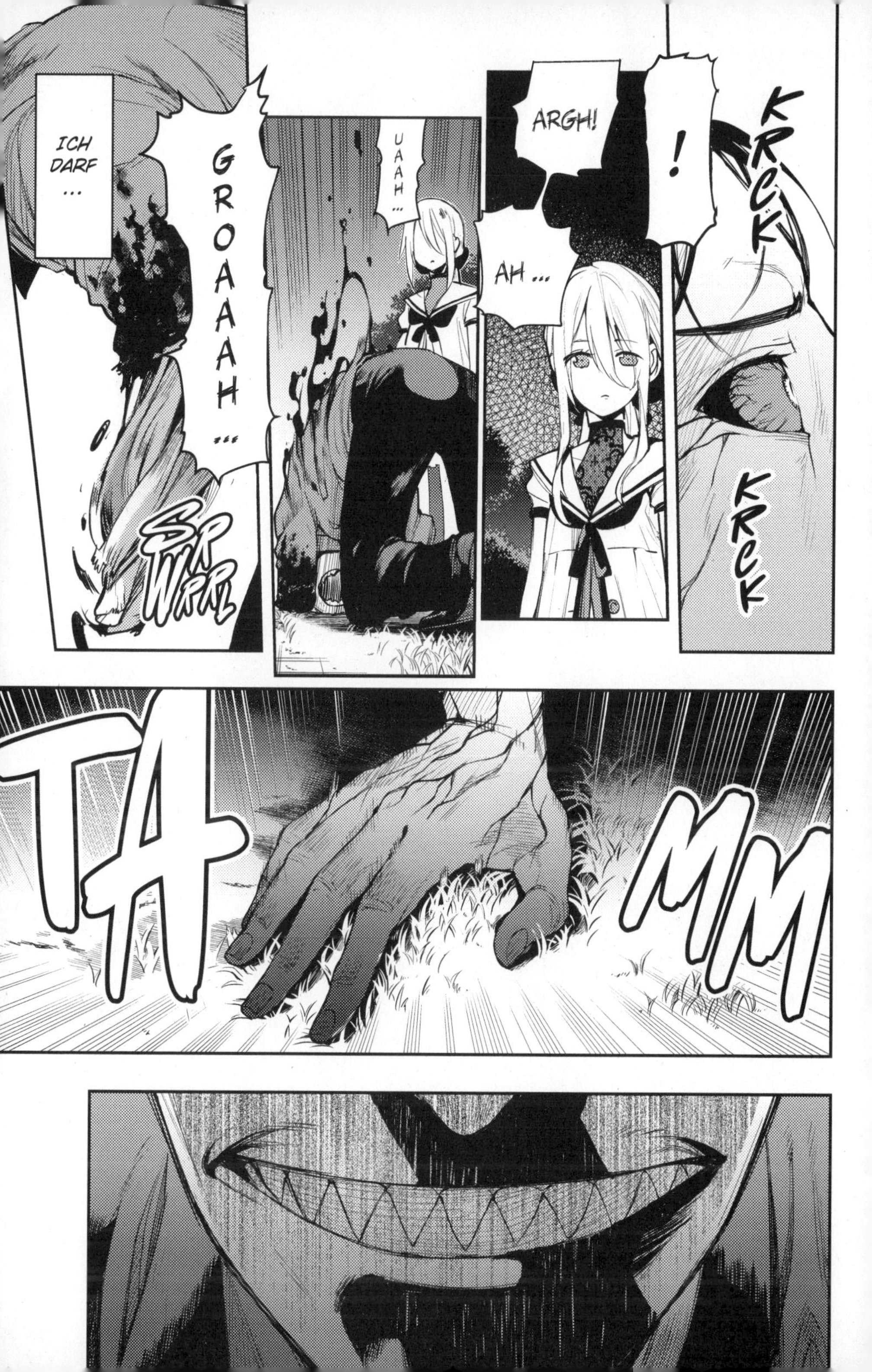
KRCK
KRCK
!
ARGH!
AH ...
UAAH ...
GROAAAAH ...
ICH DARF ...
SPWRRL
TAMM

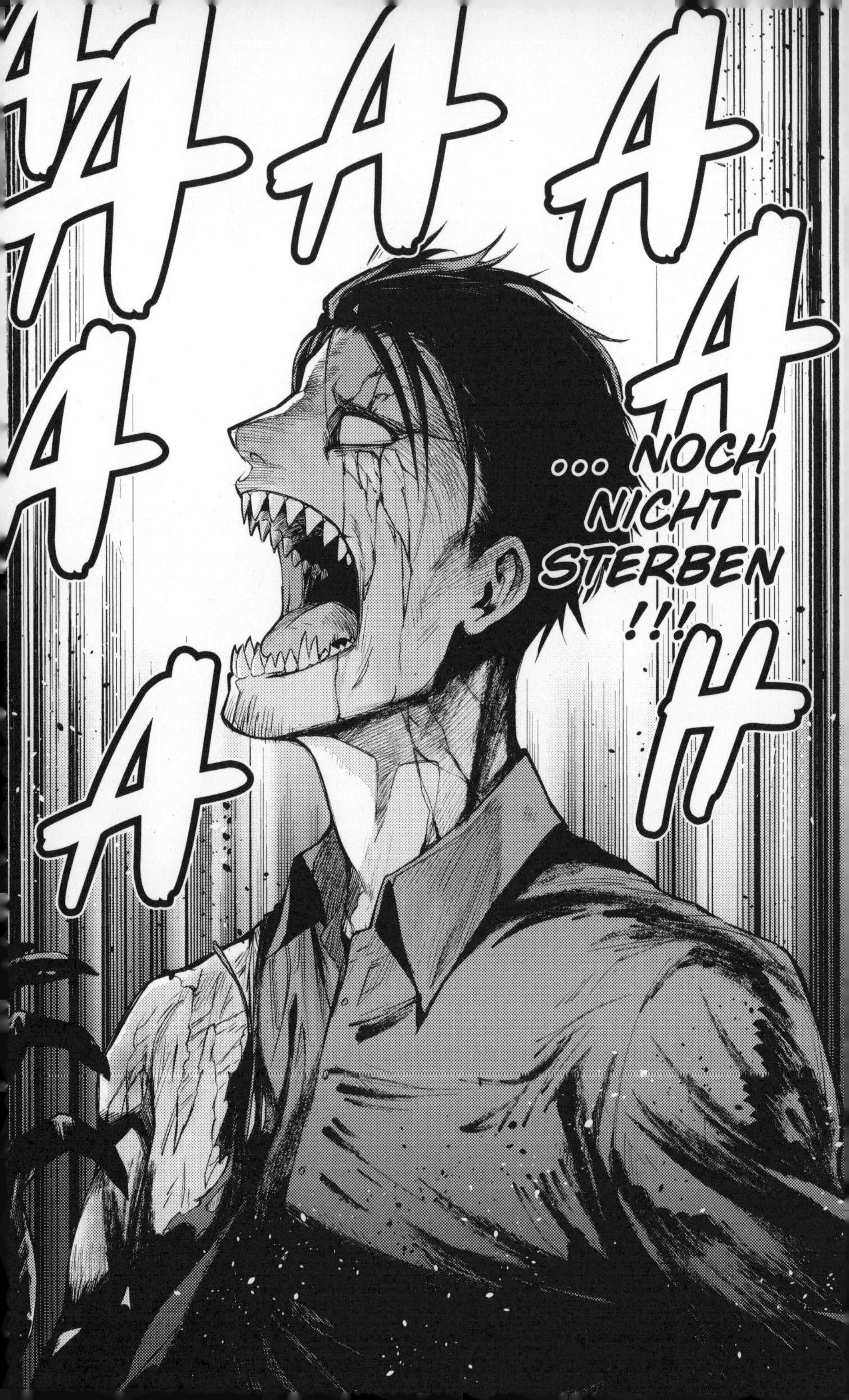
HAAAAAAAH
... NOCH NICHT STERBEN !!!

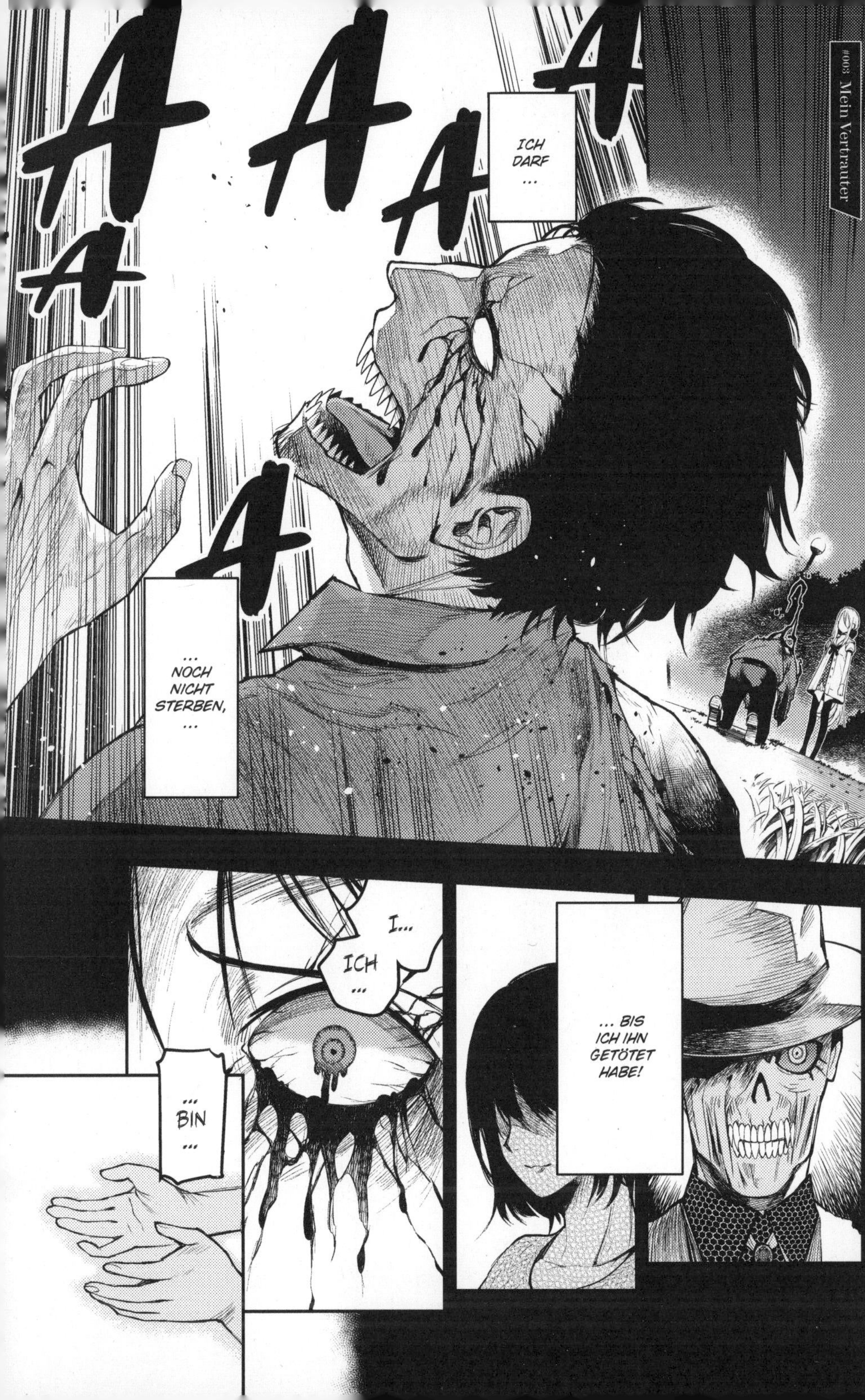
AAAAAAA
ICH DARF ...
... NOCH NICHT STERBEN, ...
... BIS ICH IHN GETÖTET HABE!
I... ICH ...
... BIN ...

#003 Mein Vertrauter

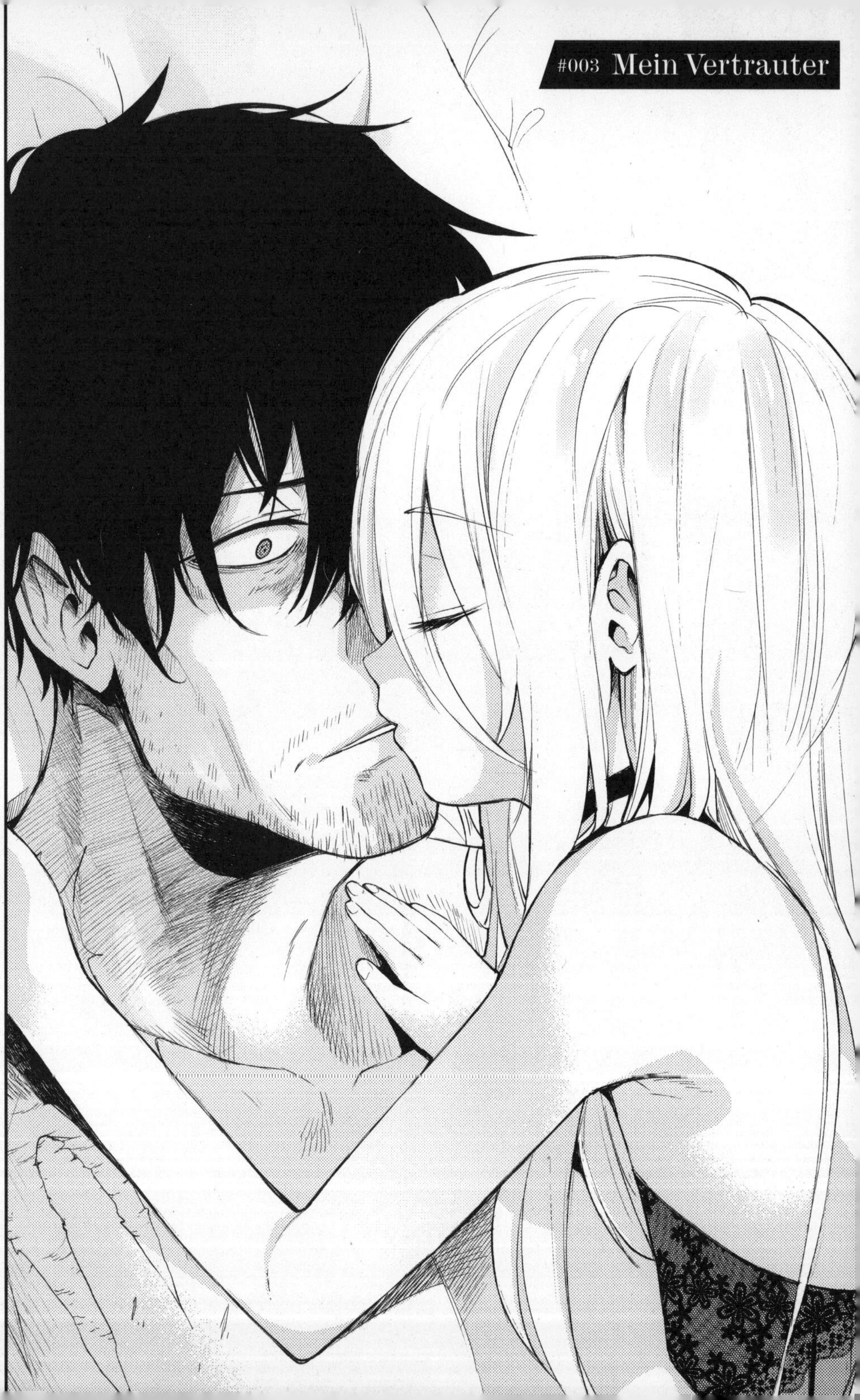

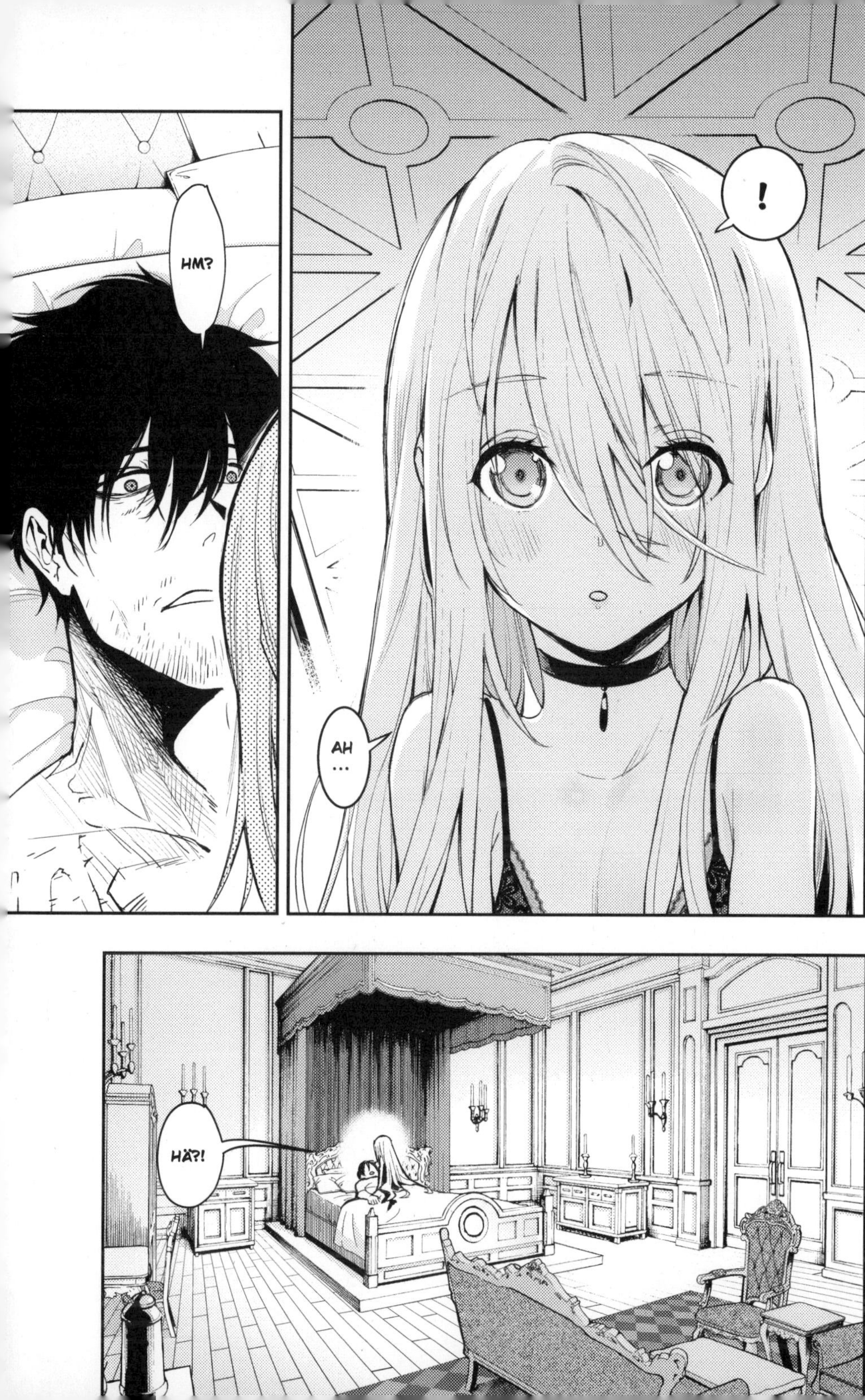
!
AH ...
HM?
HÄ?!

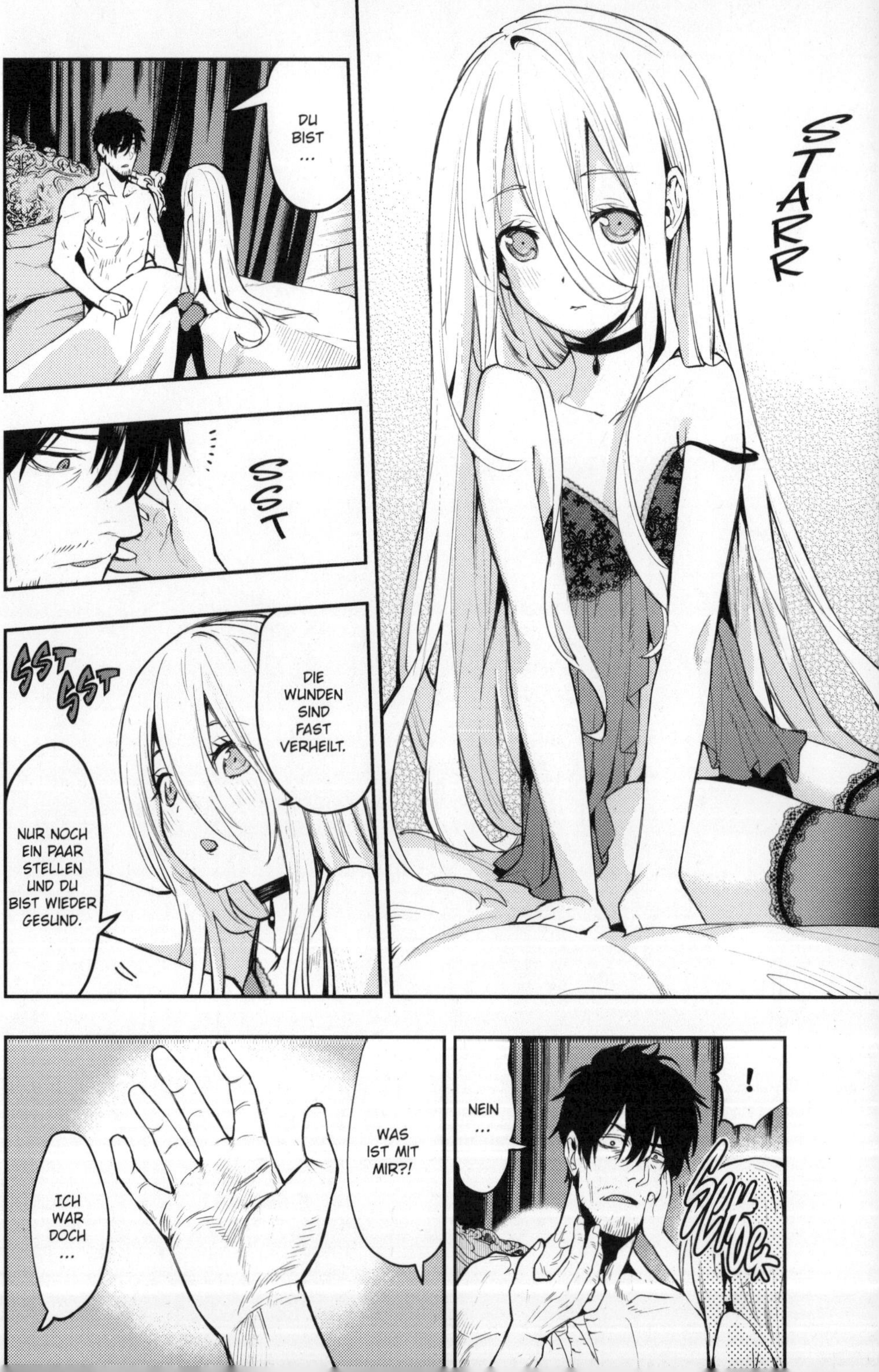
STARR
DU BIST ...
...
SST
DIE WUNDEN SIND FAST VERHEILT.
NUR NOCH EIN PAAR STELLEN UND DU BIST WIEDER GESUND.
SST SST
!
NEIN ...
WAS IST MIT MIR?!
ICH WAR DOCH ...

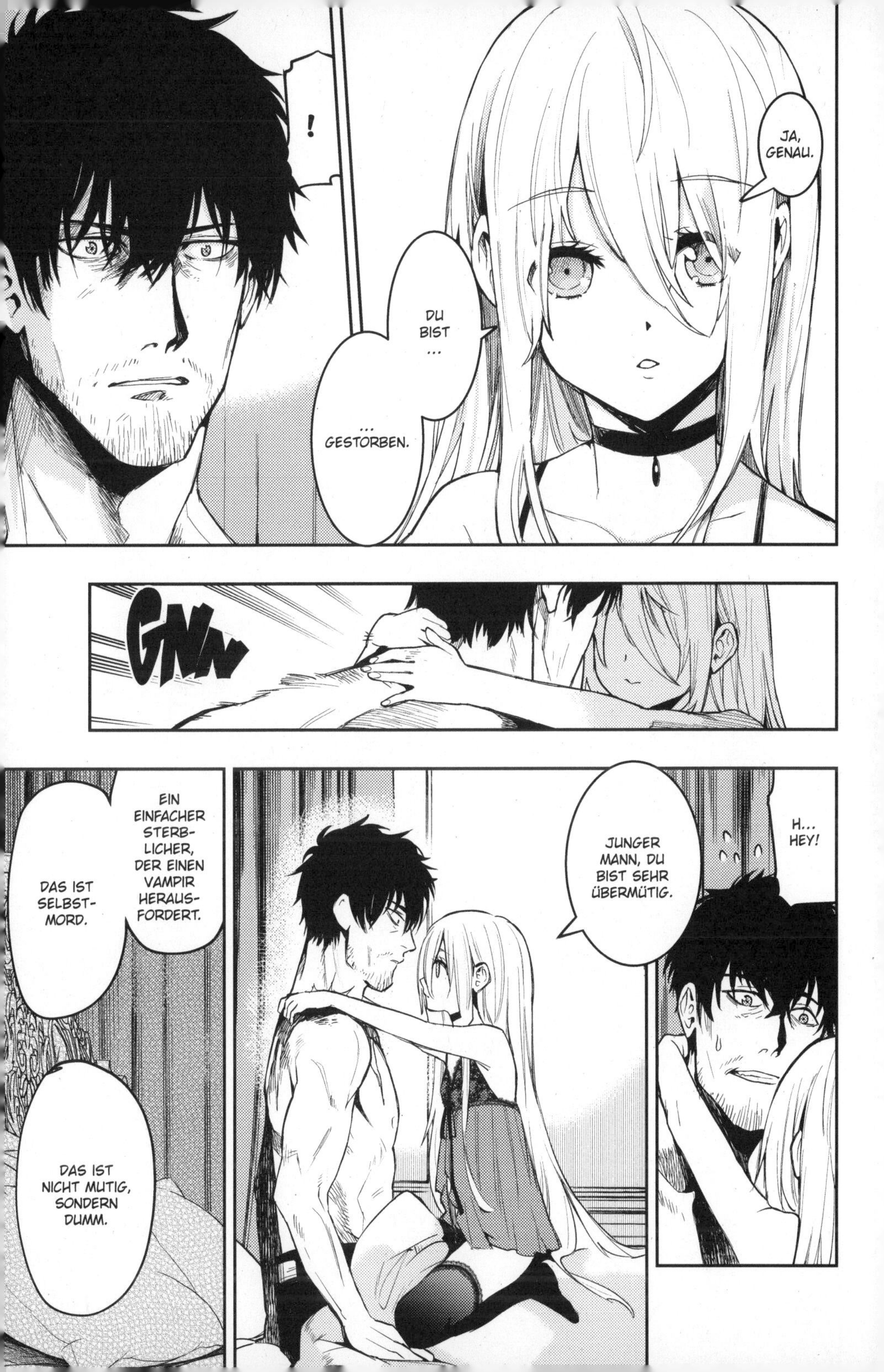
JA, GENAU.
DU BIST ...
... GESTORBEN.
!
GNN
H... HEY!
JUNGER MANN, DU BIST SEHR ÜBERMÜTIG.
EIN EINFACHER STERBLICHER, DER EINEN VAMPIR HERAUSFORDERT.
DAS IST SELBSTMORD.
DAS IST NICHT MUTIG, SONDERN DUMM.

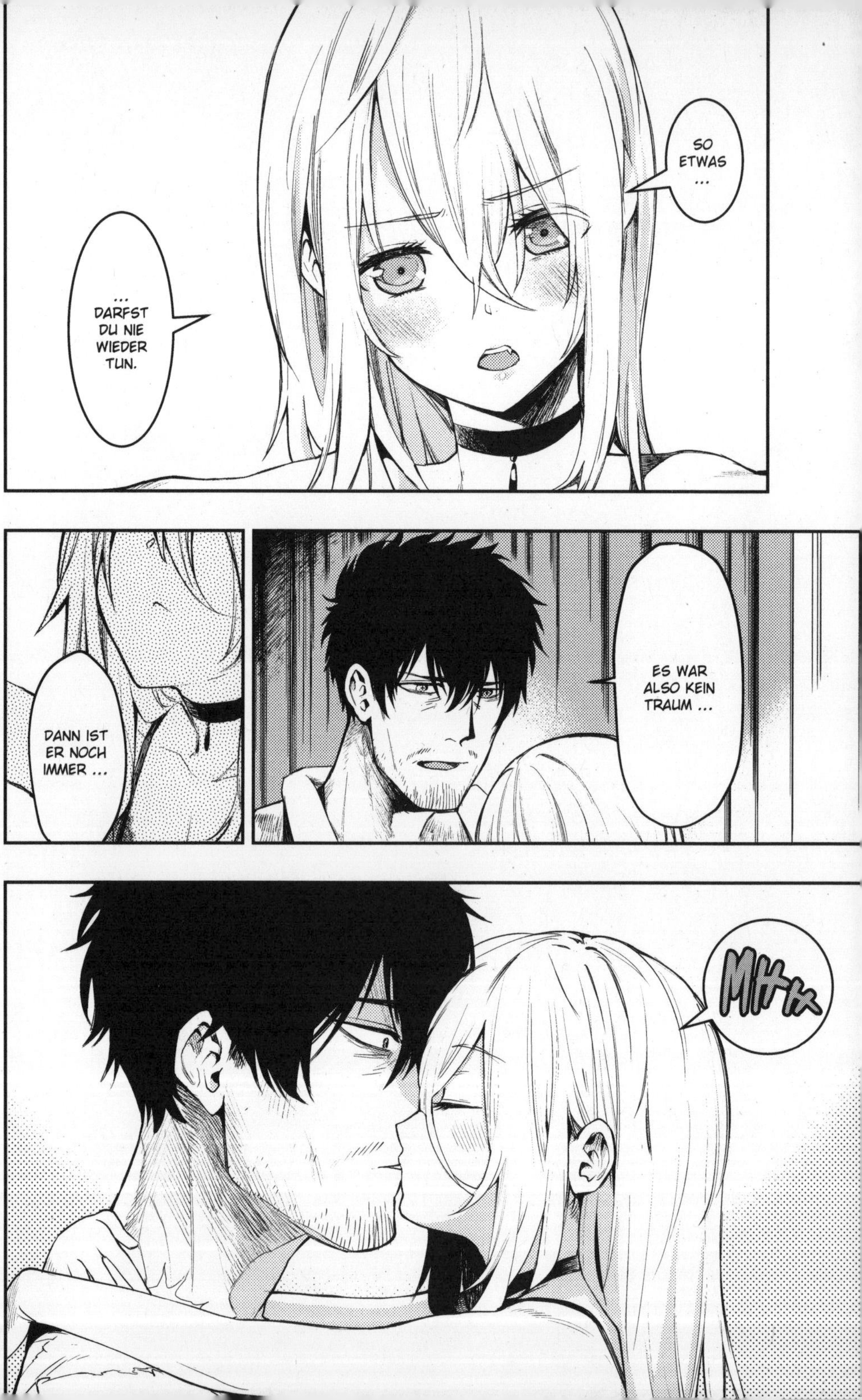
SO ETWAS …
… DARFST DU NIE WIEDER TUN.
ES WAR ALSO KEIN TRAUM …
DANN IST ER NOCH IMMER …

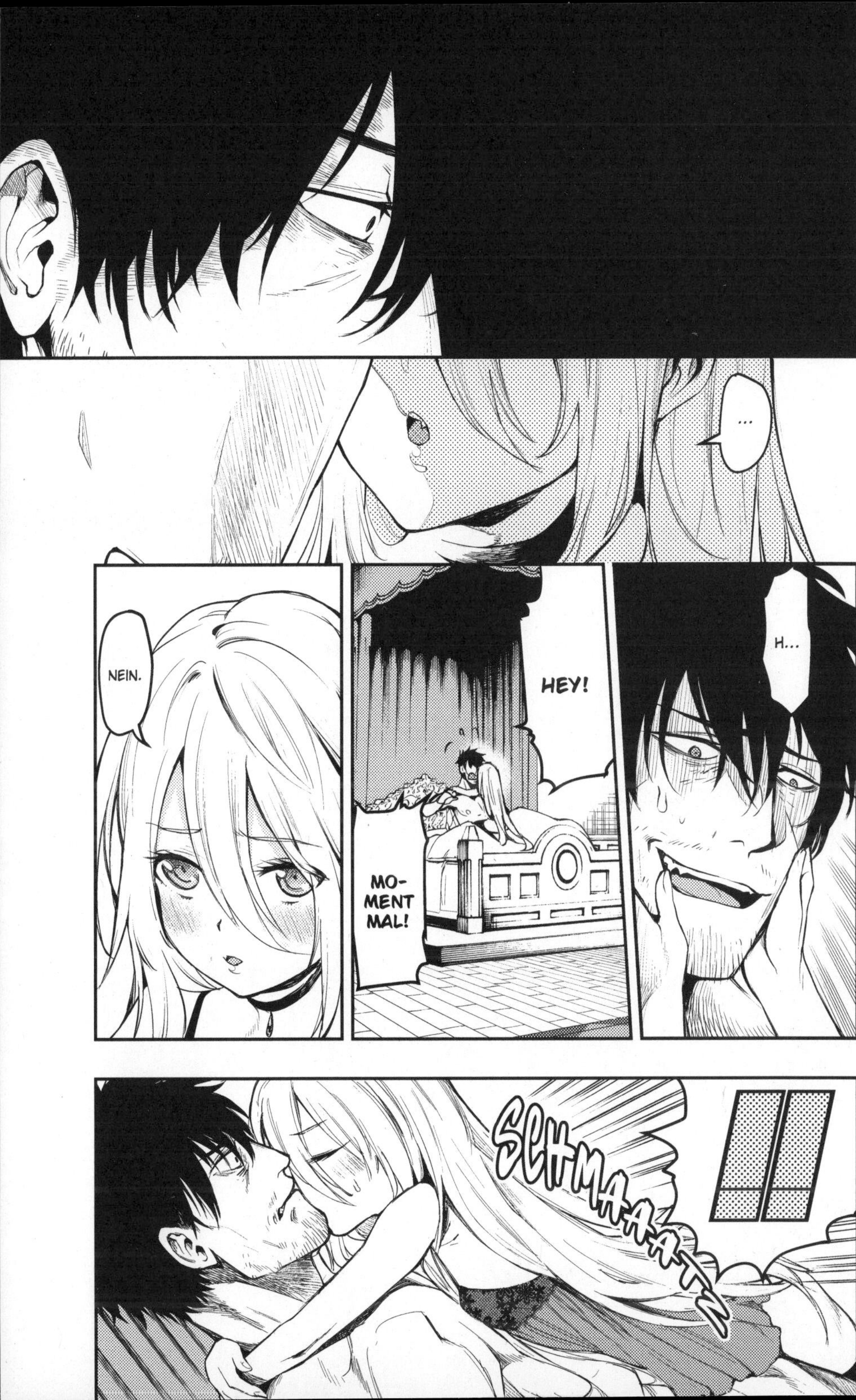
...
H...
HEY!
MO-MENT MAL!
NEIN.
SCHMAAAATZ

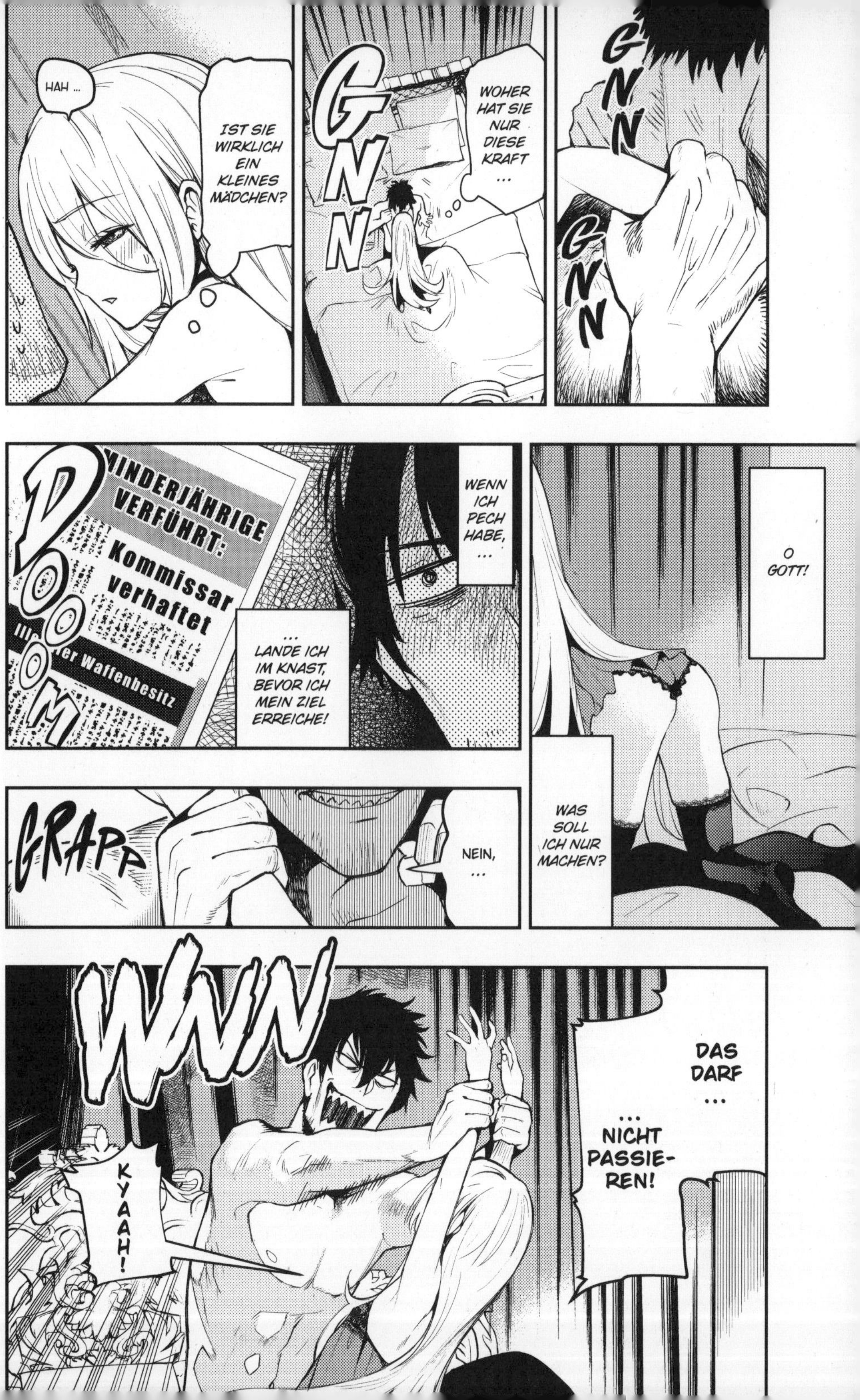
GNN
GNN
WOHER HAT SIE NUR DIESE KRAFT …
GNN
HAH …
IST SIE WIRKLICH EIN KLEINES MÄDCHEN?
O GOTT!
WAS SOLL ICH NUR MACHEN?
WENN ICH PECH HABE, …
… LANDE ICH IM KNAST, BEVOR ICH MEIN ZIEL ERREICHE!
MINDERJÄHRIGE VERFÜHRT: Kommissar verhaftet
DOOOM
NEIN, …
GRAPP
DAS DARF … NICHT PASSIEREN!
WNN
KYAAH!

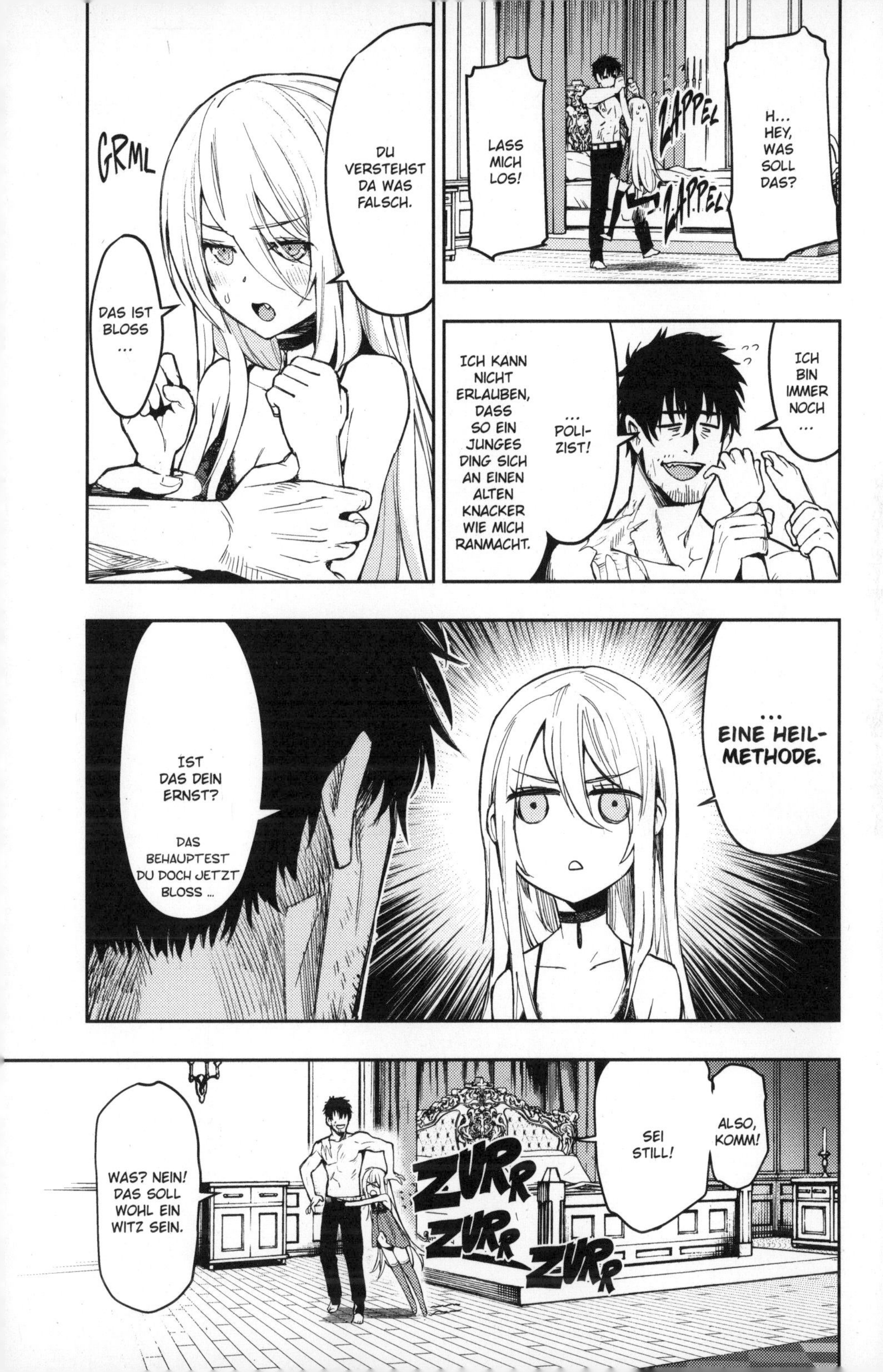
H… HEY, WAS SOLL DAS?
ZAPPEL
ZAPPEL
LASS MICH LOS!
DU VERSTEHST DA WAS FALSCH.
GRML
DAS IST BLOSS …
ICH BIN IMMER NOCH …
… POLIZIST!
ICH KANN NICHT ERLAUBEN, DASS SO EIN JUNGES DING SICH AN EINEN ALTEN KNACKER WIE MICH RANMACHT.
… EINE HEILMETHODE.
IST DAS DEIN ERNST?
DAS BEHAUPTEST DU DOCH JETZT BLOSS …
ALSO, KOMM!
SEI STILL!
WAS? NEIN! DAS SOLL WOHL EIN WITZ SEIN.
ZURR
ZURR
ZURR

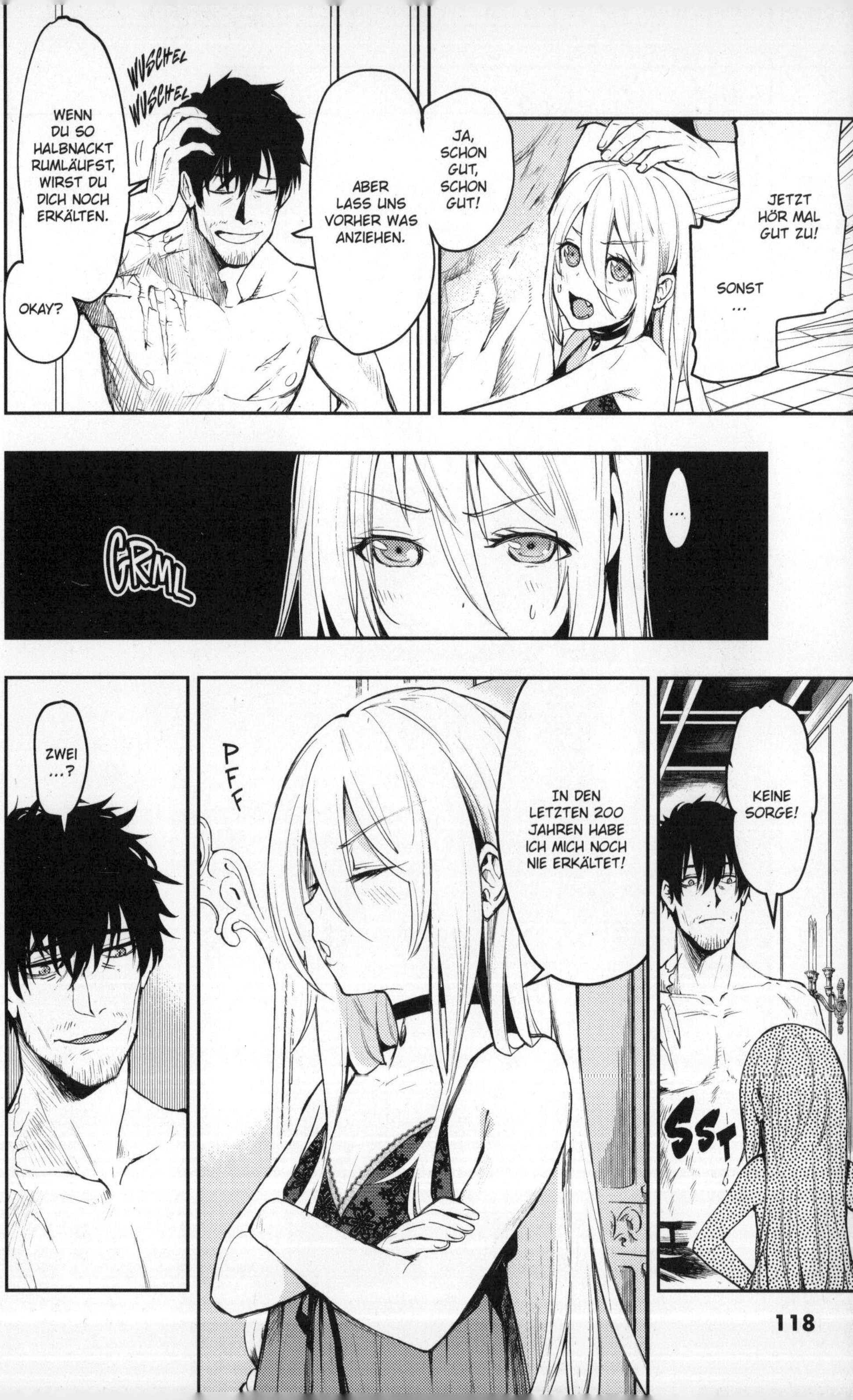
JETZT HÖR MAL GUT ZU!
SONST ...
JA, SCHON GUT, SCHON GUT!
ABER LASS UNS VORHER WAS ANZIEHEN.
WUSCHEL WUSCHEL
WENN DU SO HALBNACKT RUMLÄUFST, WIRST DU DICH NOCH ERKÄLTEN.
OKAY?
...
GRML
KEINE SORGE!
SST
IN DEN LETZTEN 200 JAHREN HABE ICH MICH NOCH NIE ERKÄLTET!
PFF
ZWEI ...?

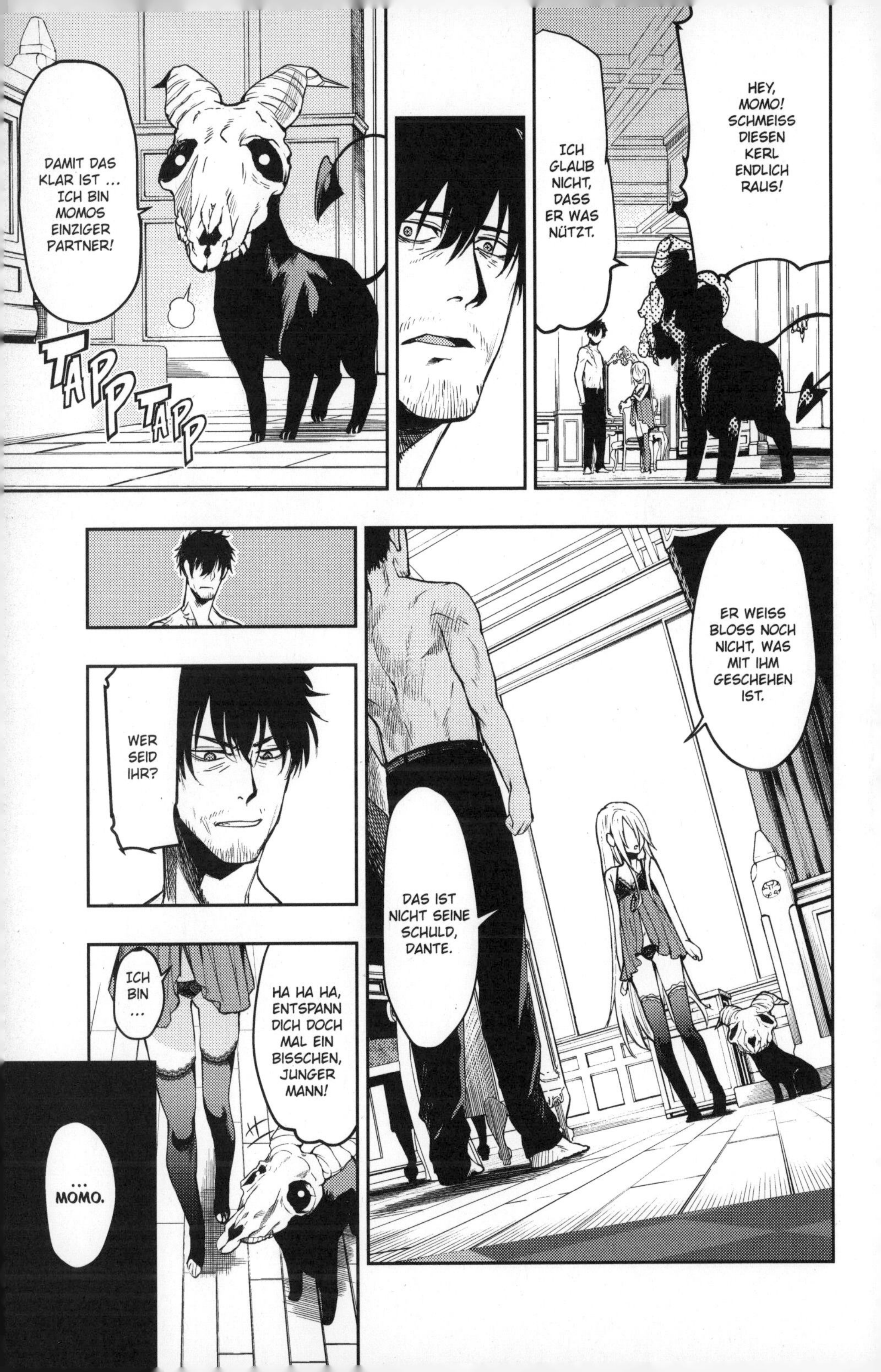
HEY, MOMO! SCHMEISS DIESEN KERL ENDLICH RAUS!
ICH GLAUB NICHT, DASS ER WAS NÜTZT.
DAMIT DAS KLAR IST … ICH BIN MOMOS EINZIGER PARTNER!
TAPP TAPP
ER WEISS BLOSS NOCH NICHT, WAS MIT IHM GESCHEHEN IST.
DAS IST NICHT SEINE SCHULD, DANTE.
WER SEID IHR?
HA HA HA, ENTSPANN DICH DOCH MAL EIN BISSCHEN, JUNGER MANN!
ICH BIN …
… MOMO.

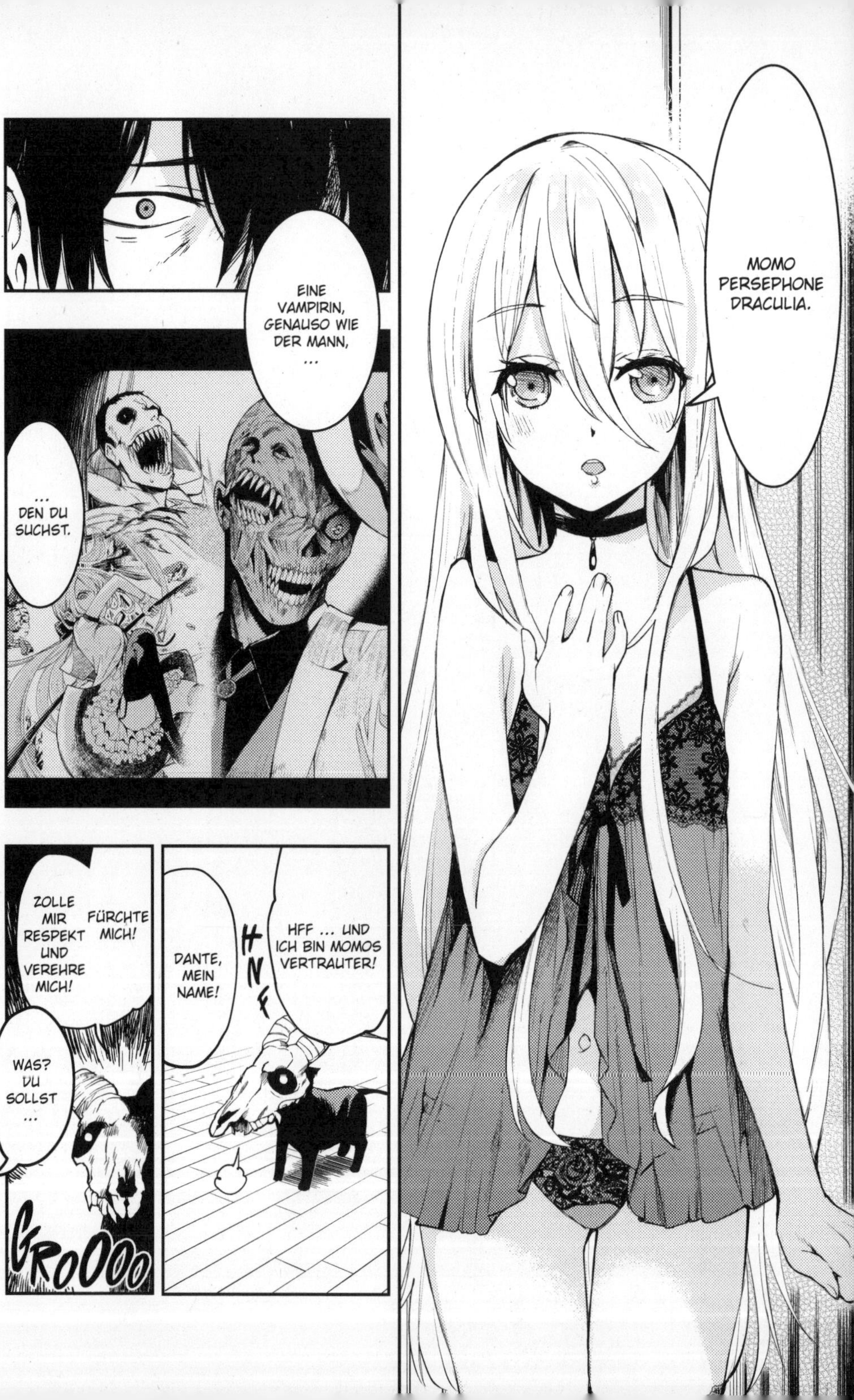
MOMO PERSEPHONE DRACULIA.
EINE VAMPIRIN, GENAUSO WIE DER MANN, ...
... DEN DU SUCHST.
HFF ... UND ICH BIN MOMOS VERTRAUTER!
DANTE, MEIN NAME!
HNF
FÜRCHTE MICH!
ZOLLE MIR RESPEKT UND VEREHRE MICH!
WAS? DU SOLLST ...
GROOOO

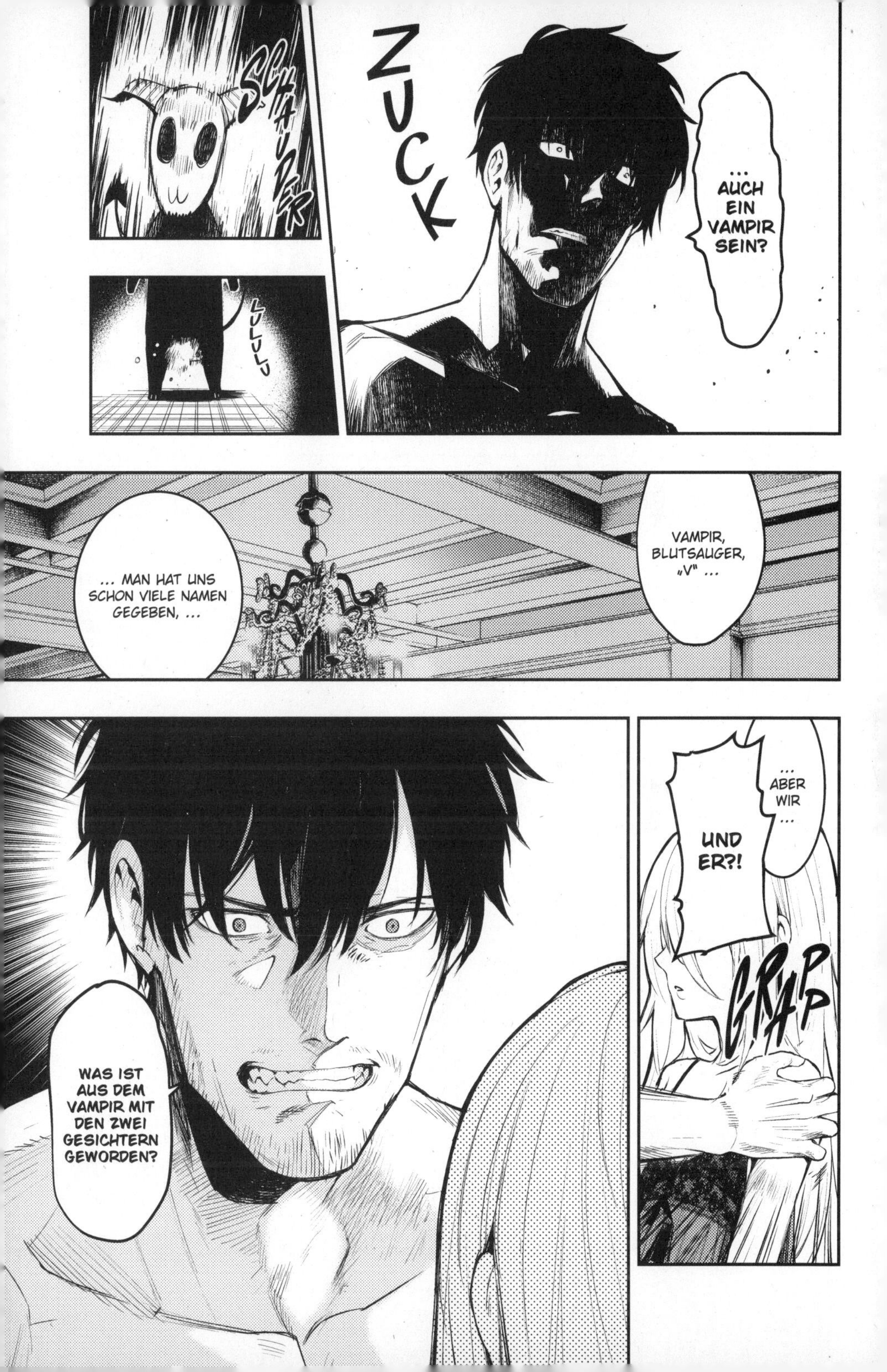
ZUCK
... AUCH EIN VAMPIR SEIN?
SCHAUDER
LULULU
VAMPIR, BLUTSAUGER, „V" ...
... MAN HAT UNS SCHON VIELE NAMEN GEGEBEN, ...
... ABER WIR ...
UND ER?!
GRAPP
WAS IST AUS DEM VAMPIR MIT DEN ZWEI GESICHTERN GEWORDEN?

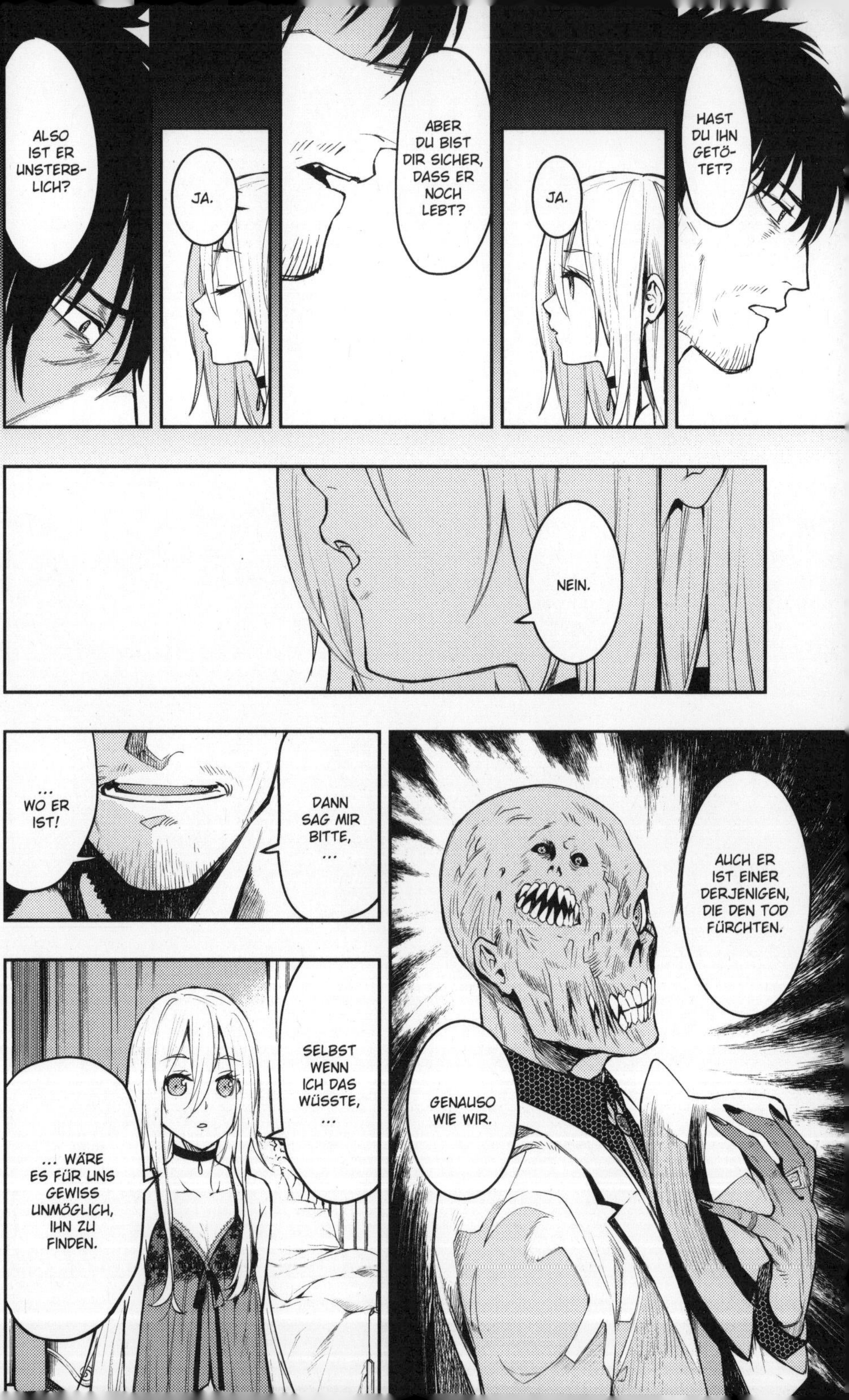
HAST DU IHN GETÖTET?
JA.
ABER DU BIST DIR SICHER, DASS ER NOCH LEBT?
JA.
ALSO IST ER UNSTERBLICH?
NEIN.
AUCH ER IST EINER DERJENIGEN, DIE DEN TOD FÜRCHTEN.
GENAUSO WIE WIR.
DANN SAG MIR BITTE, ...
... WO ER IST!
SELBST WENN ICH DAS WÜSSTE, ...
... WÄRE ES FÜR UNS GEWISS UNMÖGLICH, IHN ZU FINDEN.

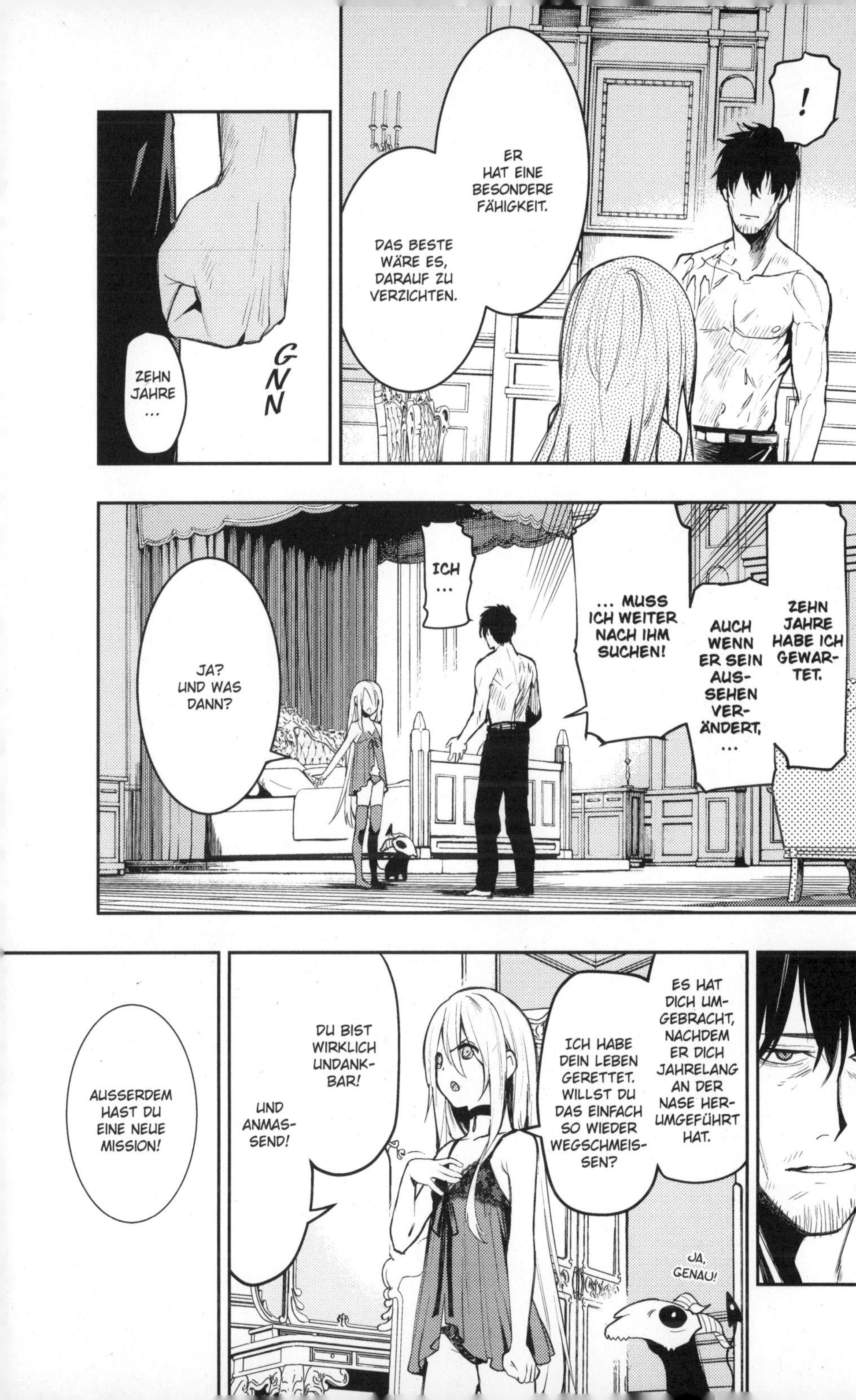
!
ER HAT EINE BESONDERE FÄHIGKEIT.
DAS BESTE WÄRE ES, DARAUF ZU VERZICHTEN.
GNN
ZEHN JAHRE ...
ZEHN JAHRE HABE ICH GEWARTET.
AUCH WENN ER SEIN AUSSEHEN VERÄNDERT, ...
... MUSS ICH WEITER NACH IHM SUCHEN!
ICH ...
JA? UND WAS DANN?
ES HAT DICH UMGEBRACHT, NACHDEM ER DICH JAHRELANG AN DER NASE HERUMGEFÜHRT HAT.
ICH HABE DEIN LEBEN GERETTET. WILLST DU DAS EINFACH SO WIEDER WEGSCHMEISSEN?
DU BIST WIRKLICH UNDANKBAR!
UND ANMASSEND!
JA, GENAU!
AUSSERDEM HAST DU EINE NEUE MISSION!

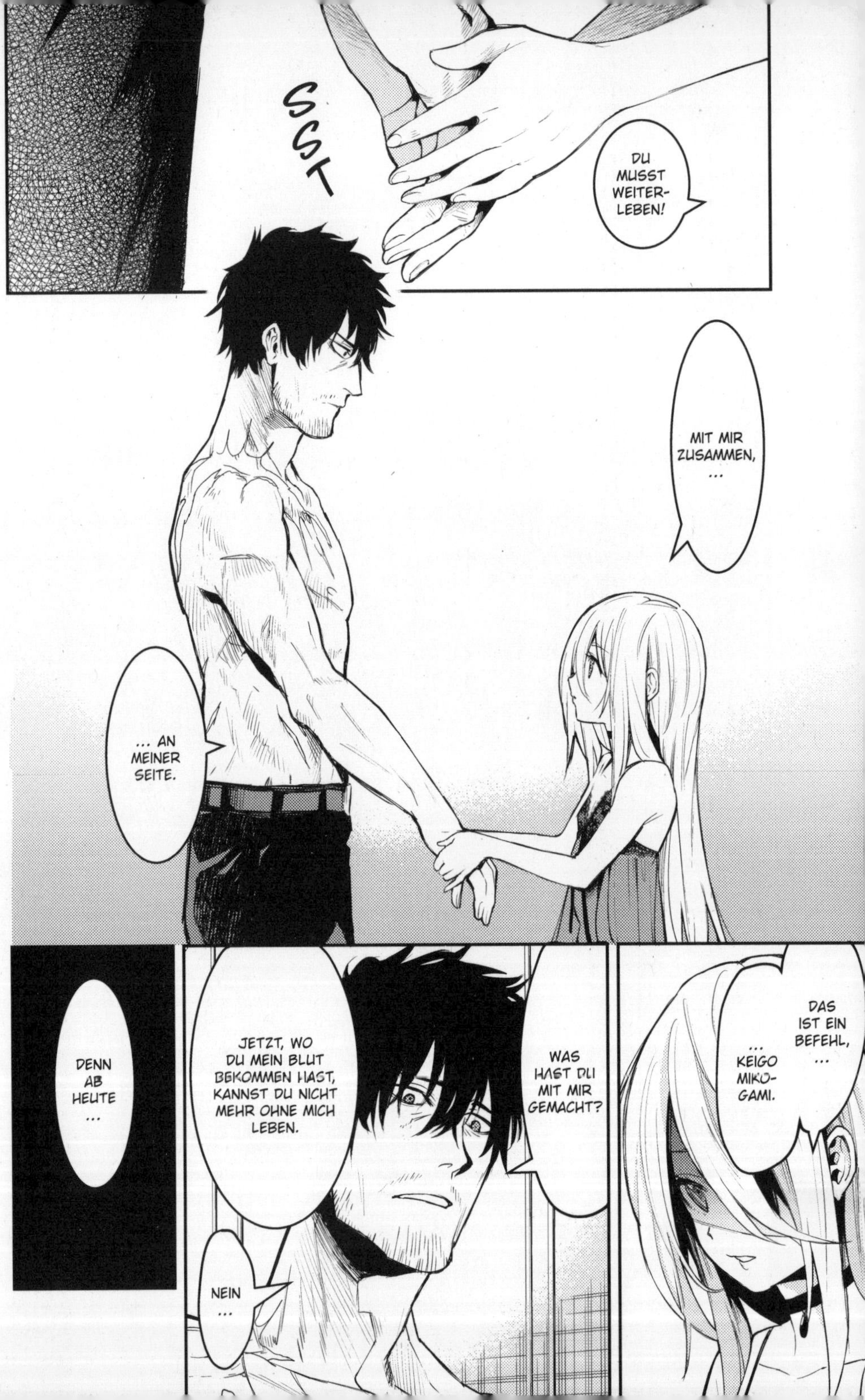
SST
DU MUSST WEITER-LEBEN!
MIT MIR ZUSAMMEN, ...
... AN MEINER SEITE.
DAS IST EIN BEFEHL, ...
... KEIGO MIKO-GAMI.
WAS HAST DU MIT MIR GEMACHT?
JETZT, WO DU MEIN BLUT BEKOMMEN HAST, KANNST DU NICHT MEHR OHNE MICH LEBEN.
NEIN ...
DENN AB HEUTE ...

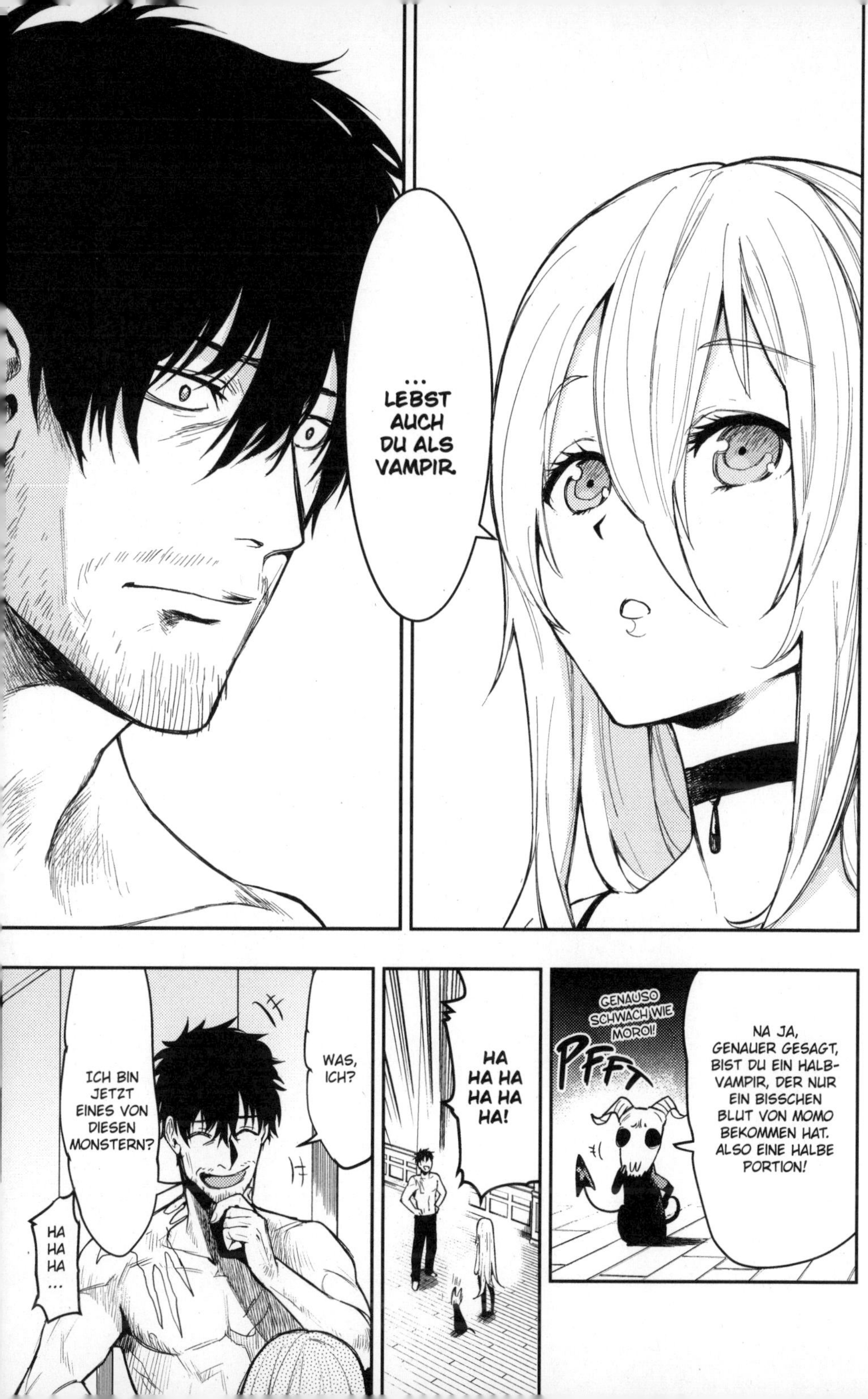
... LEBST AUCH DU ALS VAMPIR
NA JA, GENAUER GESAGT, BIST DU EIN HALB-VAMPIR, DER NUR EIN BISSCHEN BLUT VON MOMO BEKOMMEN HAT. ALSO EINE HALBE PORTION!
GENAUSO SCHWACH WIE MOROI!
PFFT
HA HA HA HA HA HA!
WAS, ICH?
ICH BIN JETZT EINES VON DIESEN MONSTERN?
HA HA HA ...

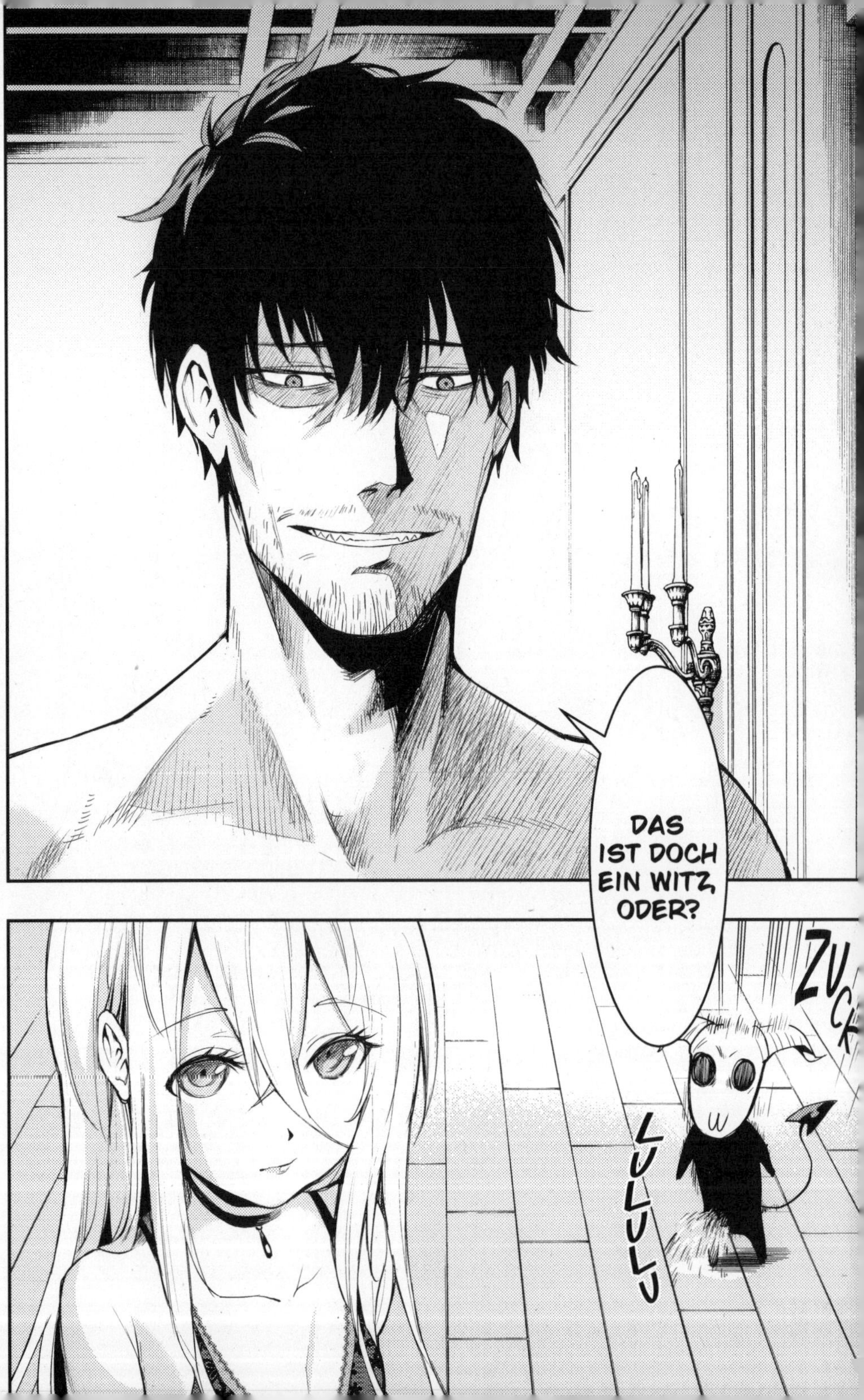
DAS IST DOCH EIN WITZ, ODER?
ZUCK
LULULU

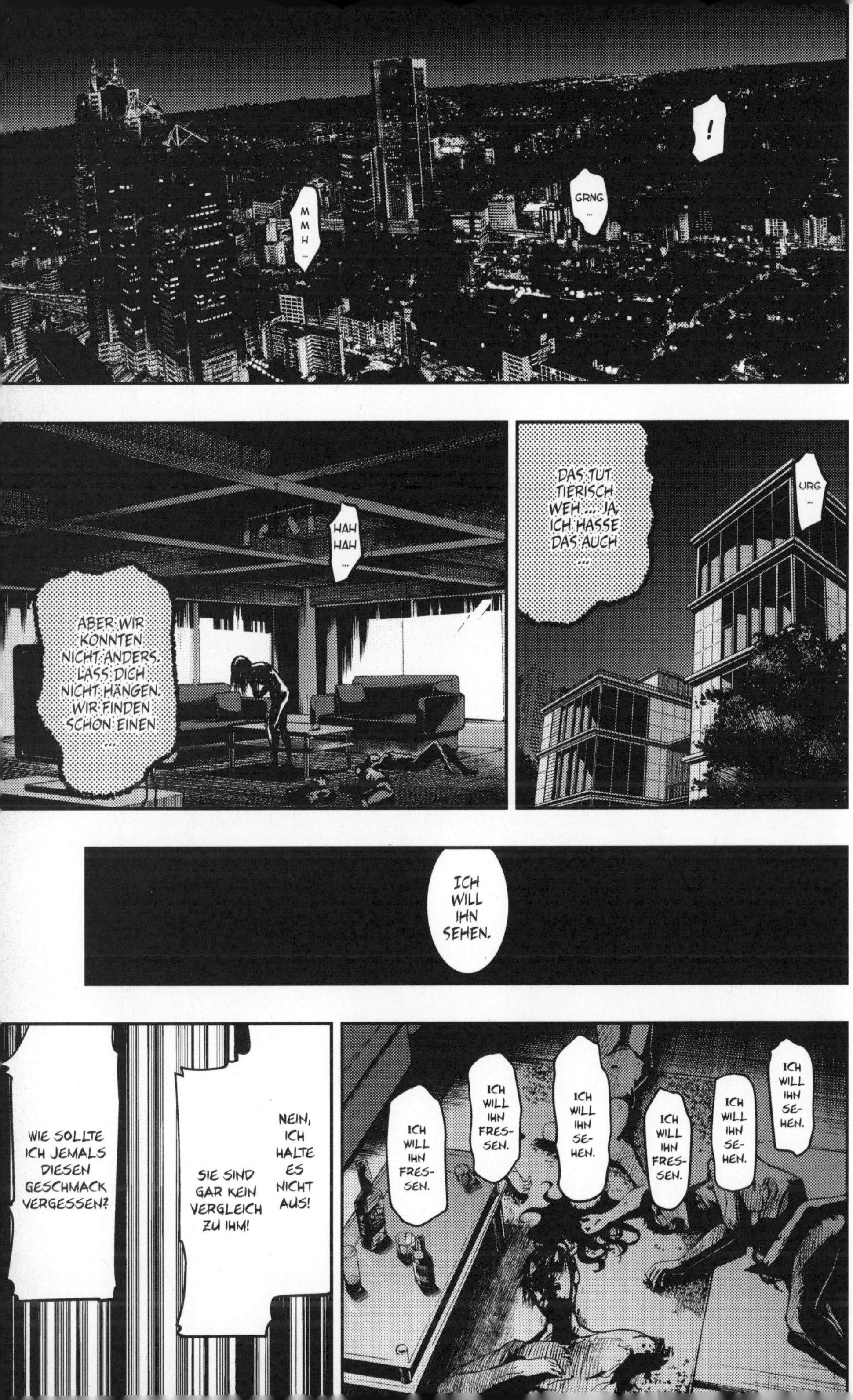
!
GRNG ...
MMH ...
URG ...
DAS TUT TIERISCH WEH ... JA, ICH HASSE DAS AUCH ...
HAH HAH ...
ABER WIR KONNTEN NICHT ANDERS. LASS DICH NICHT HÄNGEN. WIR FINDEN SCHON EINEN ...
ICH WILL IHN SEHEN.
ICH WILL IHN SE-HEN.
ICH WILL IHN SE-HEN.
ICH WILL IHN FRES-SEN.
ICH WILL IHN SE-HEN.
ICH WILL IHN FRES-SEN.
ICH WILL IHN FRES-SEN.
NEIN, ICH HALTE ES NICHT AUS!
SIE SIND GAR KEIN VERGLEICH ZU IHM!
WIE SOLLTE ICH JEMALS DIESEN GESCHMACK VERGESSEN?

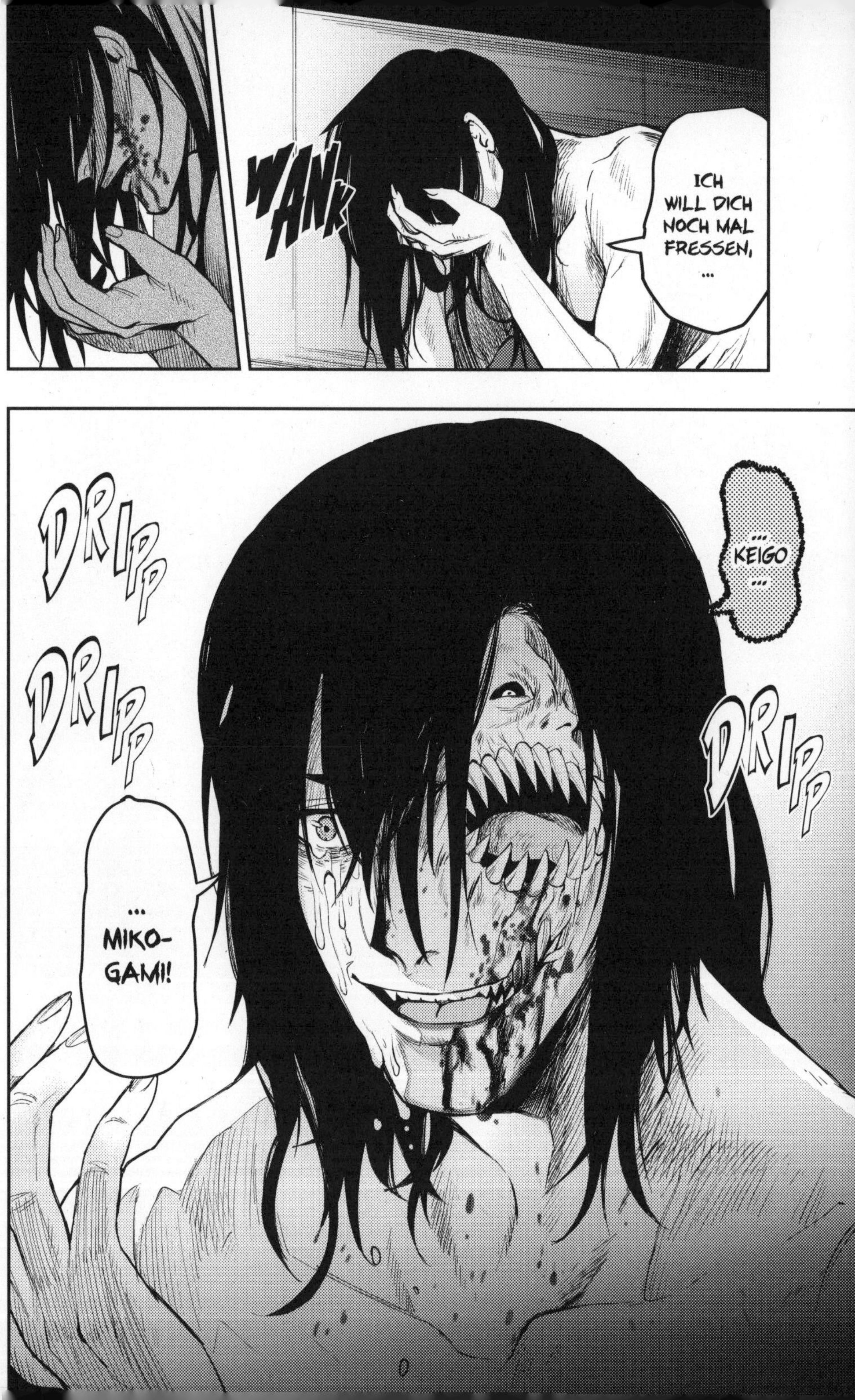
WANK
ICH WILL DICH NOCH MAL FRESSEN, ...
DRIPP
DRIPP
DRIPP
... KEIGO ...
... MIKO-GAMI!

#004 Der Befehl der Herrin

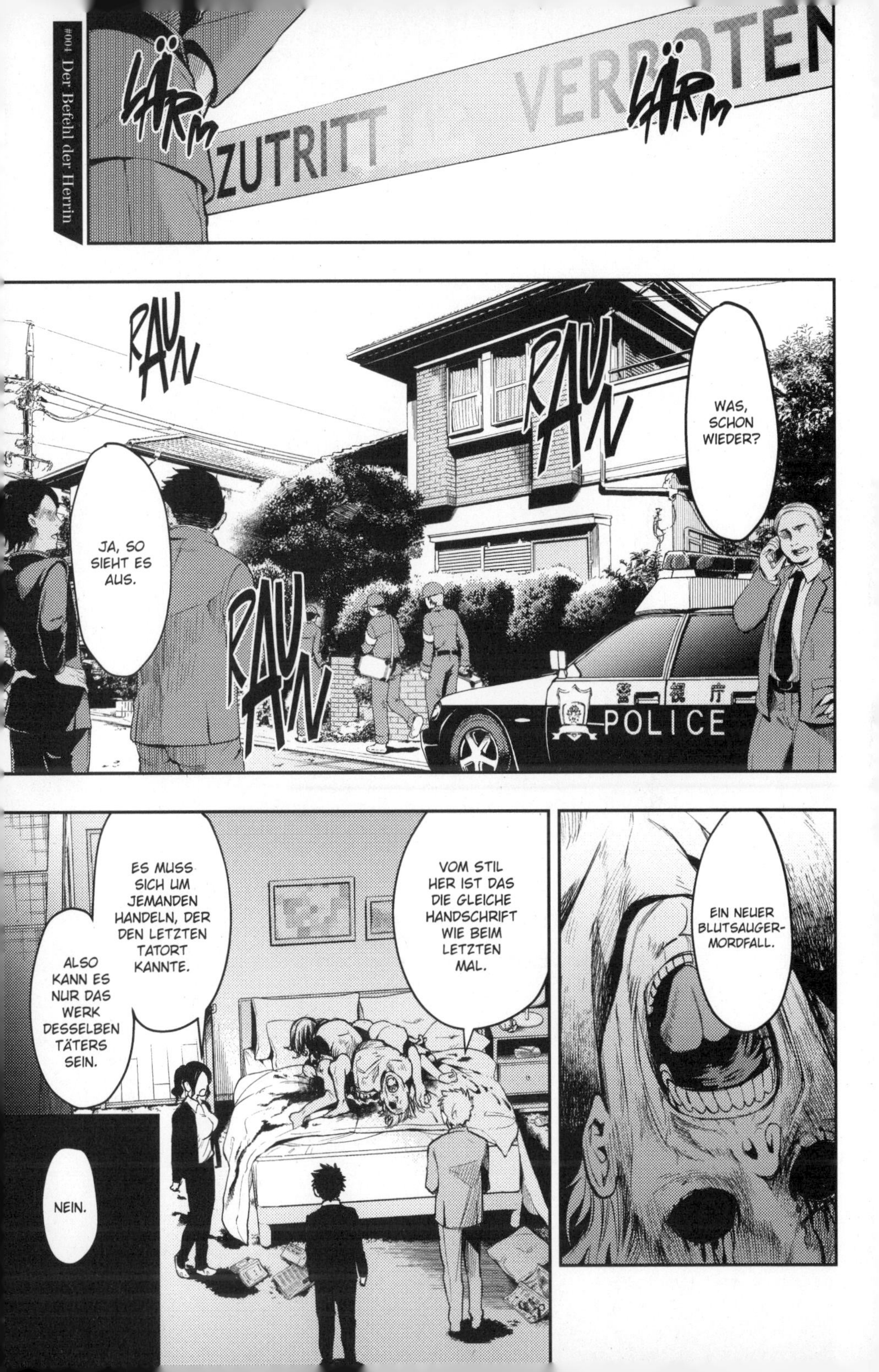

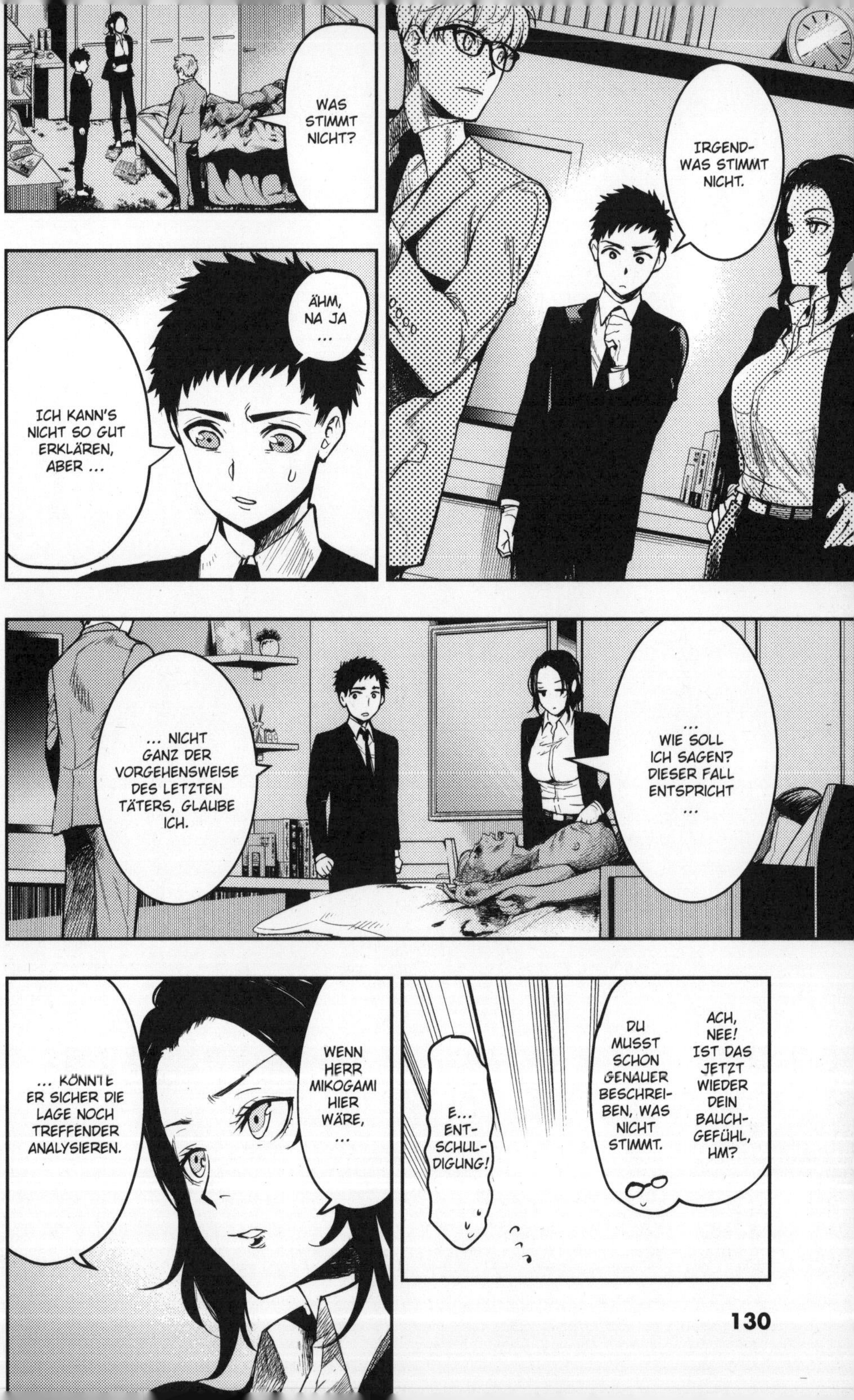
IRGEND-WAS STIMMT NICHT.
WAS STIMMT NICHT?
ÄHM, NA JA …
ICH KANN'S NICHT SO GUT ERKLÄREN, ABER …
… WIE SOLL ICH SAGEN? DIESER FALL ENTSPRICHT …
… NICHT GANZ DER VORGEHENSWEISE DES LETZTEN TÄTERS, GLAUBE ICH.
ACH, NEE! IST DAS JETZT WIEDER DEIN BAUCH-GEFÜHL, HM?
DU MUSST SCHON GENAUER BESCHREI-BEN, WAS NICHT STIMMT.
E… ENT-SCHUL-DIGUNG!
WENN HERR MIKOGAMI HIER WÄRE, …
… KÖNNTE ER SICHER DIE LAGE NOCH TREFFENDER ANALYSIEREN.

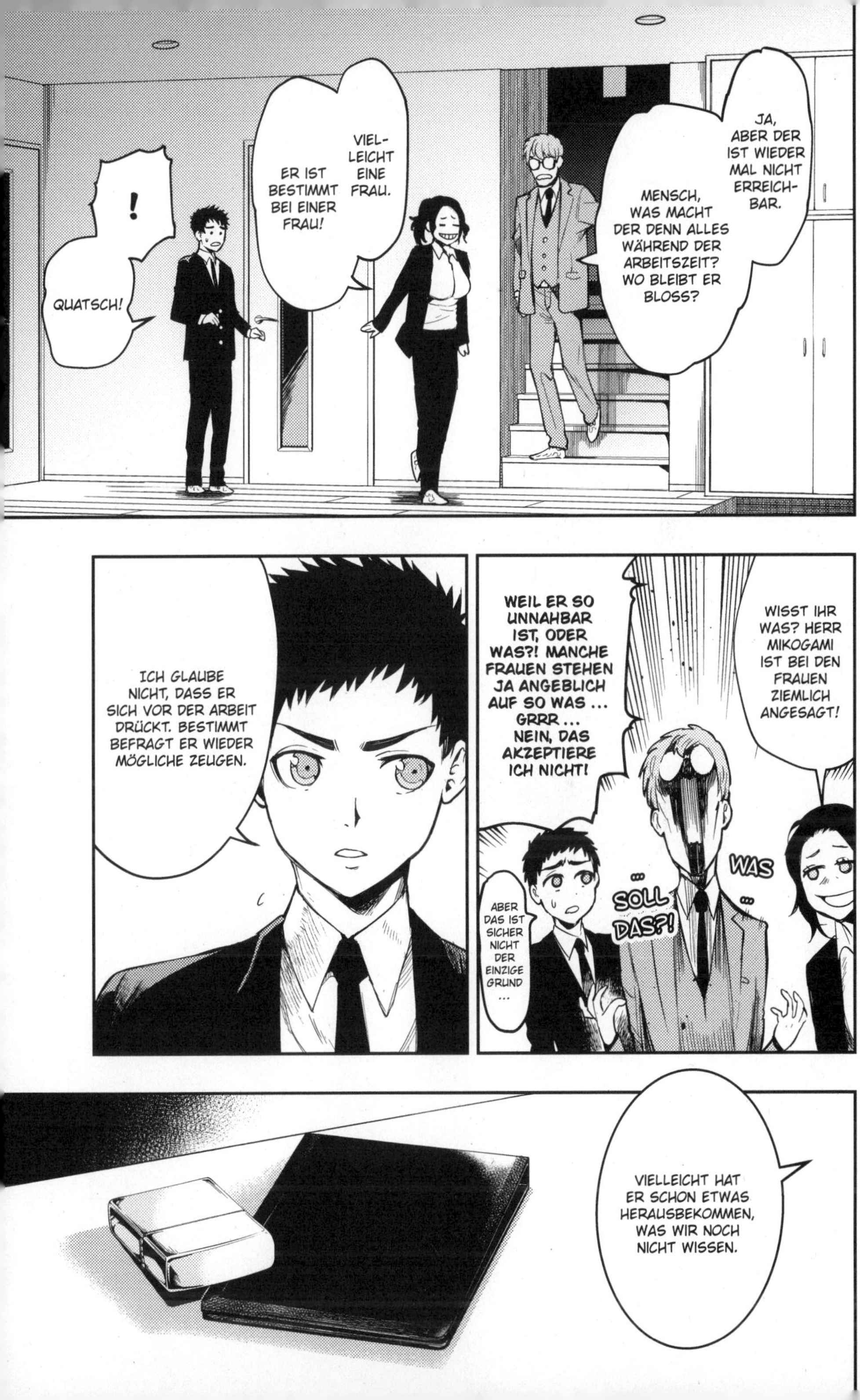
JA, ABER DER IST WIEDER MAL NICHT ERREICHBAR.
MENSCH, WAS MACHT DER DENN ALLES WÄHREND DER ARBEITSZEIT? WO BLEIBT ER BLOSS?
VIELLEICHT EINE FRAU.
ER IST BESTIMMT BEI EINER FRAU!
!
QUATSCH!
WISST IHR WAS? HERR MIKOGAMI IST BEI DEN FRAUEN ZIEMLICH ANGESAGT!
WEIL ER SO UNNAHBAR IST, ODER WAS?! MANCHE FRAUEN STEHEN JA ANGEBLICH AUF SO WAS … GRRR … NEIN, DAS AKZEPTIERE ICH NICHT!
… WAS … SOLL DAS?!
ABER DAS IST SICHER NICHT DER EINZIGE GRUND …
ICH GLAUBE NICHT, DASS ER SICH VOR DER ARBEIT DRÜCKT. BESTIMMT BEFRAGT ER WIEDER MÖGLICHE ZEUGEN.
VIELLEICHT HAT ER SCHON ETWAS HERAUSBEKOMMEN, WAS WIR NOCH NICHT WISSEN.

#004 Der Befehl der Herrin

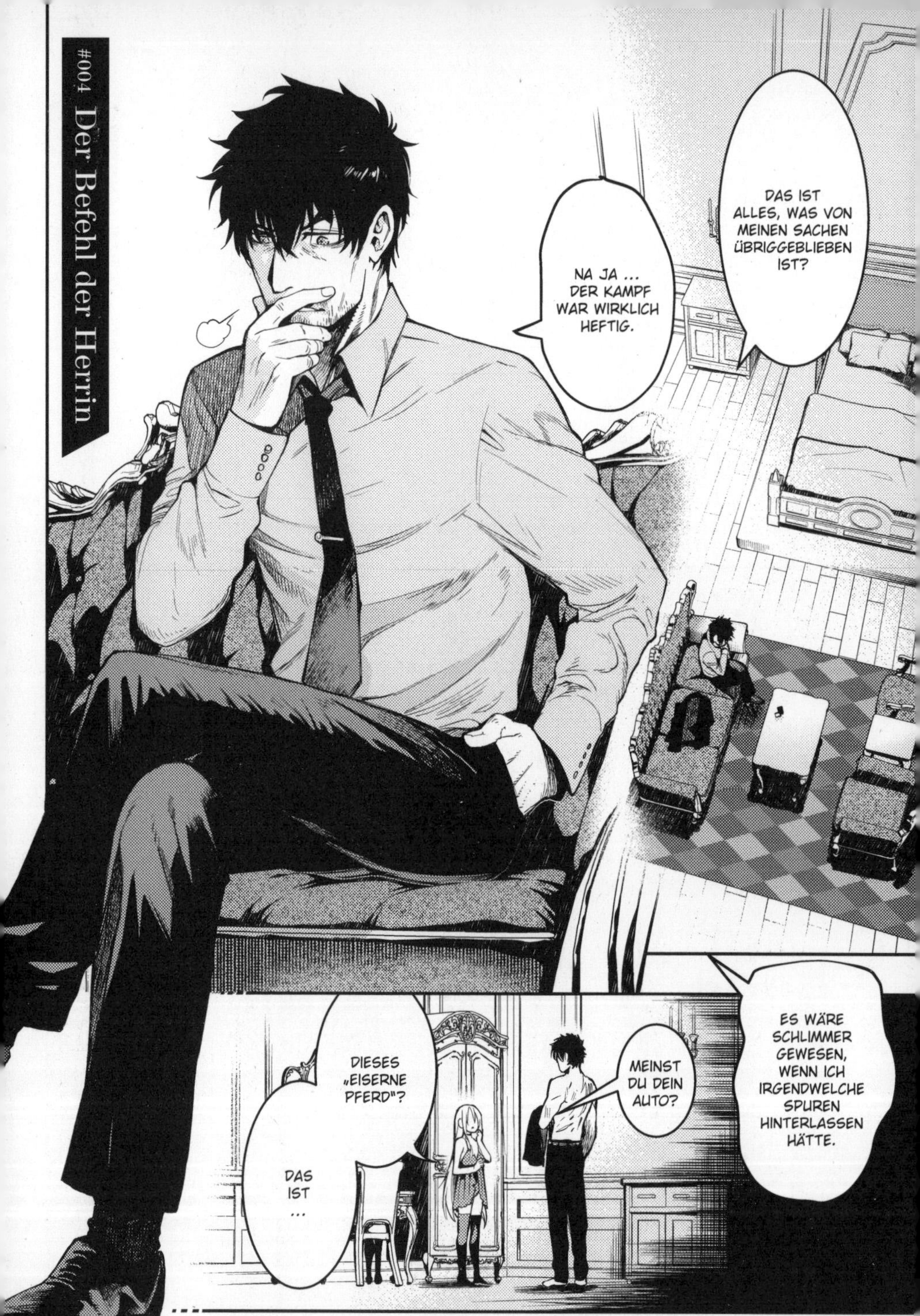

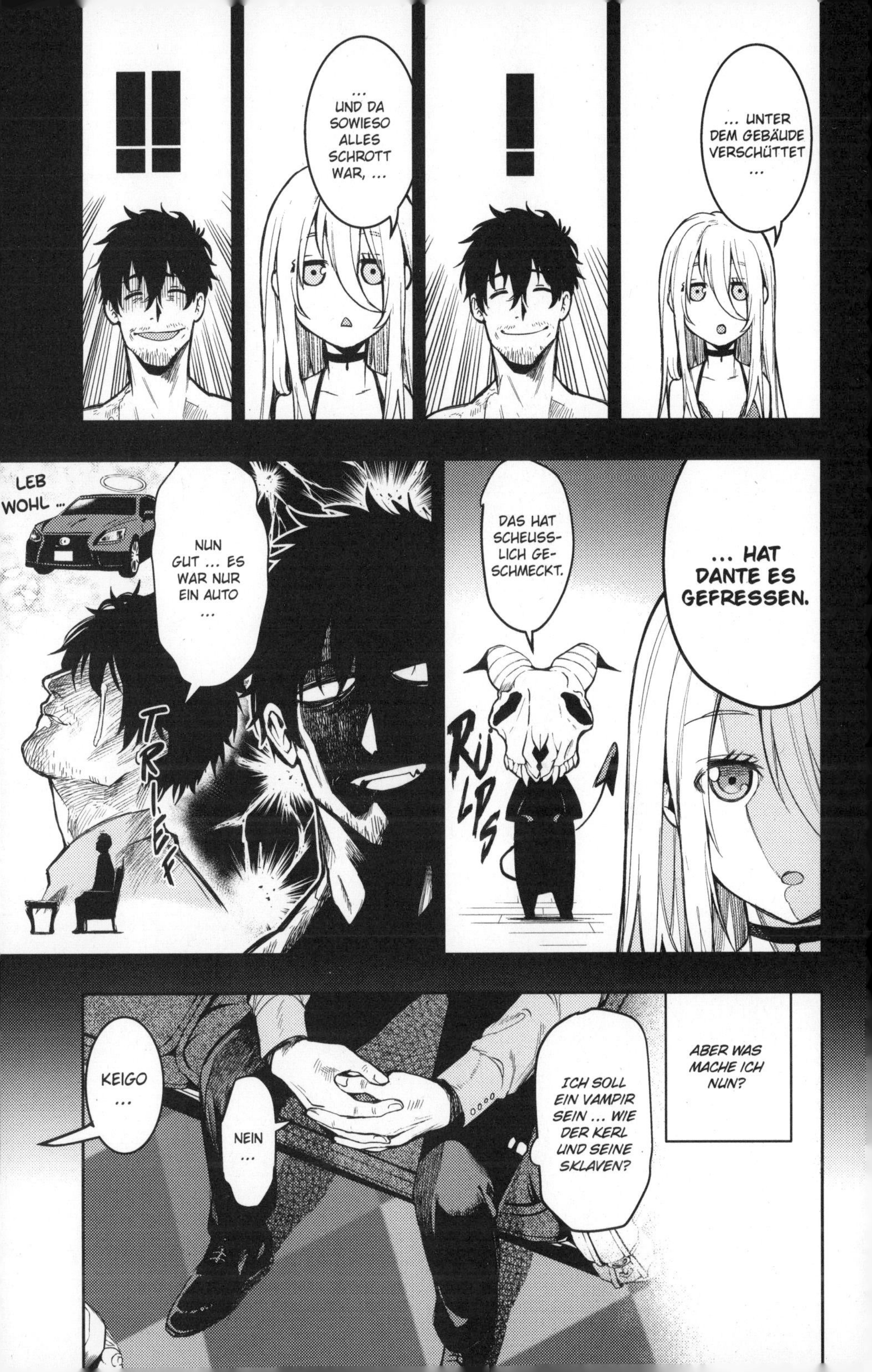
... UNTER DEM GEBÄUDE VERSCHÜTTET ...
!
... UND DA SOWIESO ALLES SCHROTT WAR, ...
!!
... HAT DANTE ES GEFRESSEN.
DAS HAT SCHEUSS-LICH GE-SCHMECKT.
RÜLPS
NUN GUT ... ES WAR NUR EIN AUTO ...
TRIEF
LEB WOHL ...
ABER WAS MACHE ICH NUN?
ICH SOLL EIN VAMPIR SEIN ... WIE DER KERL UND SEINE SKLAVEN?
NEIN ...
KEIGO ...

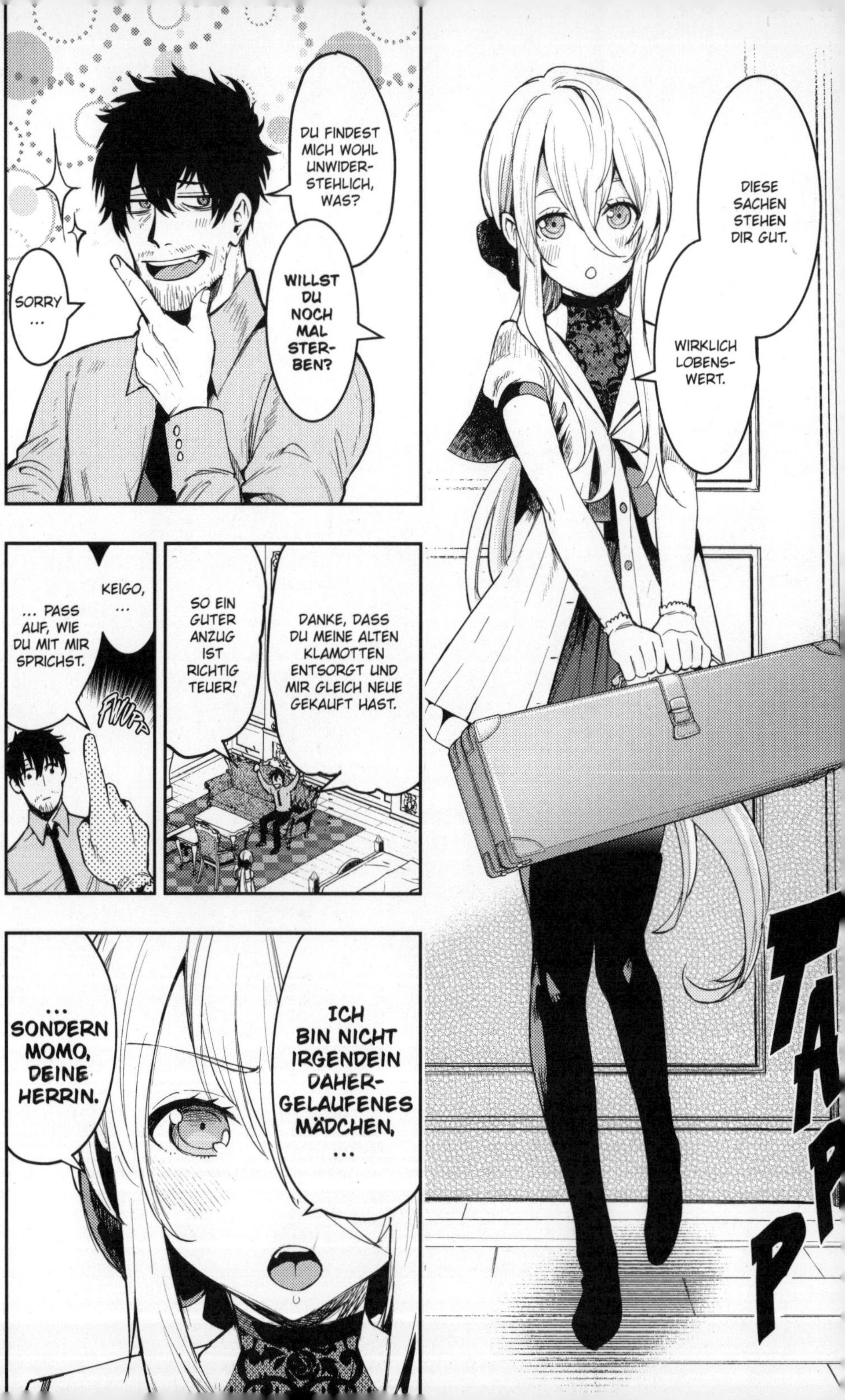
DIESE SACHEN STEHEN DIR GUT.
WIRKLICH LOBENSWERT.
TAPP
DU FINDEST MICH WOHL UNWIDERSTEHLICH, WAS?
WILLST DU NOCH MAL STERBEN?
SORRY ...
DANKE, DASS DU MEINE ALTEN KLAMOTTEN ENTSORGT UND MIR GLEICH NEUE GEKAUFT HAST.
SO EIN GUTER ANZUG IST RICHTIG TEUER!
KEIGO, ...
... PASS AUF, WIE DU MIT MIR SPRICHST.
FWUPP
ICH BIN NICHT IRGENDEIN DAHERGELAUFENES MÄDCHEN, ...
... SONDERN MOMO, DEINE HERRIN.

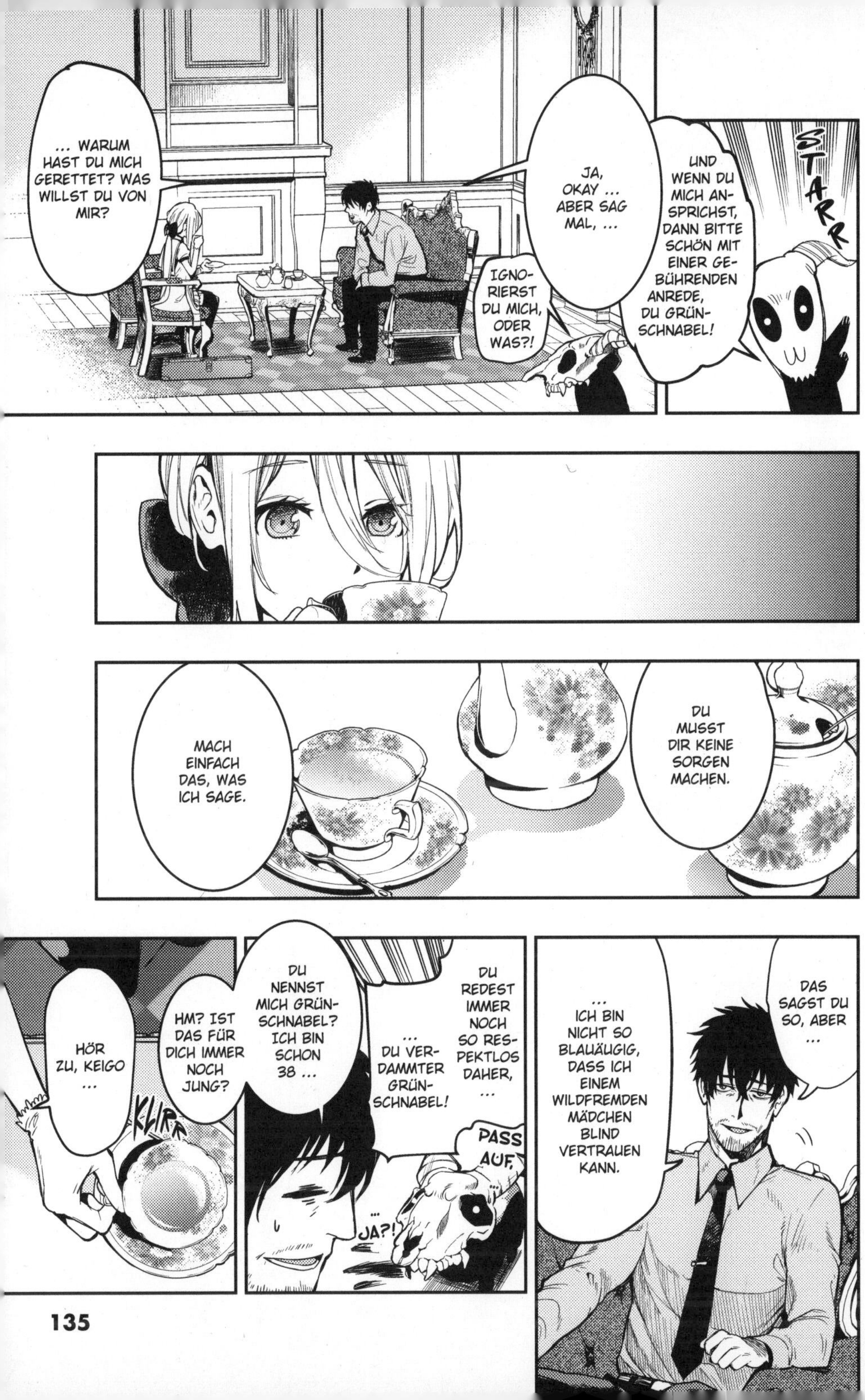
STARR
UND WENN DU MICH ANSPRICHST, DANN BITTE SCHÖN MIT EINER GEBÜHRENDEN ANREDE, DU GRÜNSCHNABEL!
IGNORIERST DU MICH, ODER WAS?!
JA, OKAY … ABER SAG MAL, …
… WARUM HAST DU MICH GERETTET? WAS WILLST DU VON MIR?
DU MUSST DIR KEINE SORGEN MACHEN.
MACH EINFACH DAS, WAS ICH SAGE.
DAS SAGST DU SO, ABER …
… ICH BIN NICHT SO BLAUÄUGIG, DASS ICH EINEM WILDFREMDEN MÄDCHEN BLIND VERTRAUEN KANN.
DU REDEST IMMER NOCH SO RESPEKTLOS DAHER, …
… DU VERDAMMTER GRÜNSCHNABEL!
PASS AUF, …
… JA?!
DU NENNST MICH GRÜNSCHNABEL? ICH BIN SCHON 38 …
HM? IST DAS FÜR DICH IMMER NOCH JUNG?
KLIRR
HÖR ZU, KEIGO …

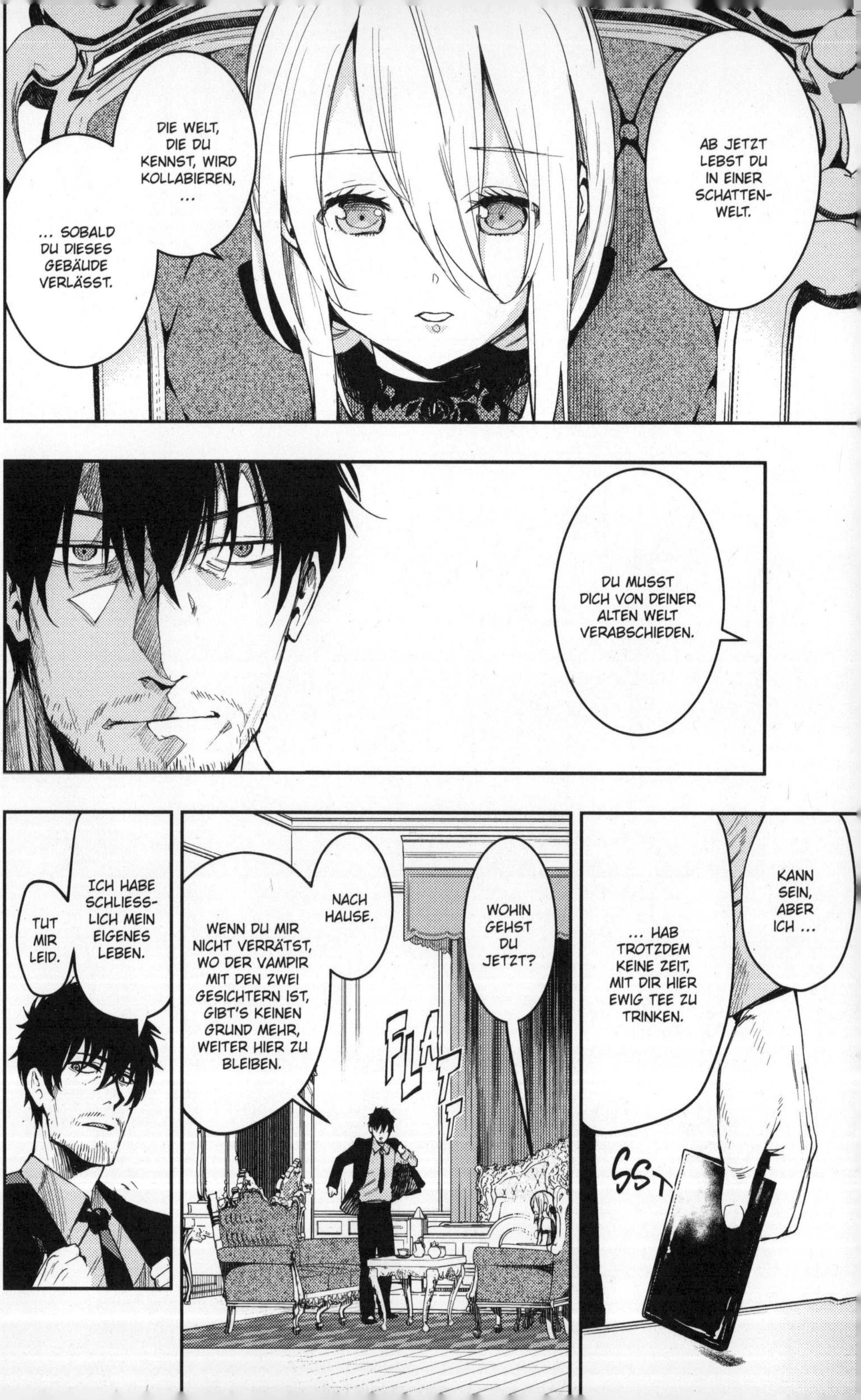
AB JETZT LEBST DU IN EINER SCHATTEN-WELT.
DIE WELT, DIE DU KENNST, WIRD KOLLABIEREN, ...
... SOBALD DU DIESES GEBÄUDE VERLÄSST.
DU MUSST DICH VON DEINER ALTEN WELT VERABSCHIEDEN.
KANN SEIN, ABER ICH ...
... HAB TROTZDEM KEINE ZEIT, MIT DIR HIER EWIG TEE ZU TRINKEN.
SST
WOHIN GEHST DU JETZT?
FLATT
NACH HAUSE.
WENN DU MIR NICHT VERRÄTST, WO DER VAMPIR MIT DEN ZWEI GESICHTERN IST, GIBT'S KEINEN GRUND MEHR, WEITER HIER ZU BLEIBEN.
ICH HABE SCHLIESS-LICH MEIN EIGENES LEBEN.
TUT MIR LEID.

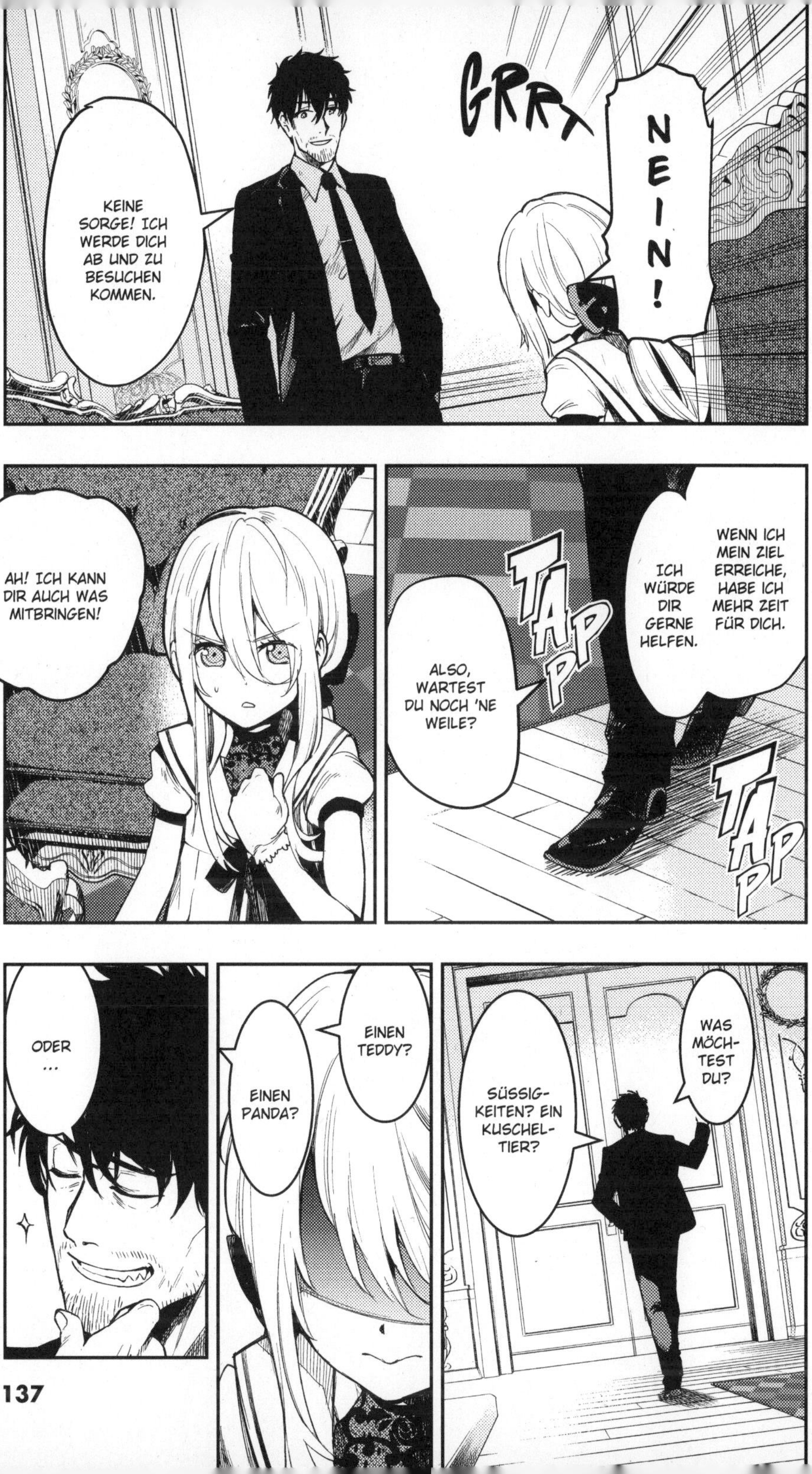
GRRT
NEIN!
KEINE SORGE! ICH WERDE DICH AB UND ZU BESUCHEN KOMMEN.
WENN ICH MEIN ZIEL ERREICHE, HABE ICH MEHR ZEIT FÜR DICH.
ICH WÜRDE DIR GERNE HELFEN.
ALSO, WARTEST DU NOCH 'NE WEILE?
TAP
TAP
AH! ICH KANN DIR AUCH WAS MITBRINGEN!
WAS MÖCH-TEST DU?
SÜSSIG-KEITEN? EIN KUSCHEL-TIER?
EINEN TEDDY?
EINEN PANDA?
ODER ...

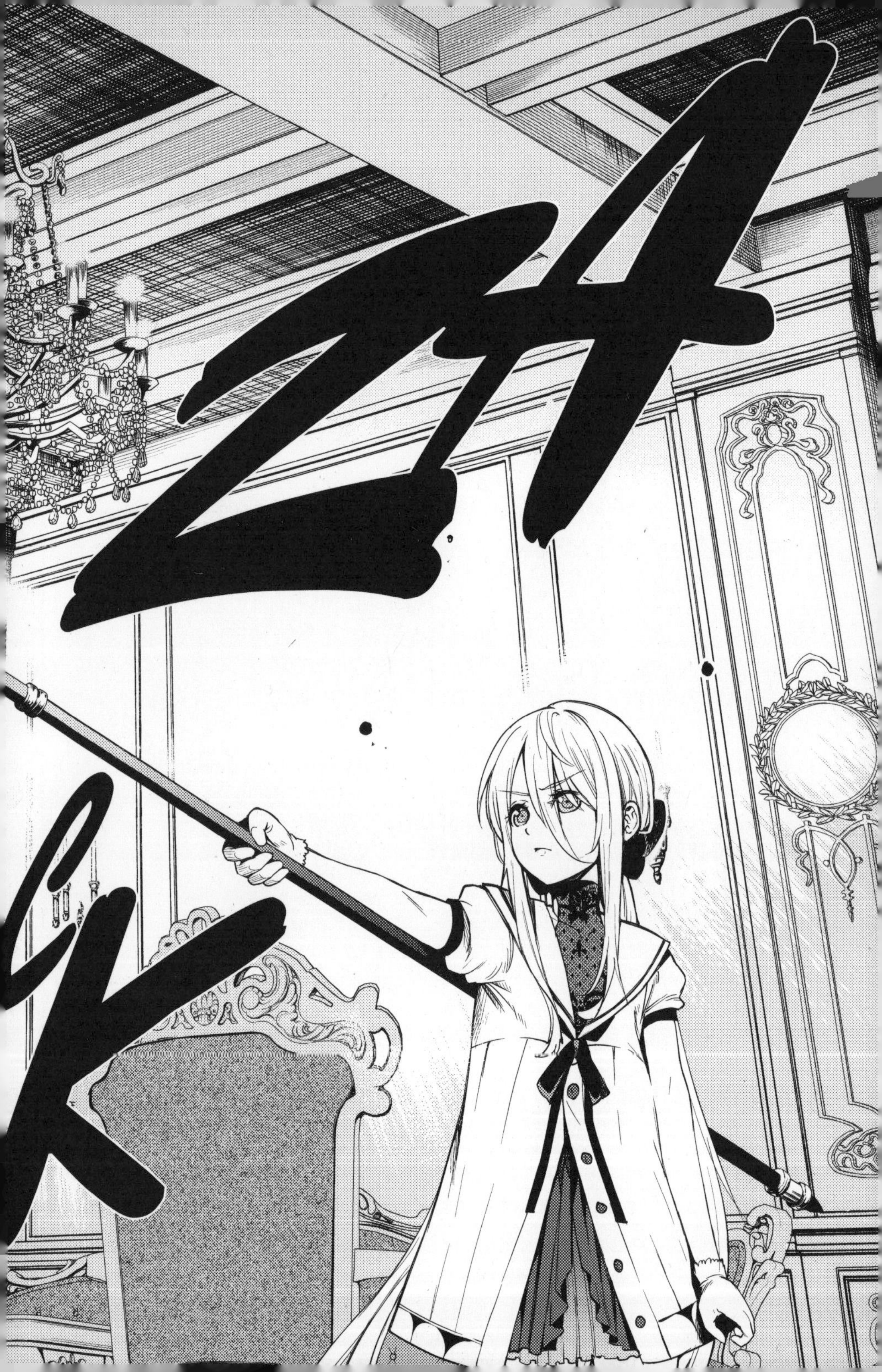

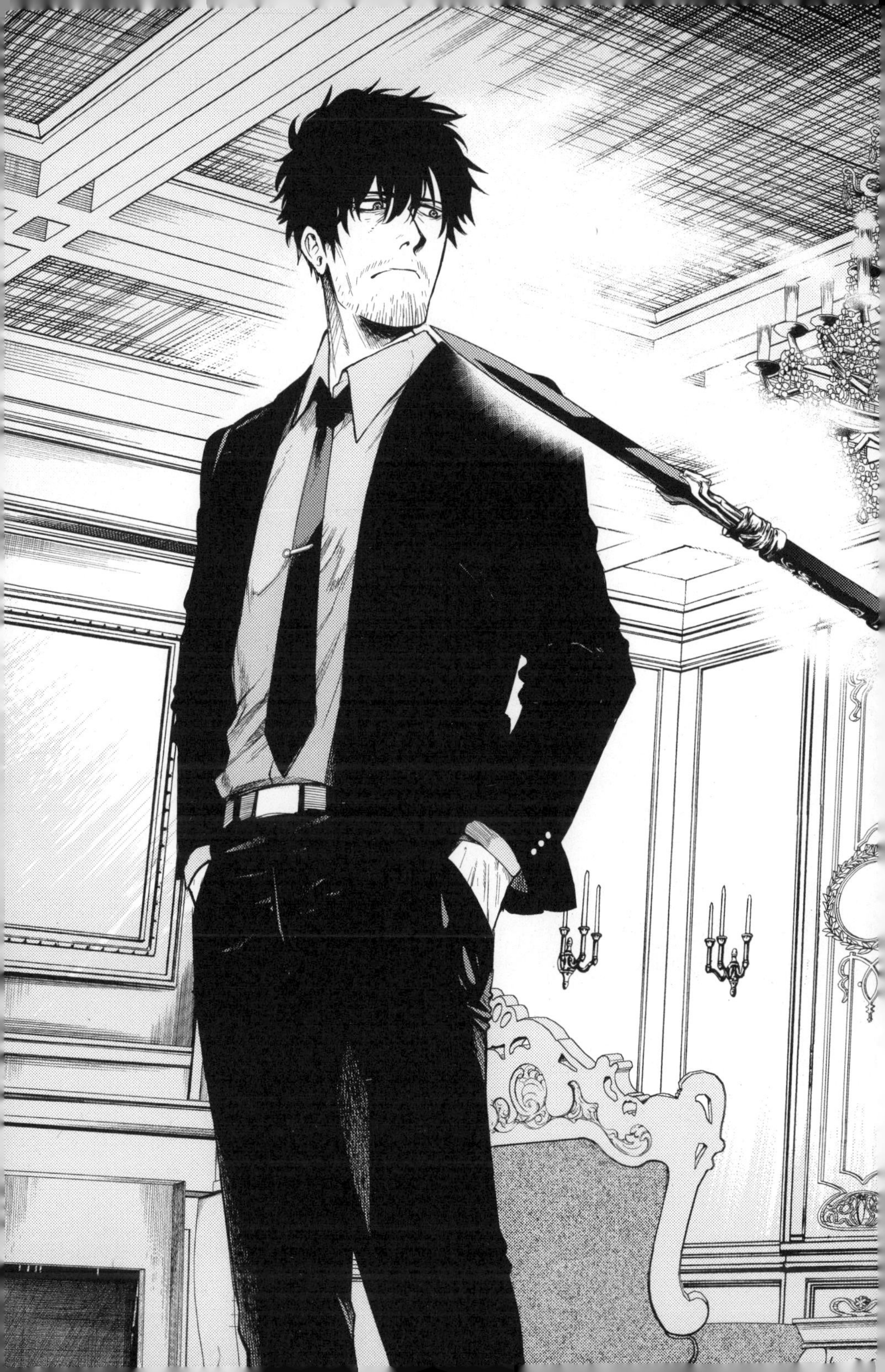

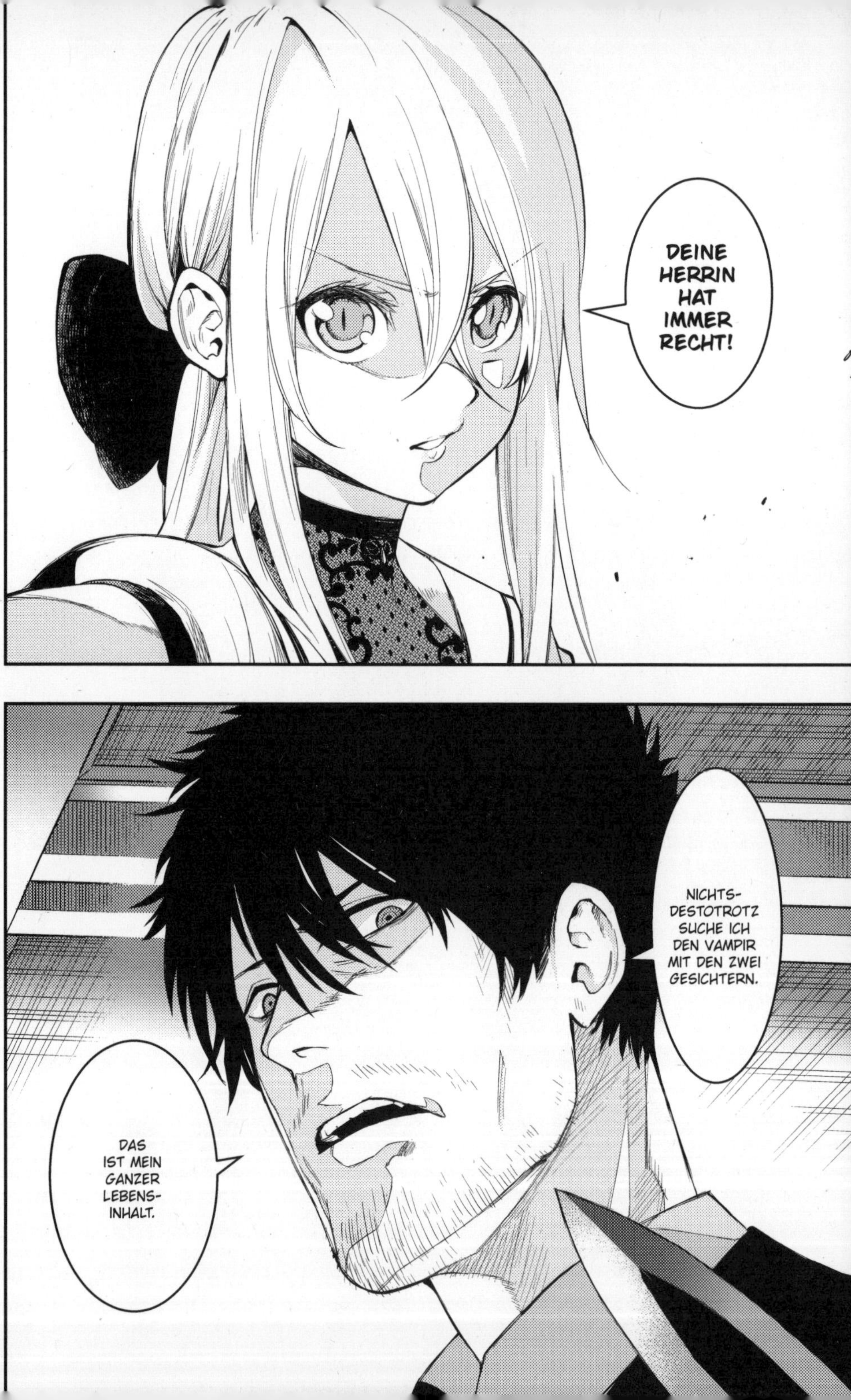
DEINE HERRIN HAT IMMER RECHT!
NICHTS-DESTOTROTZ SUCHE ICH DEN VAMPIR MIT DEN ZWEI GESICHTERN.
DAS IST MEIN GANZER LEBENS-INHALT.

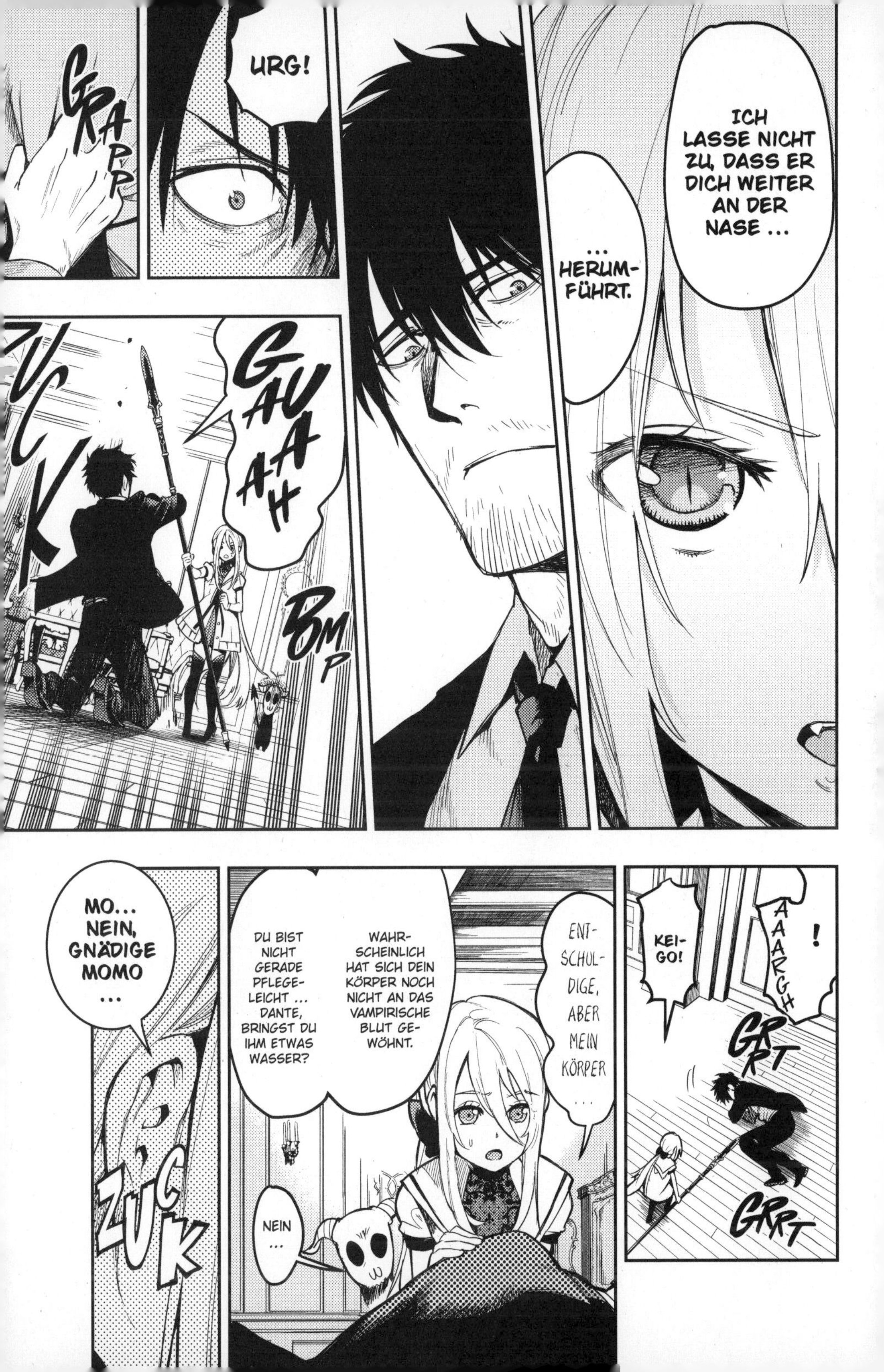
ICH LASSE NICHT ZU, DASS ER DICH WEITER AN DER NASE …
… HERUM-FÜHRT.
URG!
GRAPP
GAUAAAH
BMMP
ZUCK
KEI-GO!
AAAARGH
!
GRRT
GRRRT
ENT-SCHUL-DIGE, ABER MEIN KÖRPER …
WAHR-SCHEINLICH HAT SICH DEIN KÖRPER NOCH NICHT AN DAS VAMPIRISCHE BLUT GE-WÖHNT.
DU BIST NICHT GERADE PFLEGE-LEICHT … DANTE, BRINGST DU IHM ETWAS WASSER?
NEIN …
MO… NEIN, GNÄDIGE MOMO …
ZUCK

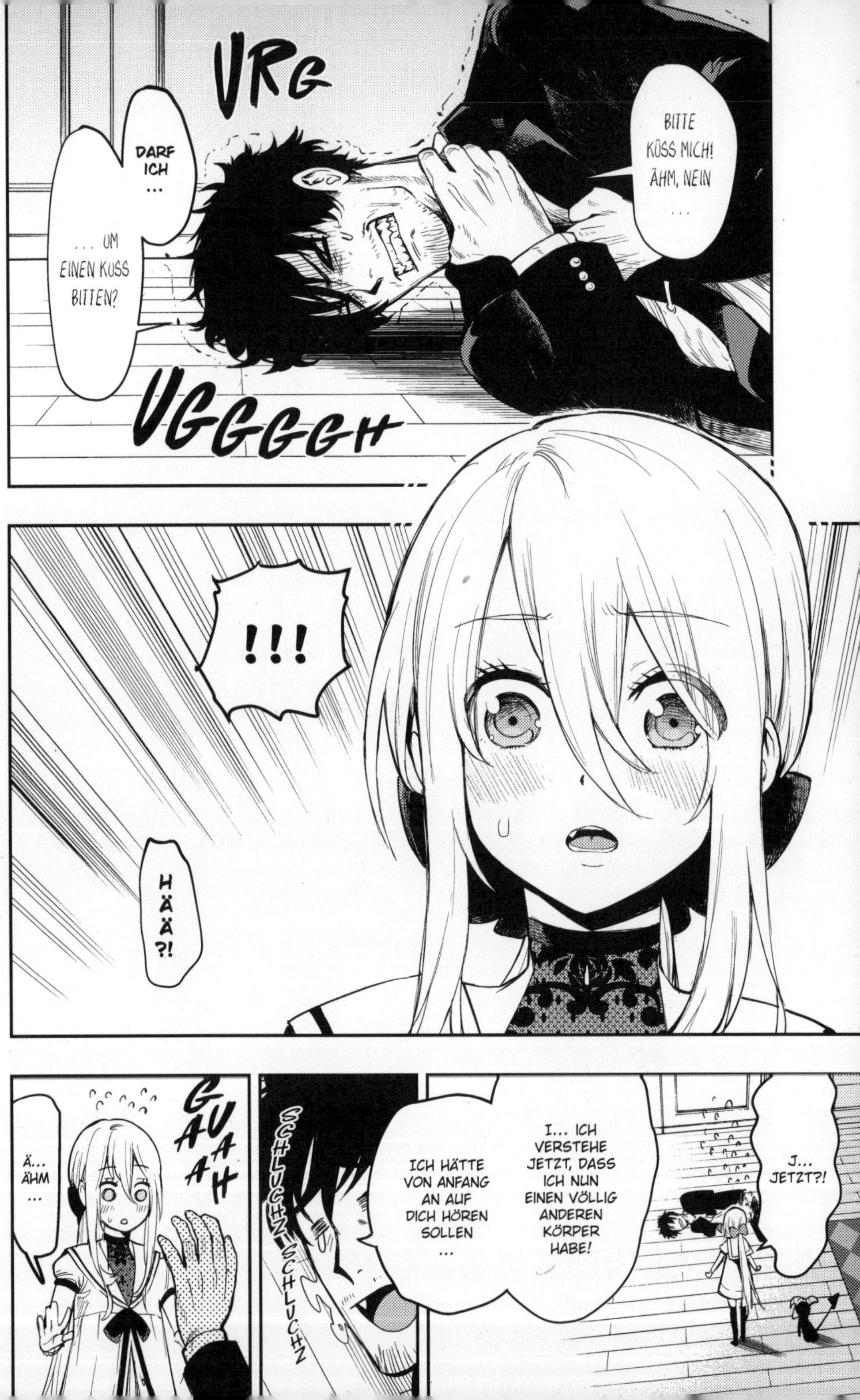
BITTE KÜSS MICH! ÄHM, NEIN ...
URG
DARF ICH ...
... UM EINEN KUSS BITTEN?
UGGGGH
!!!
HÄÄ?!
J... JETZT?!
I... ICH VERSTEHE JETZT, DASS ICH NUN EINEN VÖLLIG ANDEREN KÖRPER HABE!
ICH HÄTTE VON ANFANG AN AUF DICH HÖREN SOLLEN ...
SCHLUCHZ SCHLUCHZ
GUAAH
Ä... ÄHM ...

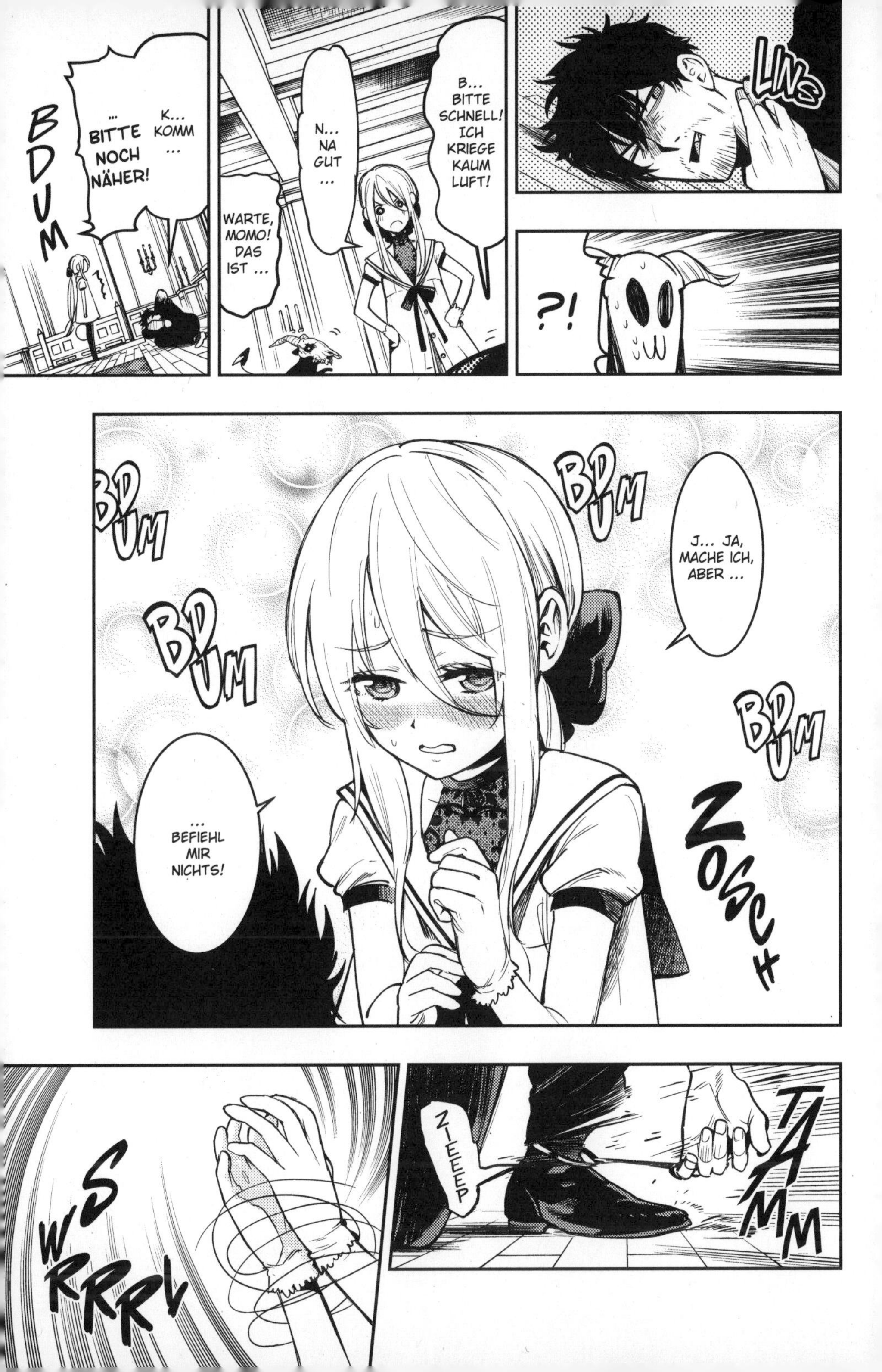
LINS
?!
B… BITTE SCHNELL! ICH KRIEGE KAUM LUFT!
N… NA GUT …
WARTE, MOMO! DAS IST …
K… KOMM …
… BITTE NOCH NÄHER!
BDUM
J… JA, MACHE ICH, ABER …
BDUM
BDUM
BDUM
BDUM
… BEFIEHL MIR NICHTS!
ZOSCH
TAMM
ZIEEEP
WSRRRL

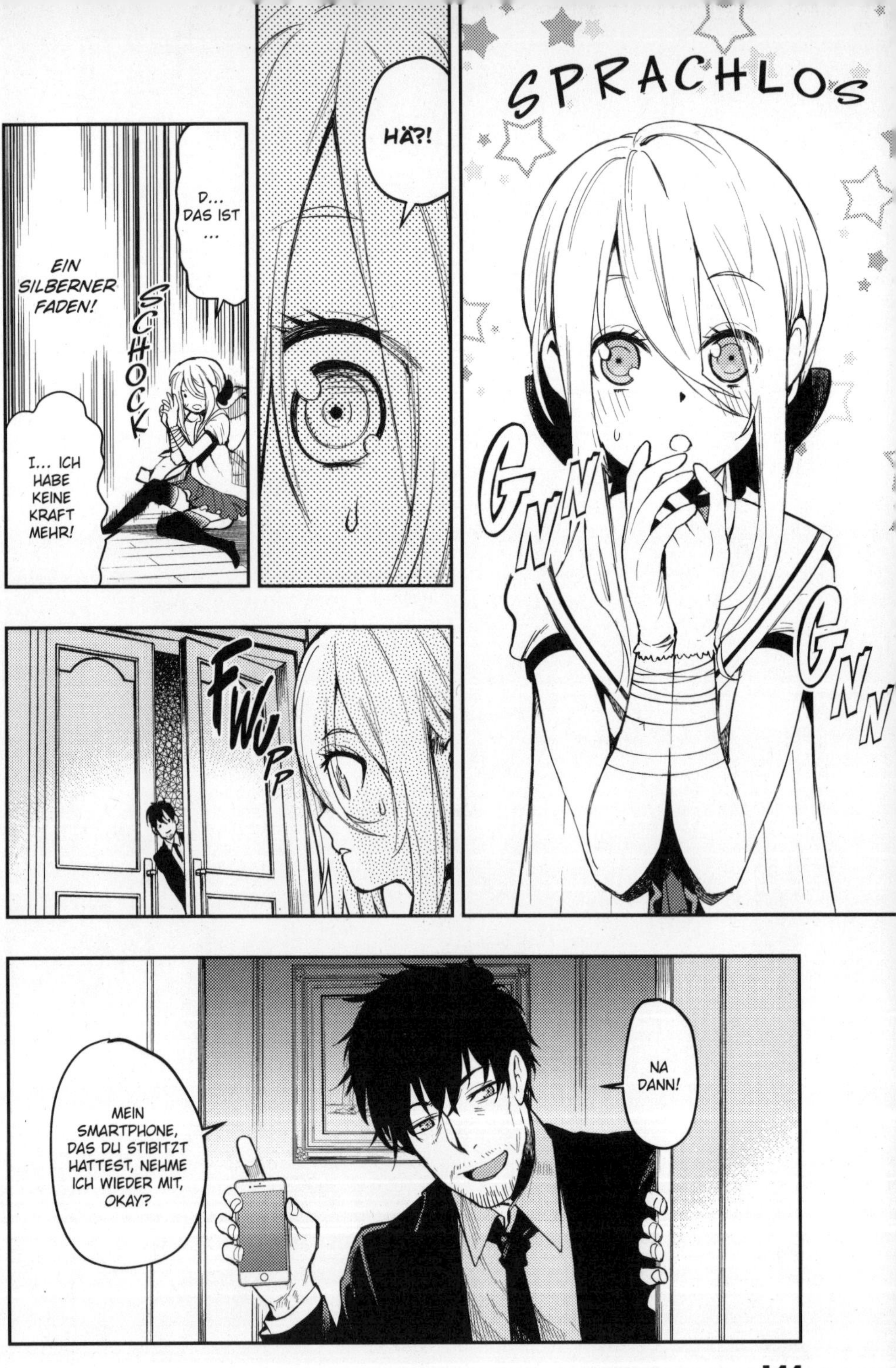
SPRACHLOS
GNN
GNN
HÄ?!
D... DAS IST ...
EIN SILBERNER FADEN!
SCHOCK
I... ICH HABE KEINE KRAFT MEHR!
FWUPP
NA DANN!
MEIN SMARTPHONE, DAS DU STIBITZT HATTEST, NEHME ICH WIEDER MIT, OKAY?

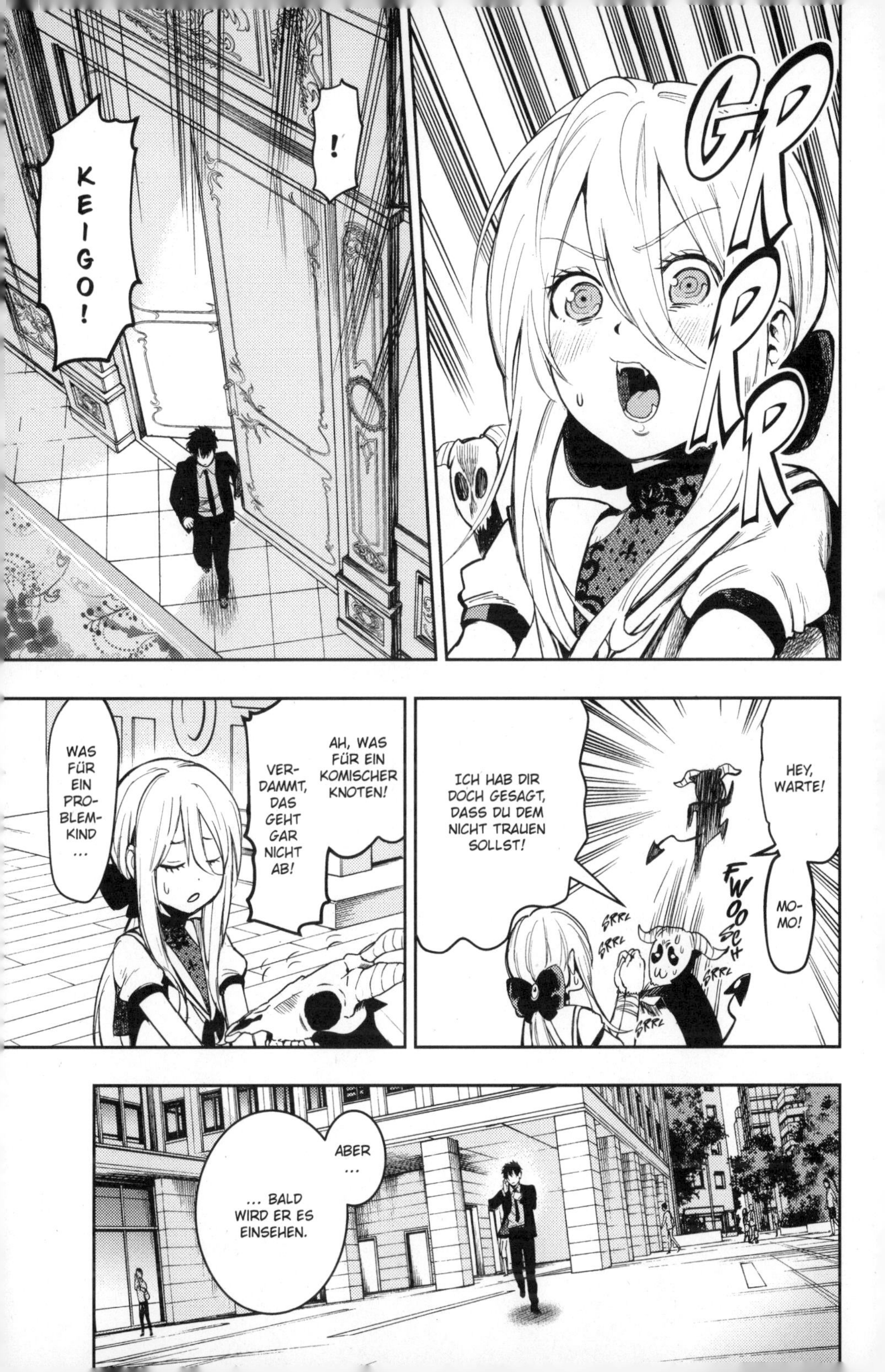
!
KEIGO!
HEY, WARTE!
MO-MO!
FWOOSCH
ICH HAB DIR DOCH GESAGT, DASS DU DEM NICHT TRAUEN SOLLST!
SRRL
SRRL
SRRL
SRRL
AH, WAS FÜR EIN KOMISCHER KNOTEN!
VERDAMMT, DAS GEHT GAR NICHT AB!
WAS FÜR EIN PROBLEMKIND …
ABER …
… BALD WIRD ER ES EINSEHEN.

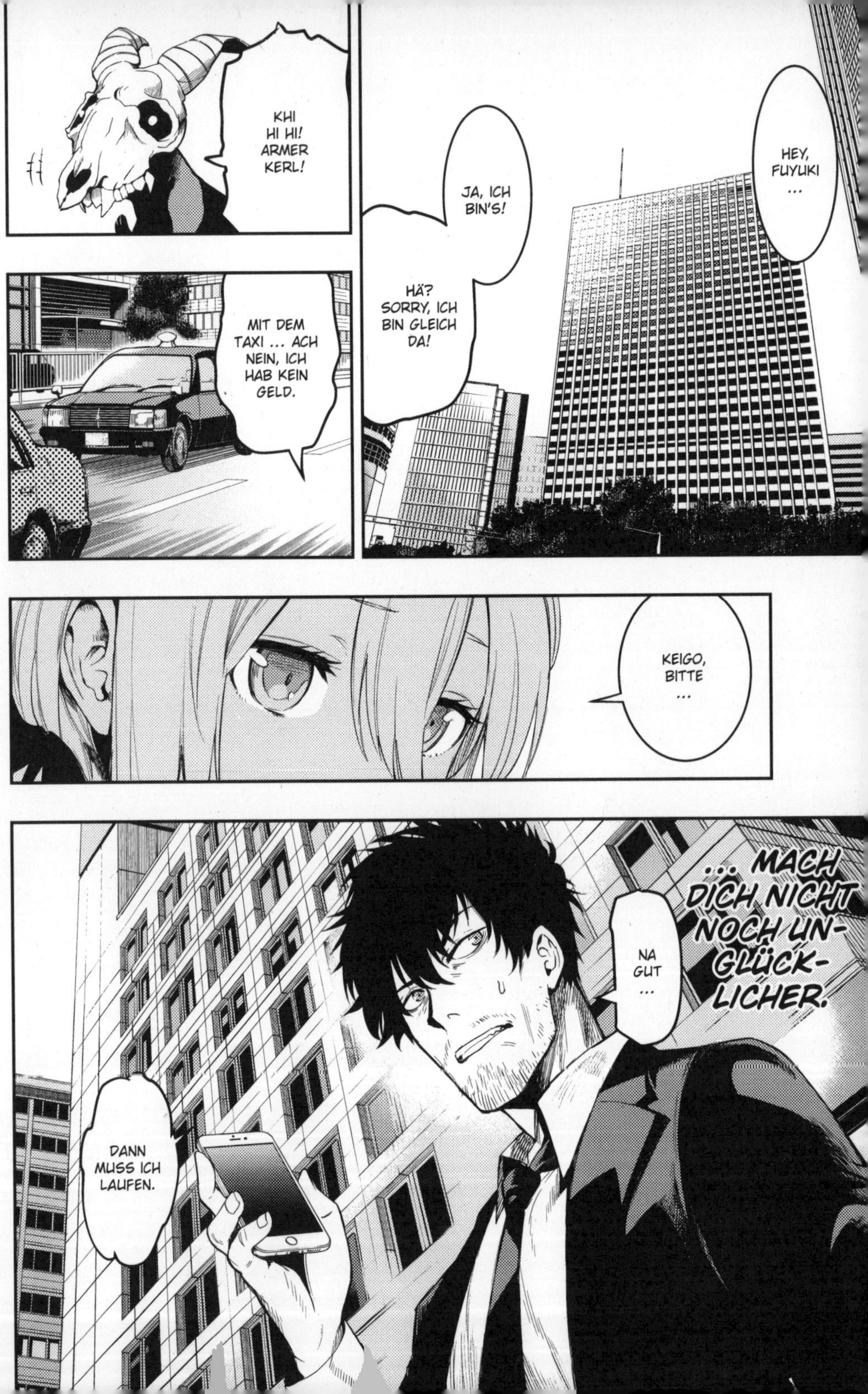
HEY, FUYUKI …
JA, ICH BIN'S!
HÄ? SORRY, ICH BIN GLEICH DA!
KHI HI HI! ARMER KERL!
MIT DEM TAXI … ACH NEIN, ICH HAB KEIN GELD.
KEIGO, BITTE …
… MACH DICH NICHT NOCH UN-GLÜCK-LICHER.
NA GUT …
DANN MUSS ICH LAUFEN.

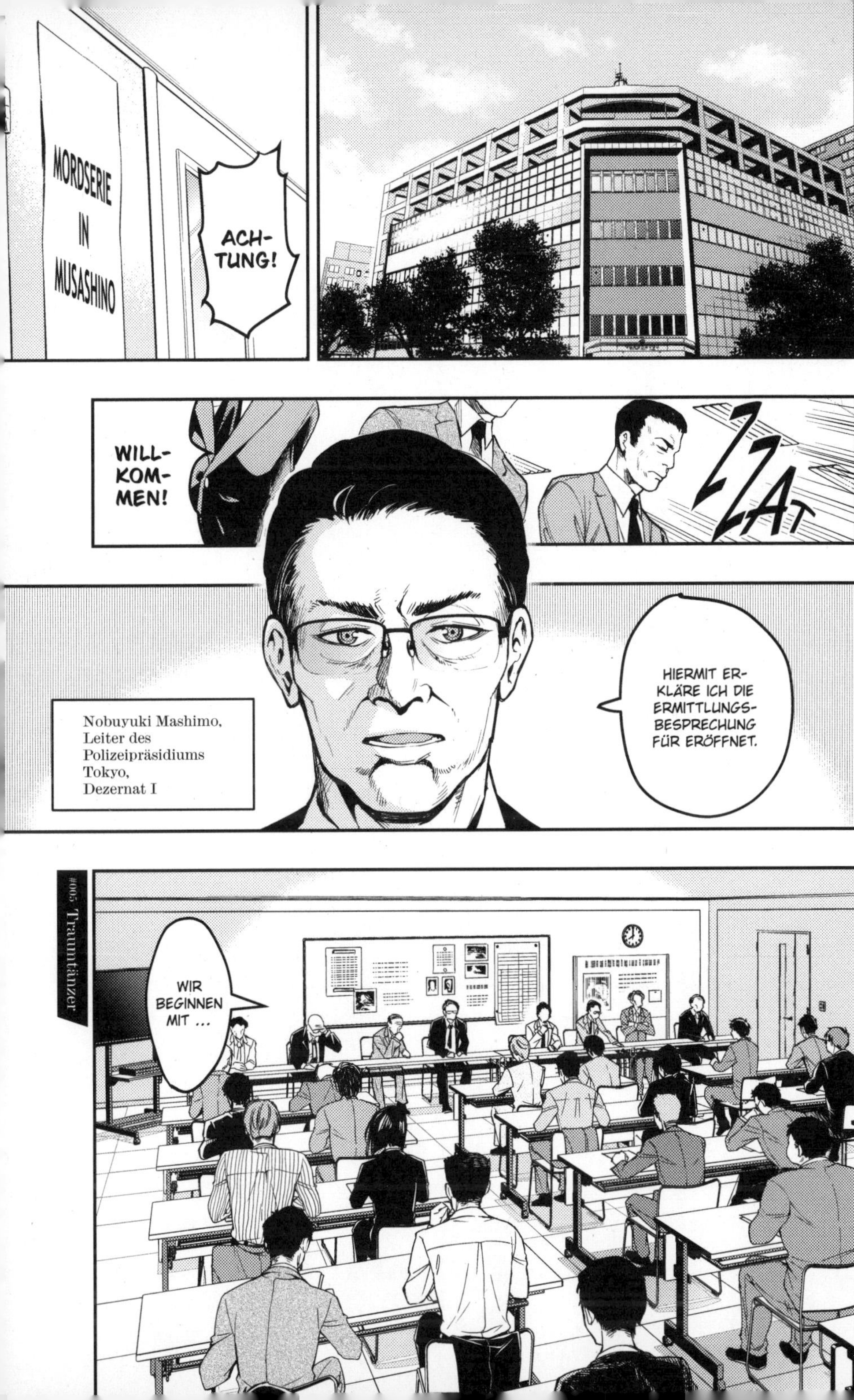
ACHTUNG!
MORDSERIE IN MUSASHINO
ZZAT
WILLKOMMEN!
HIERMIT ERKLÄRE ICH DIE ERMITTLUNGSBESPRECHUNG FÜR ERÖFFNET.
Nobuyuki Mashimo, Leiter des Polizeipräsidiums Tokyo, Dezernat I
WIR BEGINNEN MIT …
#005 Traumtänzer

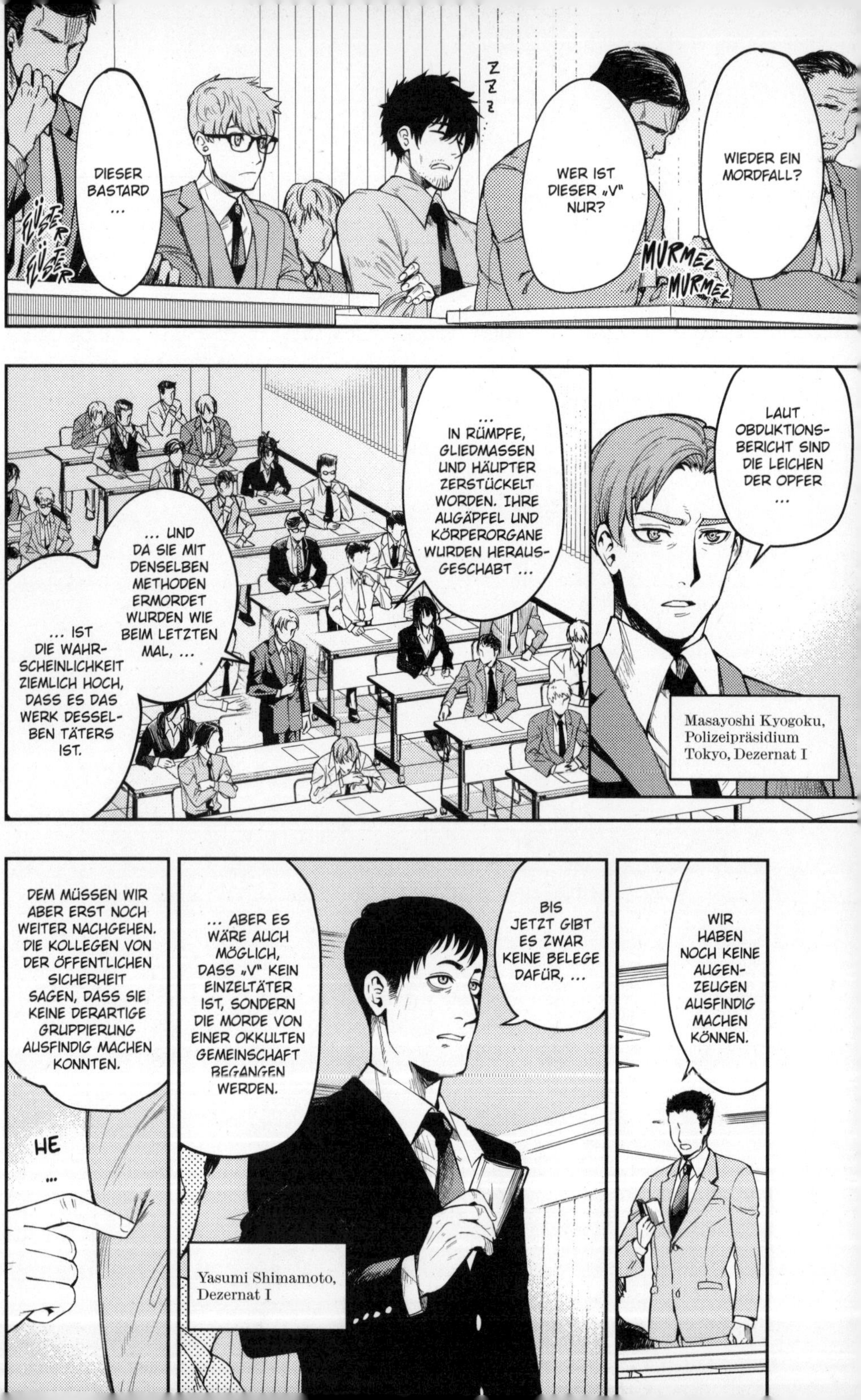
WIEDER EIN MORDFALL?
MURMEL MURMEL
WER IST DIESER „V“ NUR?
ZZZ …
DIESER BASTARD …
FLÜSTER FLÜSTER
LAUT OBDUKTIONSBERICHT SIND DIE LEICHEN DER OPFER …
Masayoshi Kyogoku, Polizeipräsidium Tokyo, Dezernat I
… IN RÜMPFE, GLIEDMASSEN UND HÄUPTER ZERSTÜCKELT WORDEN. IHRE AUGÄPFEL UND KÖRPERORGANE WURDEN HERAUSGESCHABT …
… UND DA SIE MIT DENSELBEN METHODEN ERMORDET WURDEN WIE BEIM LETZTEN MAL, …
… IST DIE WAHRSCHEINLICHKEIT ZIEMLICH HOCH, DASS ES DAS WERK DESSELBEN TÄTERS IST.
WIR HABEN NOCH KEINE AUGENZEUGEN AUSFINDIG MACHEN KÖNNEN.
BIS JETZT GIBT ES ZWAR KEINE BELEGE DAFÜR, …
… ABER ES WÄRE AUCH MÖGLICH, DASS „V“ KEIN EINZELTÄTER IST, SONDERN DIE MORDE VON EINER OKKULTEN GEMEINSCHAFT BEGANGEN WERDEN.
Yasumi Shimamoto, Dezernat I
DEM MÜSSEN WIR ABER ERST NOCH WEITER NACHGEHEN. DIE KOLLEGEN VON DER ÖFFENTLICHEN SICHERHEIT SAGEN, DASS SIE KEINE DERARTIGE GRUPPIERUNG AUSFINDIG MACHEN KONNTEN.
HE …

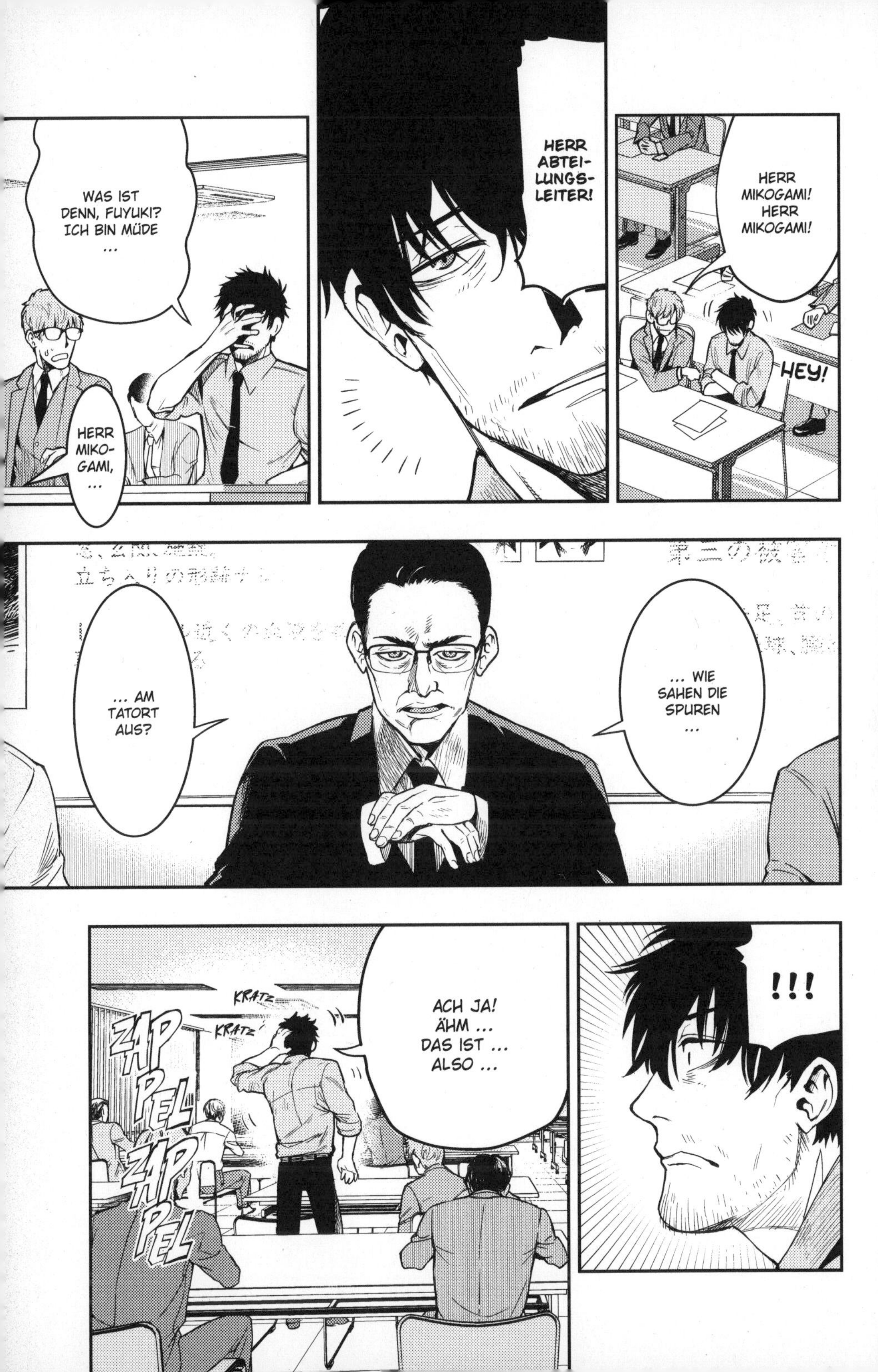
HERR MIKOGAMI! HERR MIKOGAMI!
HEY!
HERR ABTEILUNGS-LEITER!
WAS IST DENN, FUYUKI? ICH BIN MÜDE …
HERR MIKO-GAMI, …
… WIE SAHEN DIE SPUREN …
… AM TATORT AUS?
!!!
ACH JA! ÄHM … DAS IST … ALSO …
KRATZ
KRATZ
ZAPPEL
ZAPPEL

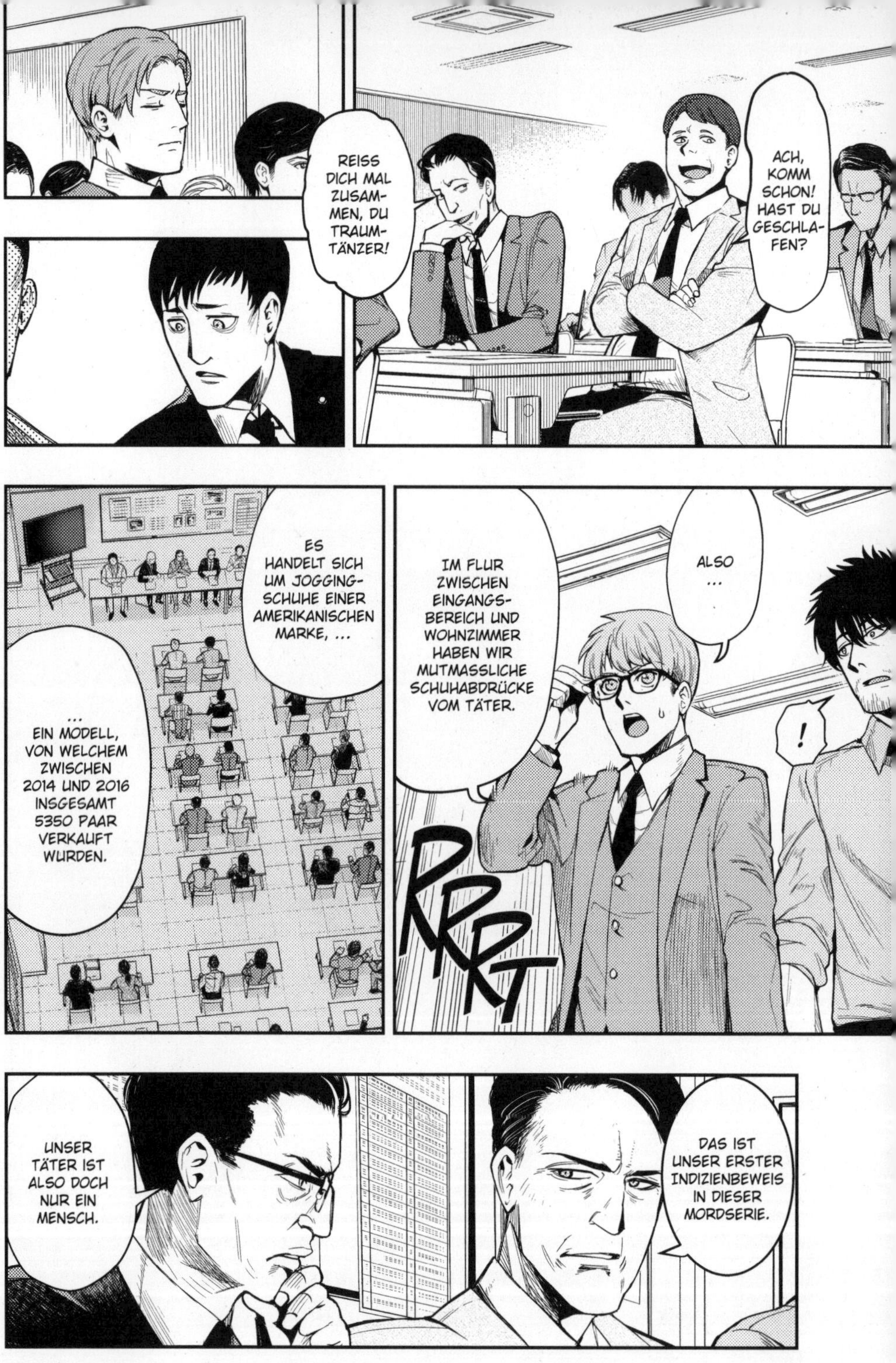
ACH, KOMM SCHON! HAST DU GESCHLAFEN?
REISS DICH MAL ZUSAMMEN, DU TRAUMTÄNZER!
!
ALSO ...
IM FLUR ZWISCHEN EINGANGSBEREICH UND WOHNZIMMER HABEN WIR MUTMASSLICHE SCHUHABDRÜCKE VOM TÄTER.
RRRT
ES HANDELT SICH UM JOGGINGSCHUHE EINER AMERIKANISCHEN MARKE, ...
... EIN MODELL, VON WELCHEM ZWISCHEN 2014 UND 2016 INSGESAMT 5350 PAAR VERKAUFT WURDEN.
DAS IST UNSER ERSTER INDIZIENBEWEIS IN DIESER MORDSERIE.
UNSER TÄTER IST ALSO DOCH NUR EIN MENSCH.

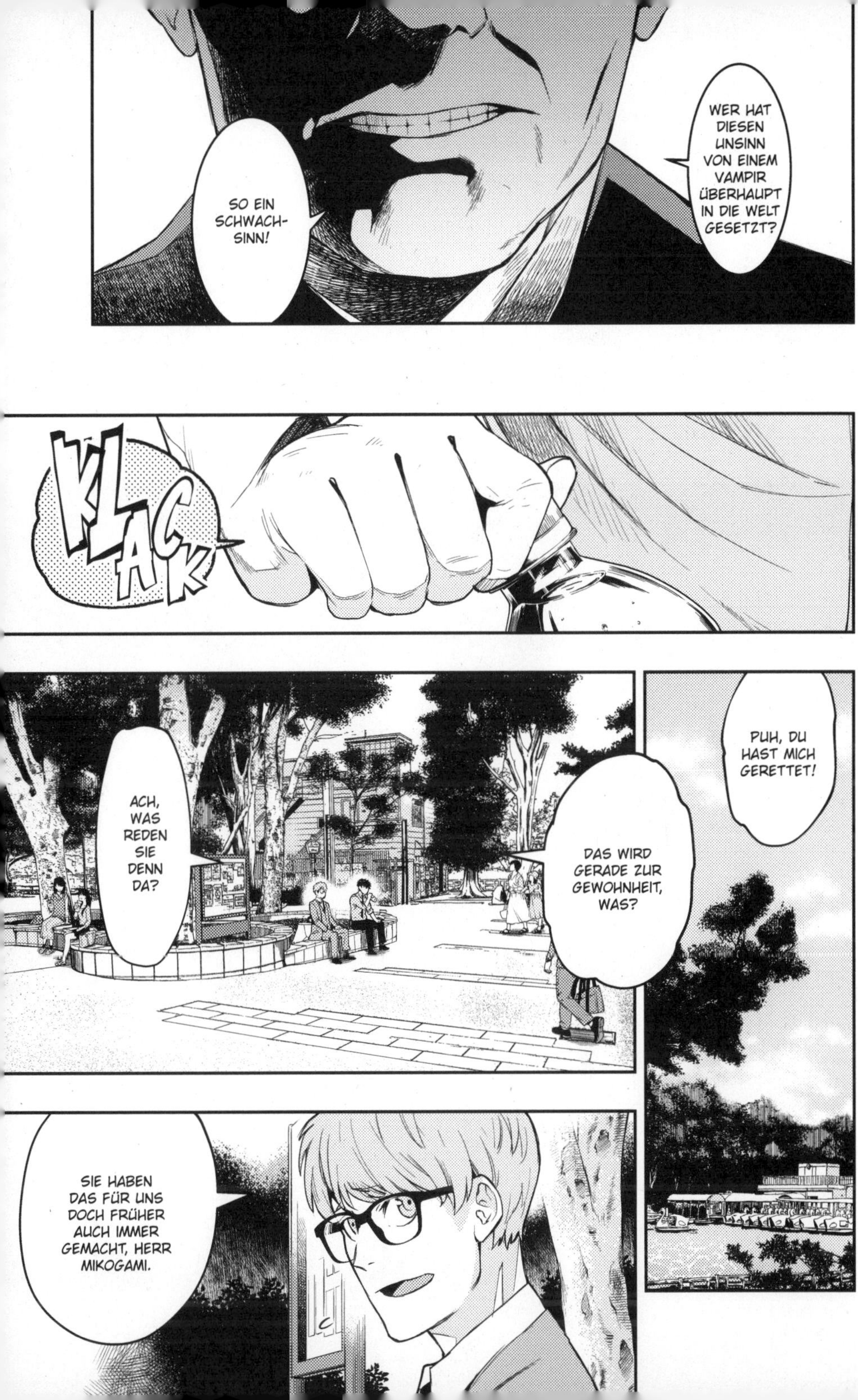
WER HAT DIESEN UNSINN VON EINEM VAMPIR ÜBERHAUPT IN DIE WELT GESETZT?
SO EIN SCHWACH-SINN!
KLACK
PUH, DU HAST MICH GERETTET!
DAS WIRD GERADE ZUR GEWOHNHEIT, WAS?
ACH, WAS REDEN SIE DENN DA?
SIE HABEN DAS FÜR UNS DOCH FRÜHER AUCH IMMER GEMACHT, HERR MIKOGAMI.

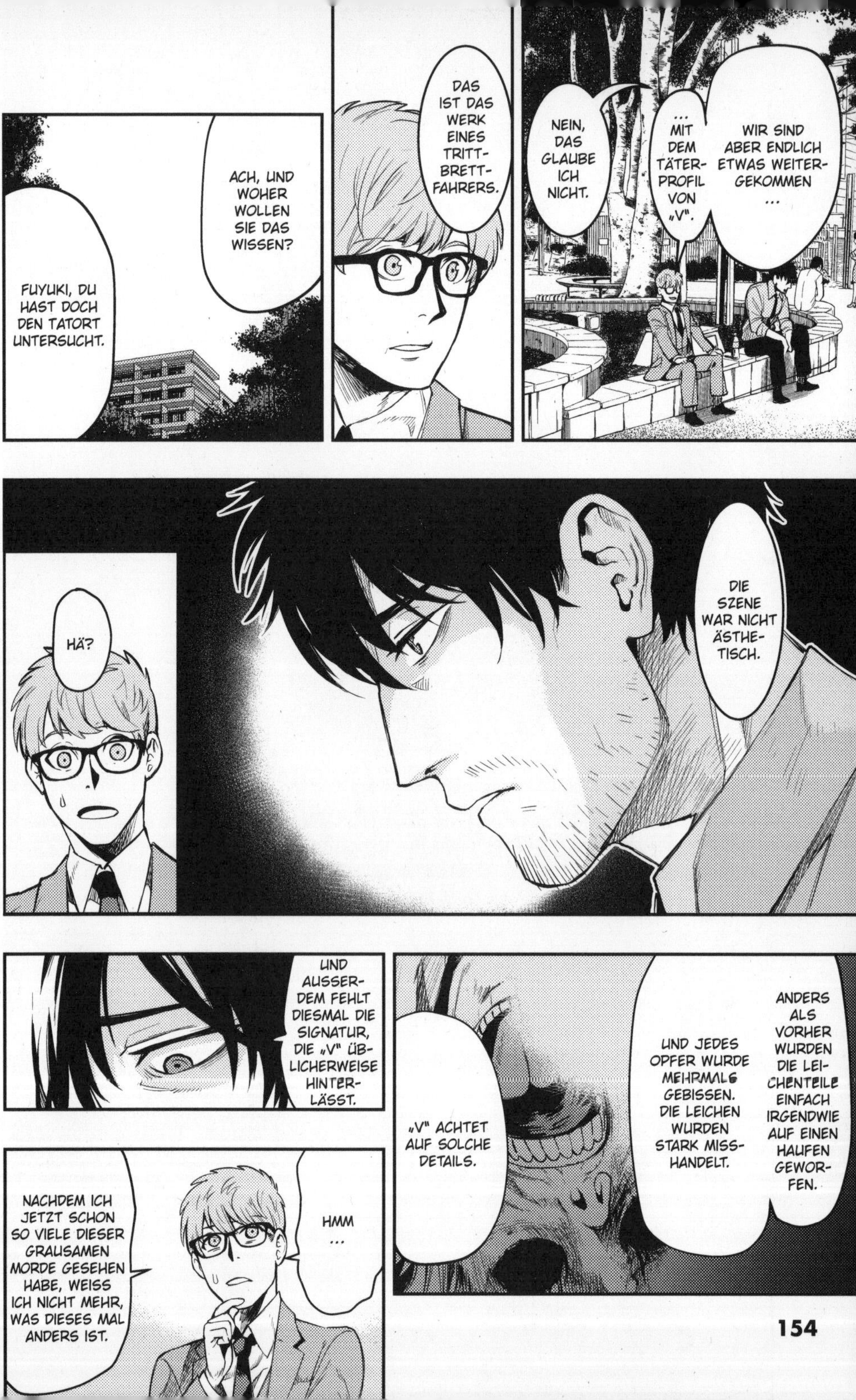
WIR SIND ABER ENDLICH ETWAS WEITER-GEKOMMEN …
… MIT DEM TÄTER-PROFIL VON „V".
NEIN, DAS GLAUBE ICH NICHT.
DAS IST DAS WERK EINES TRITT-BRETT-FAHRERS.
ACH, UND WOHER WOLLEN SIE DAS WISSEN?
FUYUKI, DU HAST DOCH DEN TATORT UNTERSUCHT.
DIE SZENE WAR NICHT ÄSTHE-TISCH.
HÄ?
ANDERS ALS VORHER WURDEN DIE LEI-CHENTEILE EINFACH IRGENDWIE AUF EINEN HAUFEN GEWOR-FEN.
UND JEDES OPFER WURDE MEHRMALS GEBISSEN. DIE LEICHEN WURDEN STARK MISS-HANDELT.
„V" ACHTET AUF SOLCHE DETAILS.
UND AUSSER-DEM FEHLT DIESMAL DIE SIGNATUR, DIE „V" ÜB-LICHERWEISE HINTER-LÄSST.
HMM …
NACHDEM ICH JETZT SCHON SO VIELE DIESER GRAUSAMEN MORDE GESEHEN HABE, WEISS ICH NICHT MEHR, WAS DIESES MAL ANDERS IST.

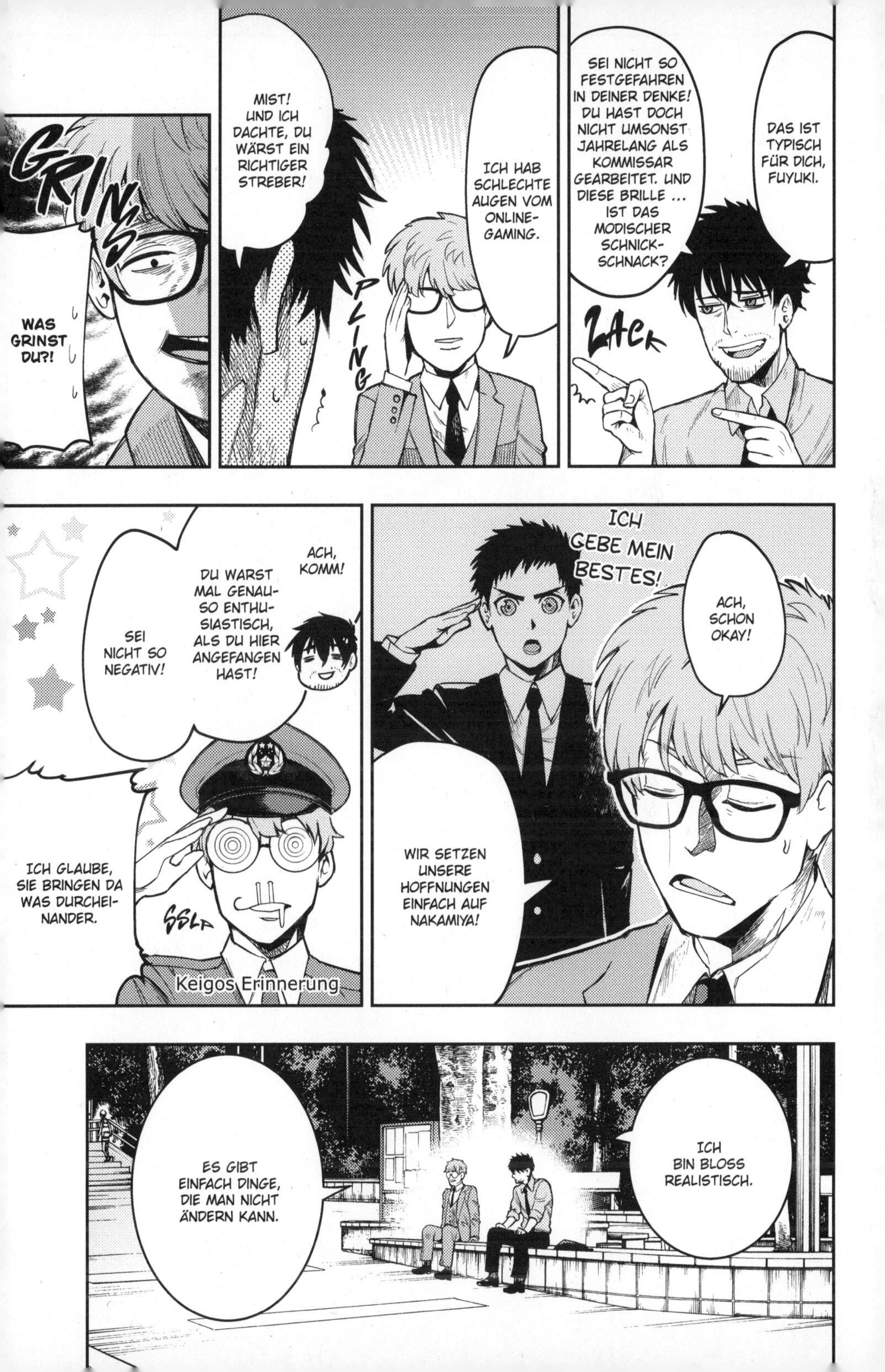
DAS IST TYPISCH FÜR DICH, FUYUKI.
SEI NICHT SO FESTGEFAHREN IN DEINER DENKE! DU HAST DOCH NICHT UMSONST JAHRELANG ALS KOMMISSAR GEARBEITET. UND DIESE BRILLE … IST DAS MODISCHER SCHNICK-SCHNACK?
ZACK
ICH HAB SCHLECHTE AUGEN VOM ONLINE-GAMING.
PLING
MIST! UND ICH DACHTE, DU WÄRST EIN RICHTIGER STREBER!
GRINS
WAS GRINST DU?!
ICH GEBE MEIN BESTES!
ACH, SCHON OKAY!
WIR SETZEN UNSERE HOFFNUNGEN EINFACH AUF NAKAMIYA!
ACH, KOMM!
DU WARST MAL GENAU-SO ENTHU-SIASTISCH, ALS DU HIER ANGEFANGEN HAST!
SEI NICHT SO NEGATIV!
ICH GLAUBE, SIE BRINGEN DA WAS DURCHEI-NANDER.
SSLP
Keigos Erinnerung
ICH BIN BLOSS REALISTISCH.
ES GIBT EINFACH DINGE, DIE MAN NICHT ÄNDERN KANN.

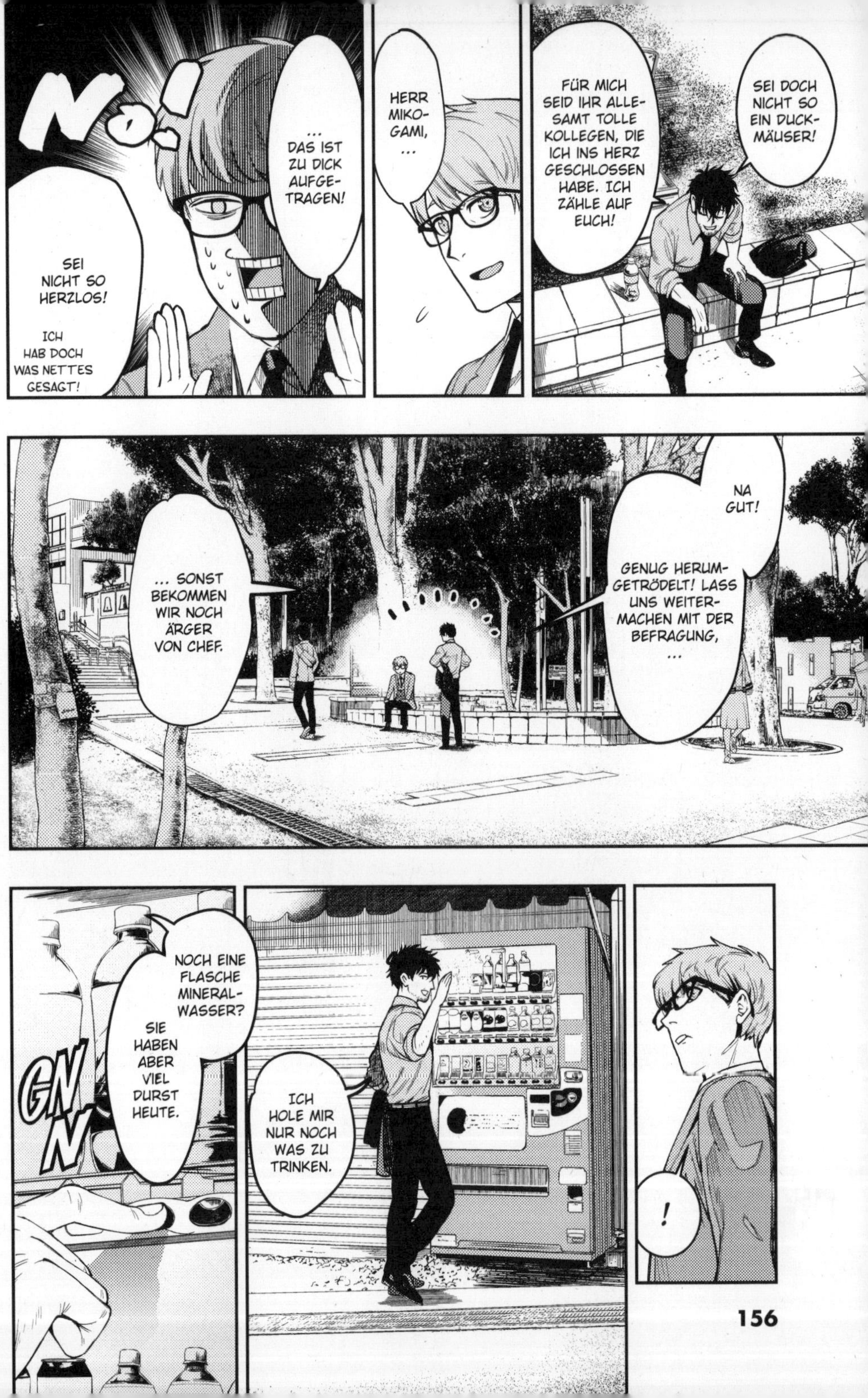
SEI DOCH NICHT SO EIN DUCK-MÄUSER!
FÜR MICH SEID IHR ALLE-SAMT TOLLE KOLLEGEN, DIE ICH INS HERZ GESCHLOSSEN HABE. ICH ZÄHLE AUF EUCH!
HERR MIKO-GAMI, ...
... DAS IST ZU DICK AUFGE-TRAGEN!
NO!
SEI NICHT SO HERZLOS!
ICH HAB DOCH WAS NETTES GESAGT!
NA GUT!
GENUG HERUM-GETRÖDELT! LASS UNS WEITER-MACHEN MIT DER BEFRAGUNG, ...
... SONST BEKOMMEN WIR NOCH ÄRGER VON CHEF.
!
ICH HOLE MIR NUR NOCH WAS ZU TRINKEN.
NOCH EINE FLASCHE MINERAL-WASSER?
SIE HABEN ABER VIEL DURST HEUTE.
GNN

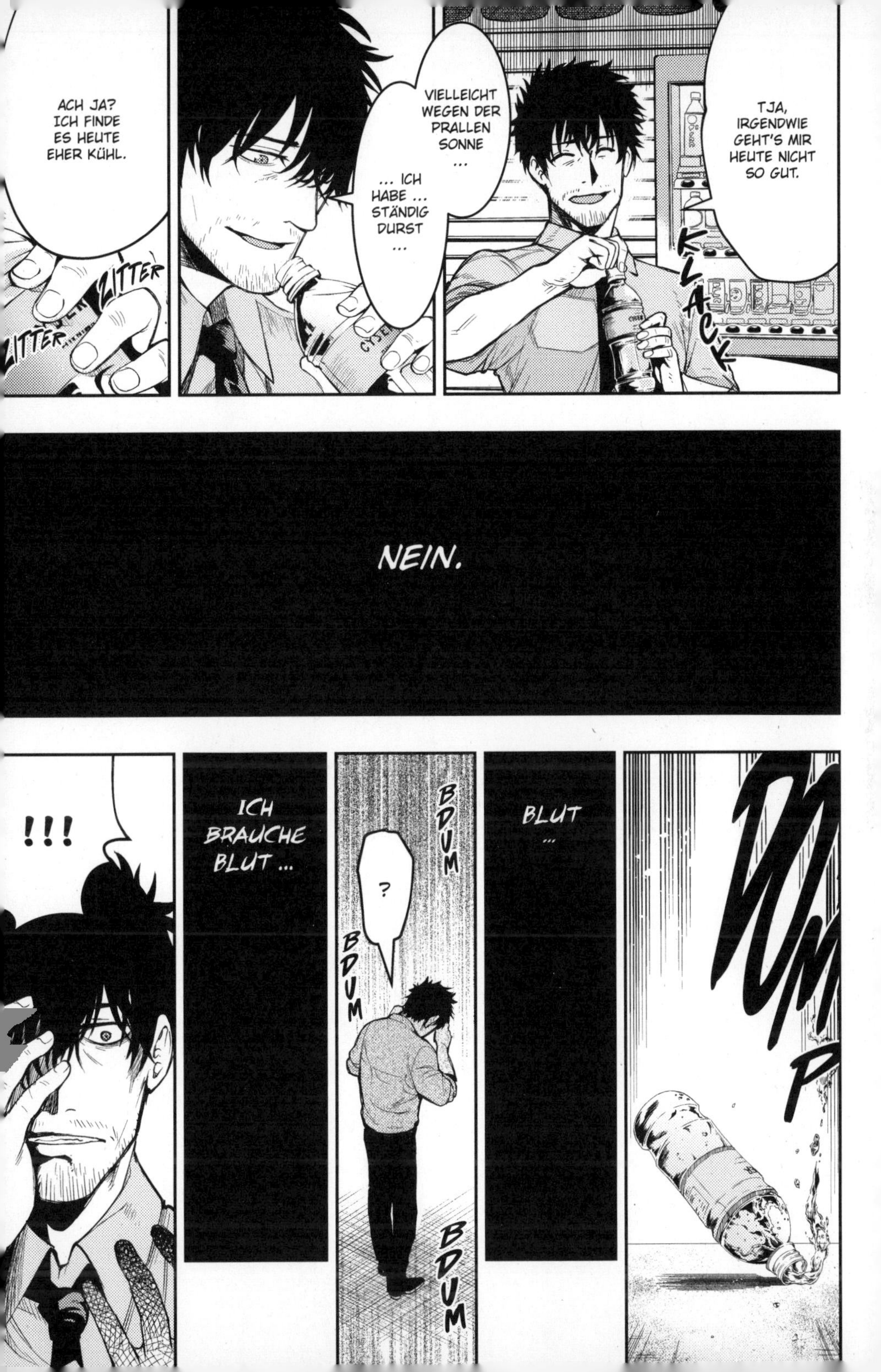

TJA, IRGENDWIE GEHT'S MIR HEUTE NICHT SO GUT.
KLACK
VIELLEICHT WEGEN DER PRALLEN SONNE ...
... ICH HABE ... STÄNDIG DURST ...
ACH JA? ICH FINDE ES HEUTE EHER KÜHL.
ZITTER
ZITTER
NEIN.
BLUT ...
BDUM
BDUM
?
BDUM
ICH BRAUCHE BLUT ...
!!!

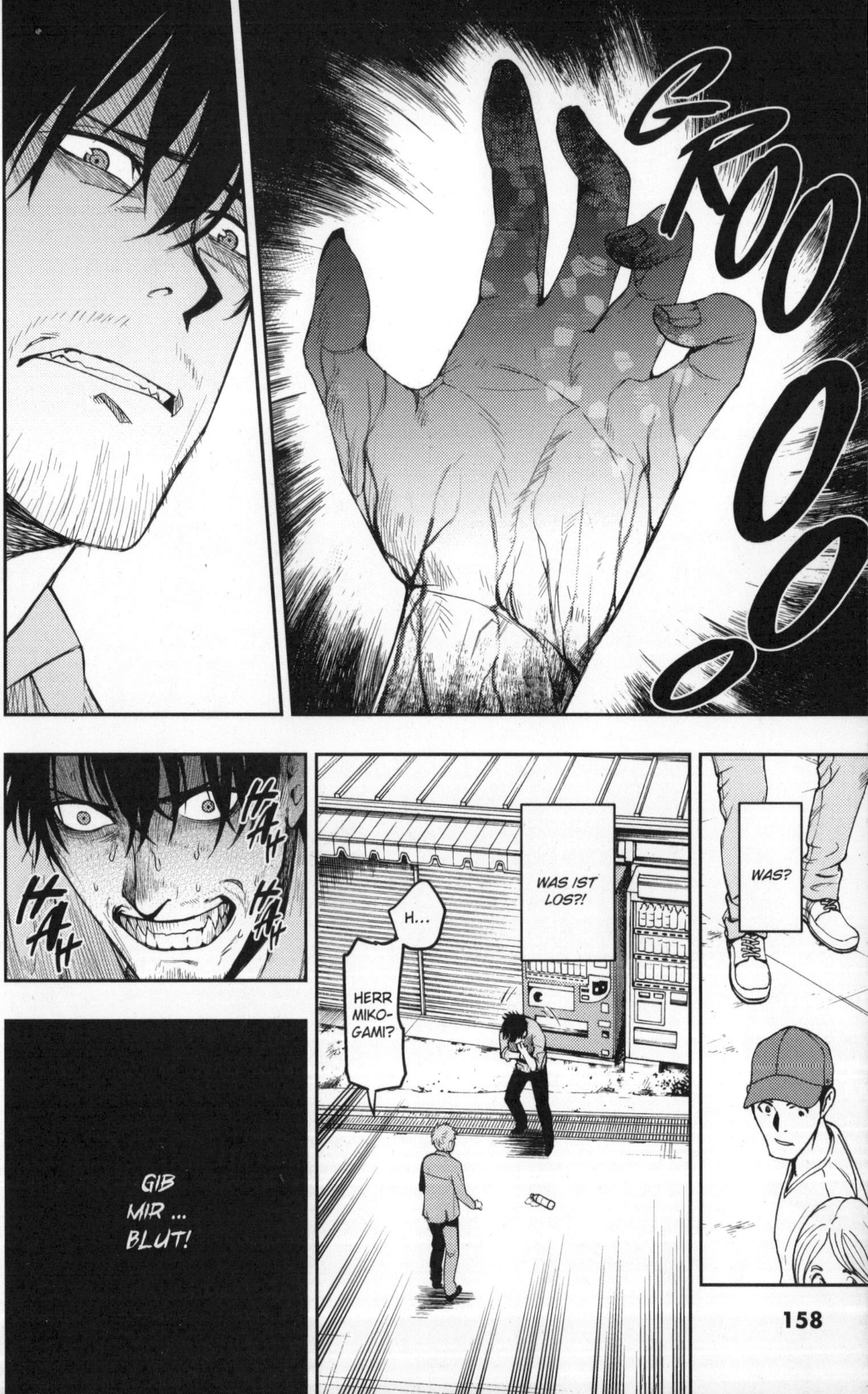
GROOOOOOO
HAH HAH HAH HAH
WAS?
WAS IST LOS?!
H...
HERR MIKO-GAMI?
GIB MIR ... BLUT!

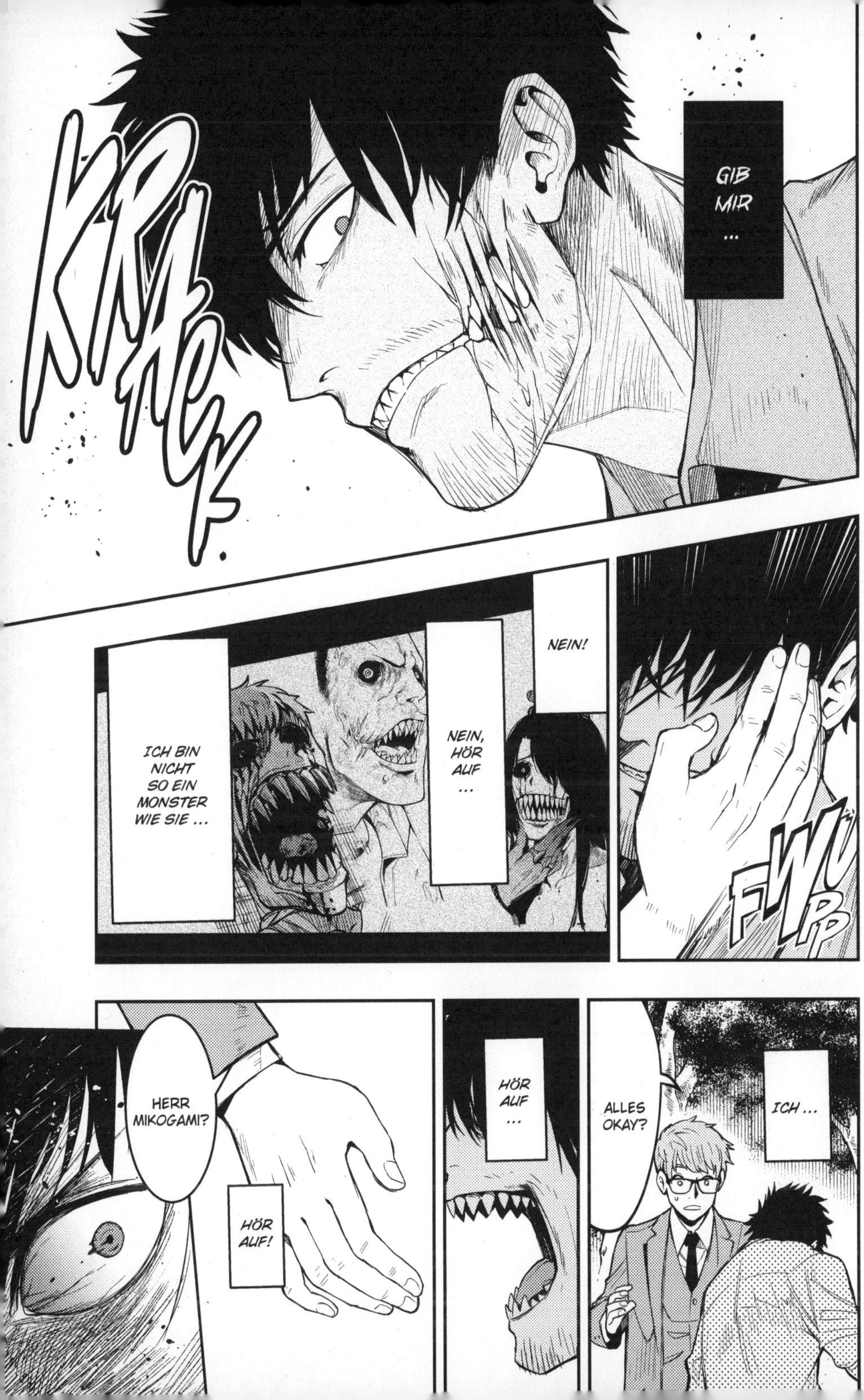
GIB MIR …
KRACK.
FWUPP
NEIN!
NEIN, HÖR AUF …
ICH BIN NICHT SO EIN MONSTER WIE SIE …
ICH …
ALLES OKAY?
HÖR AUF …
HERR MIKOGAMI?
HÖR AUF!

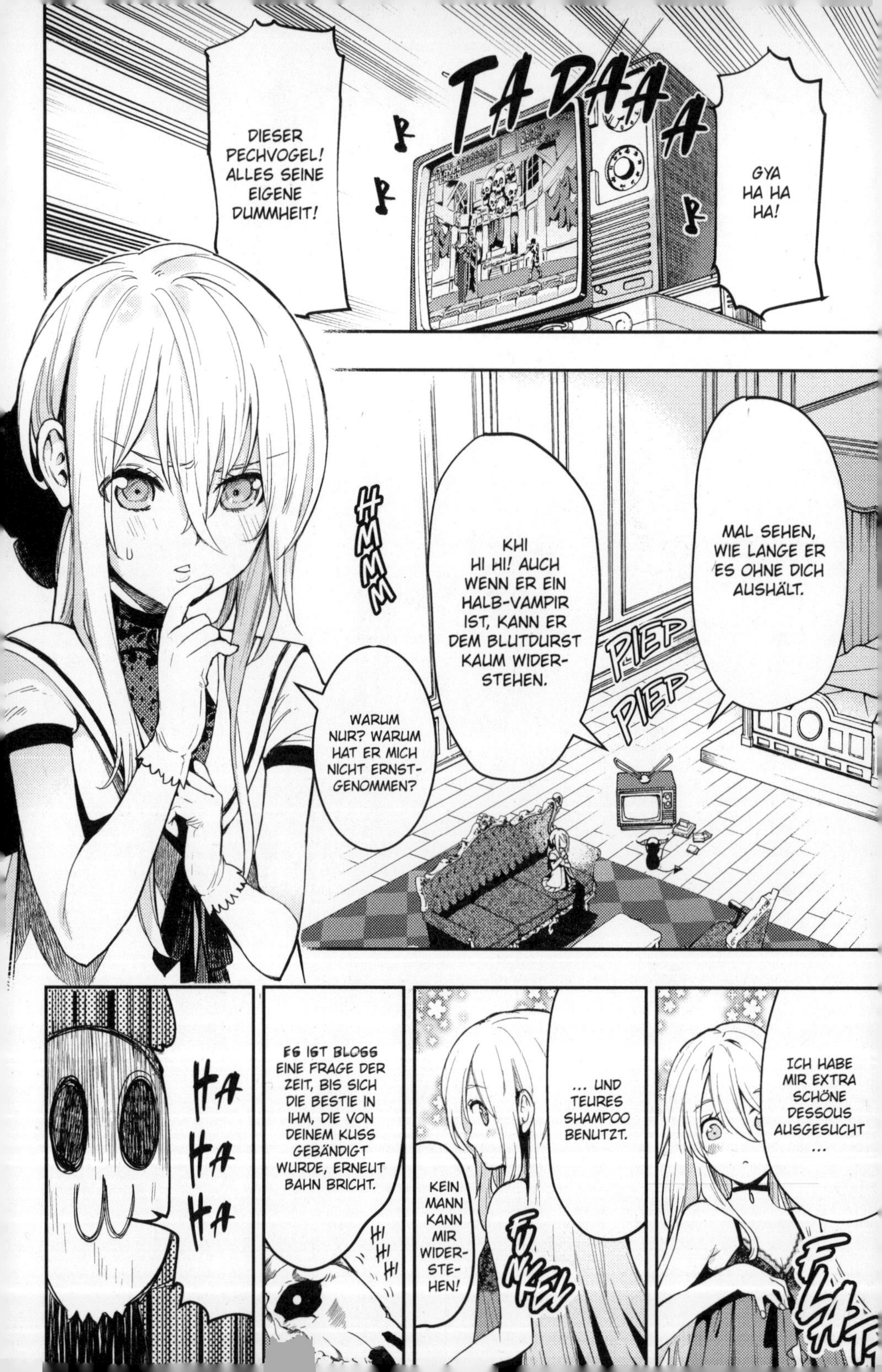
TADAAA A
GYA HA HA HA!
DIESER PECHVOGEL! ALLES SEINE EIGENE DUMMHEIT!
MAL SEHEN, WIE LANGE ER ES OHNE DICH AUSHÄLT.
PIEP PIEP
KHI HI HI! AUCH WENN ER EIN HALB-VAMPIR IST, KANN ER DEM BLUTDURST KAUM WIDER-STEHEN.
HMMMM
WARUM NUR? WARUM HAT ER MICH NICHT ERNST-GENOMMEN?
ICH HABE MIR EXTRA SCHÖNE DESSOUS AUSGESUCHT ...
FLAT
... UND TEURES SHAMPOO BENUTZT.
FUNKEL
KEIN MANN KANN MIR WIDER-STE-HEN!
ES IST BLOSS EINE FRAGE DER ZEIT, BIS SICH DIE BESTIE IN IHM, DIE VON DEINEM KUSS GEBÄNDIGT WURDE, ERNEUT BAHN BRICHT.
HI HI HI
HA HA HA

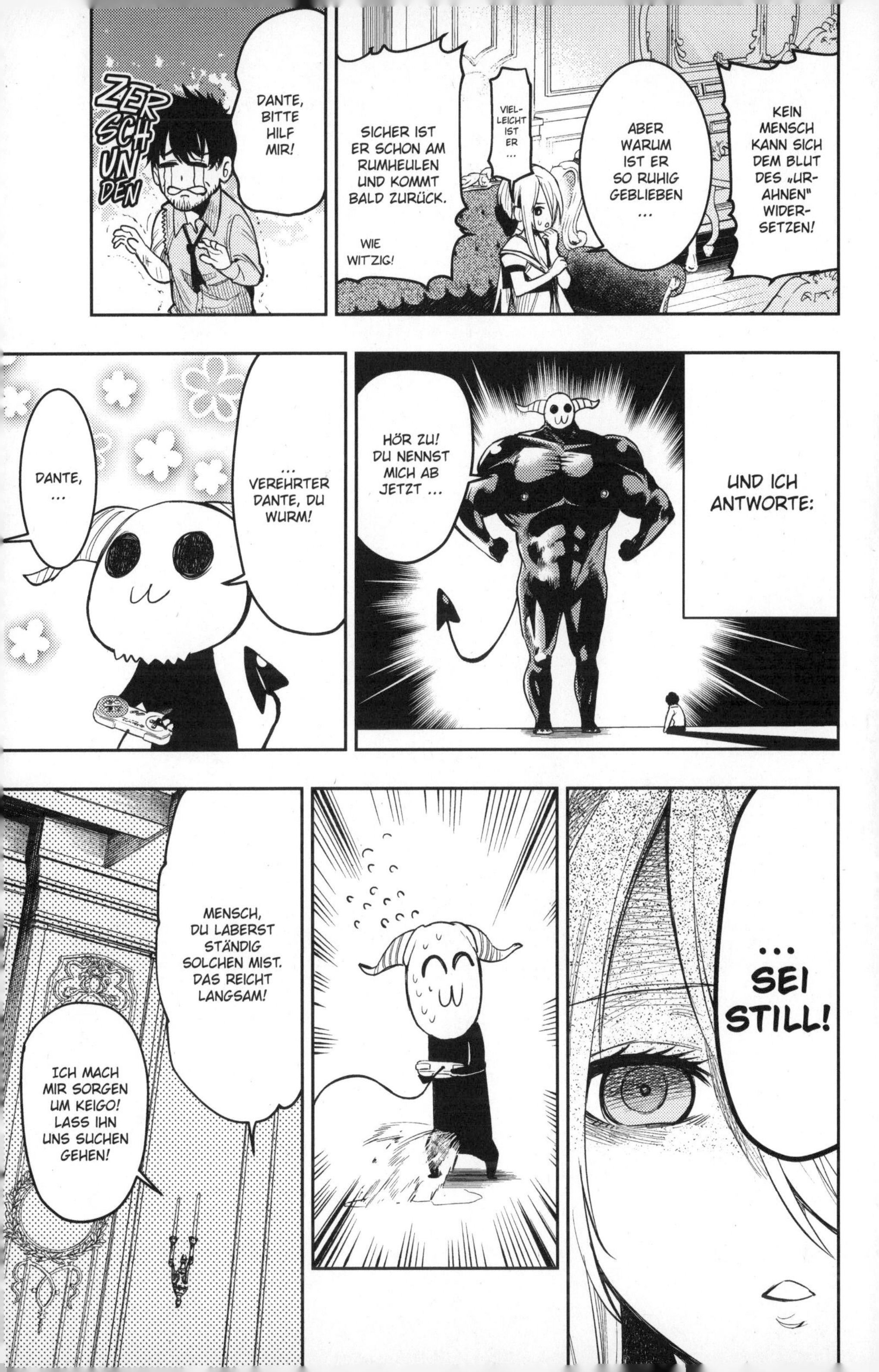
KEIN MENSCH KANN SICH DEM BLUT DES „UR-AHNEN" WIDER-SETZEN!
ABER WARUM IST ER SO RUHIG GEBLIEBEN …
VIEL-LEICHT IST ER …
SICHER IST ER SCHON AM RUMHEULEN UND KOMMT BALD ZURÜCK.
WIE WITZIG!
DANTE, BITTE HILF MIR!
ZERSCHUNDEN
UND ICH ANTWORTE:
HÖR ZU! DU NENNST MICH AB JETZT …
… VEREHRTER DANTE, DU WURM!
DANTE, …
… SEI STILL!
MENSCH, DU LABERST STÄNDIG SOLCHEN MIST. DAS REICHT LANGSAM!
ICH MACH MIR SORGEN UM KEIGO! LASS IHN UNS SUCHEN GEHEN!

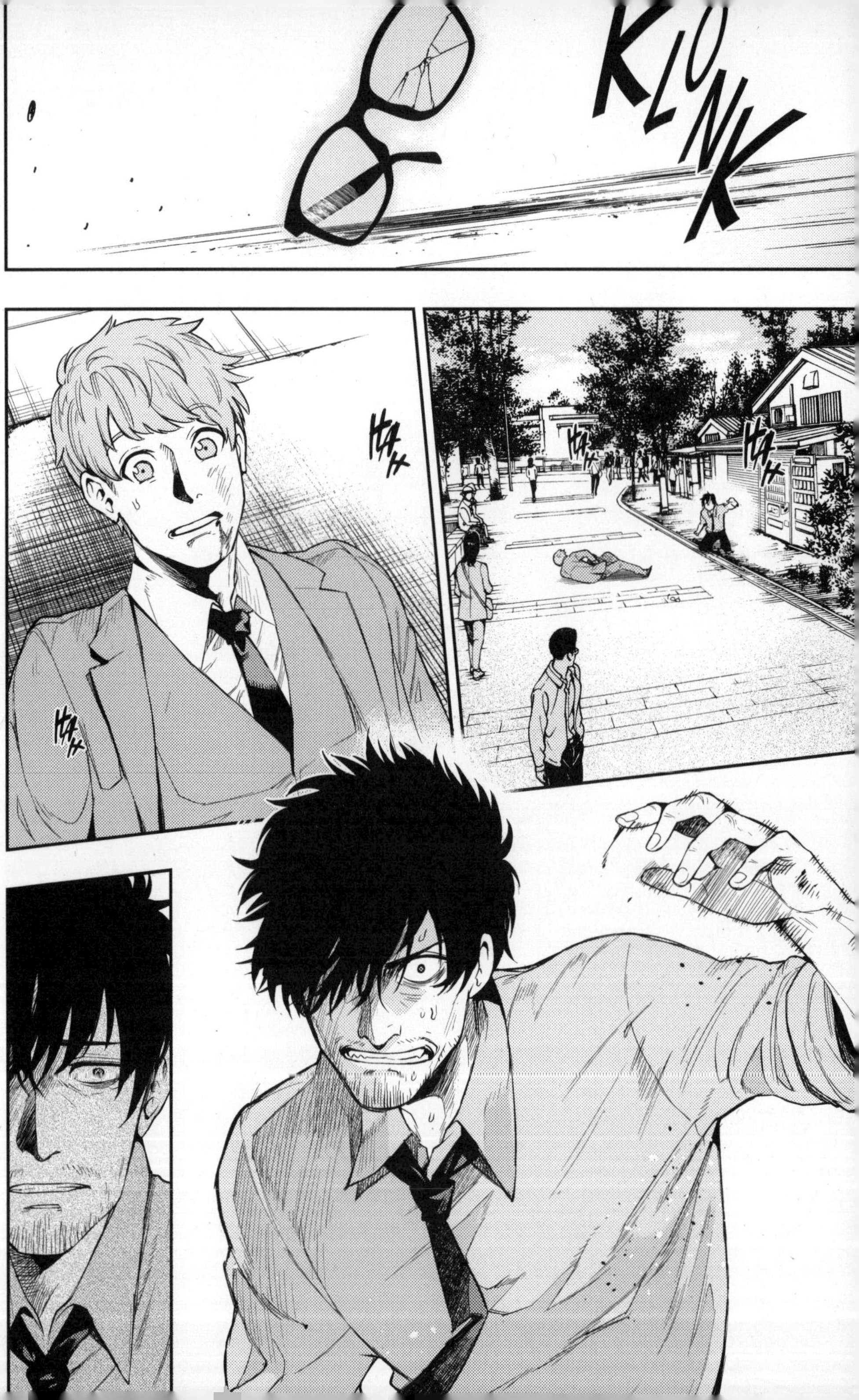
KLUNK
HAH
HAH
HAH
HAH

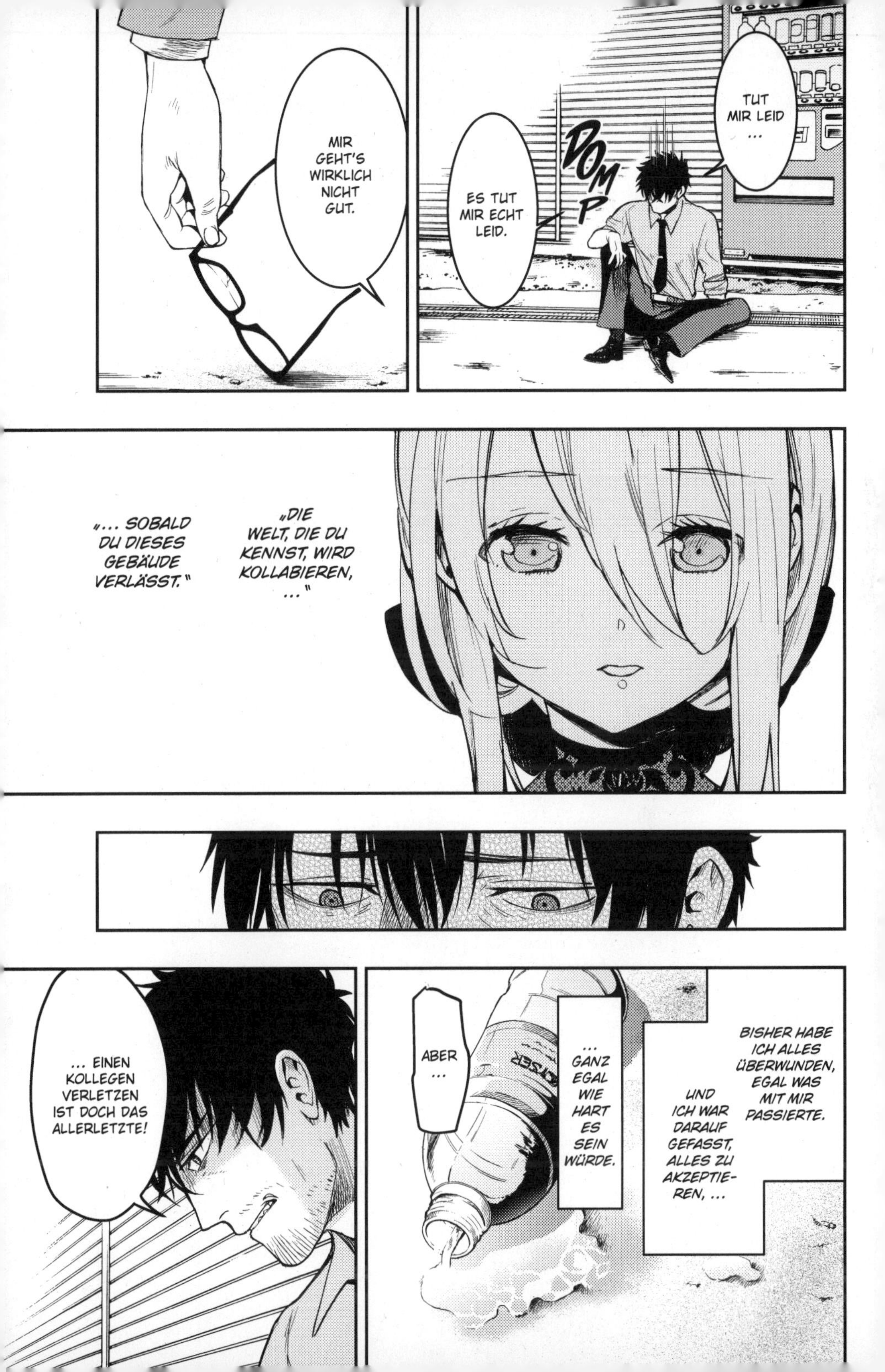
TUT MIR LEID …
DOMP
ES TUT MIR ECHT LEID.
MIR GEHT'S WIRKLICH NICHT GUT.
„DIE WELT, DIE DU KENNST, WIRD KOLLABIEREN, …"
„… SOBALD DU DIESES GEBÄUDE VERLÄSST."
BISHER HABE ICH ALLES ÜBERWUNDEN, EGAL WAS MIT MIR PASSIERTE.
UND ICH WAR DARAUF GEFASST, ALLES ZU AKZEPTIE-REN, …
… GANZ EGAL WIE HART ES SEIN WÜRDE.
ABER …
… EINEN KOLLEGEN VERLETZEN IST DOCH DAS ALLERLETZTE!

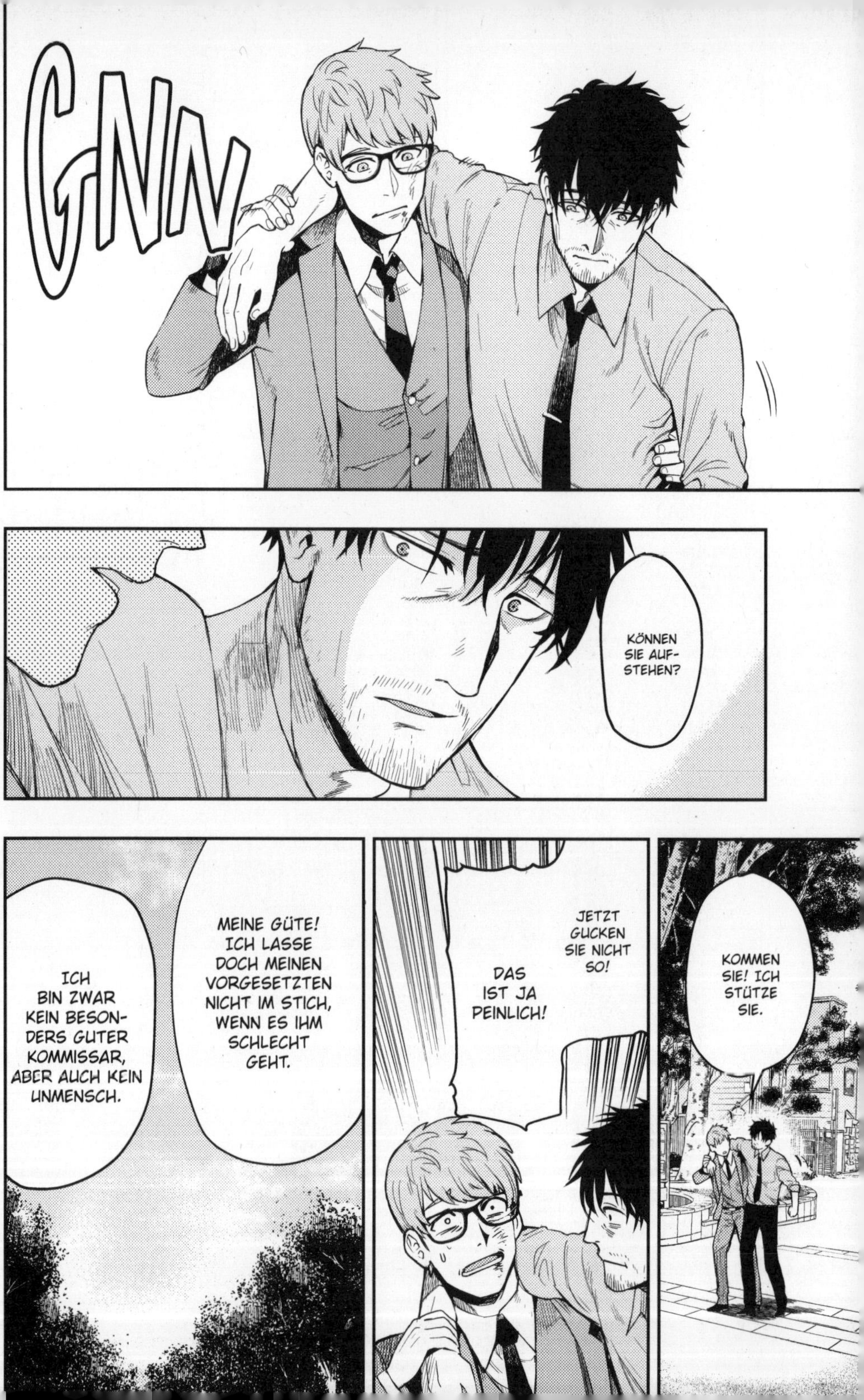
GNN
KÖNNEN SIE AUF-STEHEN?
KOMMEN SIE! ICH STÜTZE SIE.
JETZT GUCKEN SIE NICHT SO!
DAS IST JA PEINLICH!
MEINE GÜTE! ICH LASSE DOCH MEINEN VORGESETZTEN NICHT IM STICH, WENN ES IHM SCHLECHT GEHT.
ICH BIN ZWAR KEIN BESON-DERS GUTER KOMMISSAR, ABER AUCH KEIN UNMENSCH.

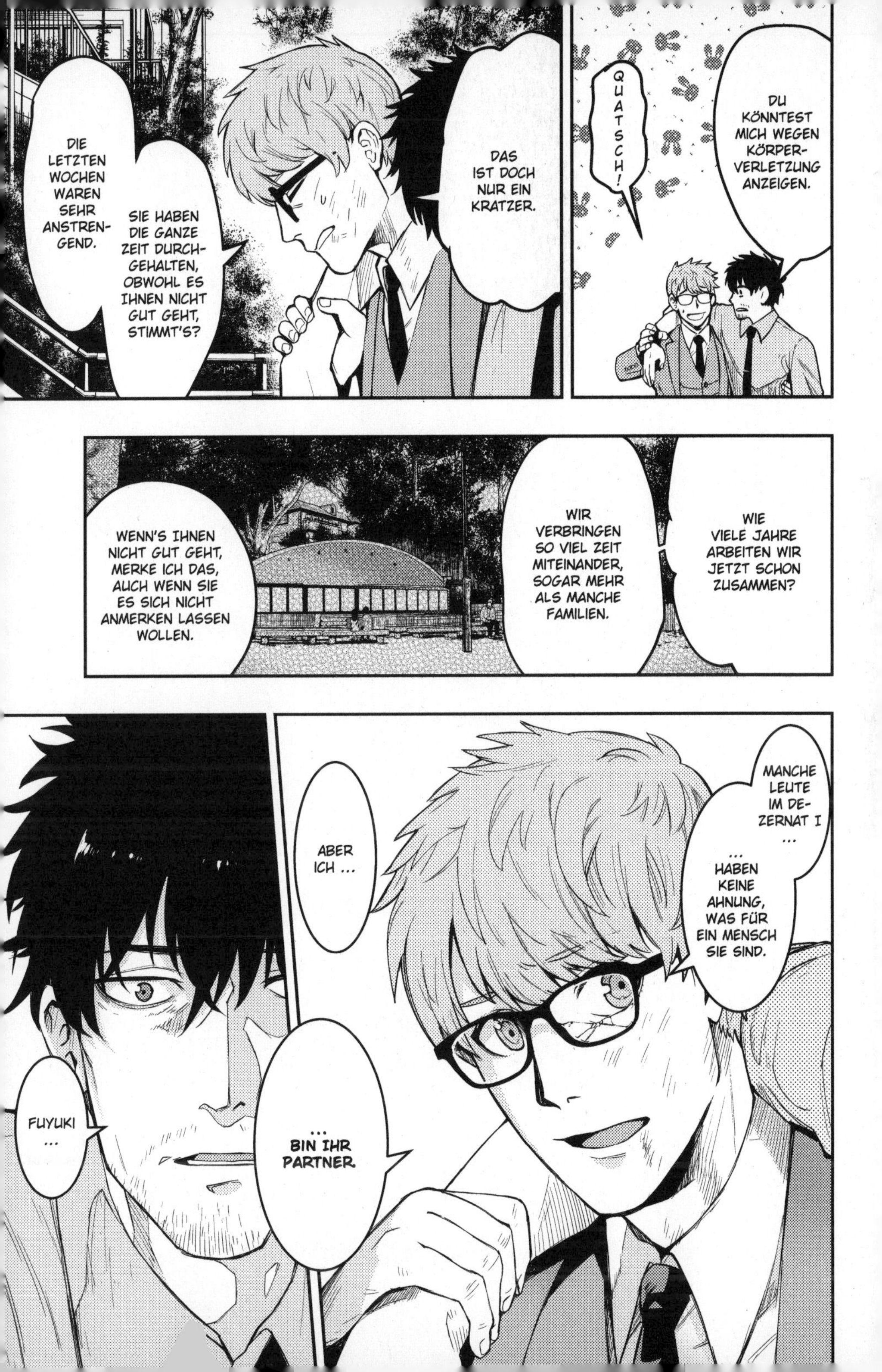
DU KÖNNTEST MICH WEGEN KÖRPERVERLETZUNG ANZEIGEN.
QUATSCH!
DAS IST DOCH NUR EIN KRATZER.
SIE HABEN DIE GANZE ZEIT DURCHGEHALTEN, OBWOHL ES IHNEN NICHT GUT GEHT, STIMMT'S?
DIE LETZTEN WOCHEN WAREN SEHR ANSTRENGEND.
WIE VIELE JAHRE ARBEITEN WIR JETZT SCHON ZUSAMMEN?
WIR VERBRINGEN SO VIEL ZEIT MITEINANDER, SOGAR MEHR ALS MANCHE FAMILIEN.
WENN'S IHNEN NICHT GUT GEHT, MERKE ICH DAS, AUCH WENN SIE ES SICH NICHT ANMERKEN LASSEN WOLLEN.
MANCHE LEUTE IM DEZERNAT I ...
... HABEN KEINE AHNUNG, WAS FÜR EIN MENSCH SIE SIND.
ABER ICH ...
... BIN IHR PARTNER.
FUYUKI ...

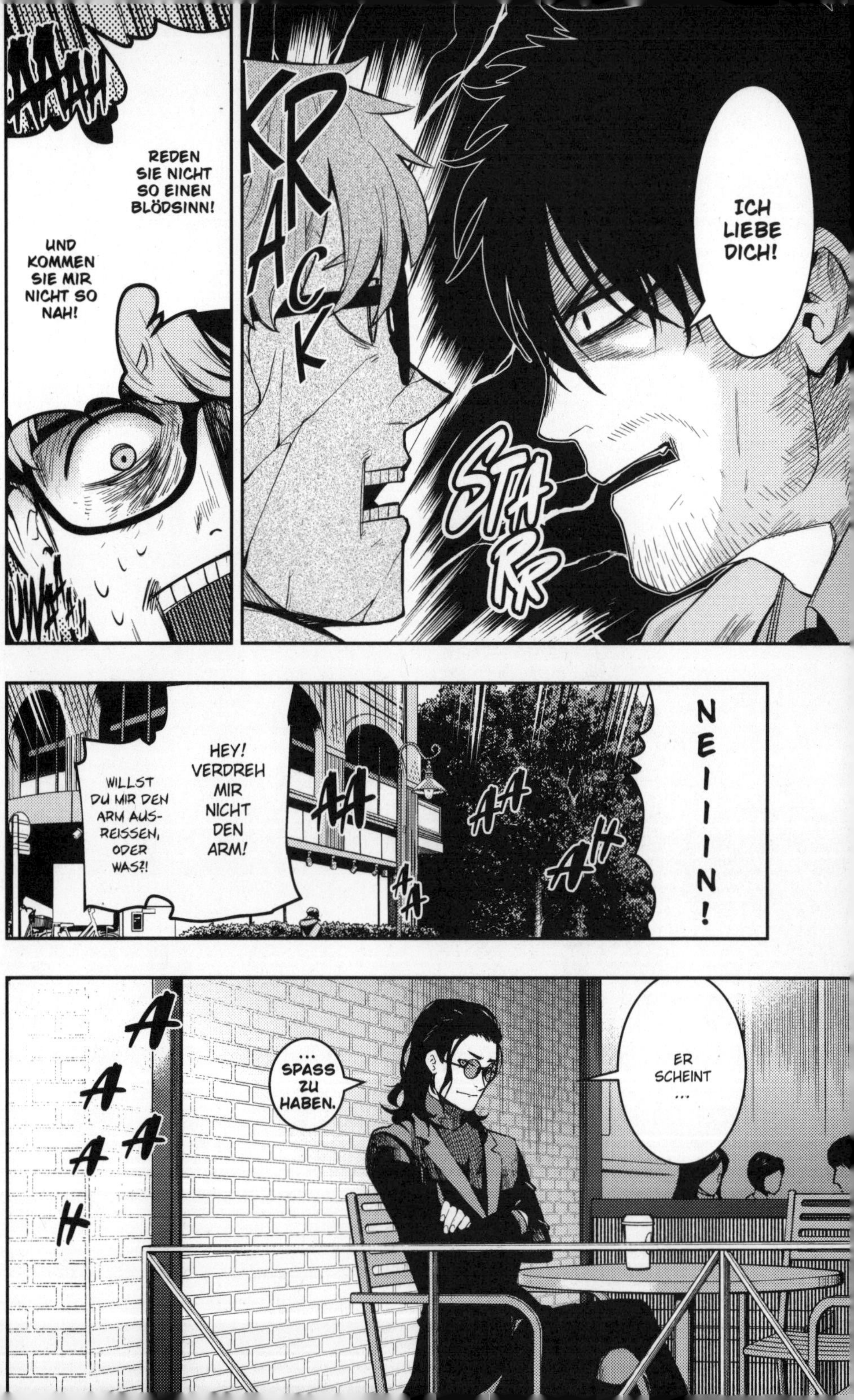
ICH LIEBE DICH!
KRACK
STARR
REDEN SIE NICHT SO EINEN BLÖDSINN!
UND KOMMEN SIE MIR NICHT SO NAH!
AAAH
NEIIIIN!
HEY! VERDREH MIR NICHT DEN ARM!
WILLST DU MIR DEN ARM AUS-REISSEN, ODER WAS?!
ER SCHEINT ...
... SPASS ZU HABEN.
AAAAAH

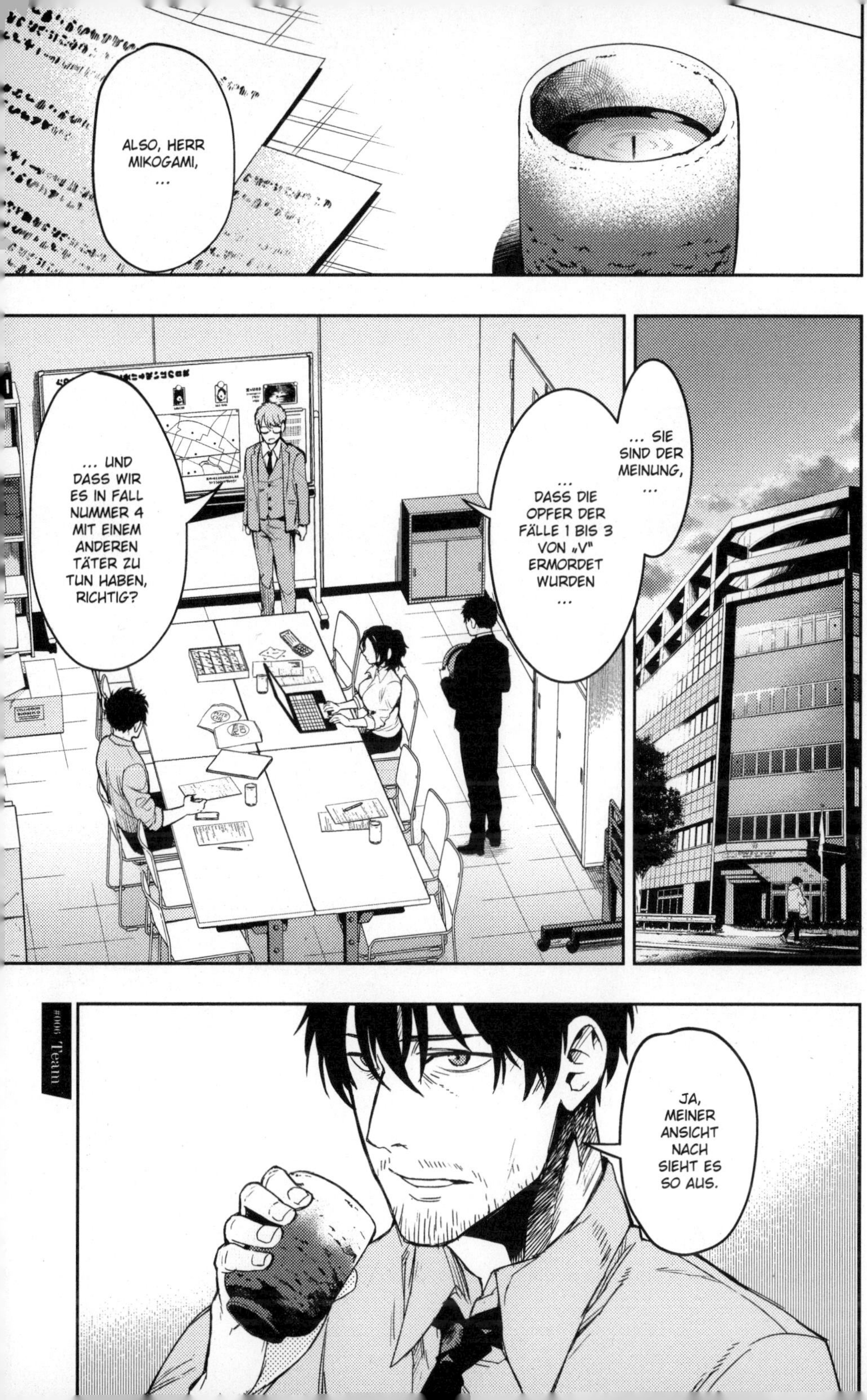
ALSO, HERR MIKOGAMI, ...
... SIE SIND DER MEINUNG, ...
... DASS DIE OPFER DER FÄLLE 1 BIS 3 VON „V" ERMORDET WURDEN ...
... UND DASS WIR ES IN FALL NUMMER 4 MIT EINEM ANDEREN TÄTER ZU TUN HABEN, RICHTIG?
JA, MEINER ANSICHT NACH SIEHT ES SO AUS.

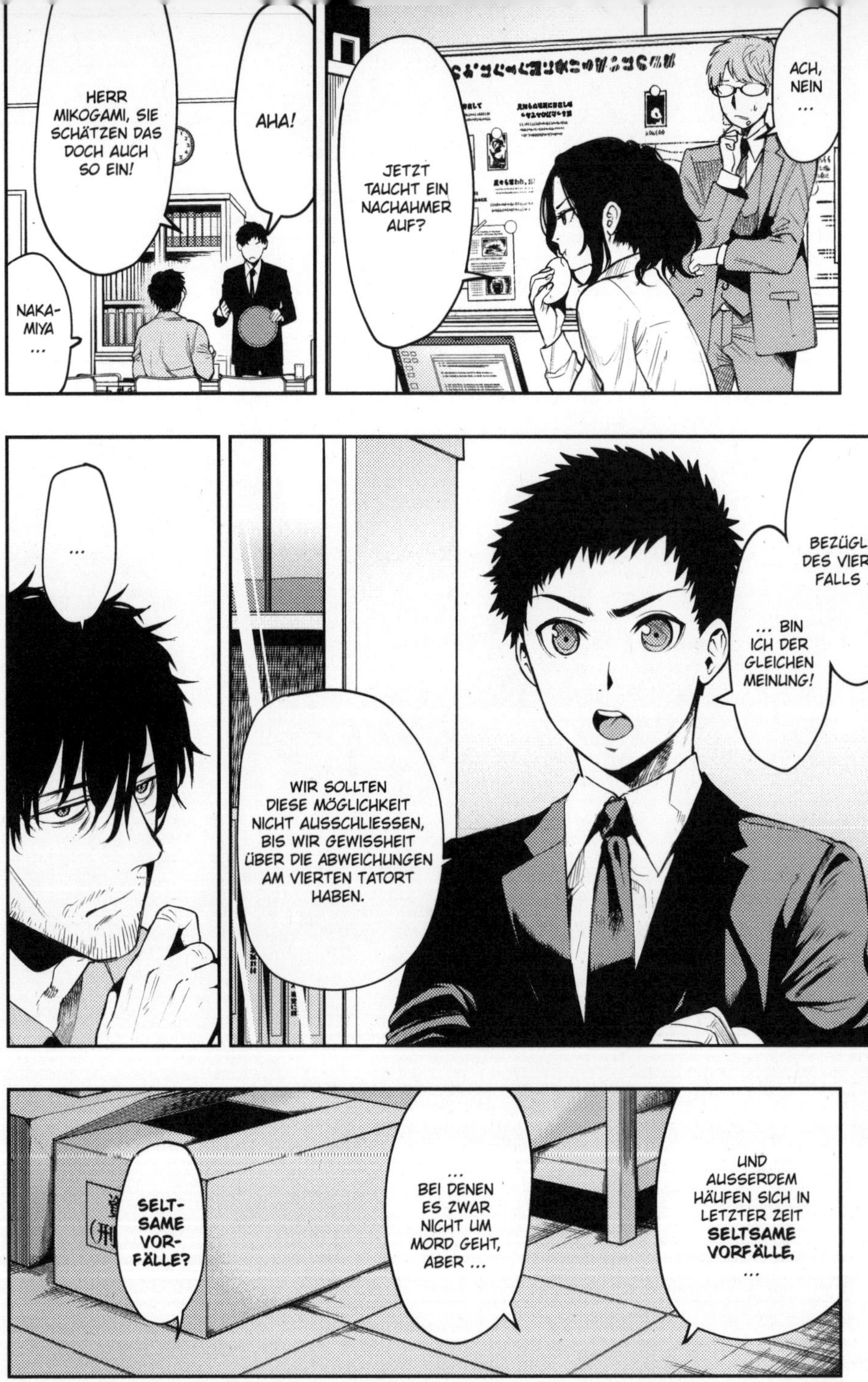

ACH, NEIN …
JETZT TAUCHT EIN NACHAHMER AUF?
AHA!
HERR MIKOGAMI, SIE SCHÄTZEN DAS DOCH AUCH SO EIN!
NAKA-MIYA …
BEZÜGLICH DES VIERTEN FALLS …
… BIN ICH DER GLEICHEN MEINUNG!
WIR SOLLTEN DIESE MÖGLICHKEIT NICHT AUSSCHLIESSEN, BIS WIR GEWISSHEIT ÜBER DIE ABWEICHUNGEN AM VIERTEN TATORT HABEN.
…
UND AUSSERDEM HÄUFEN SICH IN LETZTER ZEIT **SELTSAME VORFÄLLE,** …
… BEI DENEN ES ZWAR NICHT UM MORD GEHT, ABER …
SELT-SAME VOR-FÄLLE?

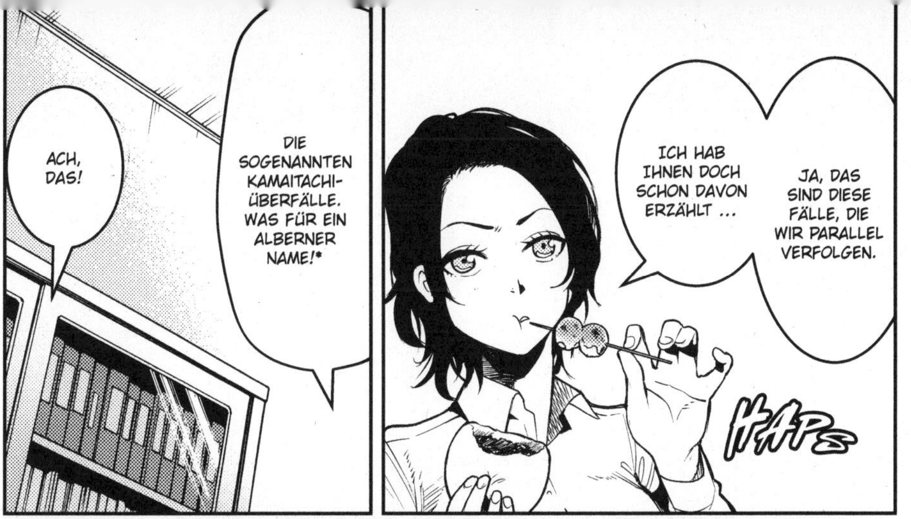

* Kamaitachi sind japanische Fabelwesen, die wie ein Wiesel mit sichelähnlichen Klauen aussehen, auf Wirbelstürmen reiten und Menschen gefährliche Schnittwunden zufügen können.

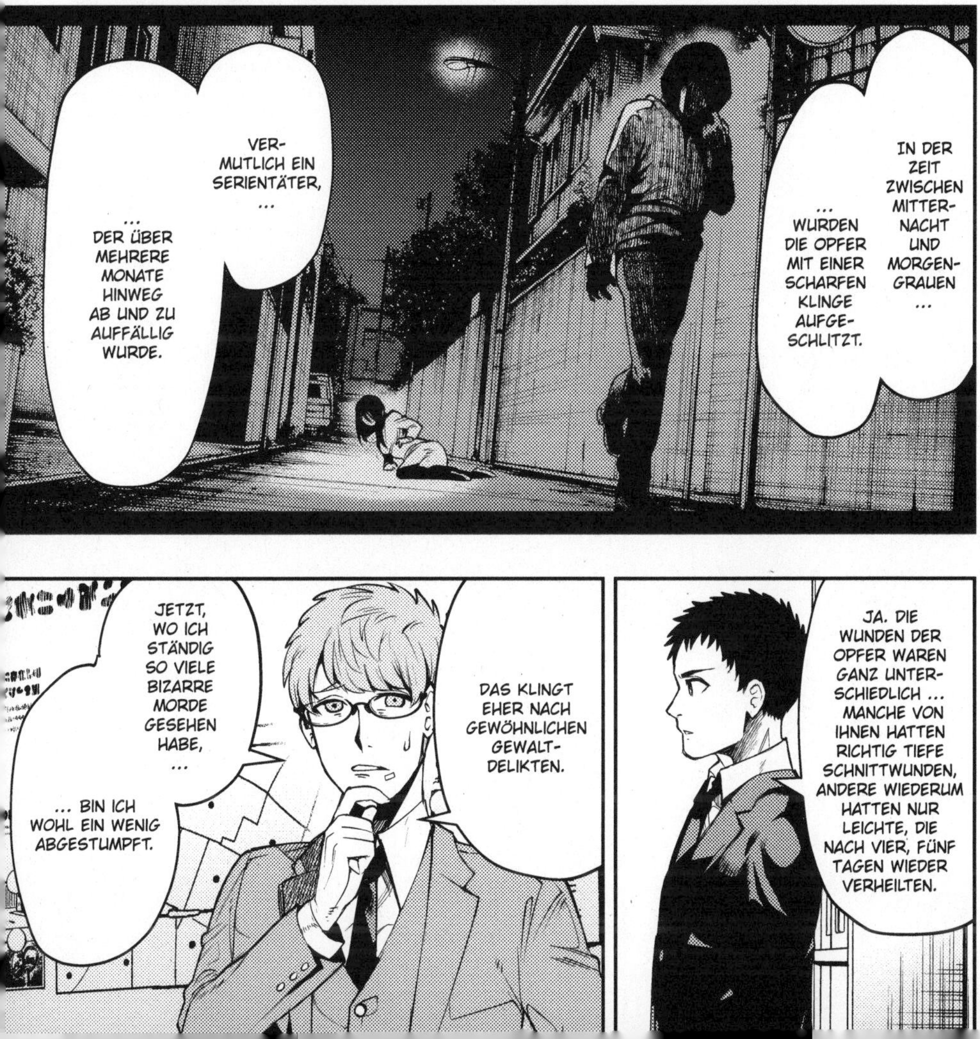

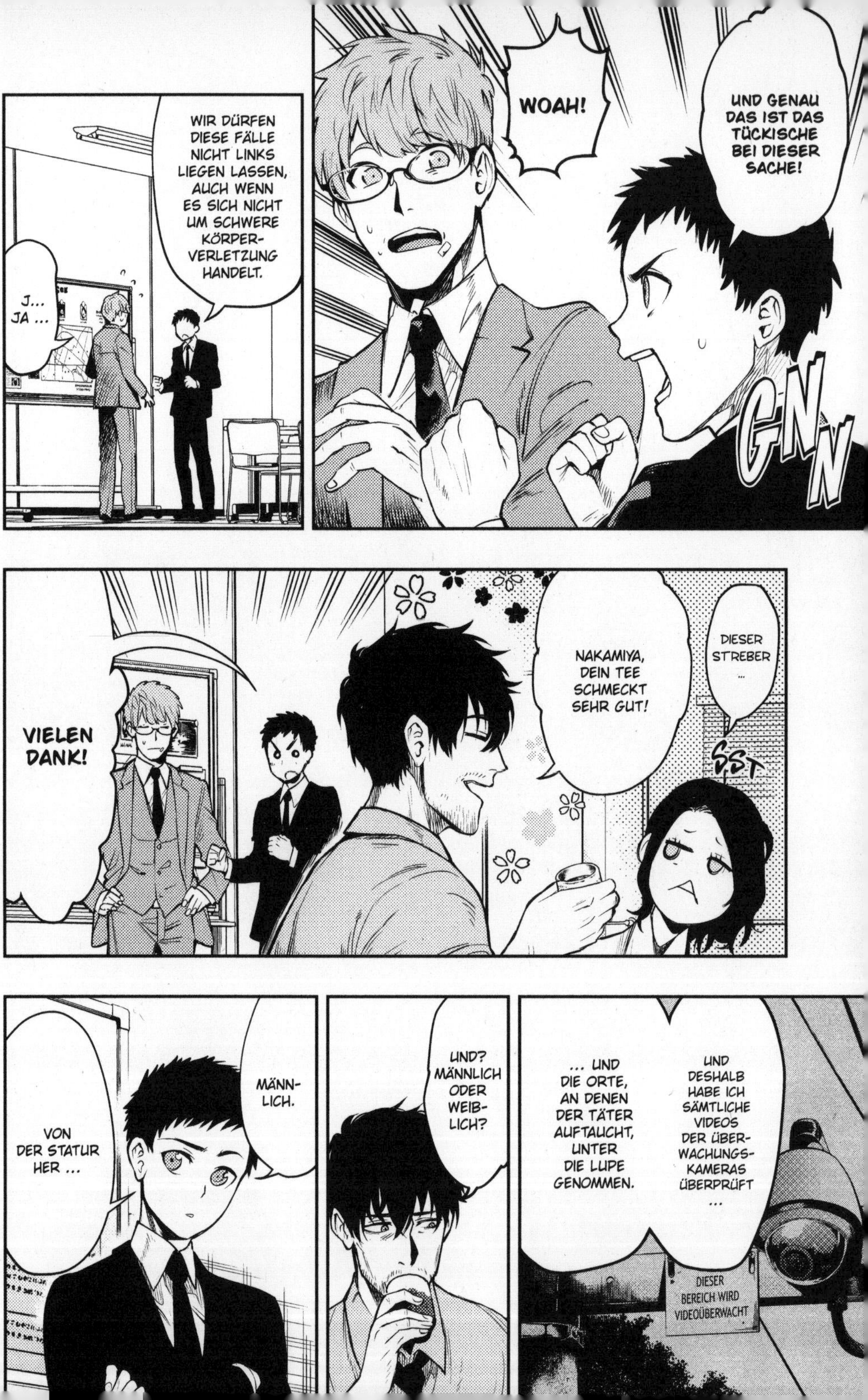
UND GENAU DAS IST DAS TÜCKISCHE BEI DIESER SACHE!
WOAH!
GNN
WIR DÜRFEN DIESE FÄLLE NICHT LINKS LIEGEN LASSEN, AUCH WENN ES SICH NICHT UM SCHWERE KÖRPERVERLETZUNG HANDELT.
J... JA ...
DIESER STREBER ...
SST
NAKAMIYA, DEIN TEE SCHMECKT SEHR GUT!
VIELEN DANK!
UND DESHALB HABE ICH SÄMTLICHE VIDEOS DER ÜBERWACHUNGSKAMERAS ÜBERPRÜFT ...
... UND DIE ORTE, AN DENEN DER TÄTER AUFTAUCHT, UNTER DIE LUPE GENOMMEN.
DIESER BEREICH WIRD VIDEOÜBERWACHT
UND? MÄNNLICH ODER WEIBLICH?
MÄNNLICH.
VON DER STATUR HER ...

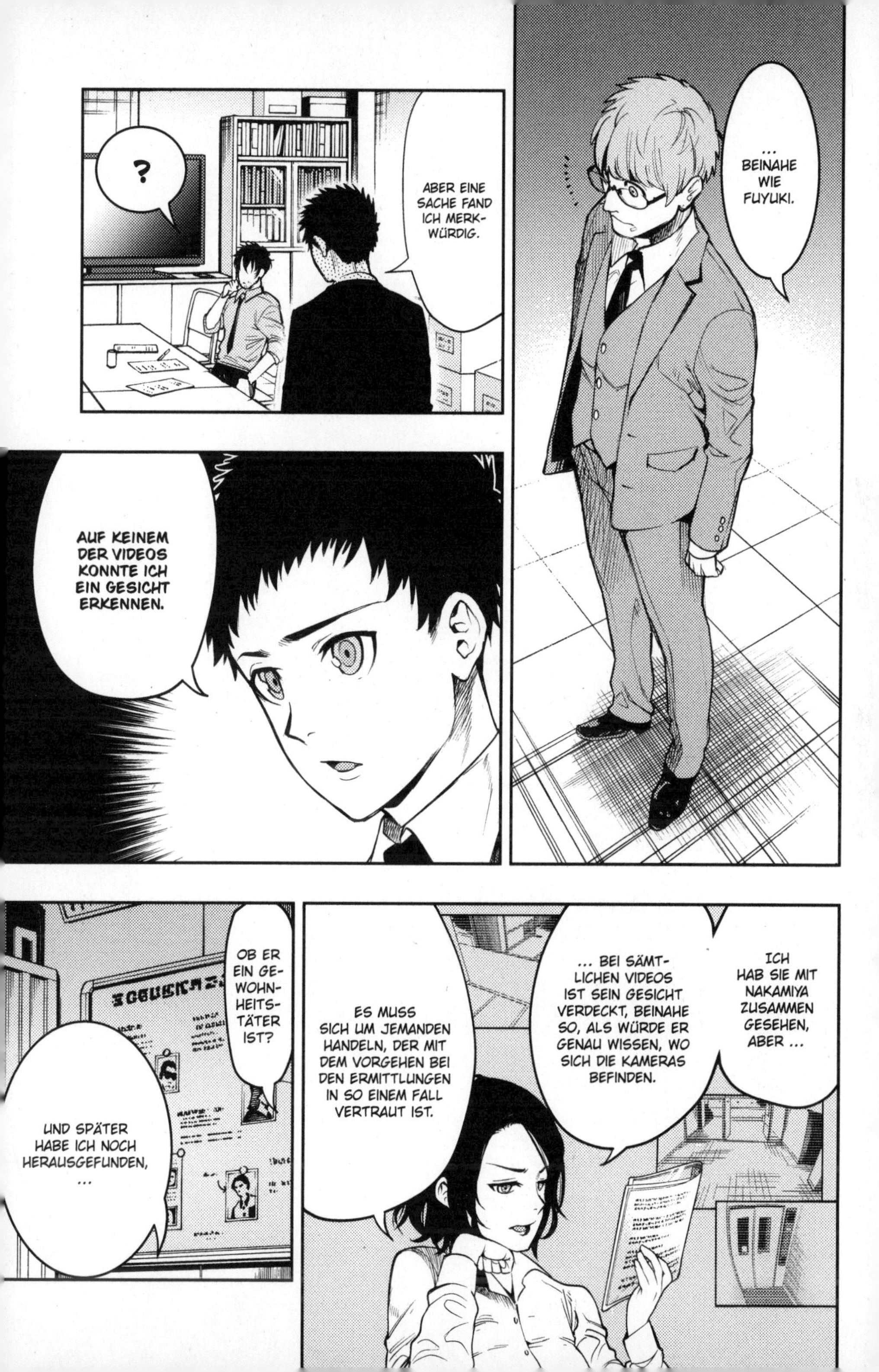
... BEINAHE WIE FUYUKI.
ABER EINE SACHE FAND ICH MERKWÜRDIG.
?
AUF KEINEM DER VIDEOS KONNTE ICH EIN GESICHT ERKENNEN.
ICH HAB SIE MIT NAKAMIYA ZUSAMMEN GESEHEN, ABER ...
... BEI SÄMTLICHEN VIDEOS IST SEIN GESICHT VERDECKT, BEINAHE SO, ALS WÜRDE ER GENAU WISSEN, WO SICH DIE KAMERAS BEFINDEN.
ES MUSS SICH UM JEMANDEN HANDELN, DER MIT DEM VORGEHEN BEI DEN ERMITTLUNGEN IN SO EINEM FALL VERTRAUT IST.
OB ER EIN GEWOHNHEITSTÄTER IST?
UND SPÄTER HABE ICH NOCH HERAUSGEFUNDEN, ...

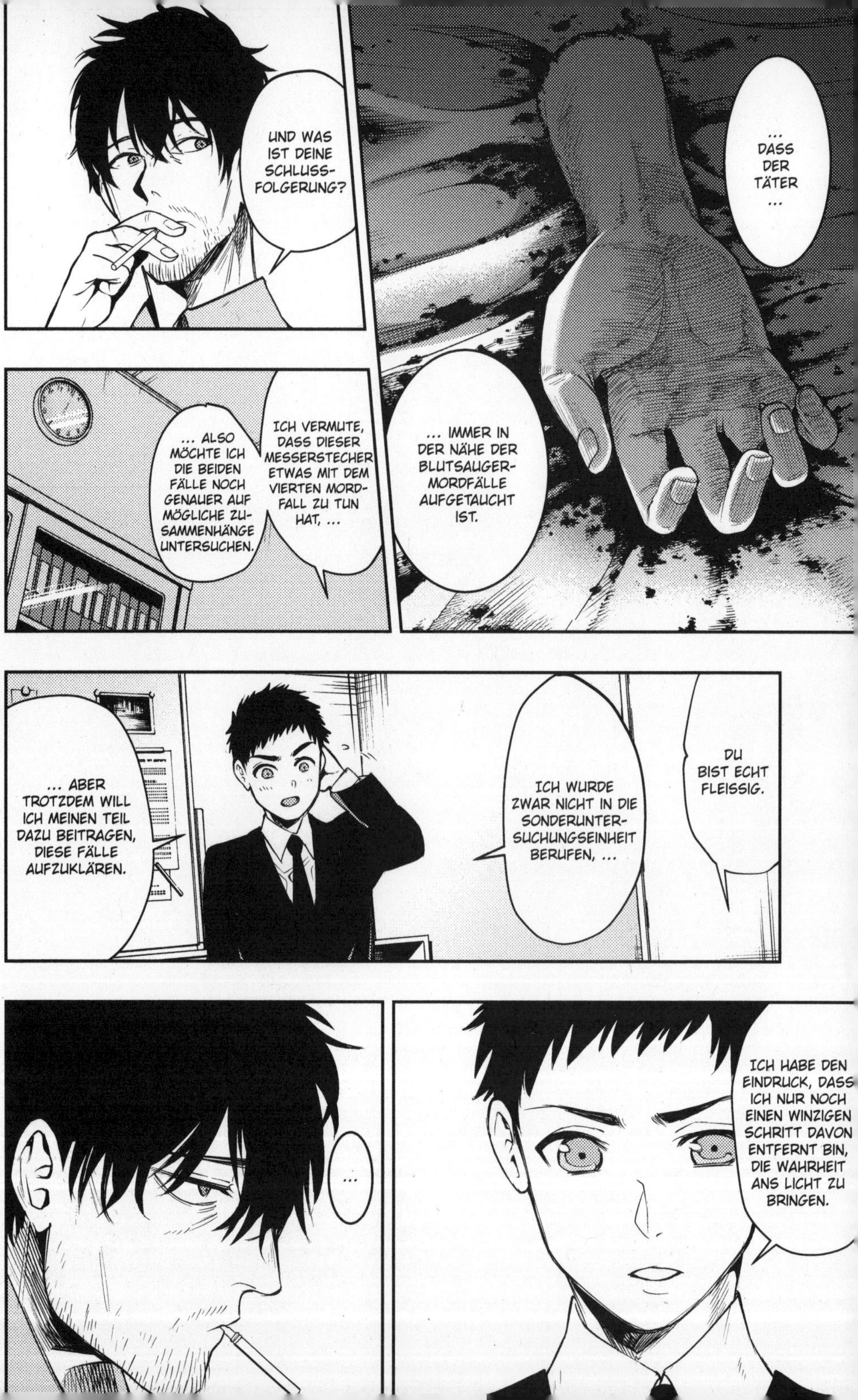
... DASS DER TÄTER ...
UND WAS IST DEINE SCHLUSS-FOLGERUNG?
... IMMER IN DER NÄHE DER BLUTSAUGER-MORDFÄLLE AUFGETAUCHT IST.
ICH VERMUTE, DASS DIESER MESSERSTECHER ETWAS MIT DEM VIERTEN MORD-FALL ZU TUN HAT, ...
... ALSO MÖCHTE ICH DIE BEIDEN FÄLLE NOCH GENAUER AUF MÖGLICHE ZU-SAMMENHÄNGE UNTERSUCHEN.
DU BIST ECHT FLEISSIG.
ICH WURDE ZWAR NICHT IN DIE SONDERUNTER-SUCHUNGSEINHEIT BERUFEN, ...
... ABER TROTZDEM WILL ICH MEINEN TEIL DAZU BEITRAGEN, DIESE FÄLLE AUFZUKLÄREN.
ICH HABE DEN EINDRUCK, DASS ICH NUR NOCH EINEN WINZIGEN SCHRITT DAVON ENTFERNT BIN, DIE WAHRHEIT ANS LICHT ZU BRINGEN.
...

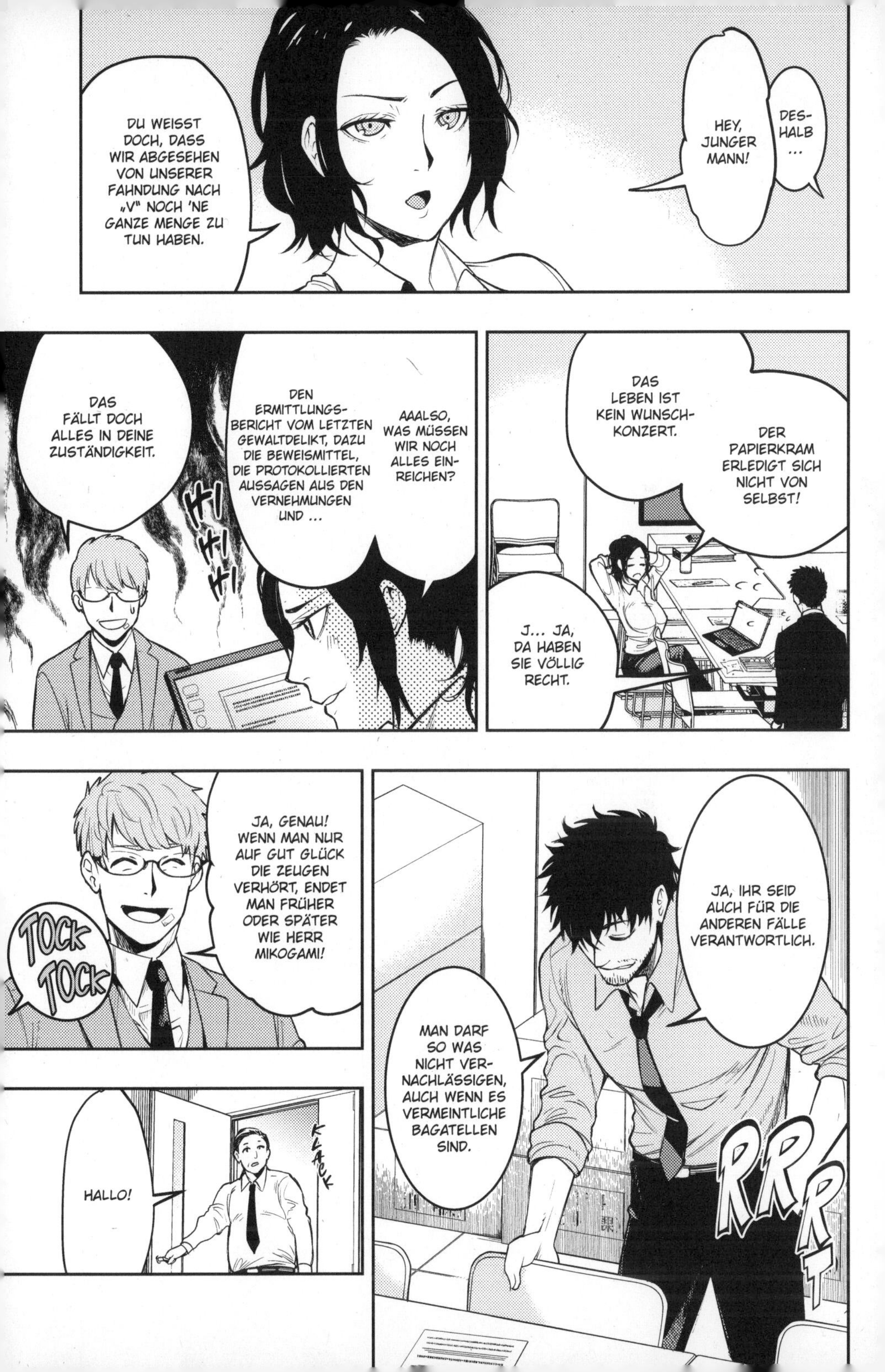
DES-HALB …
HEY, JUNGER MANN!
DU WEISST DOCH, DASS WIR ABGESEHEN VON UNSERER FAHNDUNG NACH „V“ NOCH ’NE GANZE MENGE ZU TUN HABEN.
DAS LEBEN IST KEIN WUNSCH-KONZERT.
DER PAPIERKRAM ERLEDIGT SICH NICHT VON SELBST!
J… JA, DA HABEN SIE VÖLLIG RECHT.
AAALSO, WAS MÜSSEN WIR NOCH ALLES EIN-REICHEN?
DEN ERMITTLUNGS-BERICHT VOM LETZTEN GEWALTDELIKT, DAZU DIE BEWEISMITTEL, DIE PROTOKOLLIERTEN AUSSAGEN AUS DEN VERNEHMUNGEN UND …
HI HI HI
DAS FÄLLT DOCH ALLES IN DEINE ZUSTÄNDIGKEIT.
JA, IHR SEID AUCH FÜR DIE ANDEREN FÄLLE VERANTWORTLICH.
MAN DARF SO WAS NICHT VER-NACHLÄSSIGEN, AUCH WENN ES VERMEINTLICHE BAGATELLEN SIND.
RRRT
JA, GENAU! WENN MAN NUR AUF GUT GLÜCK DIE ZEUGEN VERHÖRT, ENDET MAN FRÜHER ODER SPÄTER WIE HERR MIKOGAMI!
TOCK TOCK
KLACK
HALLO!

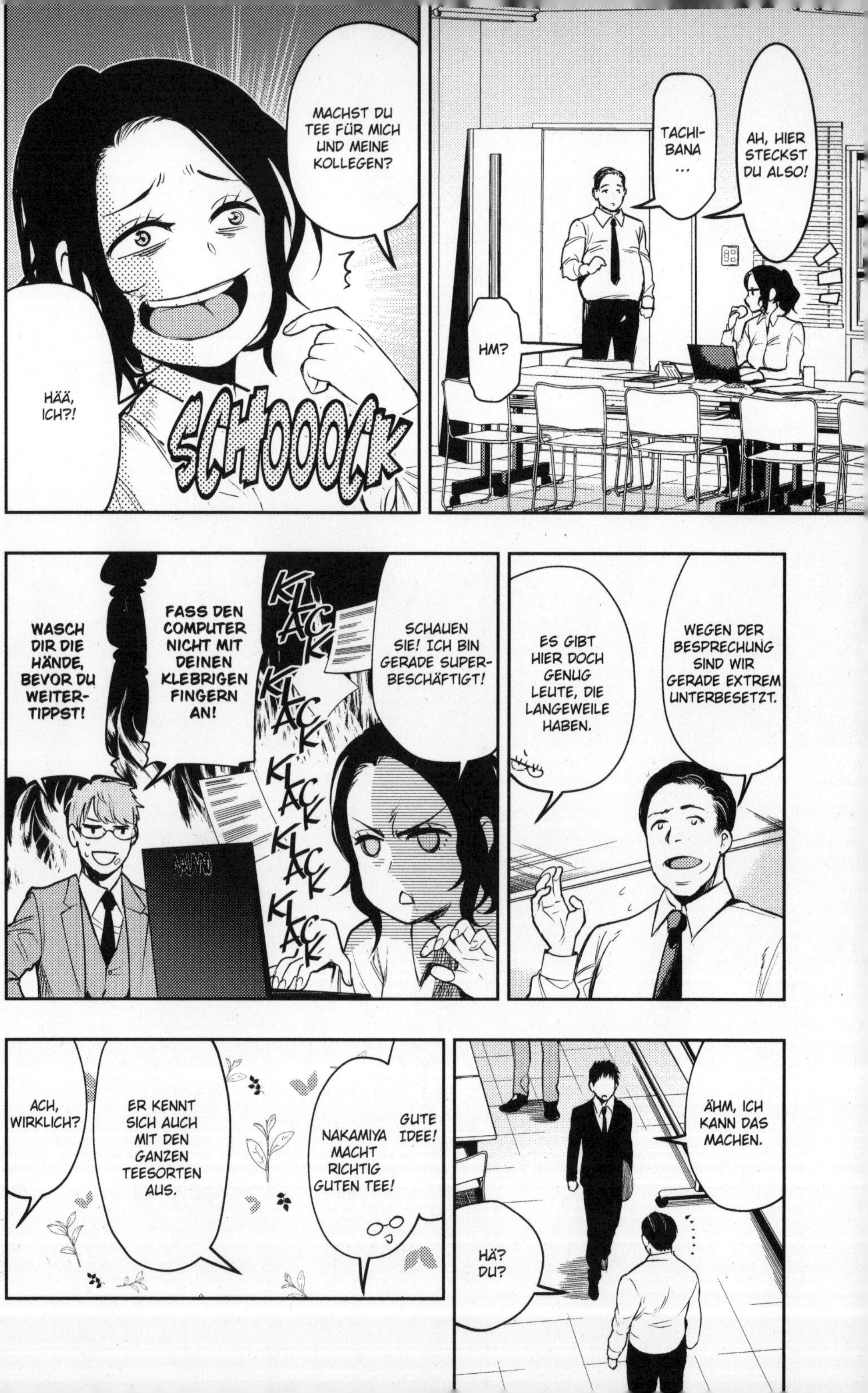
AH, HIER STECKST DU ALSO!
TACHI-BANA …
HM?
MACHST DU TEE FÜR MICH UND MEINE KOLLEGEN?
SCHOOOCK
HÄÄ, ICH?!
WEGEN DER BESPRECHUNG SIND WIR GERADE EXTREM UNTERBESETZT.
ES GIBT HIER DOCH GENUG LEUTE, DIE LANGEWEILE HABEN.
SCHAUEN SIE! ICH BIN GERADE SUPER-BESCHÄFTIGT!
KLACK KLACK KLACK KLACK KLACK
FASS DEN COMPUTER NICHT MIT DEINEN KLEBRIGEN FINGERN AN!
WASCH DIR DIE HÄNDE, BEVOR DU WEITER-TIPPST!
ÄHM, ICH KANN DAS MACHEN.
HÄ? DU?
GUTE IDEE!
NAKAMIYA MACHT RICHTIG GUTEN TEE!
ER KENNT SICH AUCH MIT DEN GANZEN TEESORTEN AUS.
ACH, WIRKLICH?

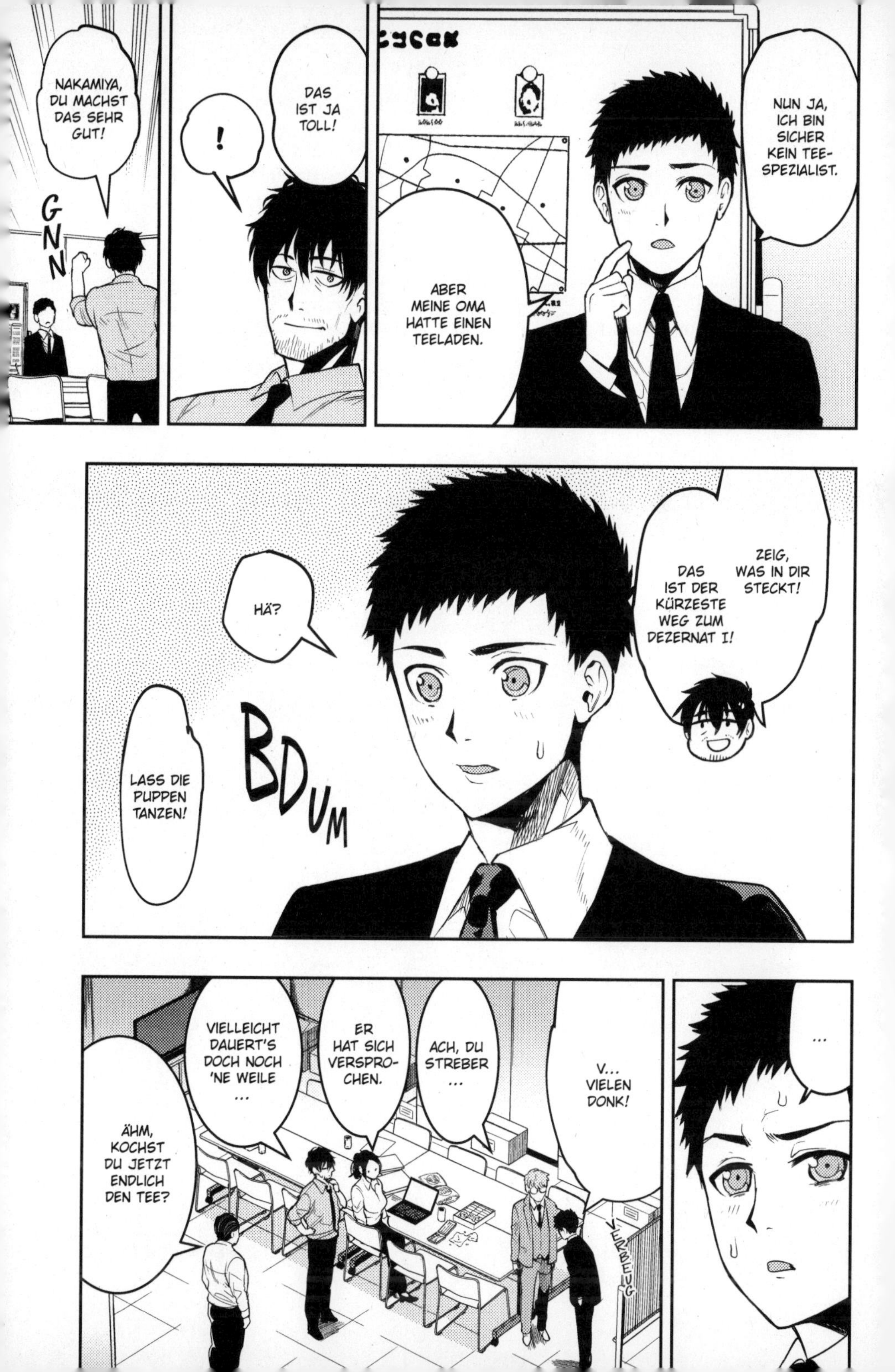
NUN JA, ICH BIN SICHER KEIN TEE-SPEZIALIST.
ABER MEINE OMA HATTE EINEN TEELADEN.
DAS IST JA TOLL!
!
NAKAMIYA, DU MACHST DAS SEHR GUT!
GNN
ZEIG, WAS IN DIR STECKT!
DAS IST DER KÜRZESTE WEG ZUM DEZERNAT I!
HÄ?
BDUM
LASS DIE PUPPEN TANZEN!
…
V… VIELEN DONK!
VERBEUG
ACH, DU STREBER …
ER HAT SICH VERSPROCHEN.
VIELLEICHT DAUERT'S DOCH NOCH 'NE WEILE …
ÄHM, KOCHST DU JETZT ENDLICH DEN TEE?

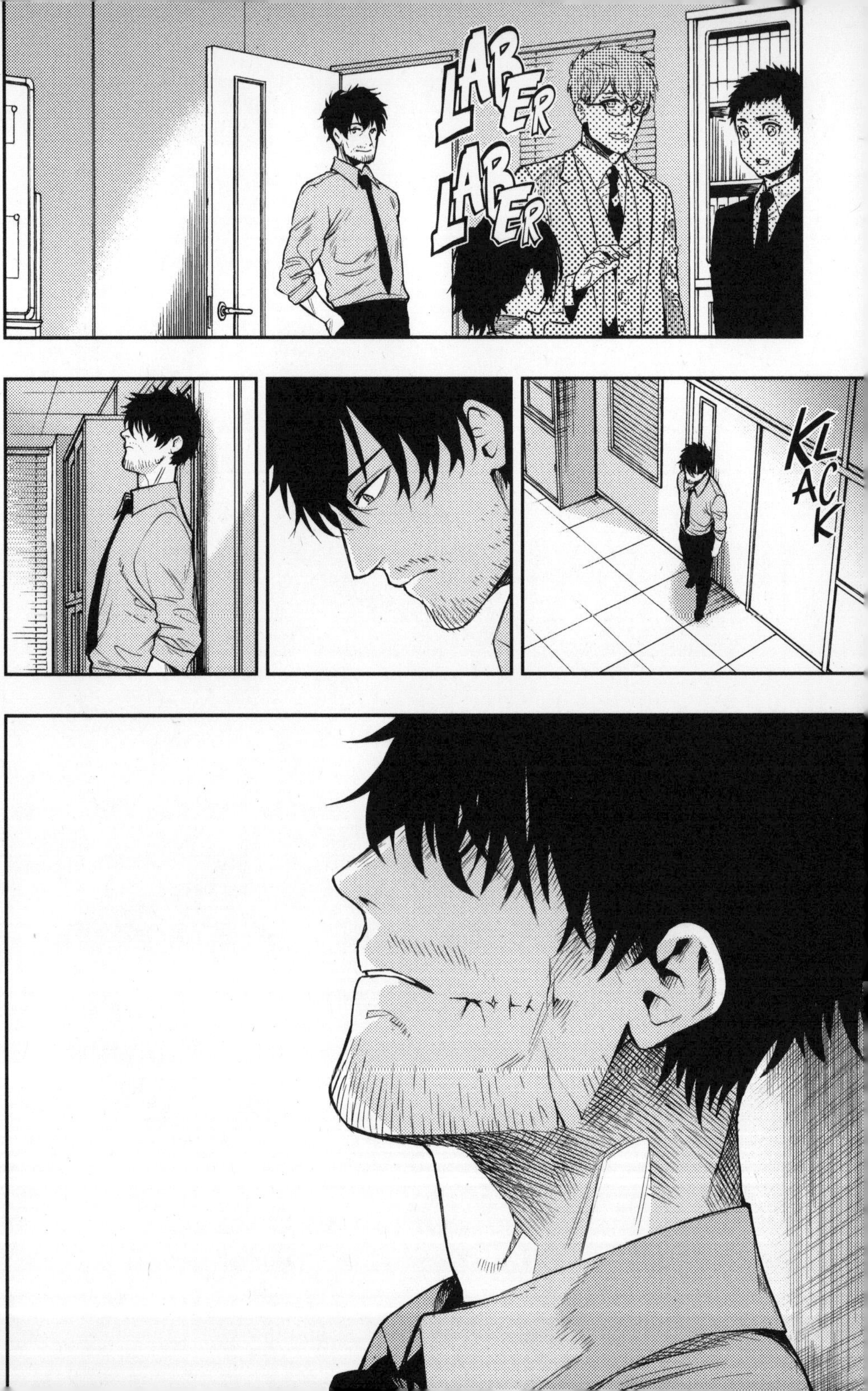
LABER
LABER
KLACK

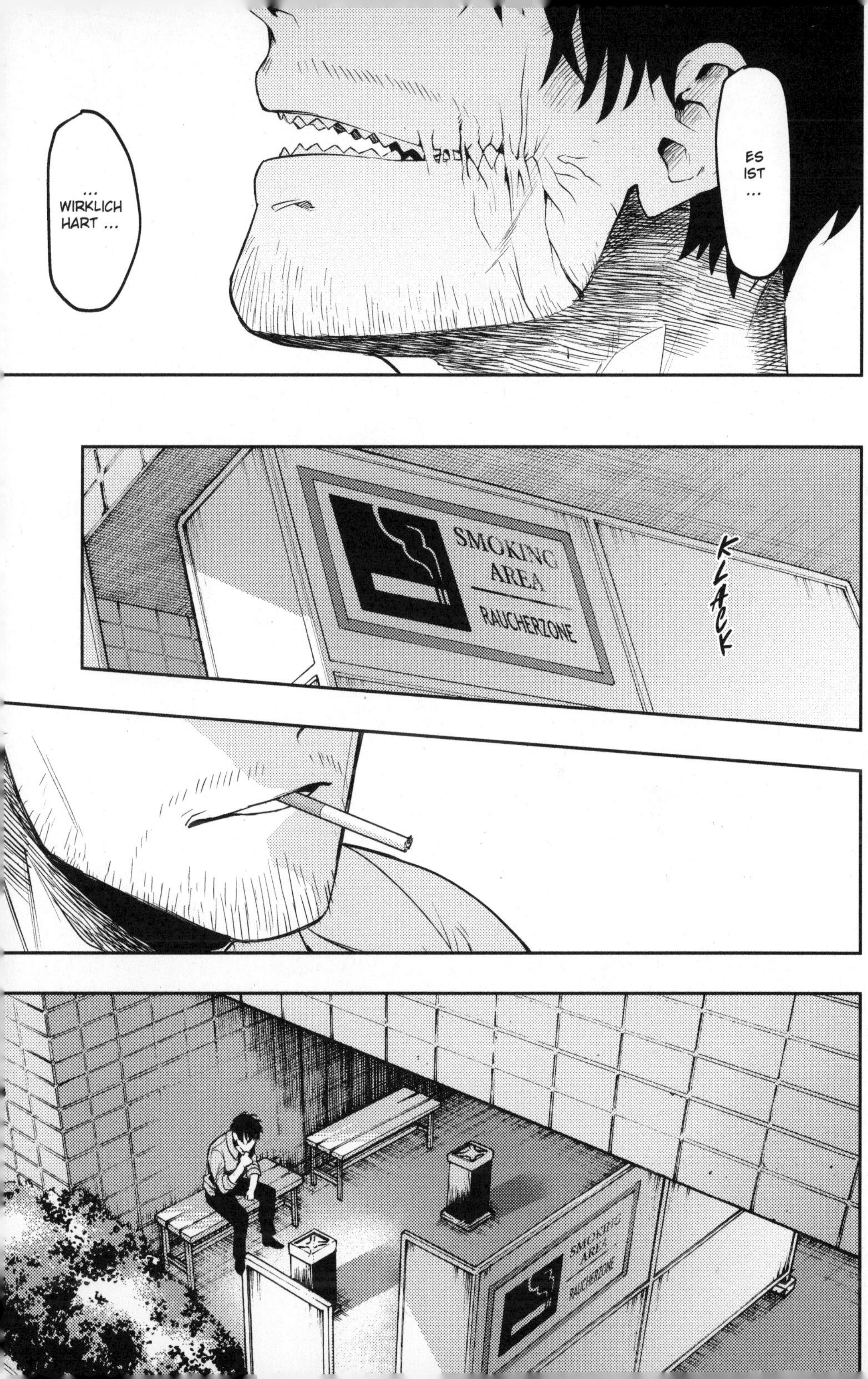
ES IST …
… WIRKLICH HART …
SMOKING AREA
RAUCHERZONE
KLACK
SMOKING AREA
RAUCHERZONE

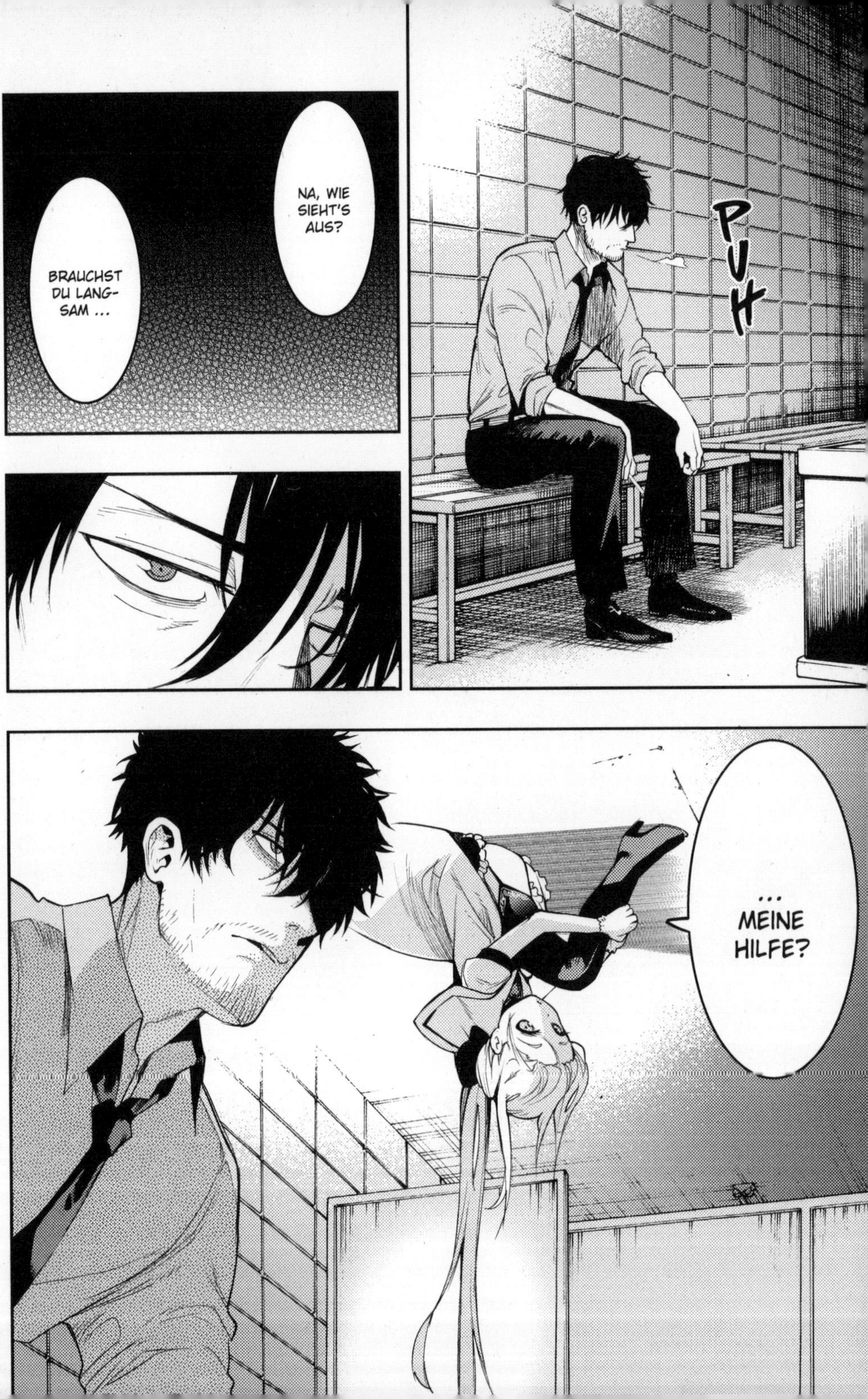
PUH
NA, WIE SIEHT'S AUS?
BRAUCHST DU LANG-SAM …
… MEINE HILFE?

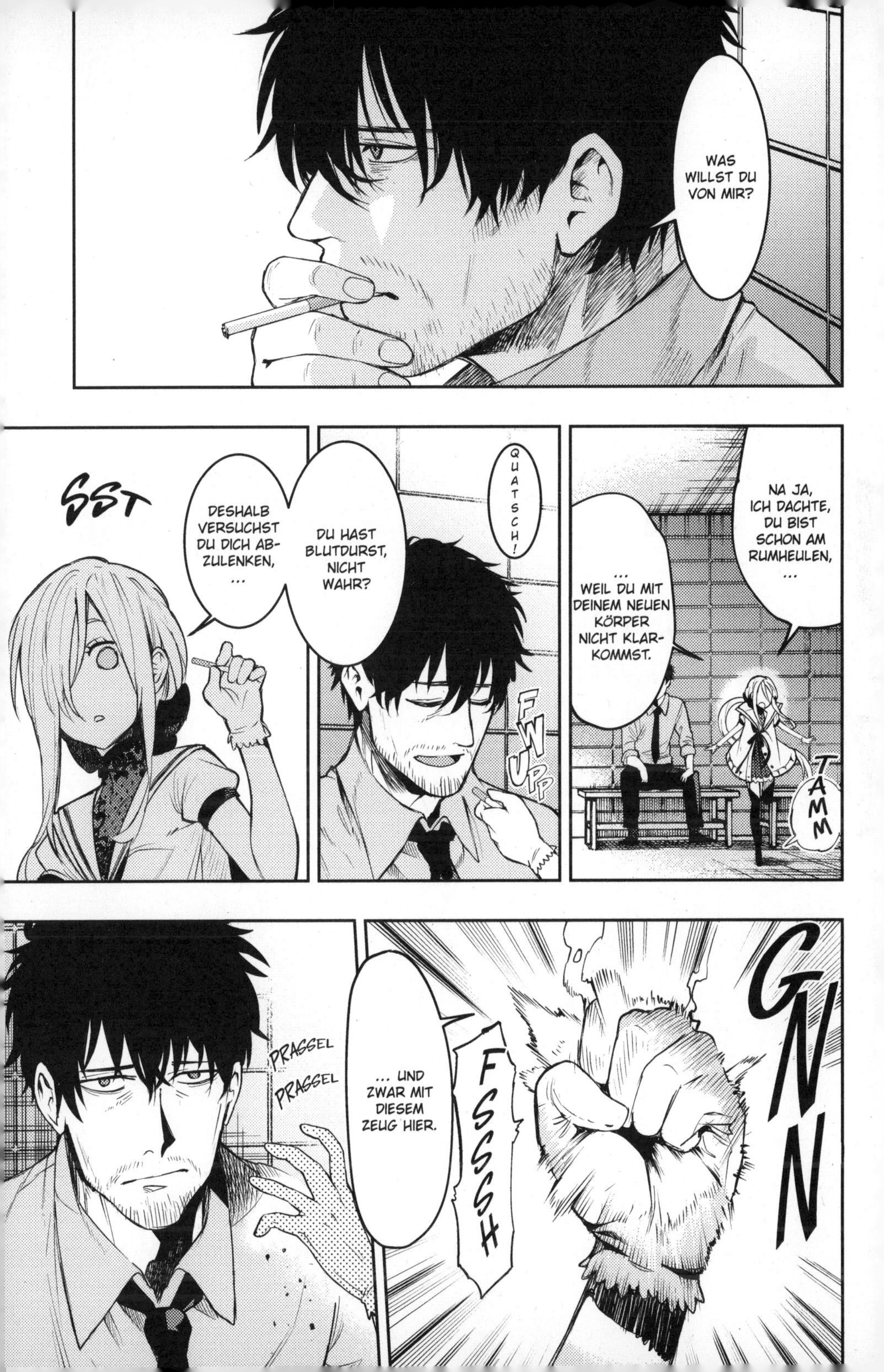
WAS WILLST DU VON MIR?
NA JA, ICH DACHTE, DU BIST SCHON AM RUMHEULEN, …
… WEIL DU MIT DEINEM NEUEN KÖRPER NICHT KLAR-KOMMST.
TAMM
QUATSCH!
FWUPP
DU HAST BLUTDURST, NICHT WAHR?
DESHALB VERSUCHST DU DICH AB-ZULENKEN, …
SST
GNN
FSSSH
… UND ZWAR MIT DIESEM ZEUG HIER.
PRASSEL
PRASSEL

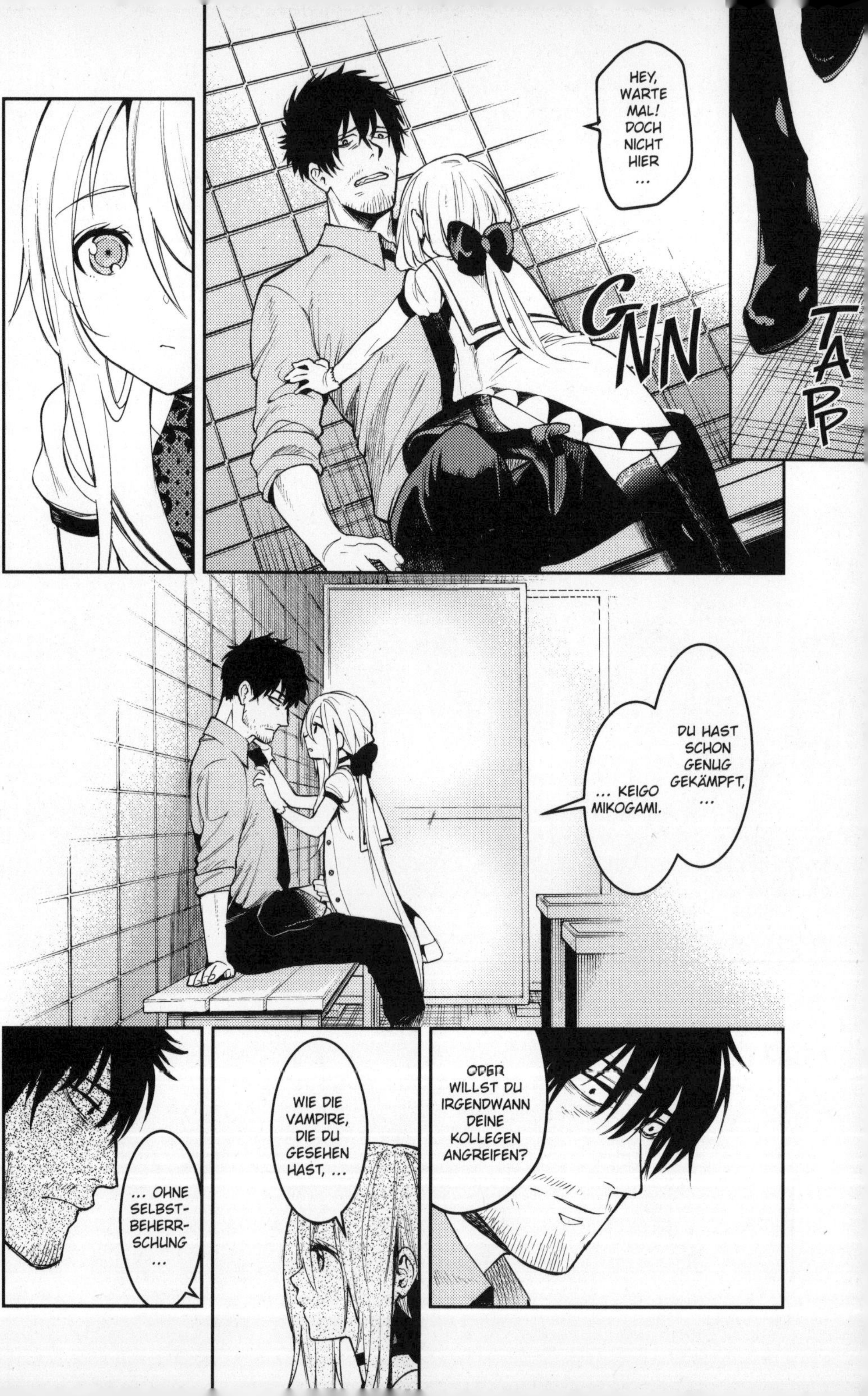
TAPP
HEY, WARTE MAL! DOCH NICHT HIER ...
GNN
DU HAST SCHON GENUG GEKÄMPFT, ...
... KEIGO MIKOGAMI.
ODER WILLST DU IRGENDWANN DEINE KOLLEGEN ANGREIFEN?
WIE DIE VAMPIRE, DIE DU GESEHEN HAST, ...
... OHNE SELBST-BEHERR-SCHUNG ...

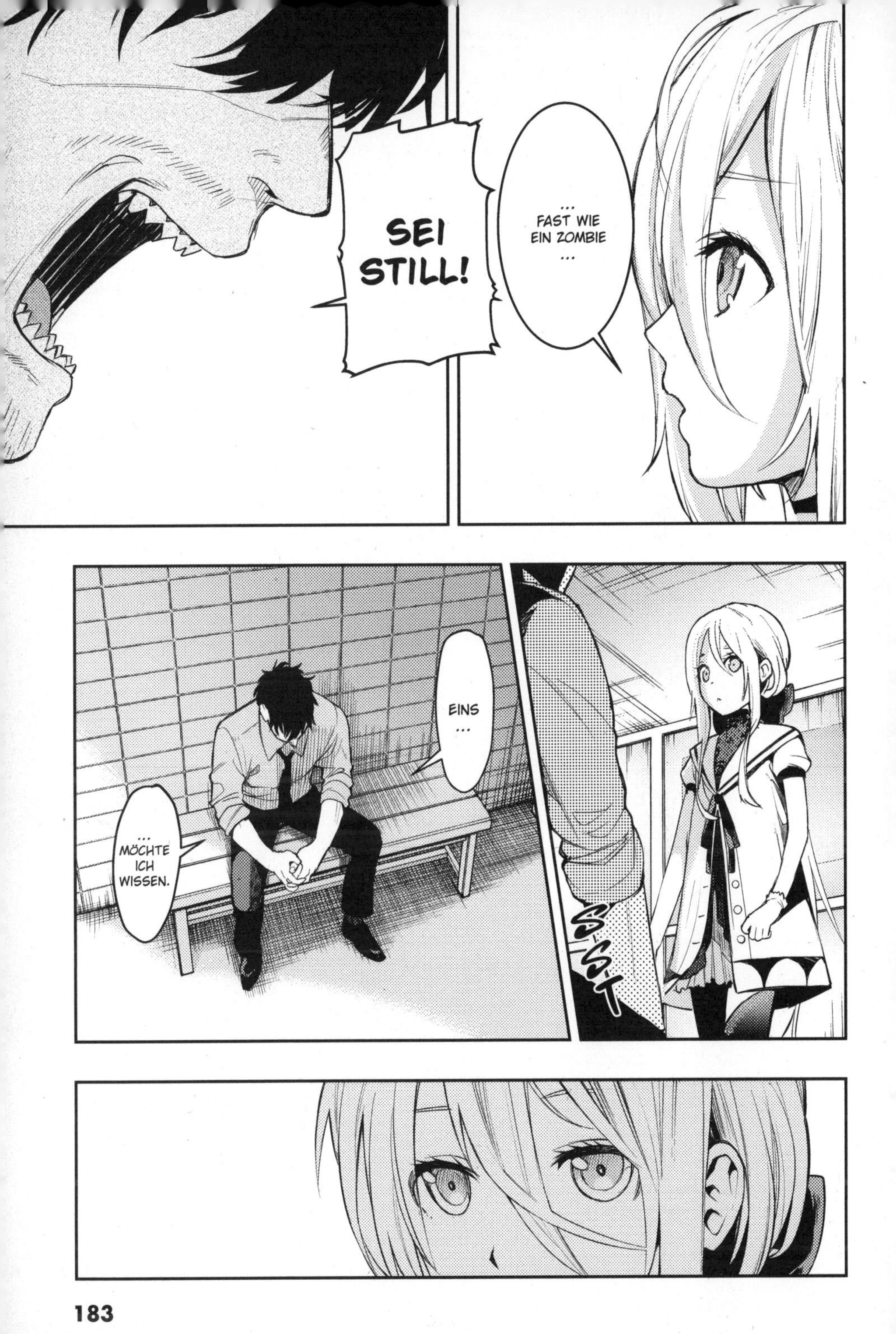
... FAST WIE EIN ZOMBIE ...
SEI STILL!
S-S-T
EINS ...
... MÖCHTE ICH WISSEN.

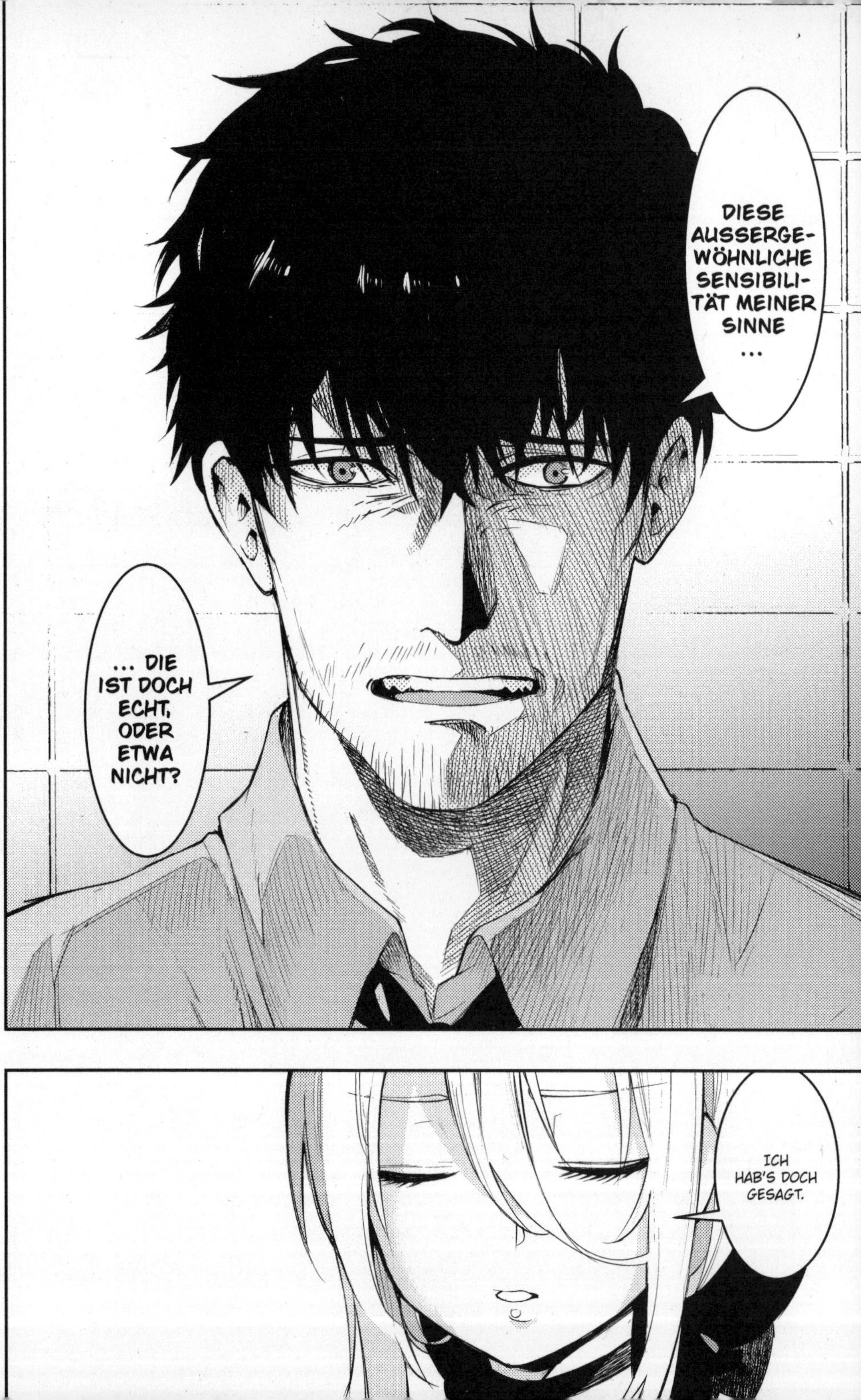
DIESE AUSSERGE-WÖHNLICHE SENSIBILI-TÄT MEINER SINNE …
… DIE IST DOCH ECHT, ODER ETWA NICHT?
ICH HAB'S DOCH GESAGT.

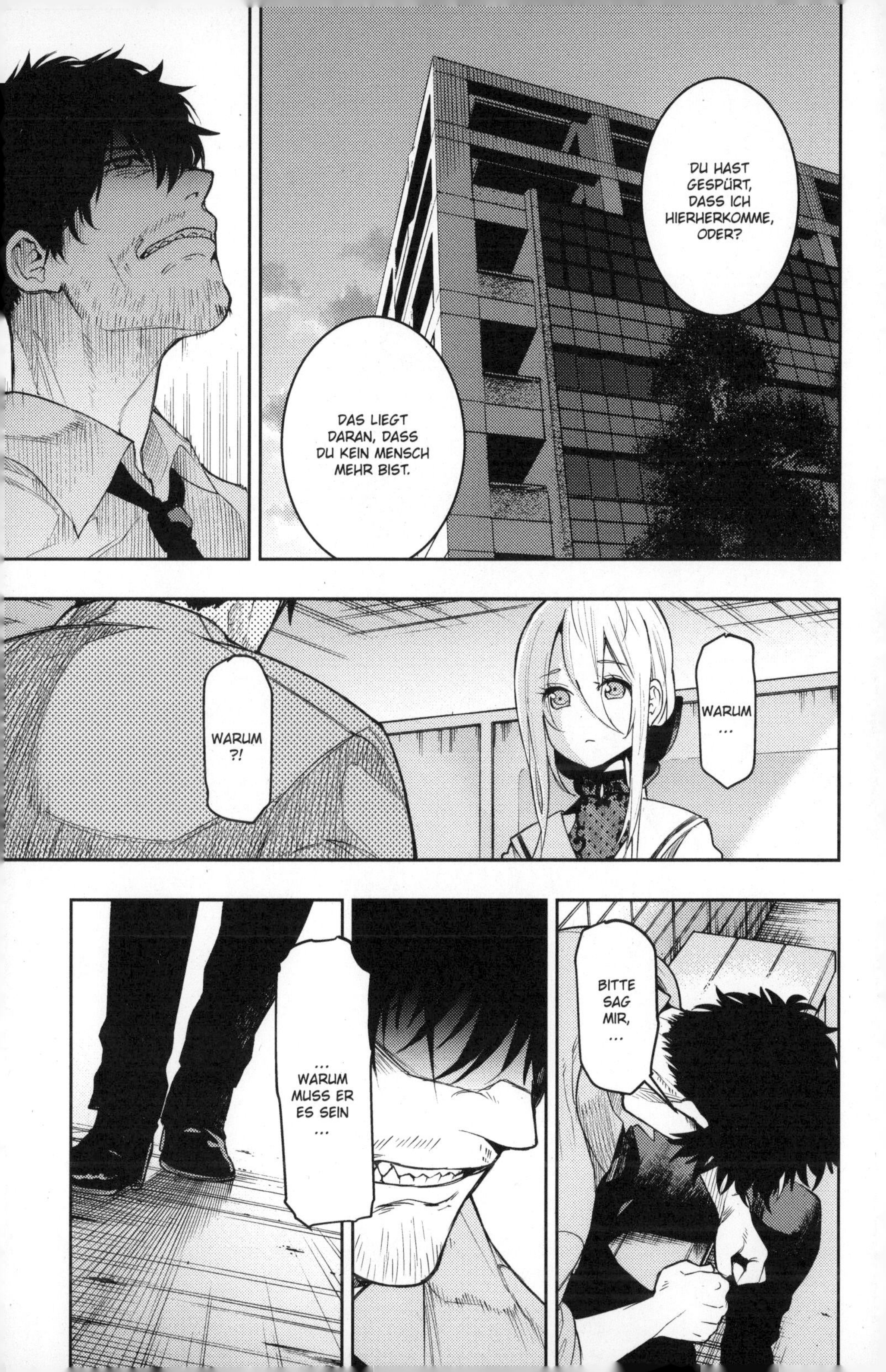
DU HAST GESPÜRT, DASS ICH HIERHERKOMME, ODER?
DAS LIEGT DARAN, DASS DU KEIN MENSCH MEHR BIST.
WARUM ...
WARUM ?!
BITTE SAG MIR, ...
... WARUM MUSS ER ES SEIN ...

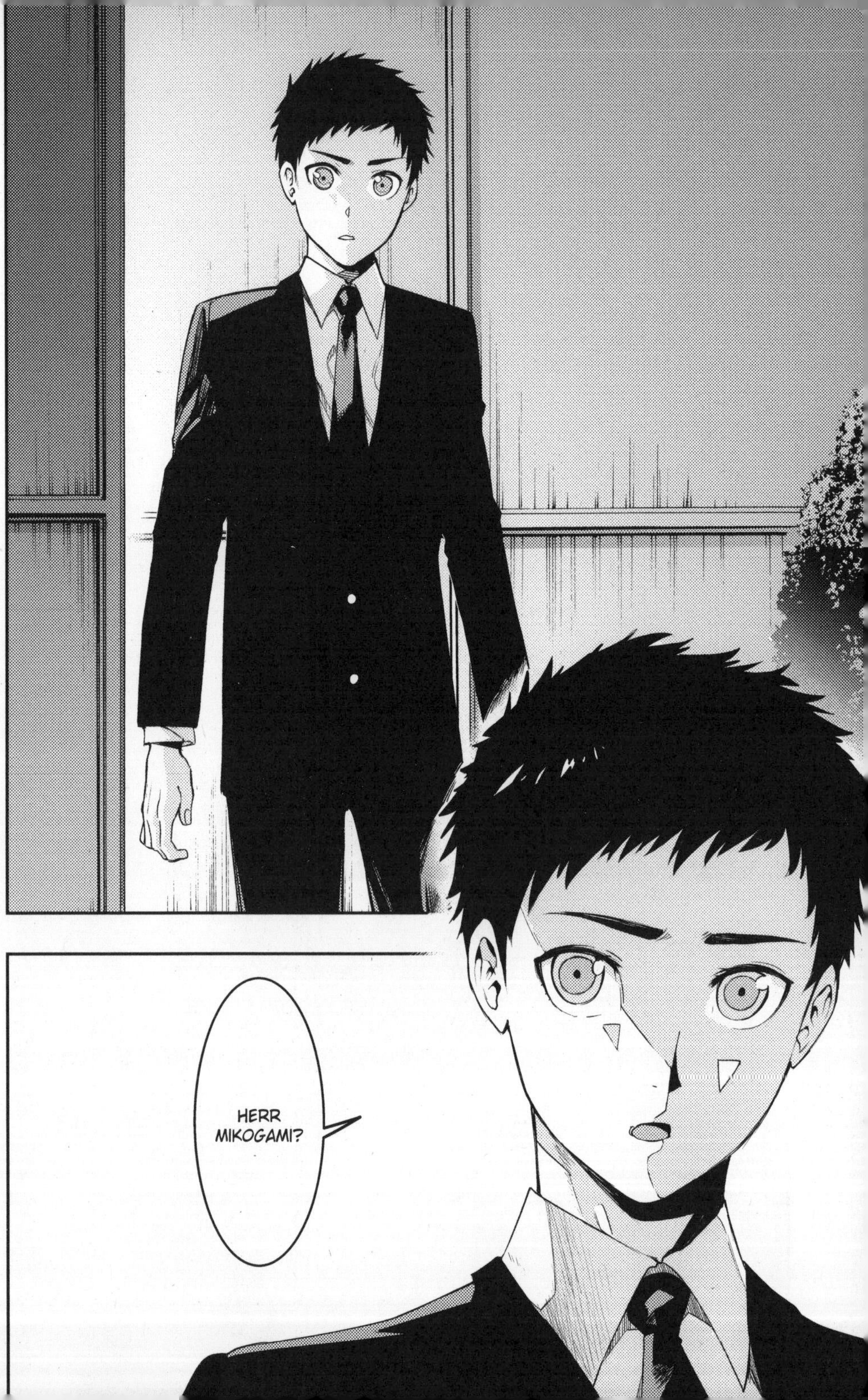
HERR MIKOGAMI?

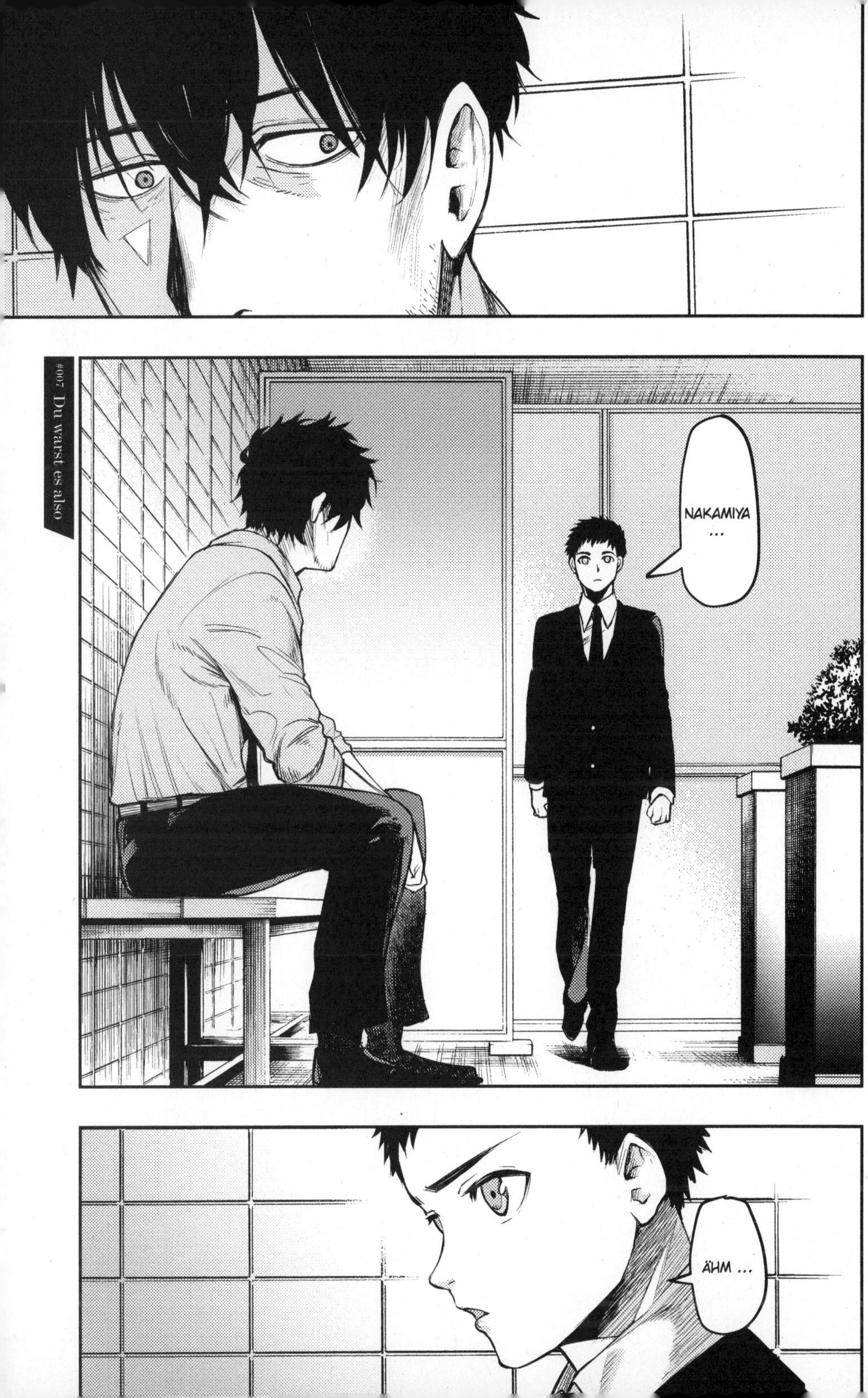
#007 Du warst es also
NAKAMIYA ...
ÄHM ...

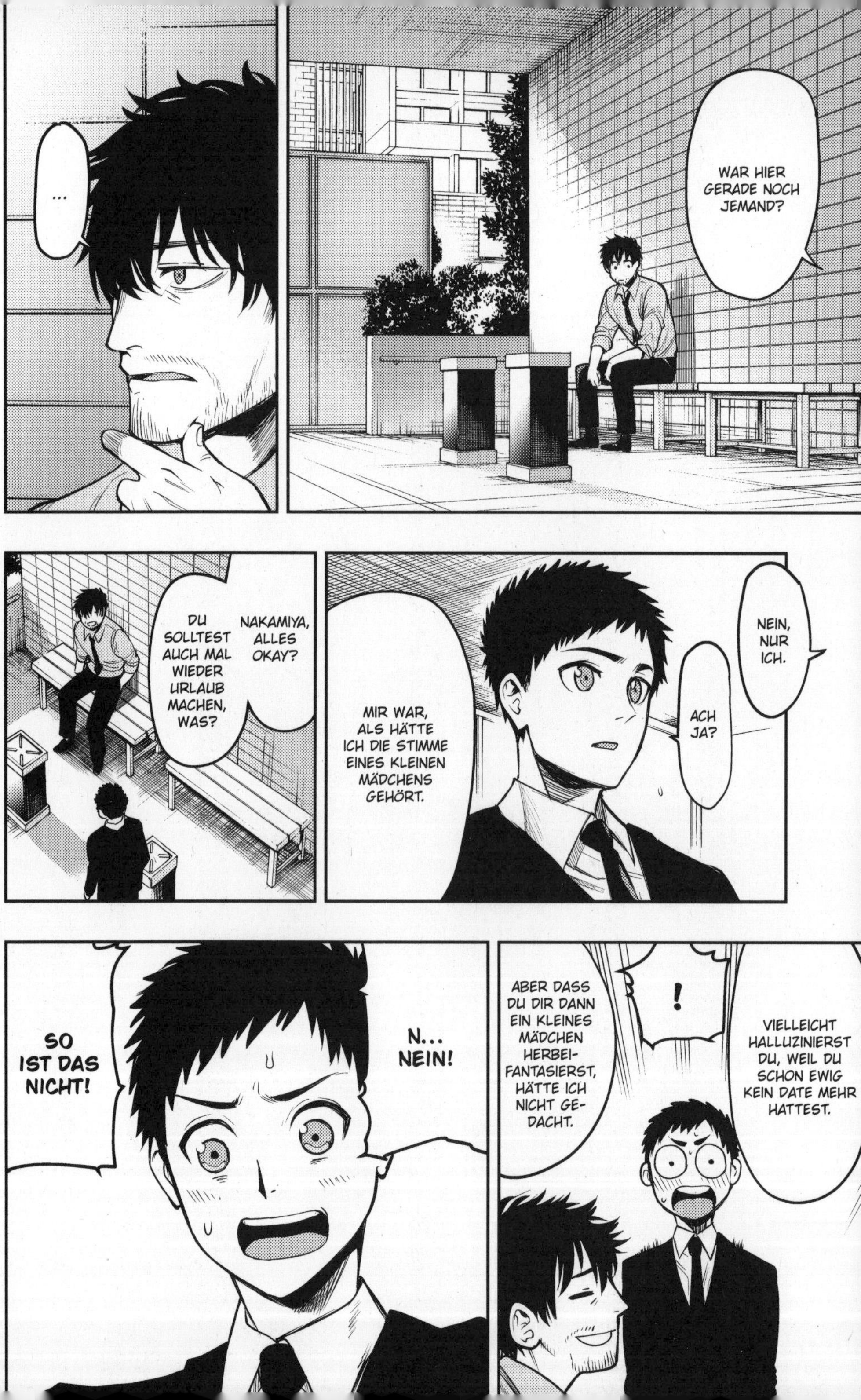
WAR HIER GERADE NOCH JEMAND?
...
NEIN, NUR ICH.
ACH JA?
MIR WAR, ALS HÄTTE ICH DIE STIMME EINES KLEINEN MÄDCHENS GEHÖRT.
NAKAMIYA, ALLES OKAY?
DU SOLLTEST AUCH MAL WIEDER URLAUB MACHEN, WAS?
!
VIELLEICHT HALLUZINIERST DU, WEIL DU SCHON EWIG KEIN DATE MEHR HATTEST.
ABER DASS DU DIR DANN EIN KLEINES MÄDCHEN HERBEI-FANTASIERST, HÄTTE ICH NICHT GE-DACHT.
N... NEIN!
SO IST DAS NICHT!

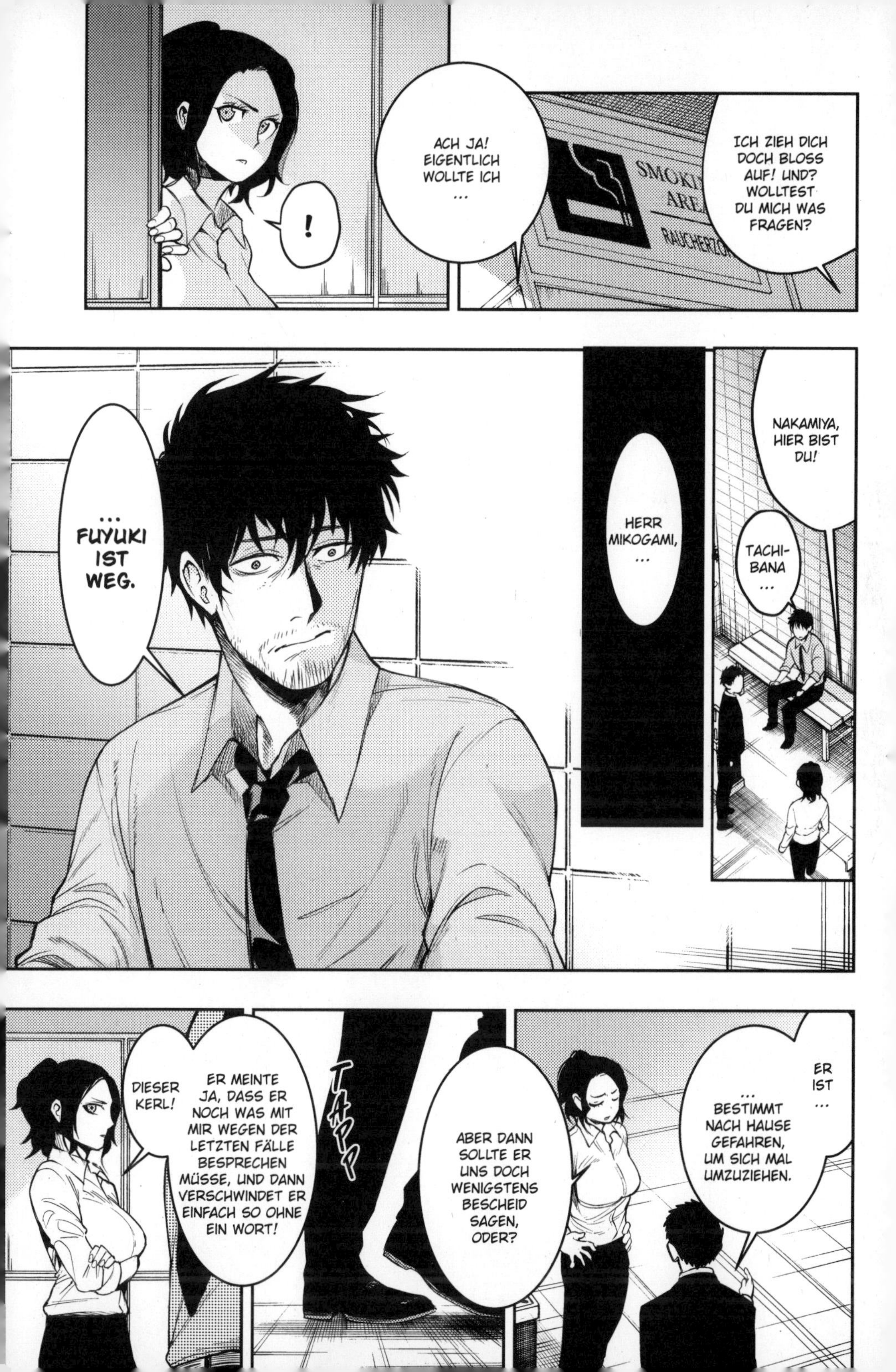
ICH ZIEH DICH DOCH BLOSS AUF! UND? WOLLTEST DU MICH WAS FRAGEN?
ACH JA! EIGENTLICH WOLLTE ICH …
!
NAKAMIYA, HIER BIST DU!
TACHI-BANA …
HERR MIKOGAMI, …
… FUYUKI IST WEG.
ER IST …
… BESTIMMT NACH HAUSE GEFAHREN, UM SICH MAL UMZUZIEHEN.
ABER DANN SOLLTE ER UNS DOCH WENIGSTENS BESCHEID SAGEN, ODER?
TAPP
DIESER KERL!
ER MEINTE JA, DASS ER NOCH WAS MIT MIR WEGEN DER LETZTEN FÄLLE BESPRECHEN MÜSSE, UND DANN VERSCHWINDET ER EINFACH SO OHNE EIN WORT!

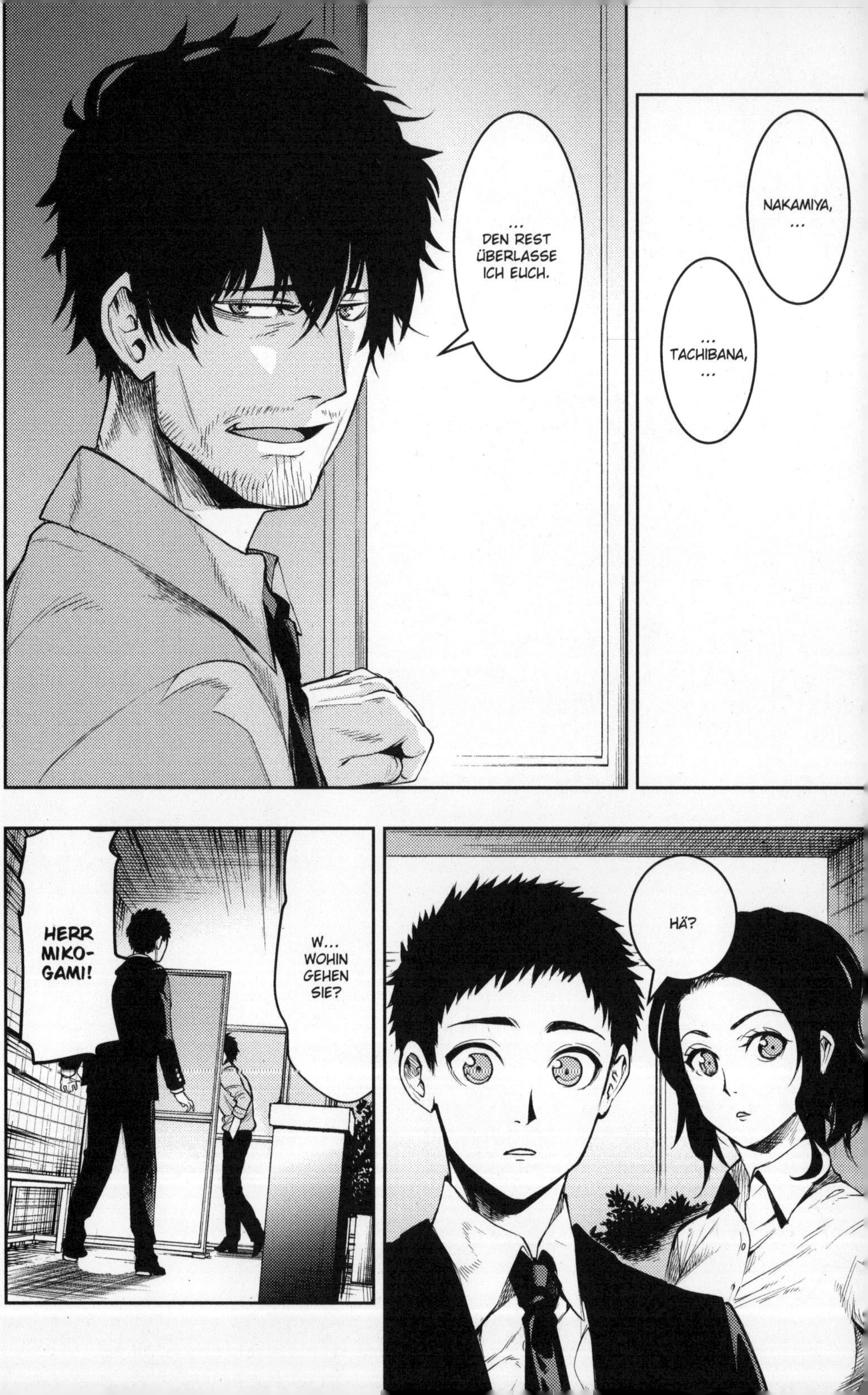
NAKAMIYA, …
… TACHIBANA, …
… DEN REST ÜBERLASSE ICH EUCH.
HÄ?
W… WOHIN GEHEN SIE?
HERR MIKO-GAMI!

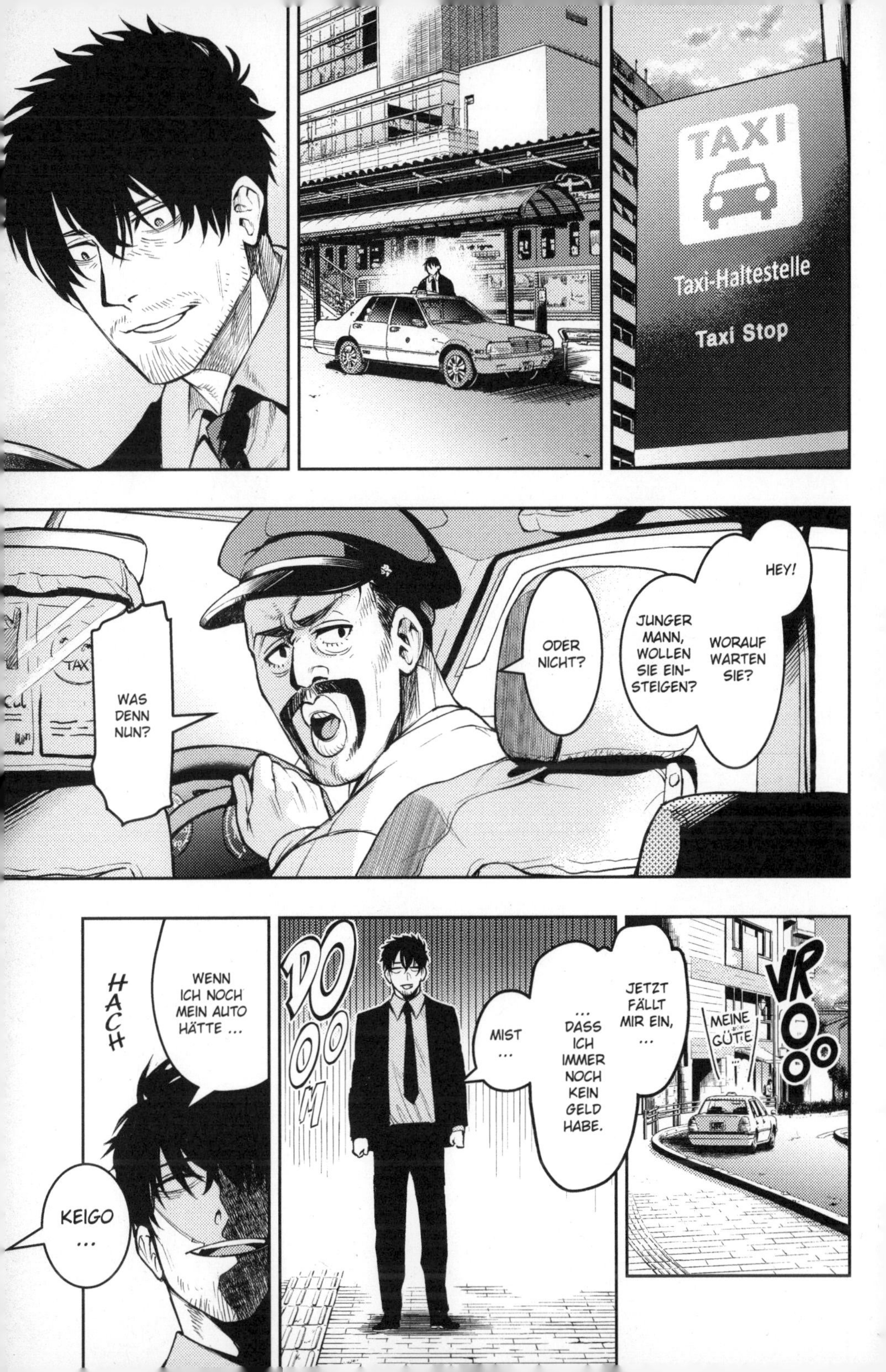
TAXI
Taxi-Haltestelle
Taxi Stop
HEY!
WORAUF WARTEN SIE?
JUNGER MANN, WOLLEN SIE EIN-STEIGEN?
ODER NICHT?
WAS DENN NUN?
VROOOO
MEINE GÜTE ...
JETZT FÄLLT MIR EIN, ...
... DASS ICH IMMER NOCH KEIN GELD HABE.
MIST ...
DOOOOM
WENN ICH NOCH MEIN AUTO HÄTTE ...
HACH
KEIGO ...

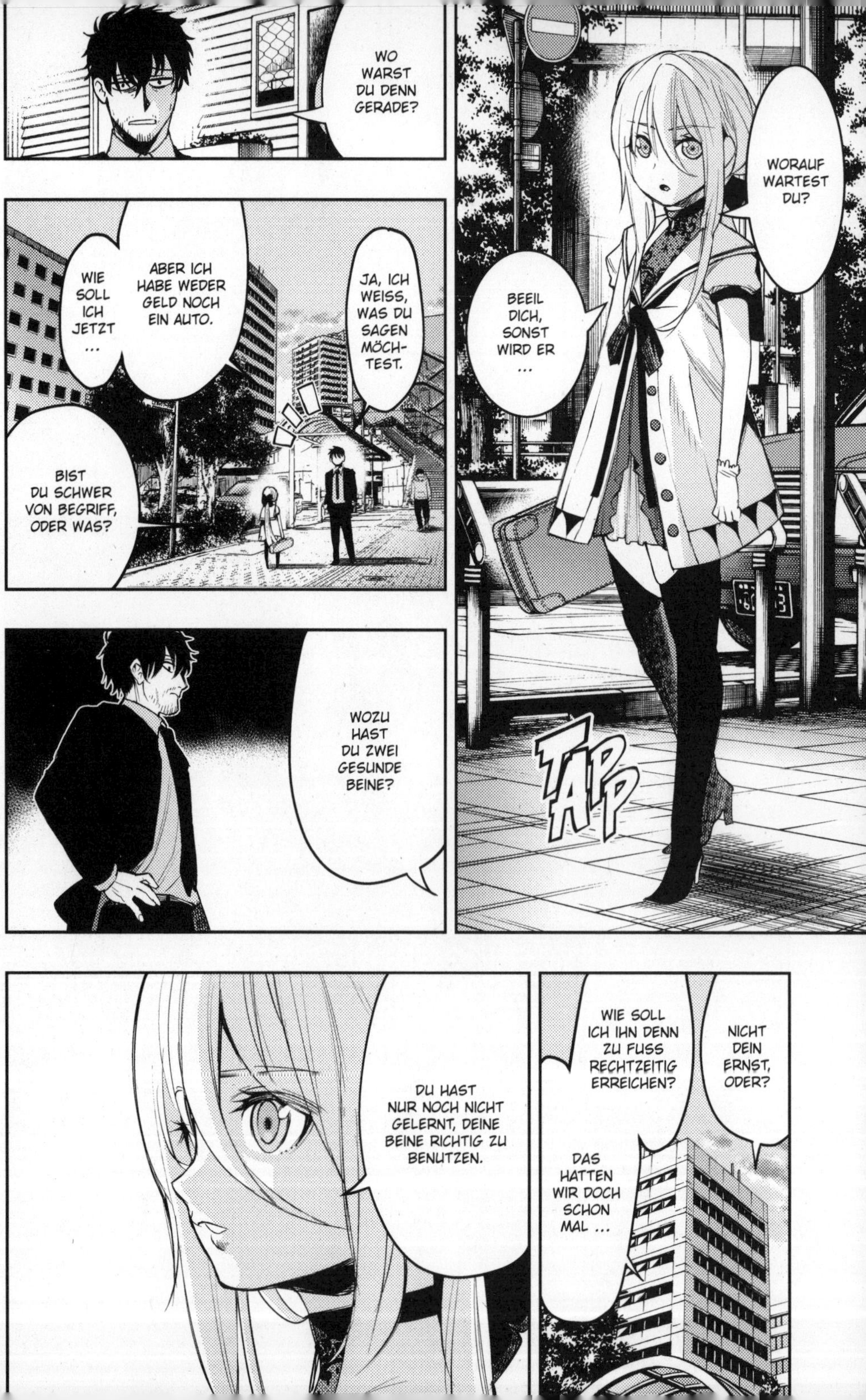
WORAUF WARTEST DU?
BEEIL DICH, SONST WIRD ER ...
TAPP
WO WARST DU DENN GERADE?
JA, ICH WEISS, WAS DU SAGEN MÖCHTEST.
ABER ICH HABE WEDER GELD NOCH EIN AUTO.
WIE SOLL ICH JETZT ...
BIST DU SCHWER VON BEGRIFF, ODER WAS?
WOZU HAST DU ZWEI GESUNDE BEINE?
NICHT DEIN ERNST, ODER?
WIE SOLL ICH IHN DENN ZU FUSS RECHTZEITIG ERREICHEN?
DAS HATTEN WIR DOCH SCHON MAL ...
DU HAST NUR NOCH NICHT GELERNT, DEINE BEINE RICHTIG ZU BENUTZEN.

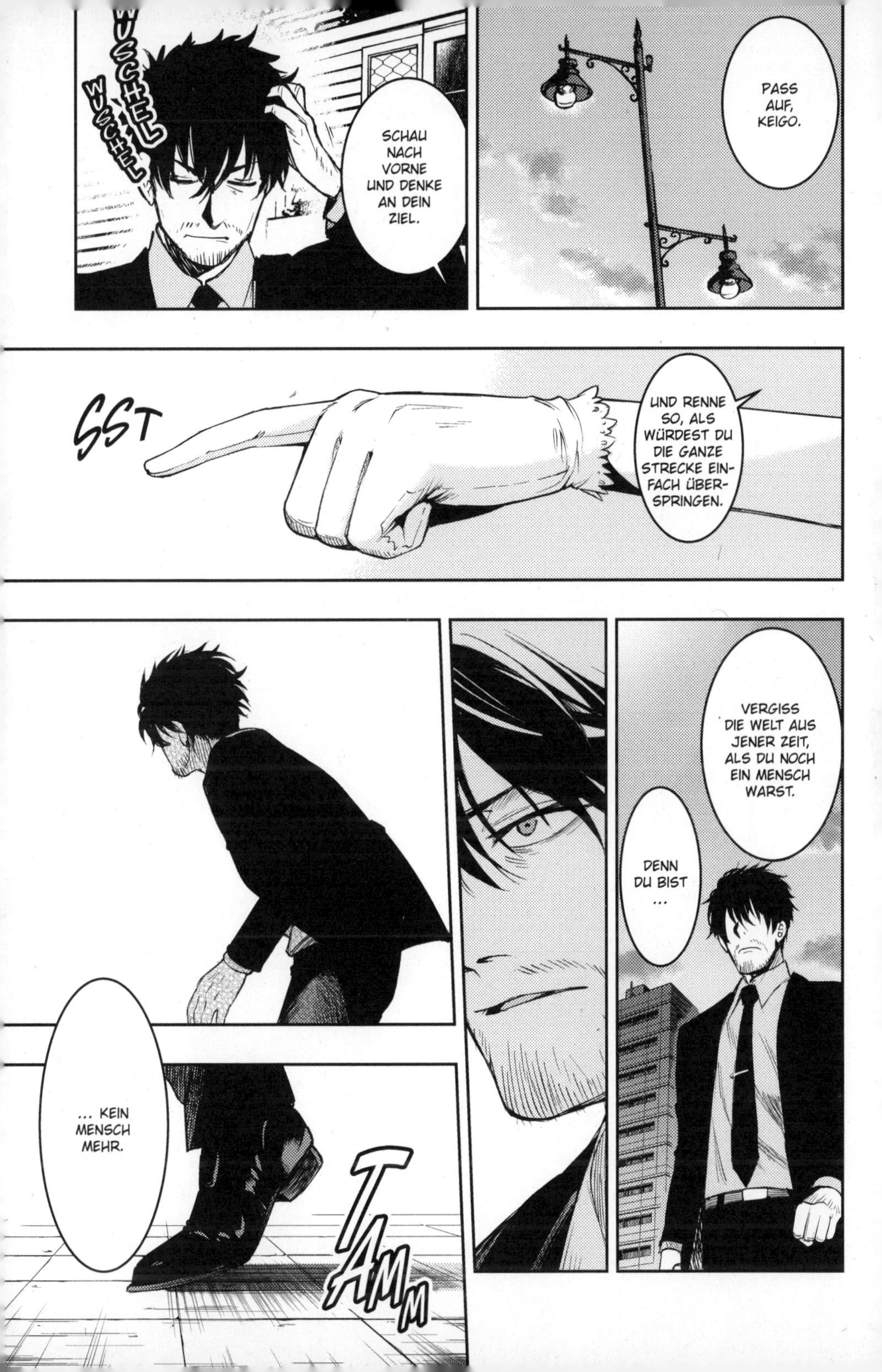
PASS AUF, KEIGO.
SCHAU NACH VORNE UND DENKE AN DEIN ZIEL.
WUSCHEL WUSCHEL
UND RENNE SO, ALS WÜRDEST DU DIE GANZE STRECKE EIN-FACH ÜBER-SPRINGEN.
SST
VERGISS DIE WELT AUS JENER ZEIT, ALS DU NOCH EIN MENSCH WARST.
DENN DU BIST …
… KEIN MENSCH MEHR.
TAMM

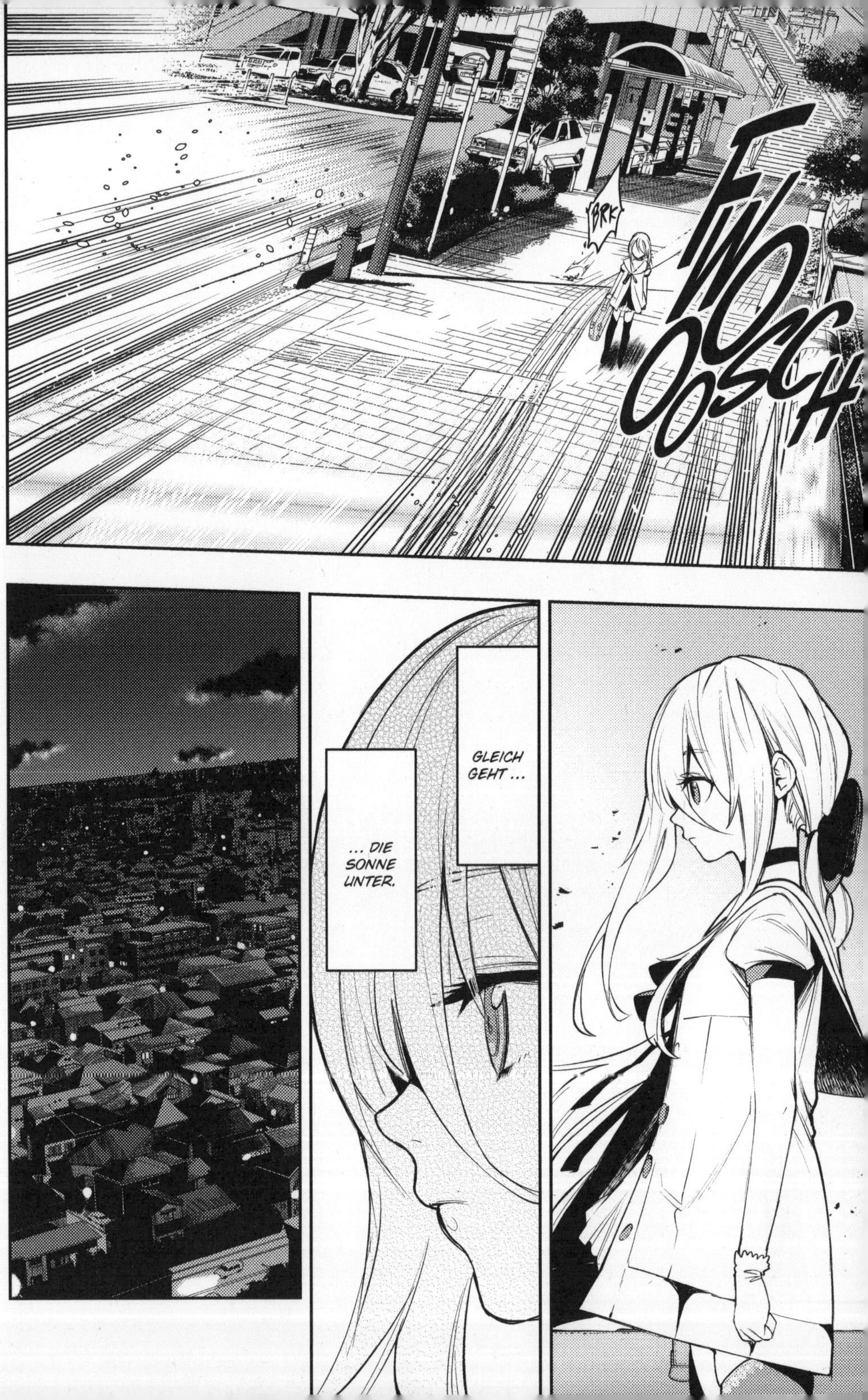
FWOOSCH
BRK
GLEICH GEHT ...
... DIE SONNE UNTER.

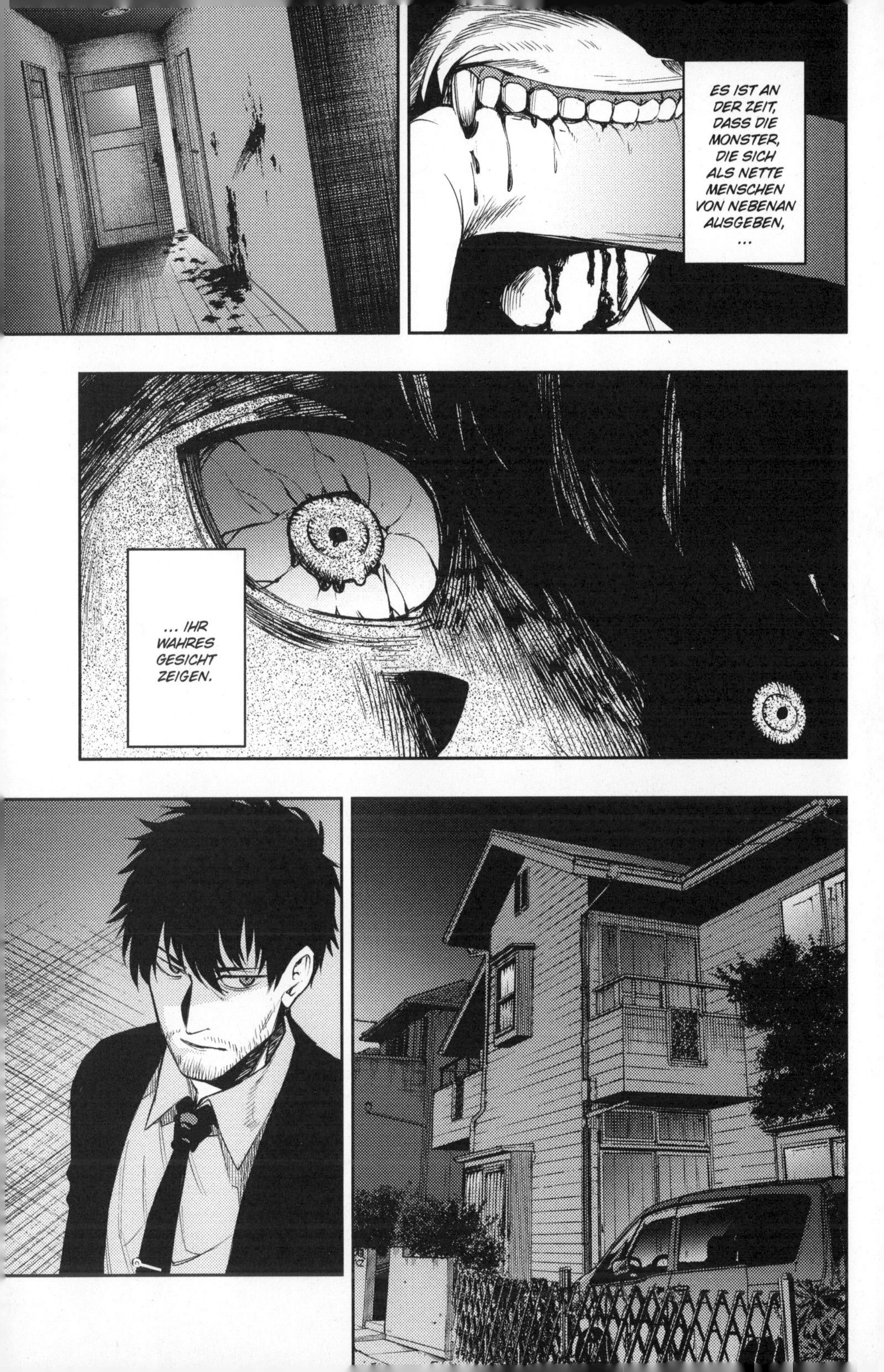
ES IST AN DER ZEIT, DASS DIE MONSTER, DIE SICH ALS NETTE MENSCHEN VON NEBENAN AUSGEBEN, ...
... IHR WAHRES GESICHT ZEIGEN.

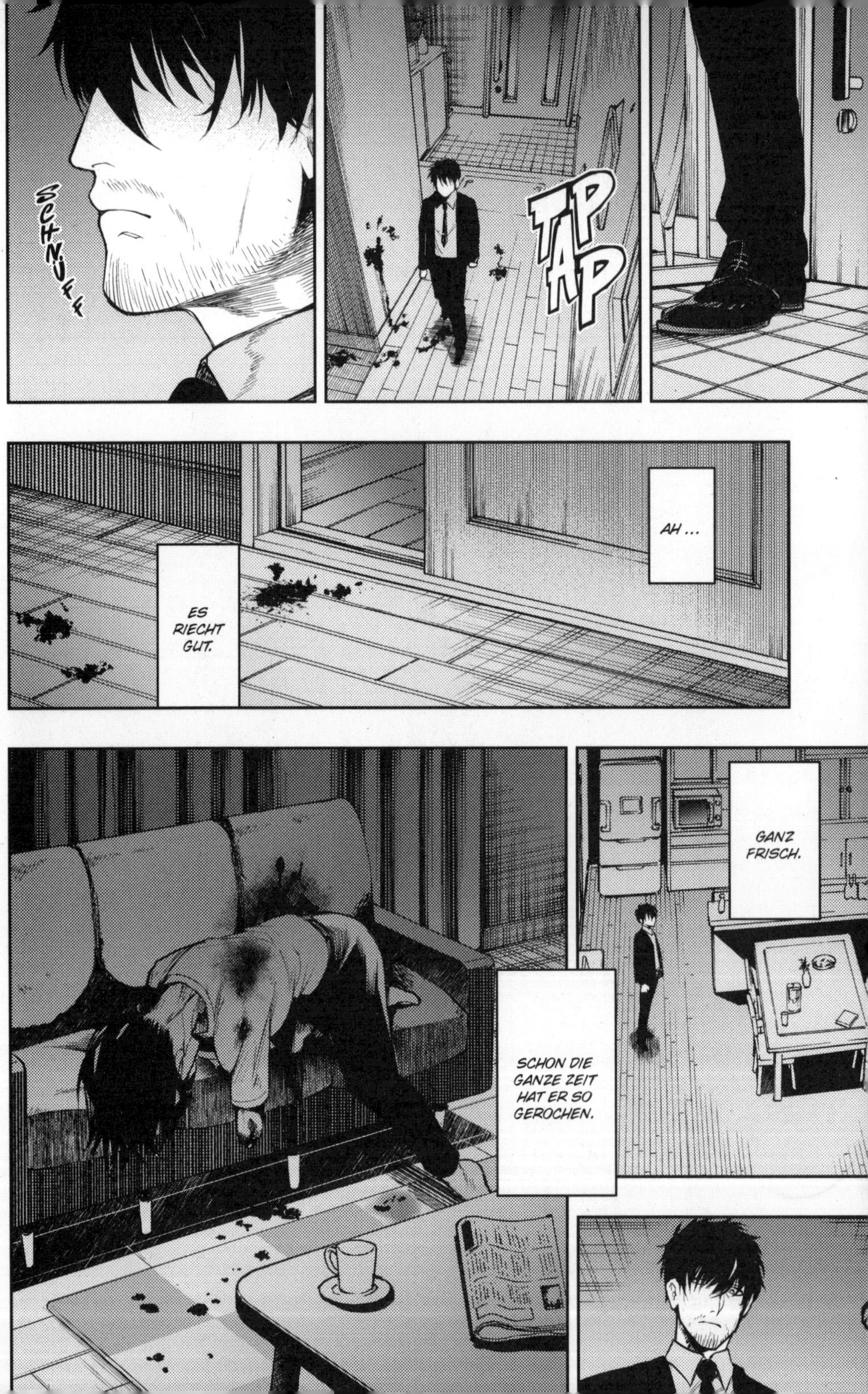
SCHNÜFF
TAP
TAP
AH ...
ES RIECHT GUT.
GANZ FRISCH.
SCHON DIE GANZE ZEIT HAT ER SO GEROCHEN.

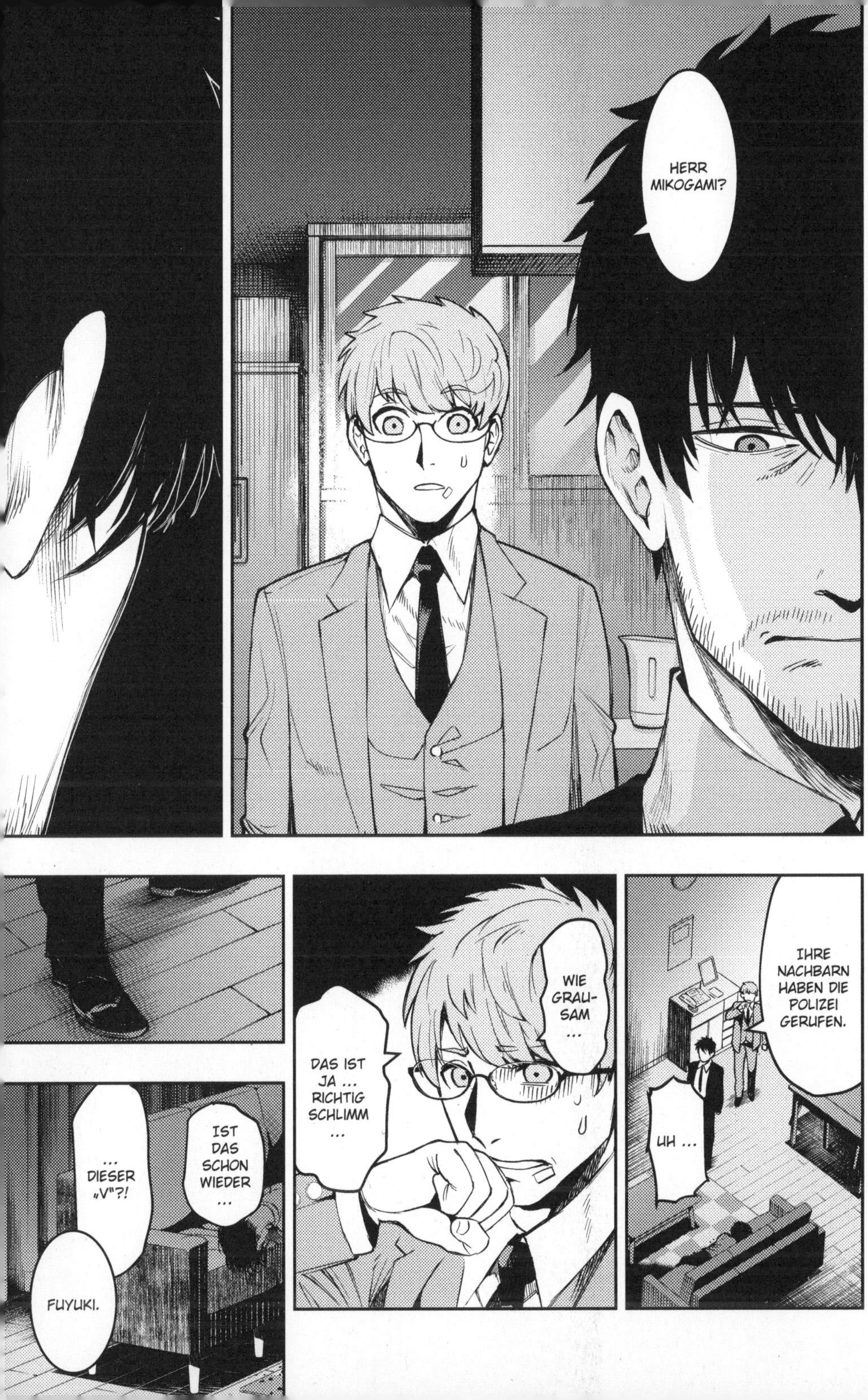
HERR MIKOGAMI?
IHRE NACHBARN HABEN DIE POLIZEI GERUFEN.
UH ...
WIE GRAU-SAM ...
DAS IST JA ... RICHTIG SCHLIMM ...
IST DAS SCHON WIEDER ...
... DIESER „V"?!
FUYUKI.

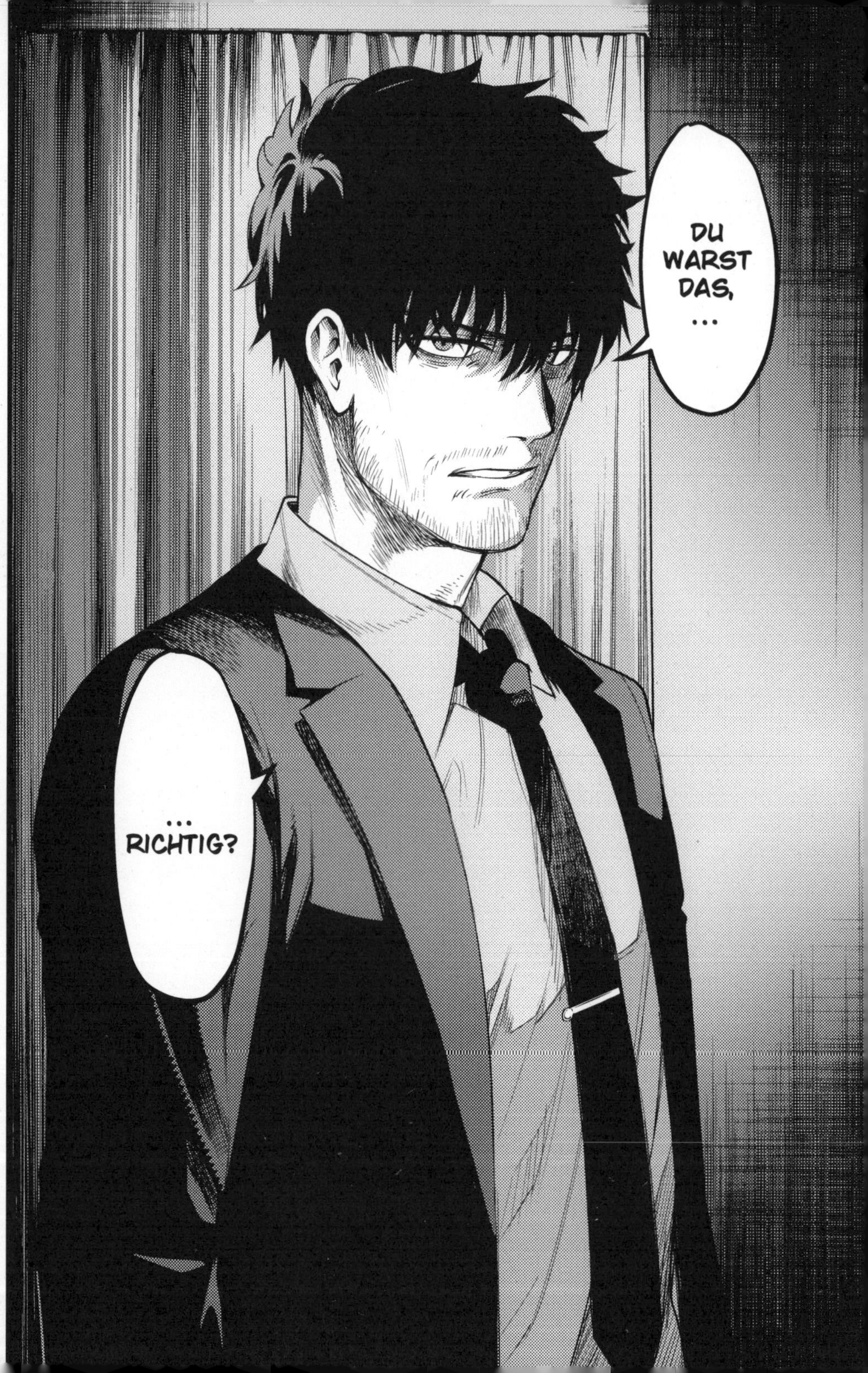
DU WARST DAS, ...
... RICHTIG?

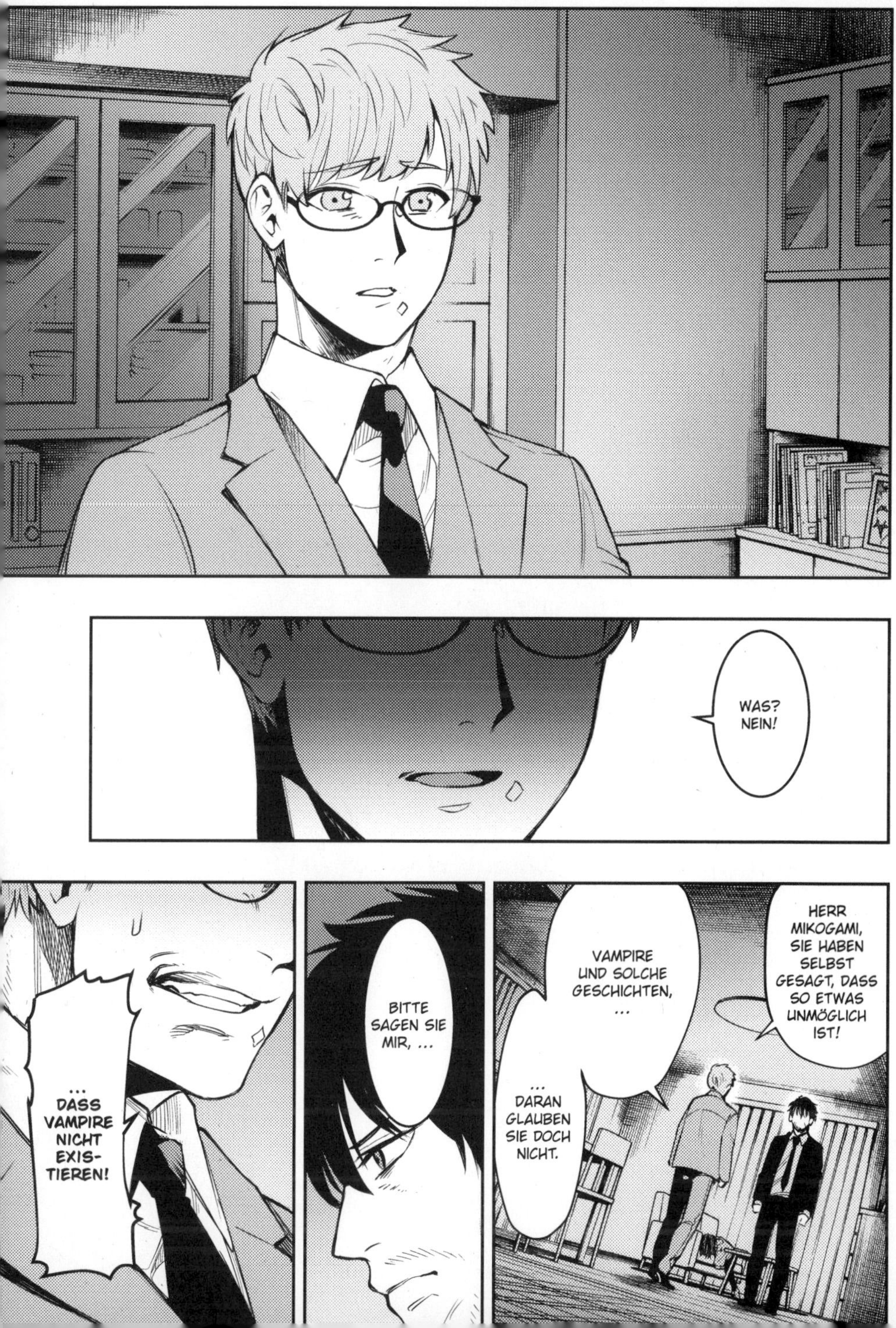
WAS? NEIN!
HERR MIKOGAMI, SIE HABEN SELBST GESAGT, DASS SO ETWAS UNMÖGLICH IST!
VAMPIRE UND SOLCHE GESCHICHTEN, …
… DARAN GLAUBEN SIE DOCH NICHT.
BITTE SAGEN SIE MIR, …
… DASS VAMPIRE NICHT EXIS-TIEREN!

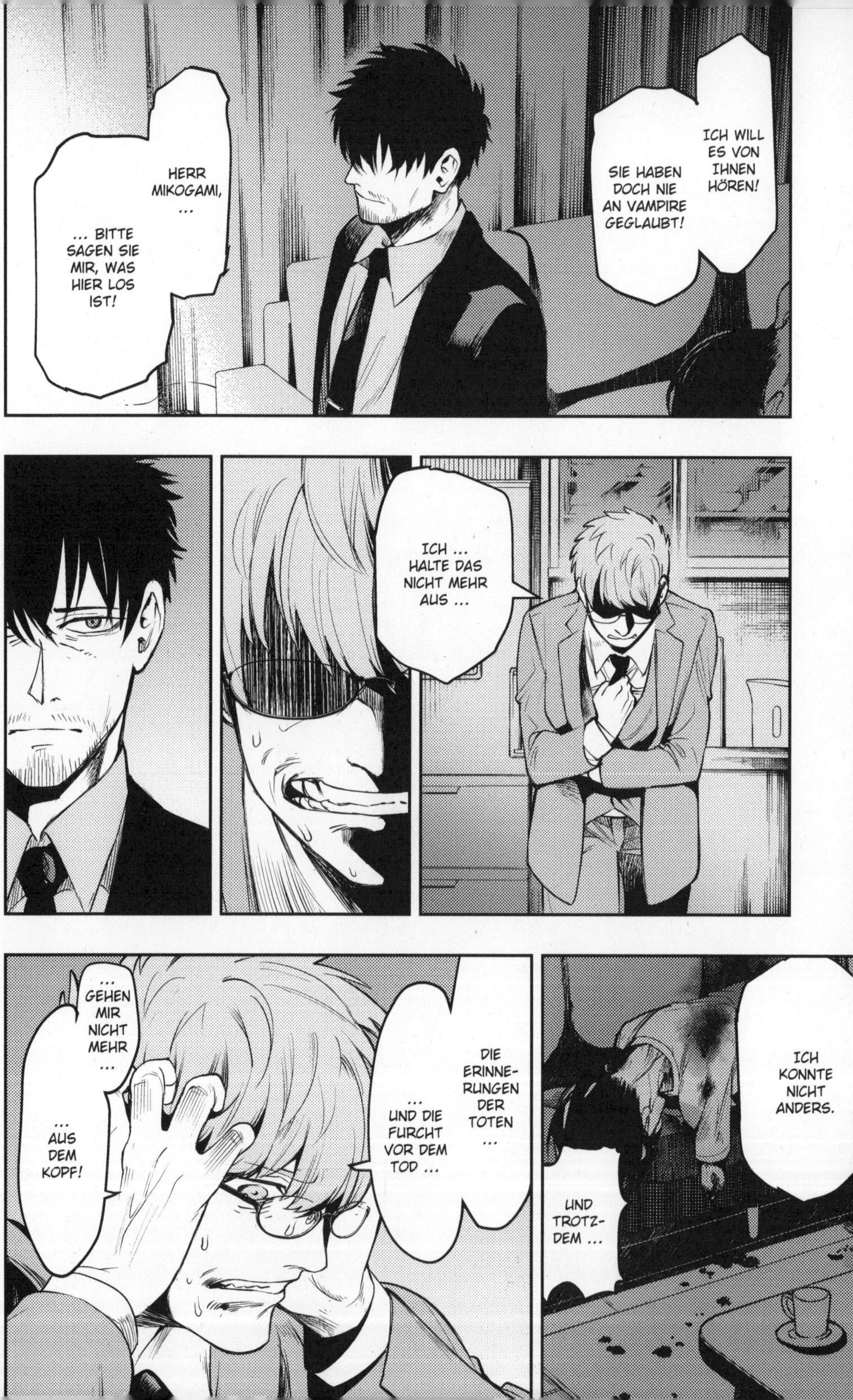
ICH WILL ES VON IHNEN HÖREN!
SIE HABEN DOCH NIE AN VAMPIRE GEGLAUBT!
HERR MIKOGAMI, …
… BITTE SAGEN SIE MIR, WAS HIER LOS IST!
ICH … HALTE DAS NICHT MEHR AUS …
ICH KONNTE NICHT ANDERS.
UND TROTZ-DEM …
DIE ERINNE-RUNGEN DER TOTEN …
… UND DIE FURCHT VOR DEM TOD …
… GEHEN MIR NICHT MEHR …
… AUS DEM KOPF!

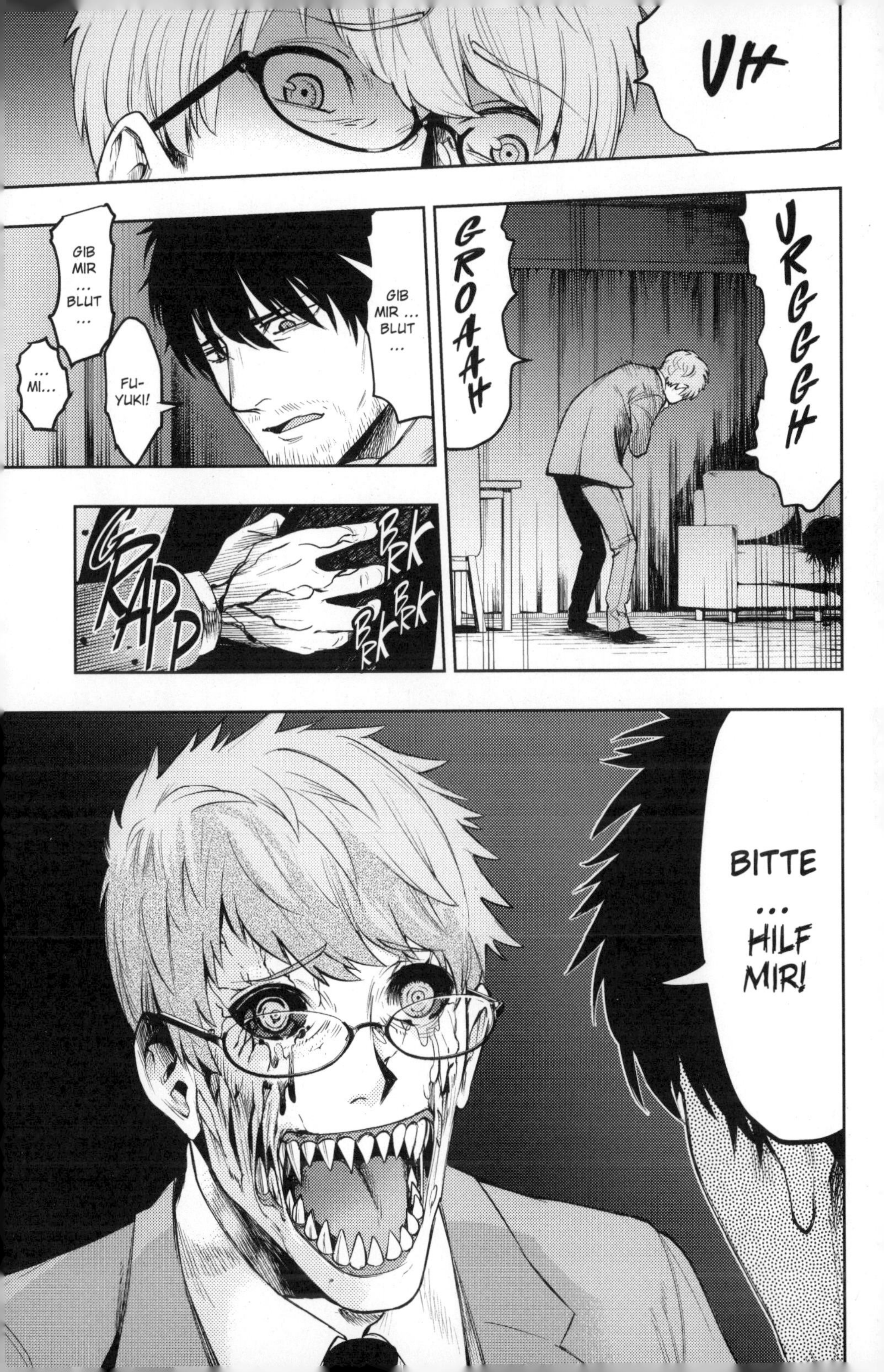
UH
URGGGGH
GROAAAH
GIB MIR ... BLUT ...
FU-YUKI!
GIB MIR ... BLUT ...
... MI...
BRK
BRK
BRK
BITTE ... HILF MIR!

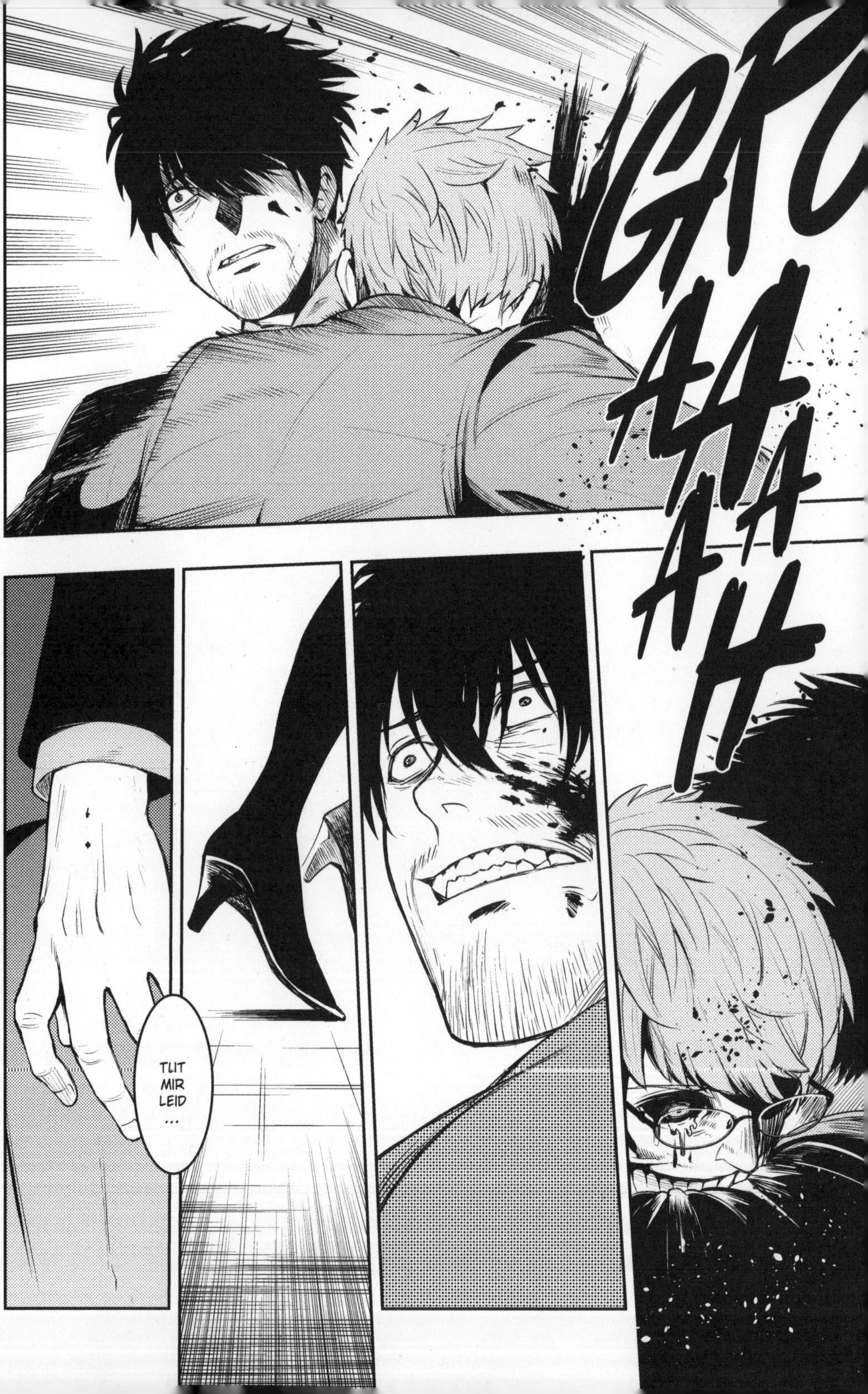
GYAAAAAH
TUT
MIR
LEID
...

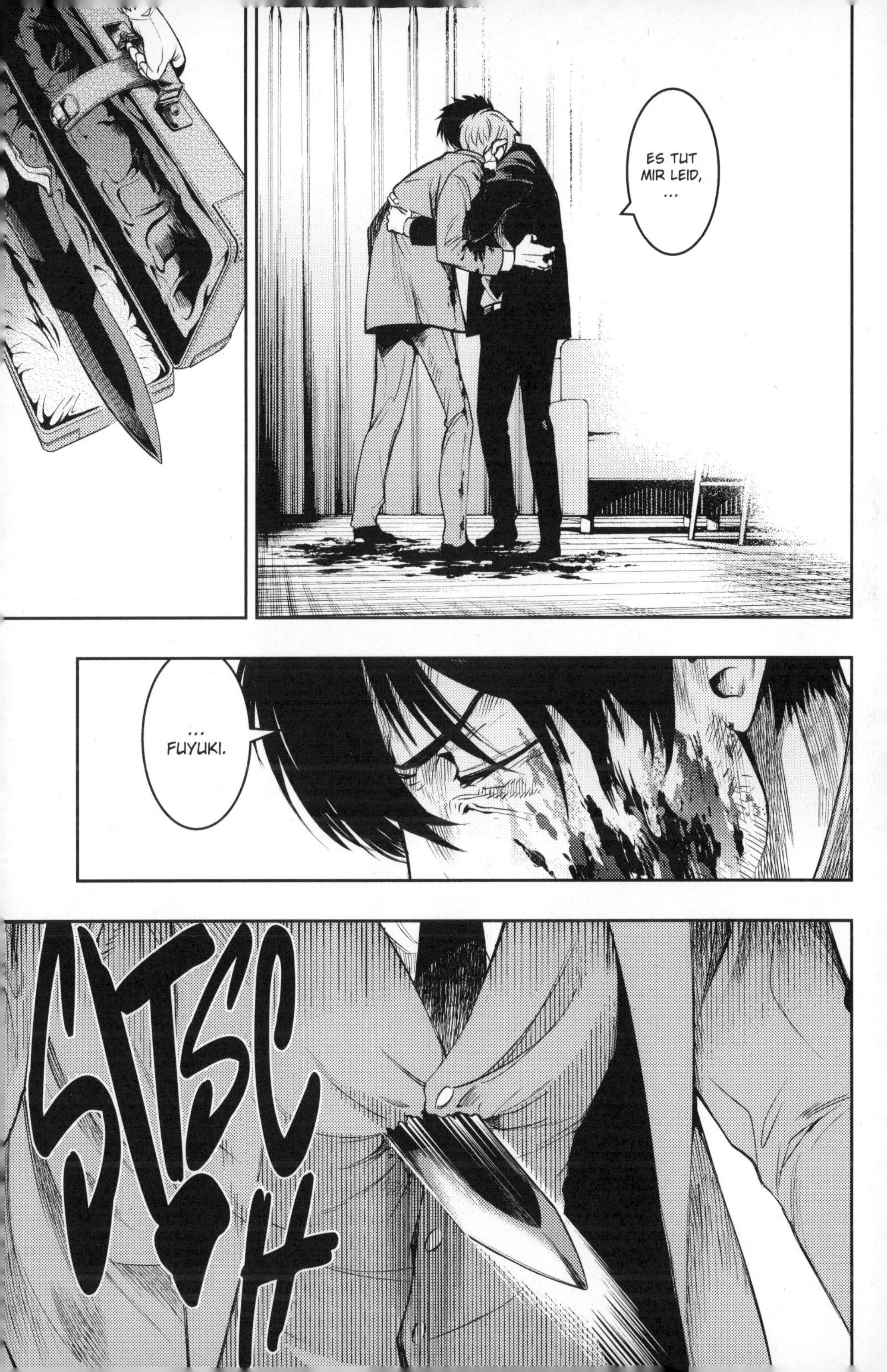
ES TUT MIR LEID, ...
... FUYUKI.

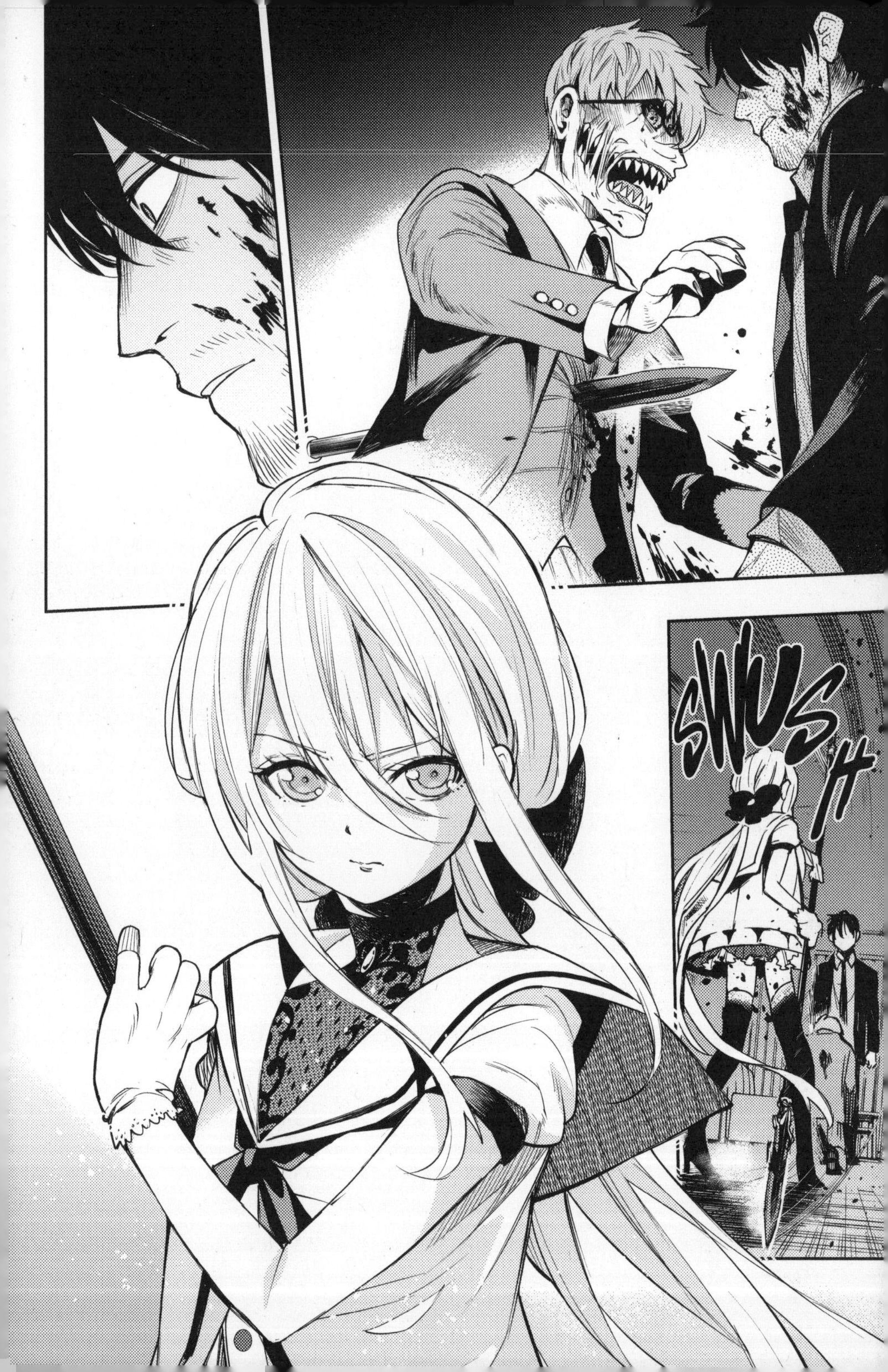
SWUSH

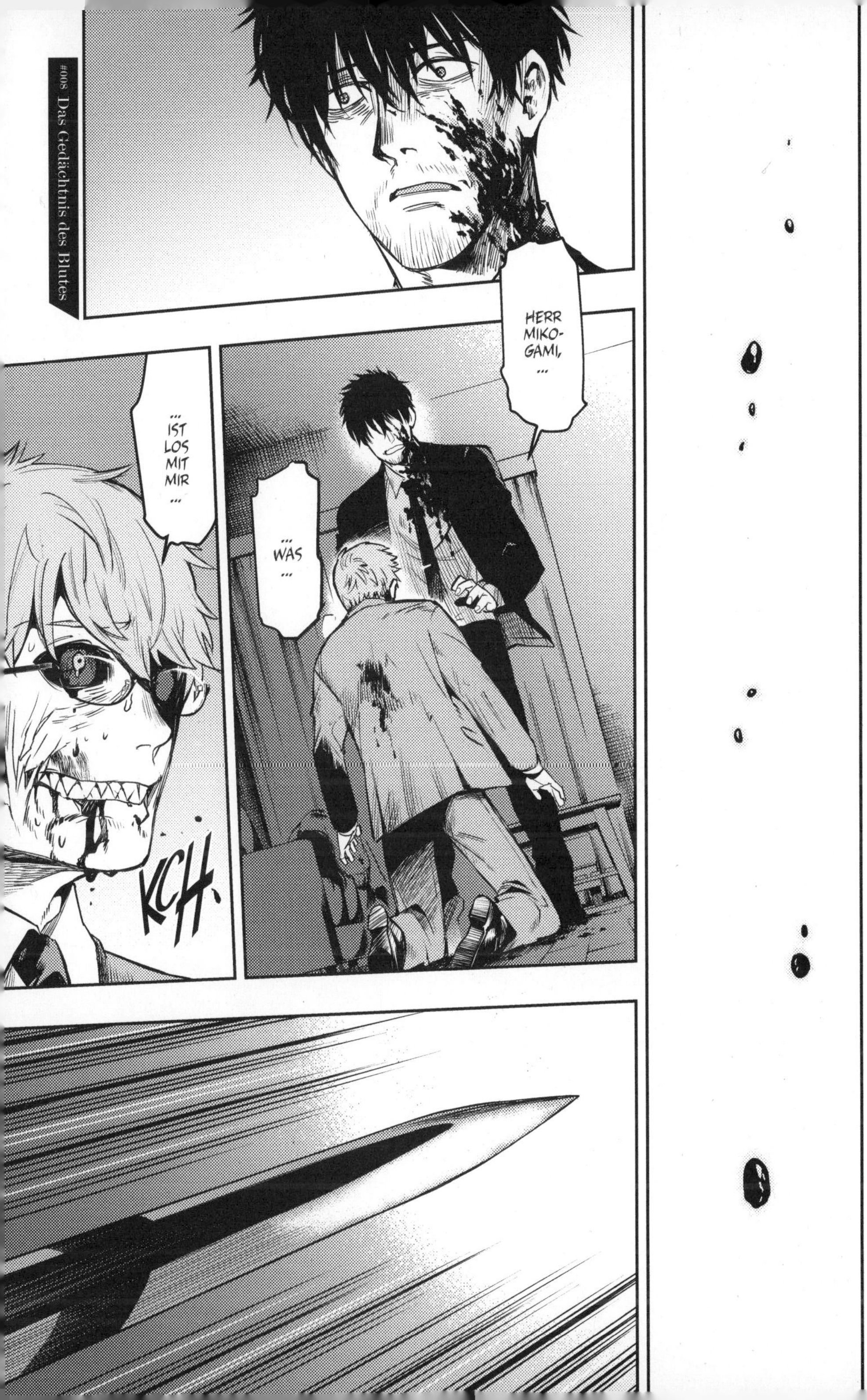
HERR MIKO-GAMI, ...
... WAS ...
... IST LOS MIT MIR ...
KCH

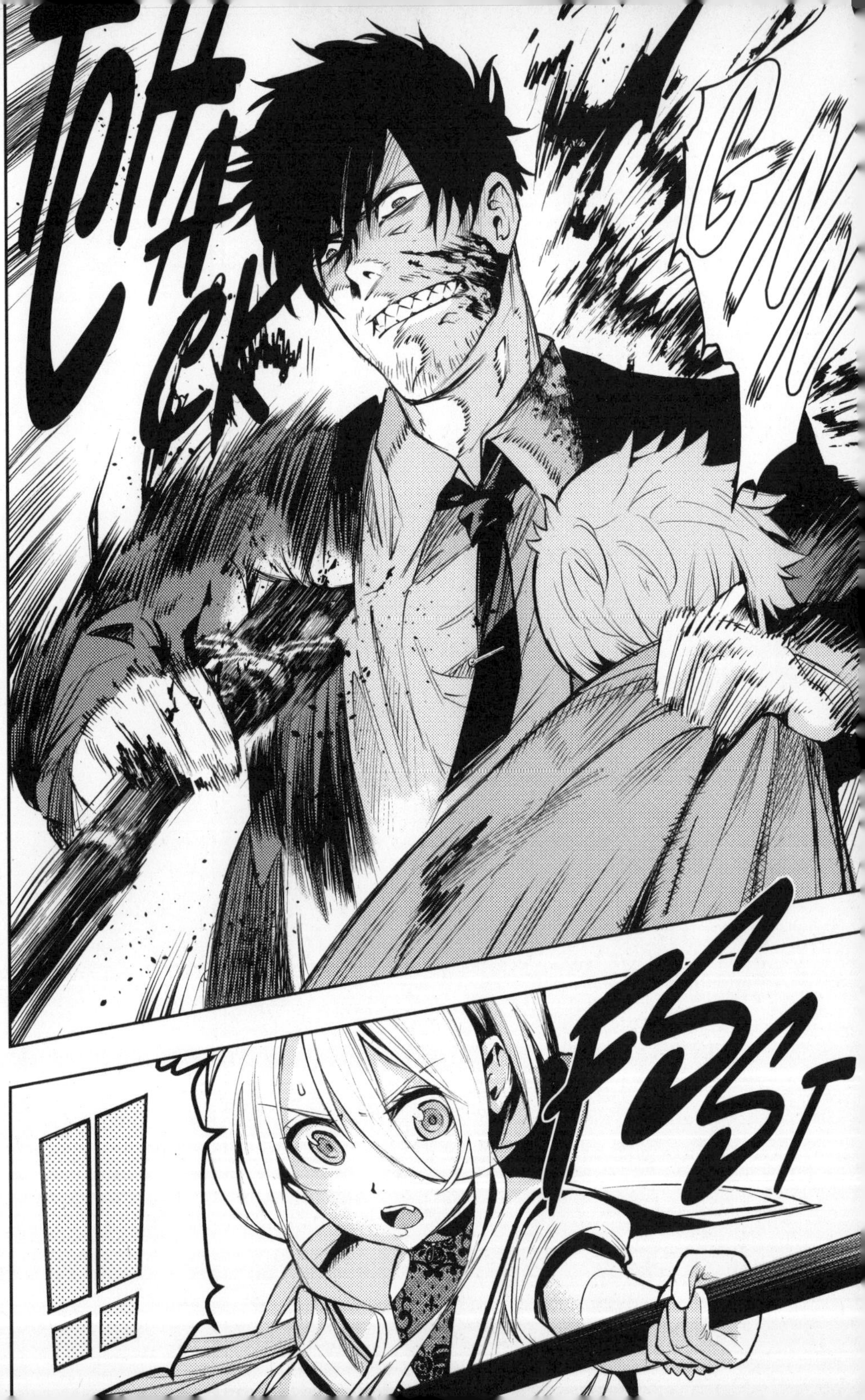
FSST
!!

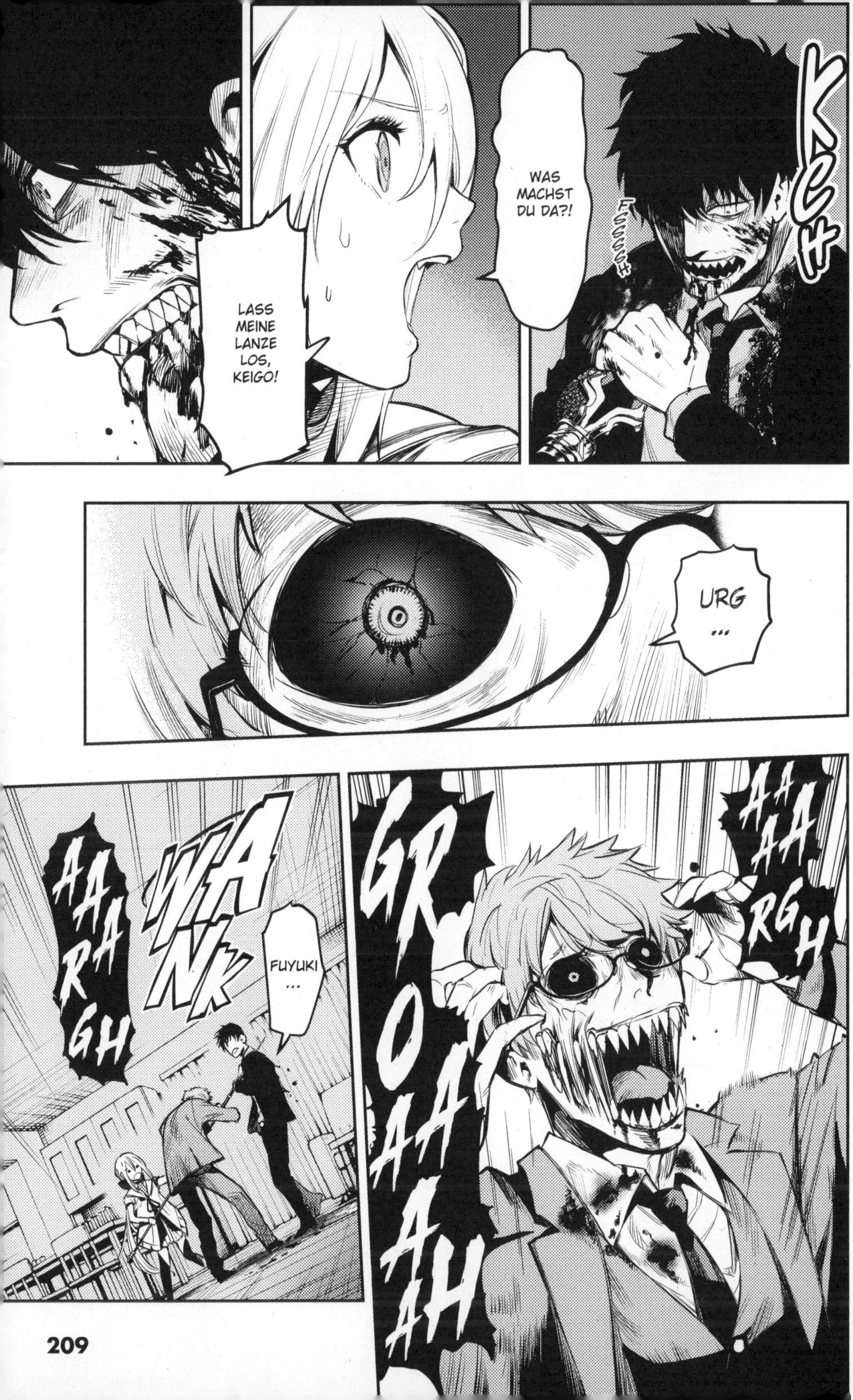
KEHH
FSSSSH
WAS MACHST DU DA?!
LASS MEINE LANZE LOS, KEIGO!
URG ...
AAAAARGH
GROAAAAAAAH
WANK
FUYUKI ...
AAAARARGH

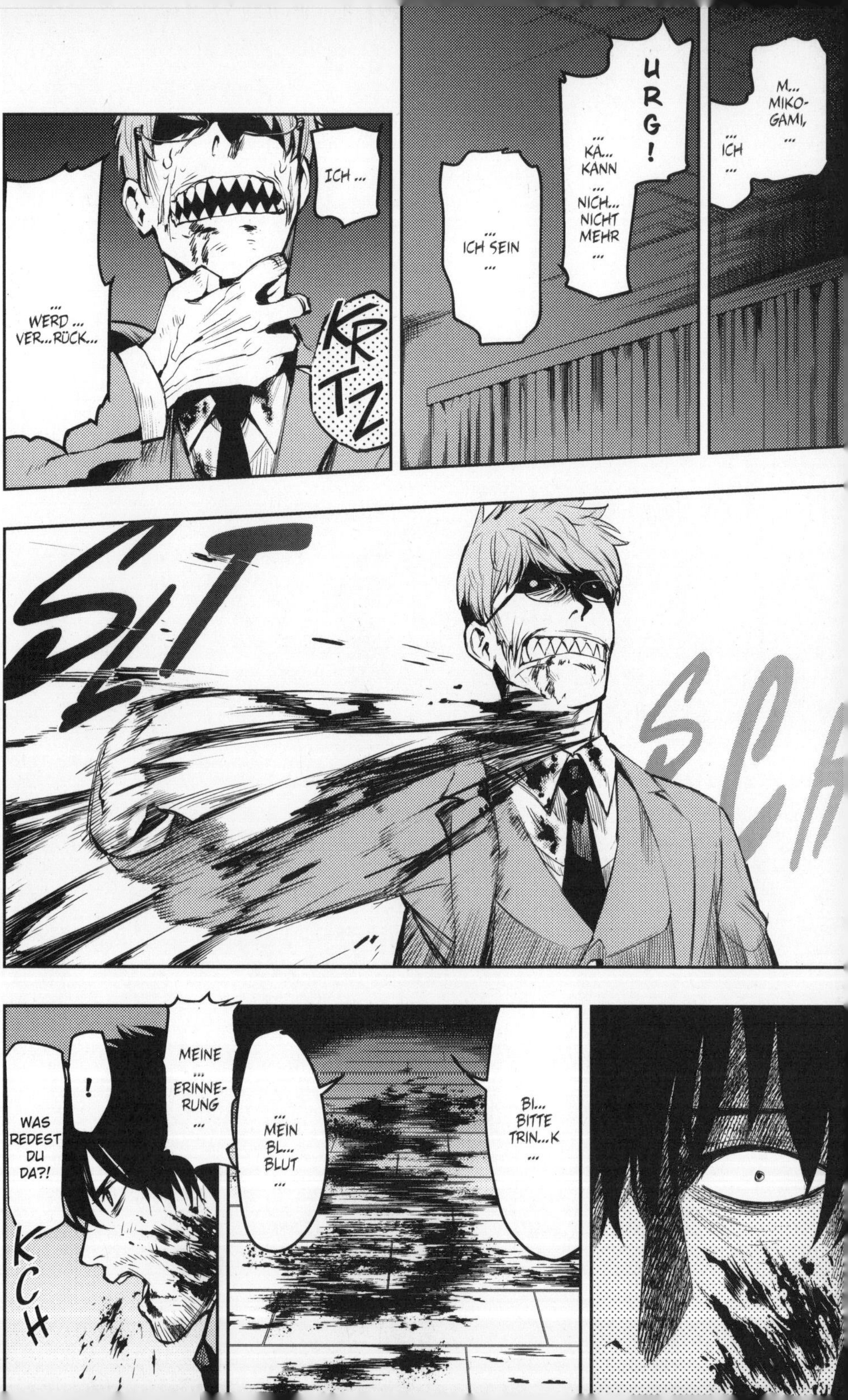
M... MIKO-GAMI, ... ICH ...
URG!
... KA... KANN ... NICH... NICHT MEHR ...
... ICH SEIN ...
ICH ...
... WERD ... VER...RÜCK...
KRTZ
BI... BITTE TRIN...K ...
... MEIN BL... BLUT ...
MEINE ... ERINNE-RUNG ...
!
WAS REDEST DU DA?!
KCH

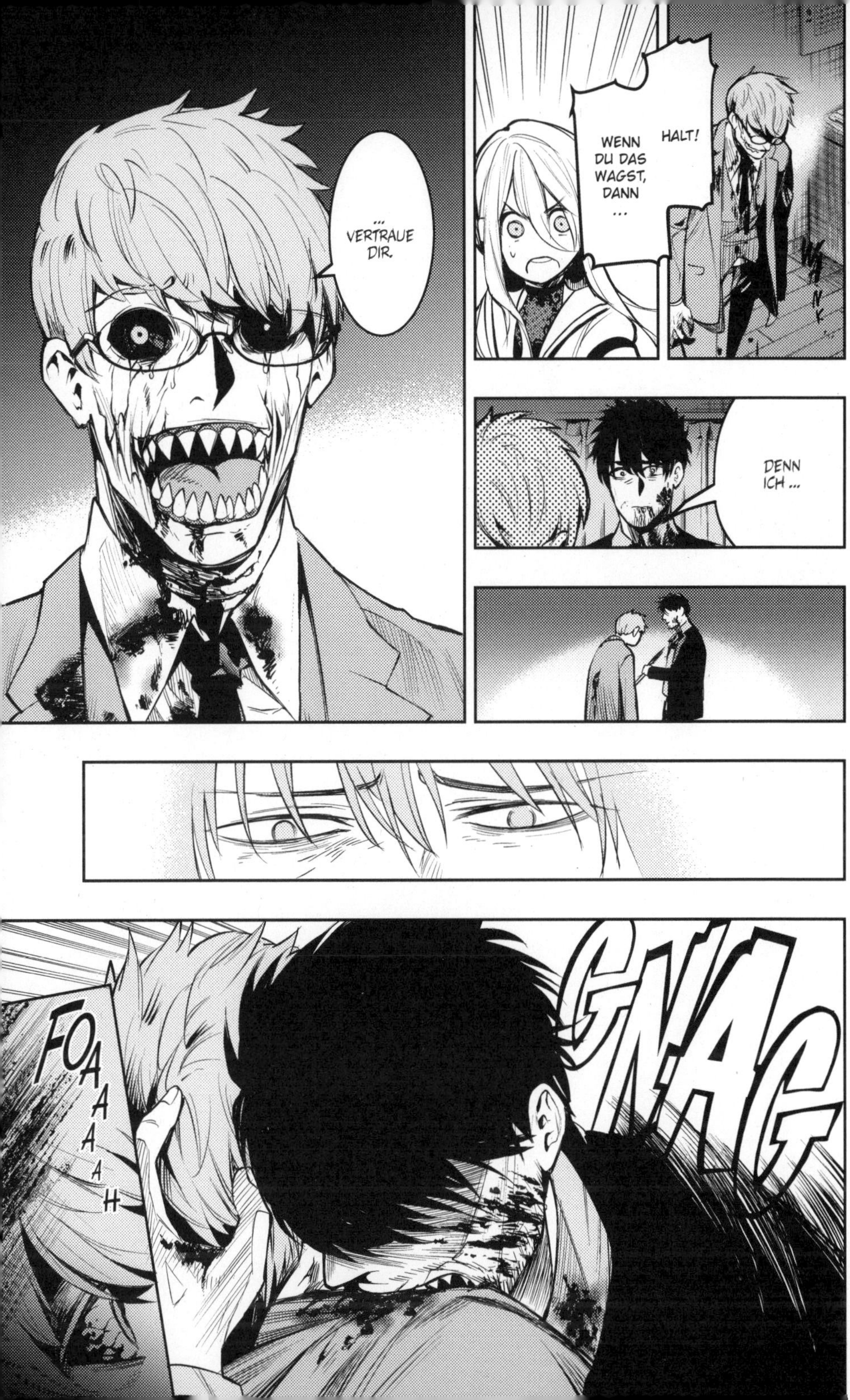
HALT!
WENN DU DAS WAGST, DANN ...
DENN ICH ...
... VERTRAUE DIR.
GNAG
FOAAAAAH

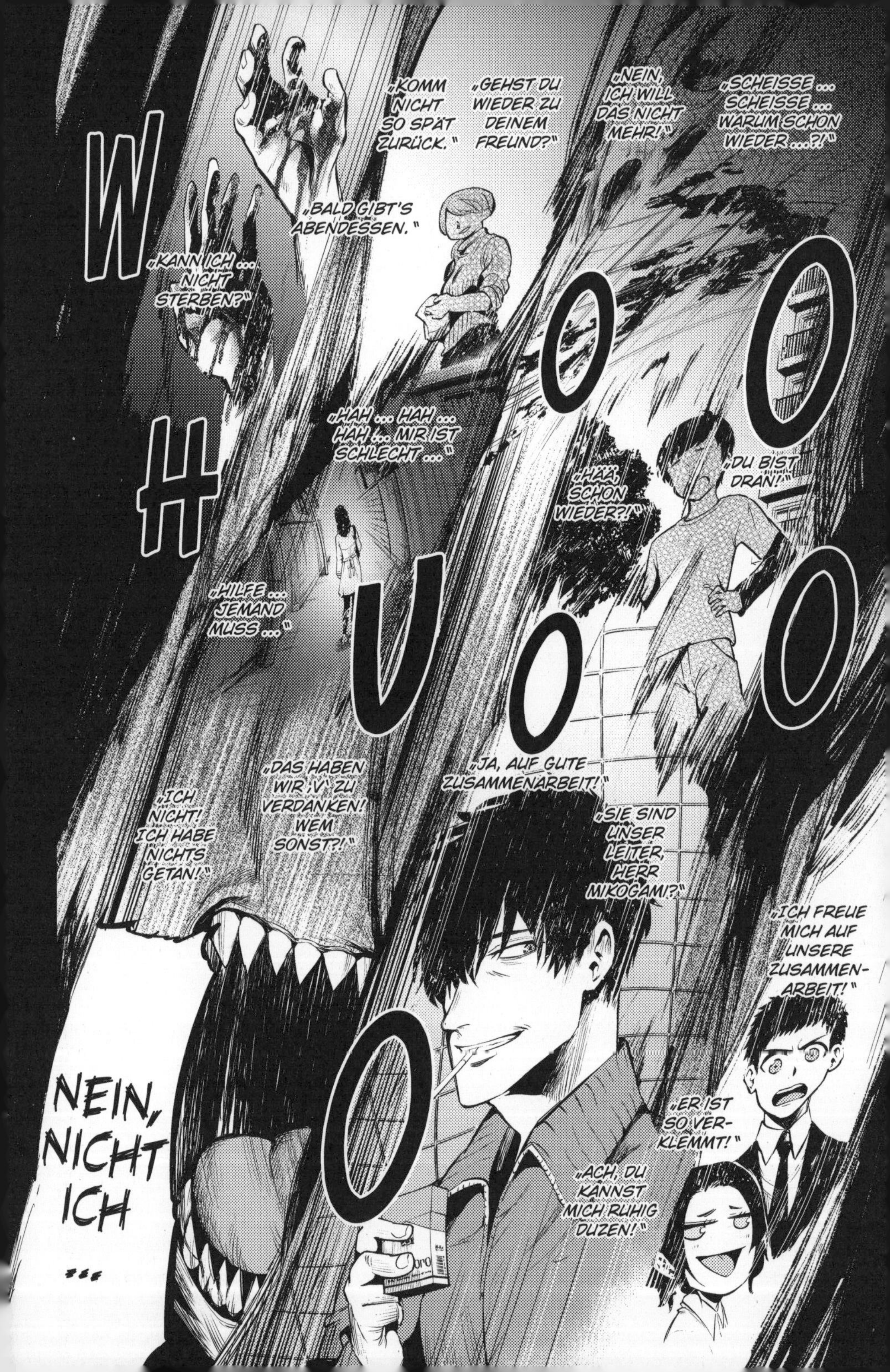
„SCHEISSE … SCHEISSE … WARUM SCHON WIEDER …?!"
„NEIN, ICH WILL DAS NICHT MEHR!"
„GEHST DU WIEDER ZU DEINEM FREUND?"
„KOMM NICHT SO SPÄT ZURÜCK."
„BALD GIBT'S ABENDESSEN."
„KANN ICH … NICHT STERBEN?"
„DU BIST DRAN!"
„HÄÄ, SCHON WIEDER?!"
„HAH … HAH … HAH … MIR IST SCHLECHT …"
„HILFE … JEMAND MUSS …"
WHUOOOOO
„JA, AUF GUTE ZUSAMMENARBEIT!"
„DAS HABEN WIR ‚V' ZU VERDANKEN! WEM SONST?!"
„ICH NICHT! ICH HABE NICHTS GETAN!"
„ICH FREUE MICH AUF UNSERE ZUSAMMEN-ARBEIT!"
„SIE SIND UNSER LEITER, HERR MIKOGAMI?"
„ER IST SO VER-KLEMMT!"
„ACH, DU KANNST MICH RUHIG DUZEN!"
NEIN, NICHT ICH …

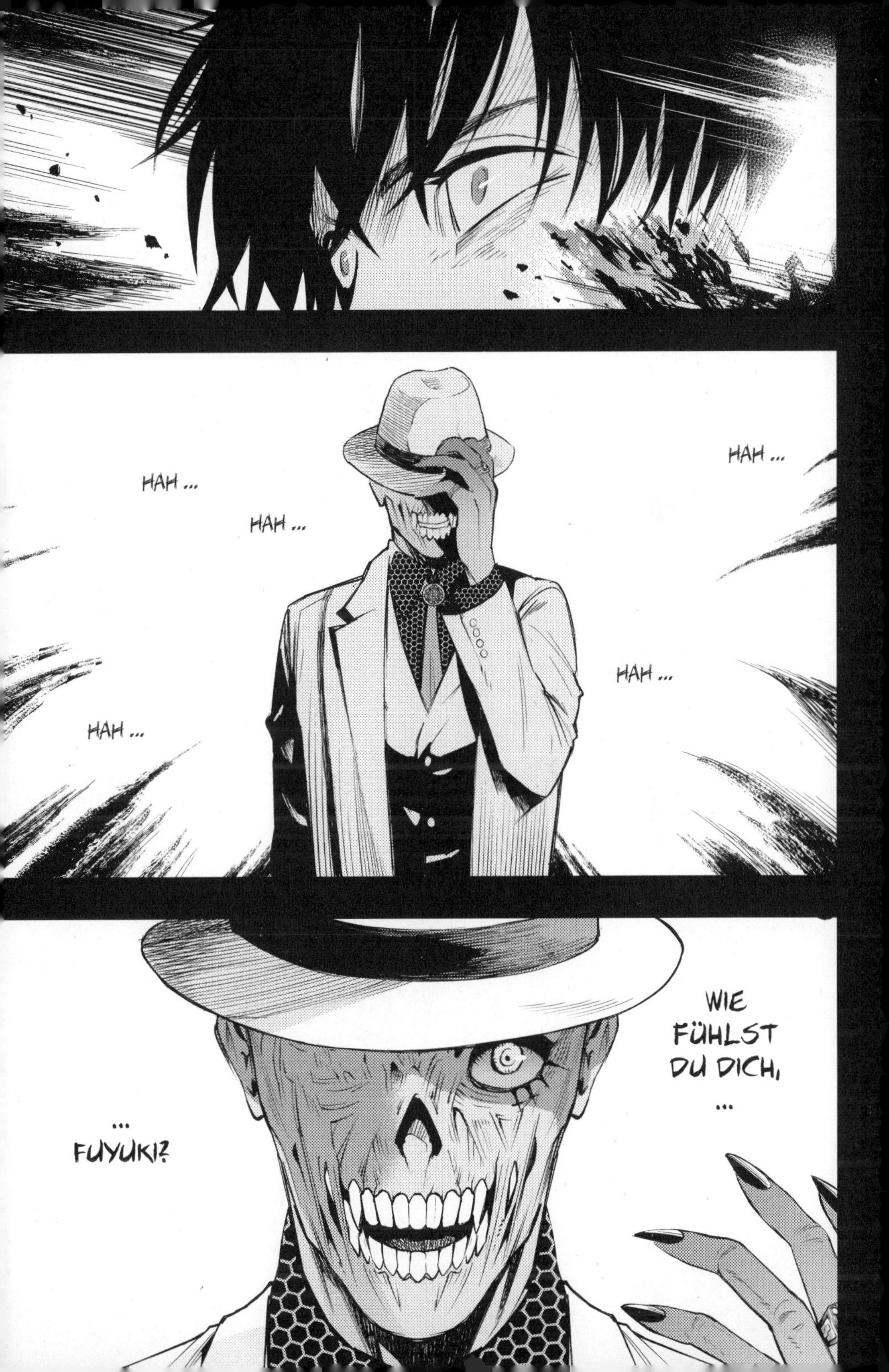
HAH ...
HAH ...
HAH ...
HAH ...
HAH ...
WIE FÜHLST DU DICH, ...
... FUYUKI?

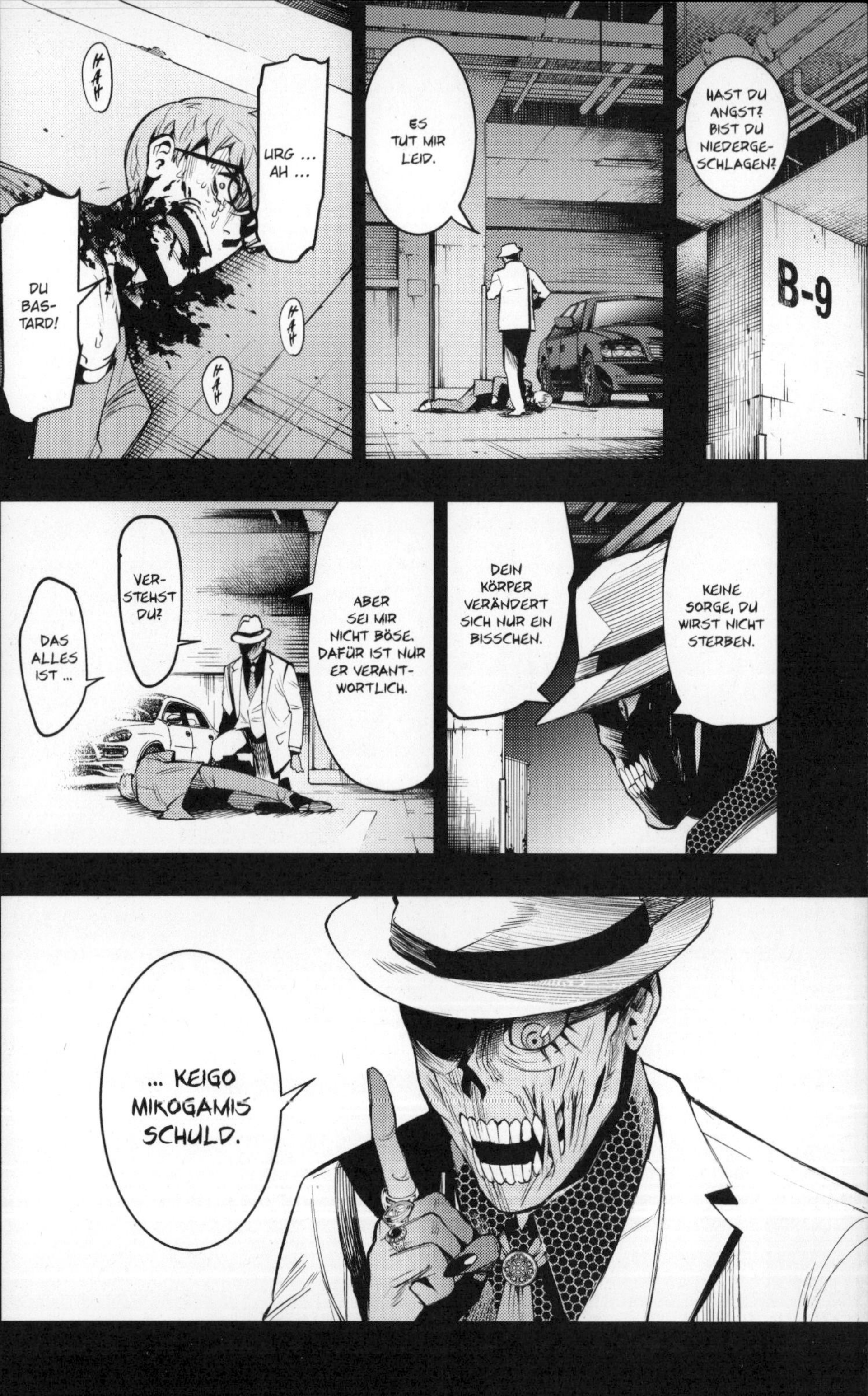
HAST DU ANGST? BIST DU NIEDERGE-SCHLAGEN?
ES TUT MIR LEID.
URG ... AH ...
HAH HAH
DU BASTARD!
HAH
HAH
KEINE SORGE, DU WIRST NICHT STERBEN.
DEIN KÖRPER VERÄNDERT SICH NUR EIN BISSCHEN.
ABER SEI MIR NICHT BÖSE. DAFÜR IST NUR ER VERANT-WORTLICH.
VER-STEHST DU?
DAS ALLES IST ...
... KEIGO MIKOGAMIS SCHULD.

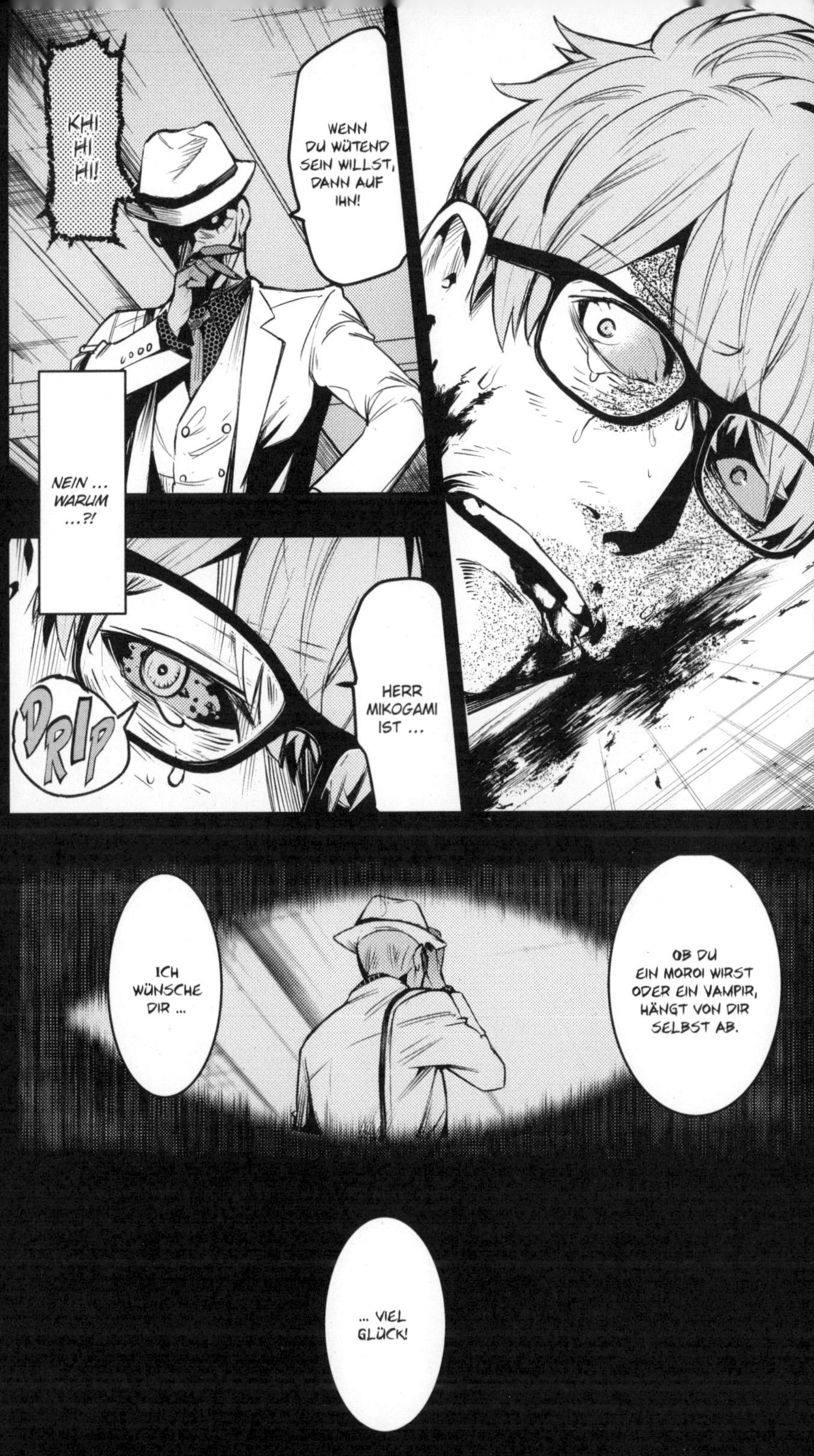
KHI HI HI!
WENN DU WÜTEND SEIN WILLST, DANN AUF IHN!
NEIN … WARUM …?!
HERR MIKOGAMI IST …
DRIP
OB DU EIN MOROI WIRST ODER EIN VAMPIR, HÄNGT VON DIR SELBST AB.
ICH WÜNSCHE DIR …
… VIEL GLÜCK!

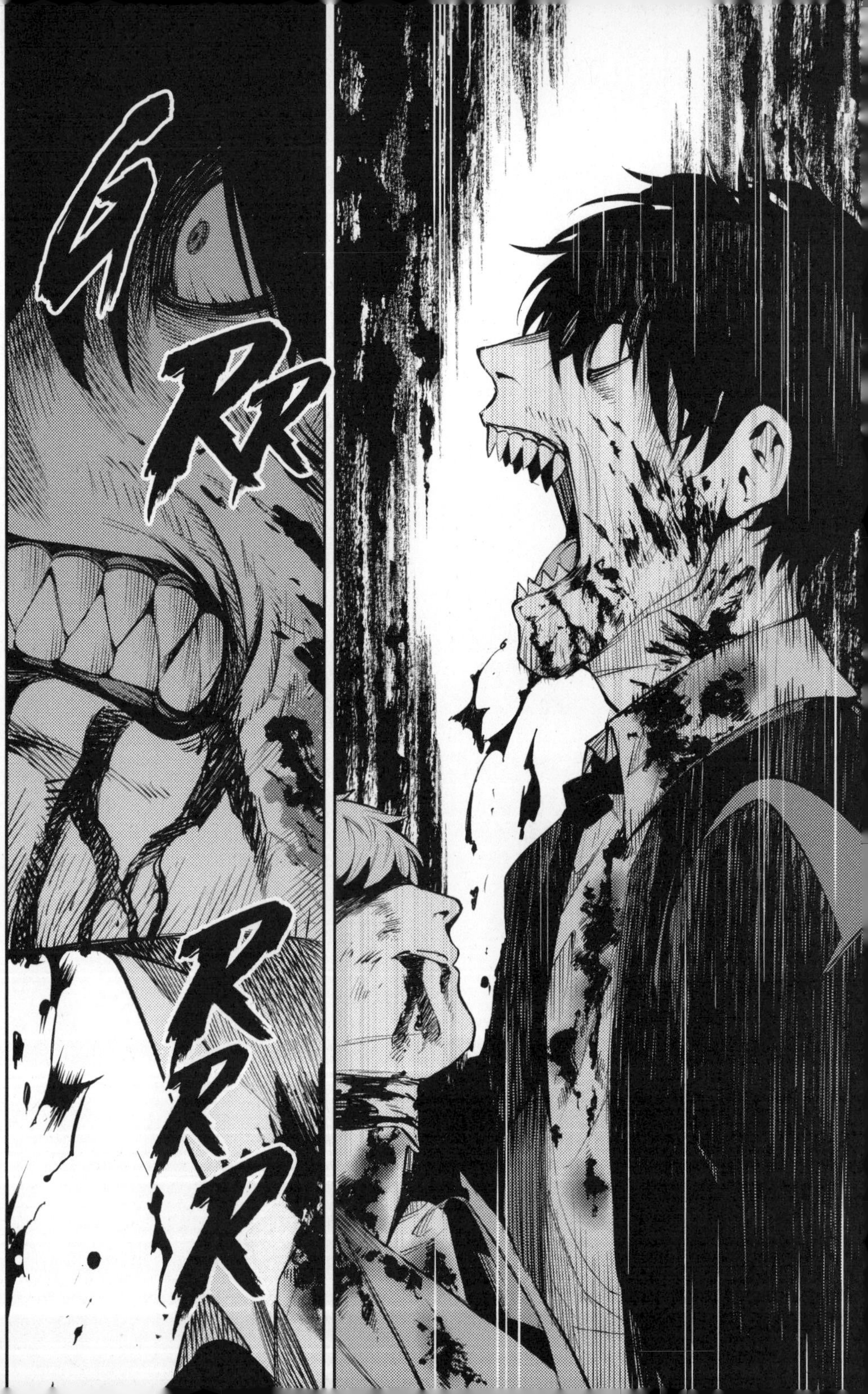
GRR
RRRR

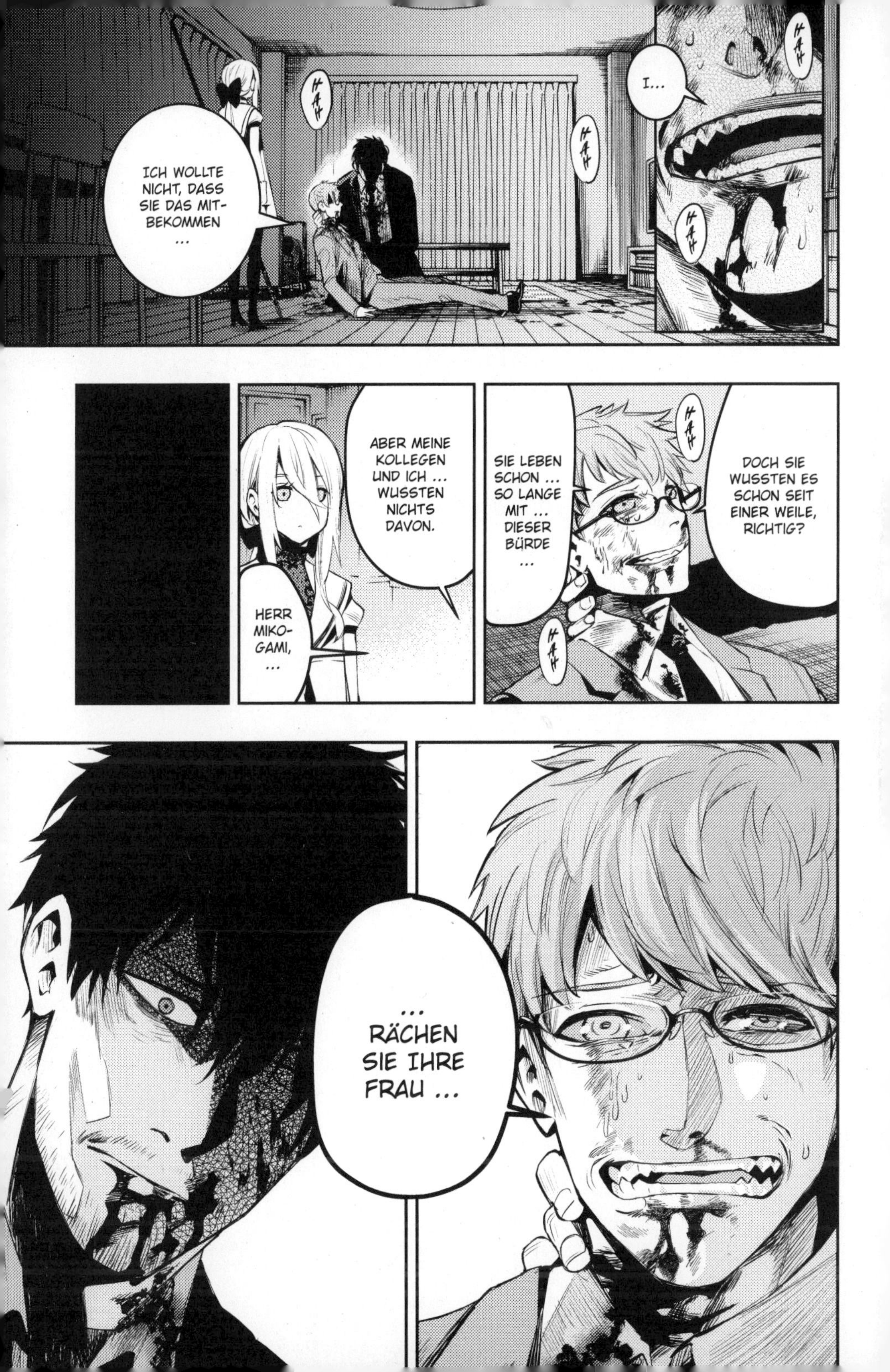
I...
ICH WOLLTE NICHT, DASS SIE DAS MIT-BEKOMMEN ...
DOCH SIE WUSSTEN ES SCHON SEIT EINER WEILE, RICHTIG?
SIE LEBEN SCHON ... SO LANGE MIT ... DIESER BÜRDE ...
ABER MEINE KOLLEGEN UND ICH ... WUSSTEN NICHTS DAVON.
HERR MIKO-GAMI, ...
... RÄCHEN SIE IHRE FRAU ...

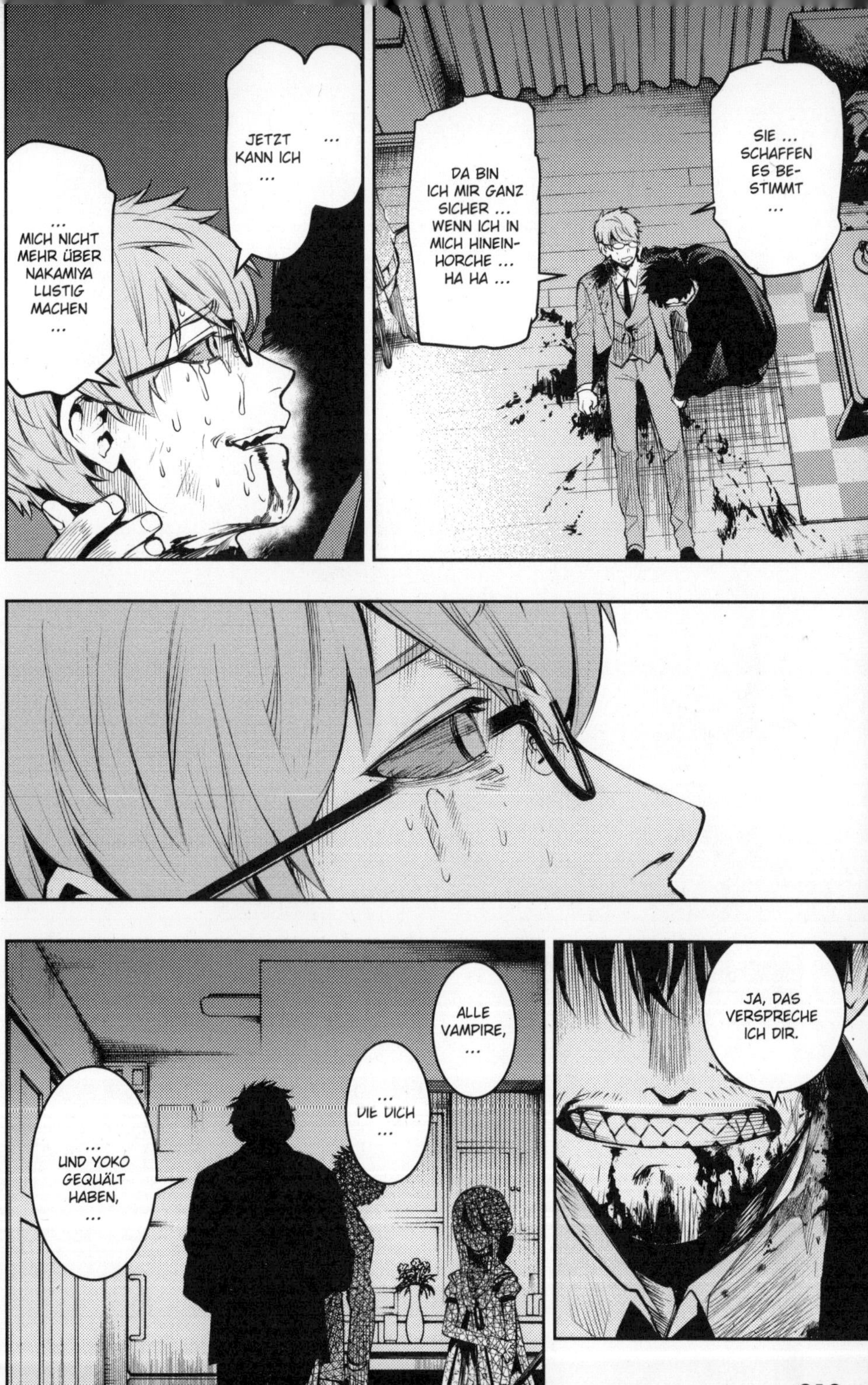
SIE … SCHAFFEN ES BE-STIMMT …
DA BIN ICH MIR GANZ SICHER … WENN ICH IN MICH HINEIN-HORCHE … HA HA …
JETZT KANN ICH … …
… MICH NICHT MEHR ÜBER NAKAMIYA LUSTIG MACHEN …
JA, DAS VERSPRECHE ICH DIR.
ALLE VAMPIRE, …
… DIE DICH …
… UND YOKO GEQUÄLT HABEN, …

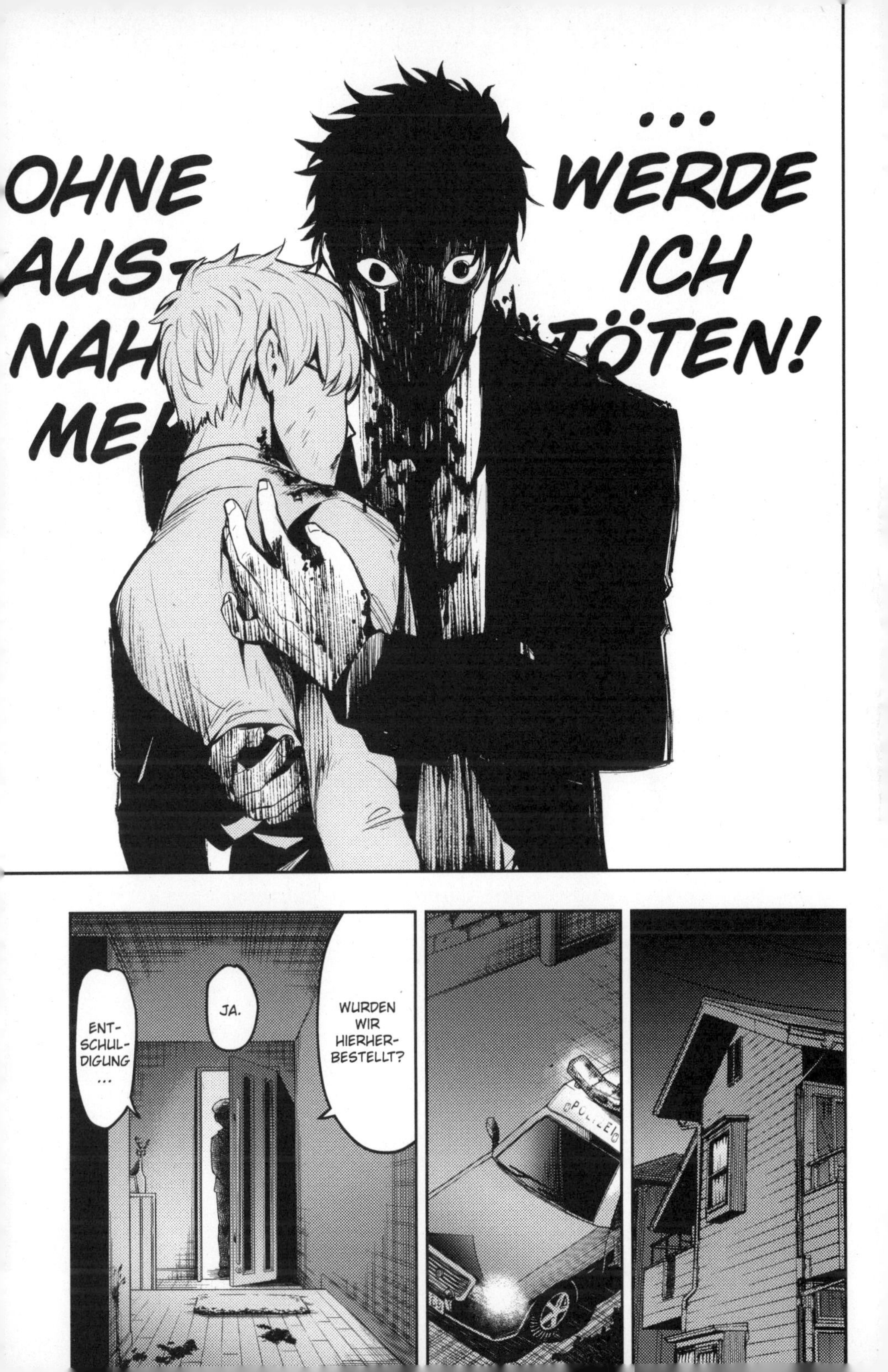
OHNE AUS- NAH ME
... WERDE ICH TÖTEN!
POLIZEI
WURDEN WIR HIERHER-BESTELLT?
JA.
ENT-SCHUL-DIGUNG ...

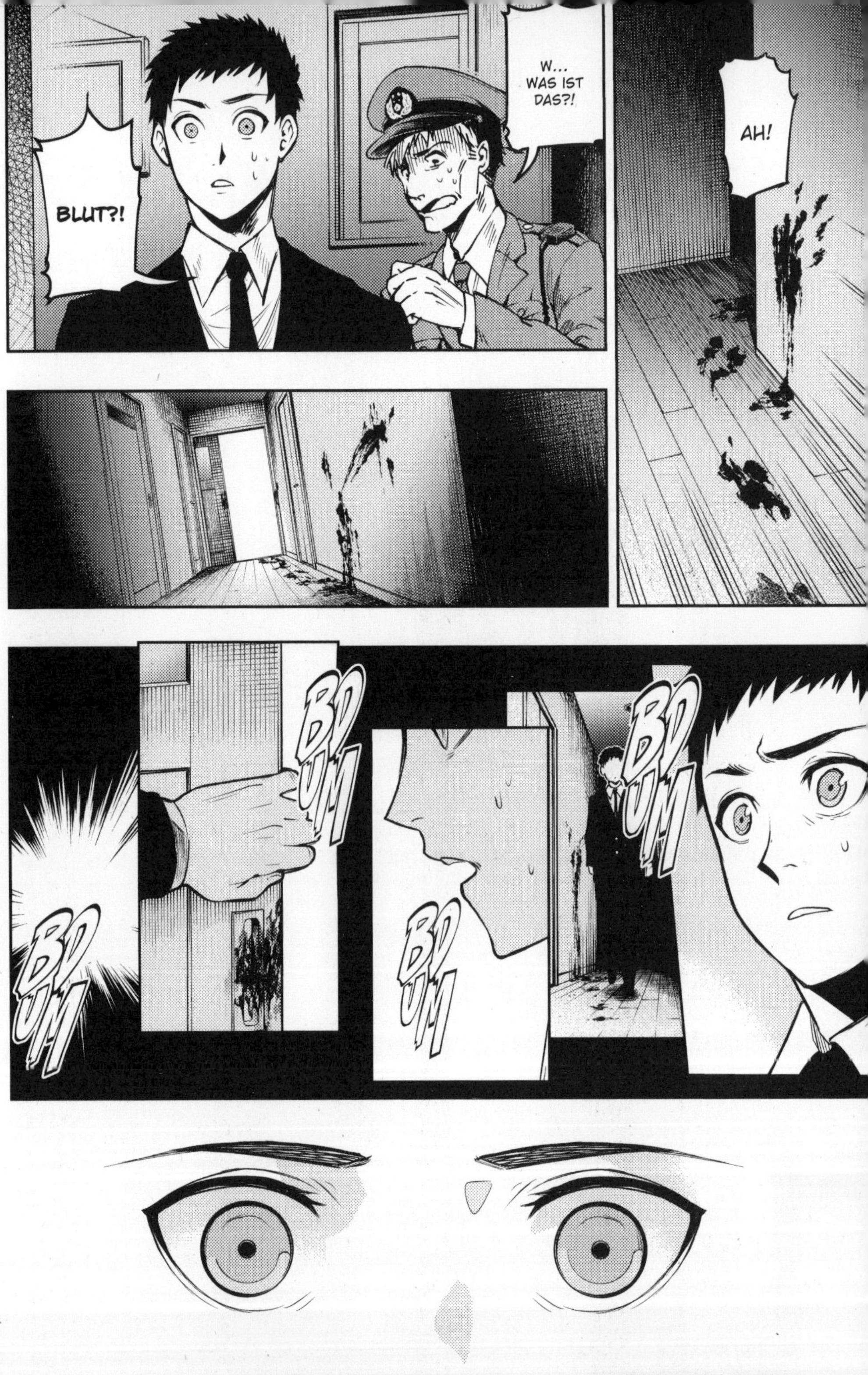
AH!
W... WAS IST DAS?!
BLUT?!
BDUM
BDUM
BDUM

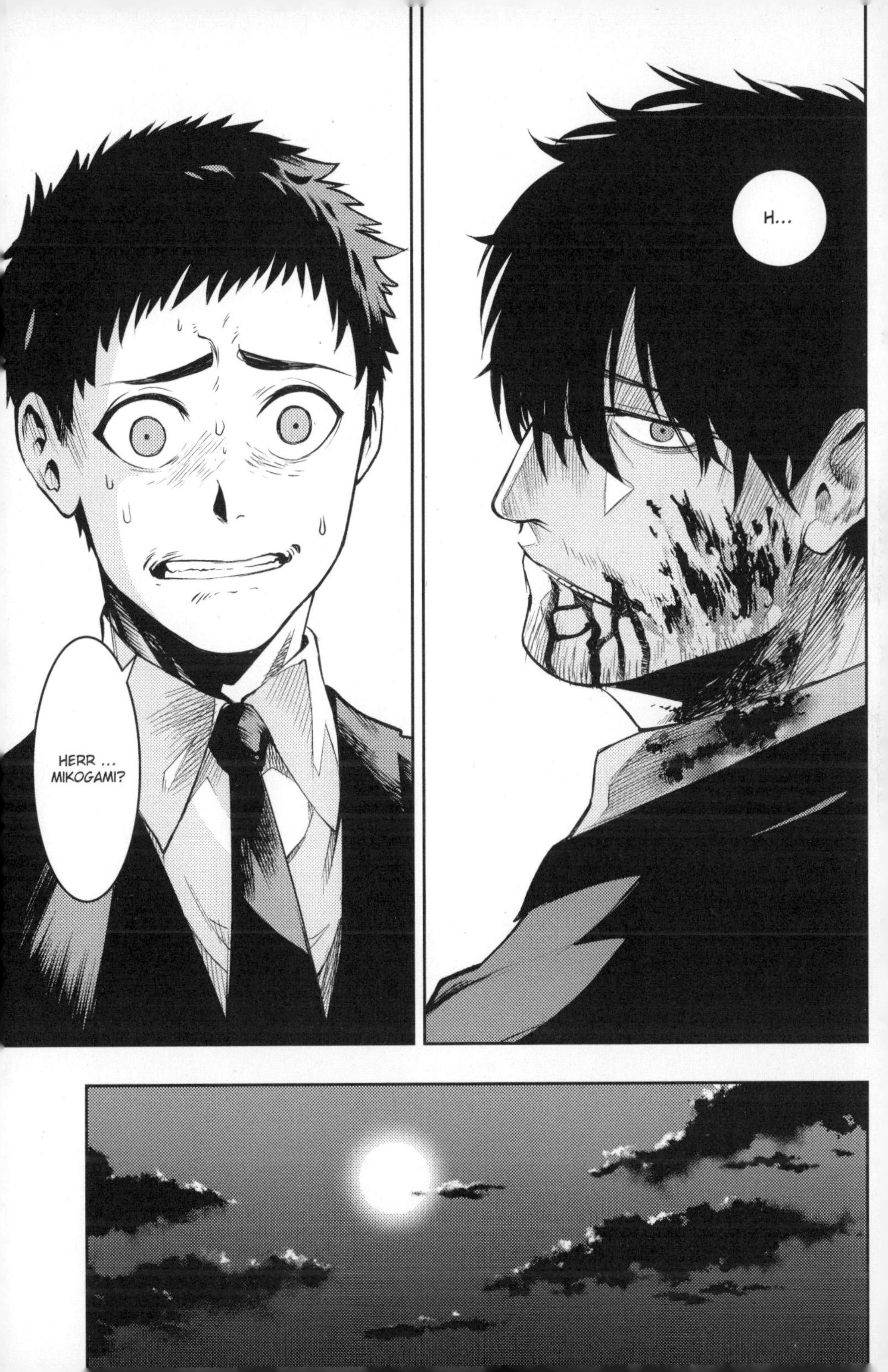
H...
HERR ... MIKOGAMI?

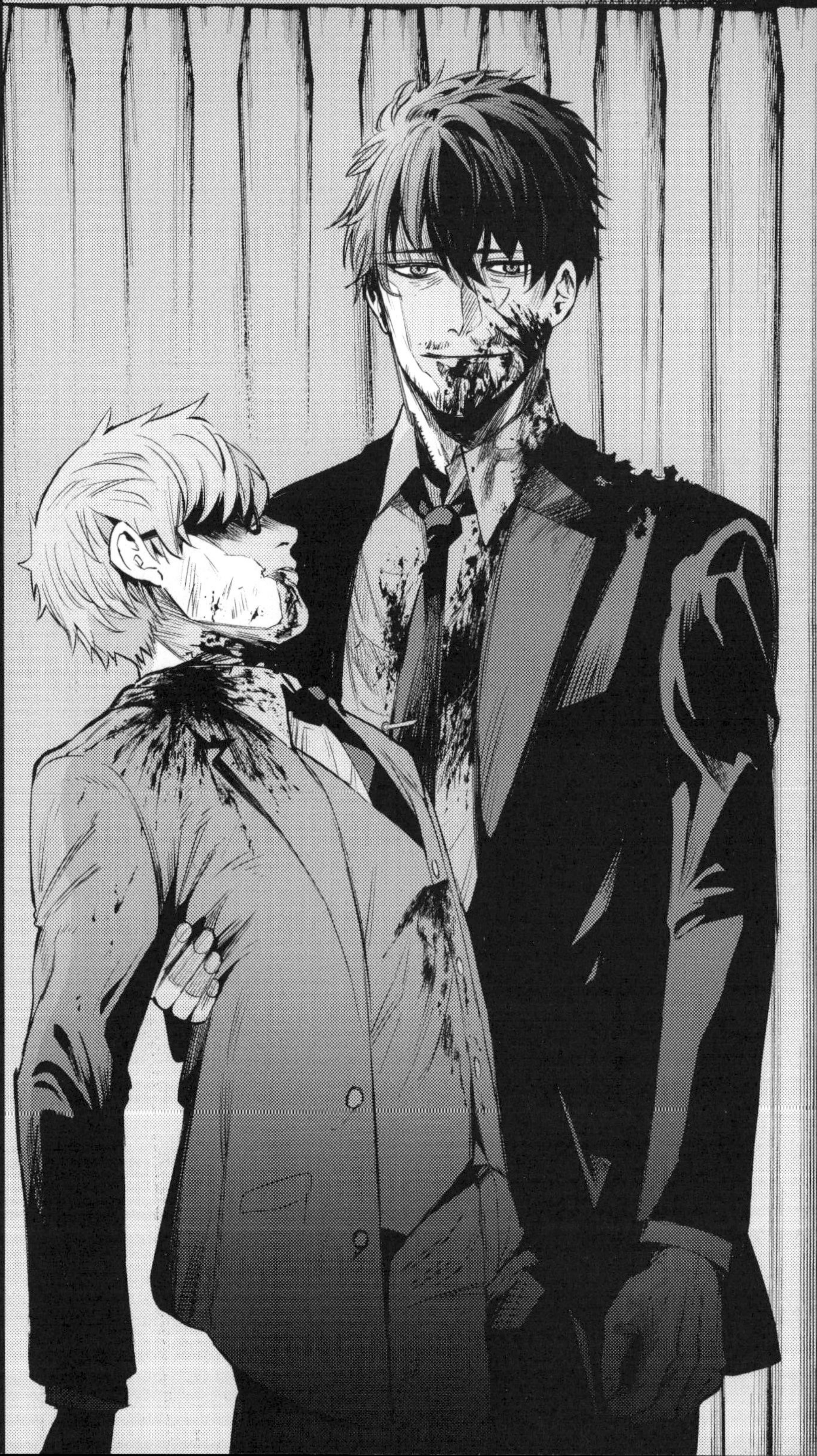

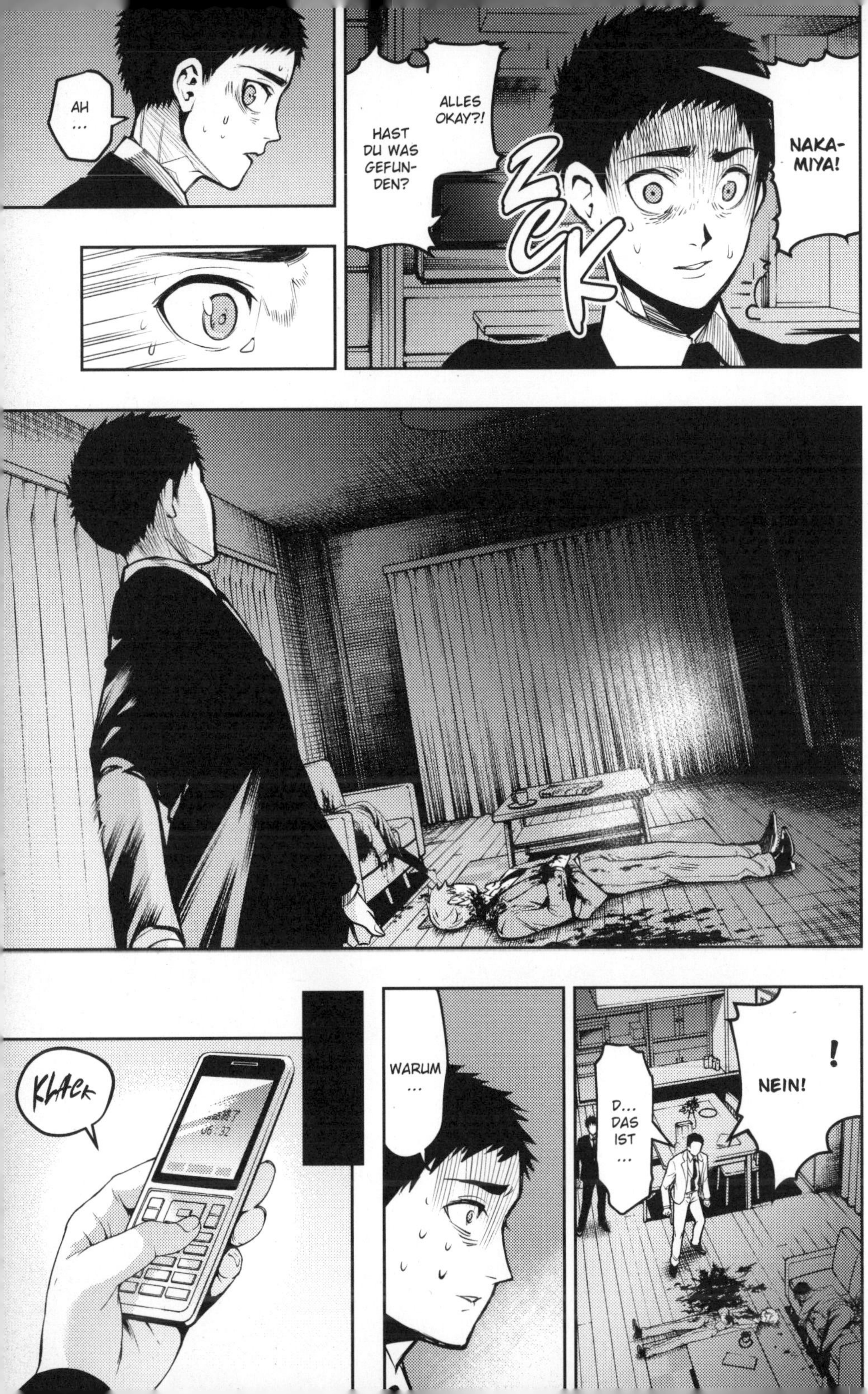

NAKA-MIYA!
ZECK
ALLES OKAY?!
HAST DU WAS GEFUNDEN?
AH …
NEIN!
!
D… DAS IST …
WARUM …
KLACK

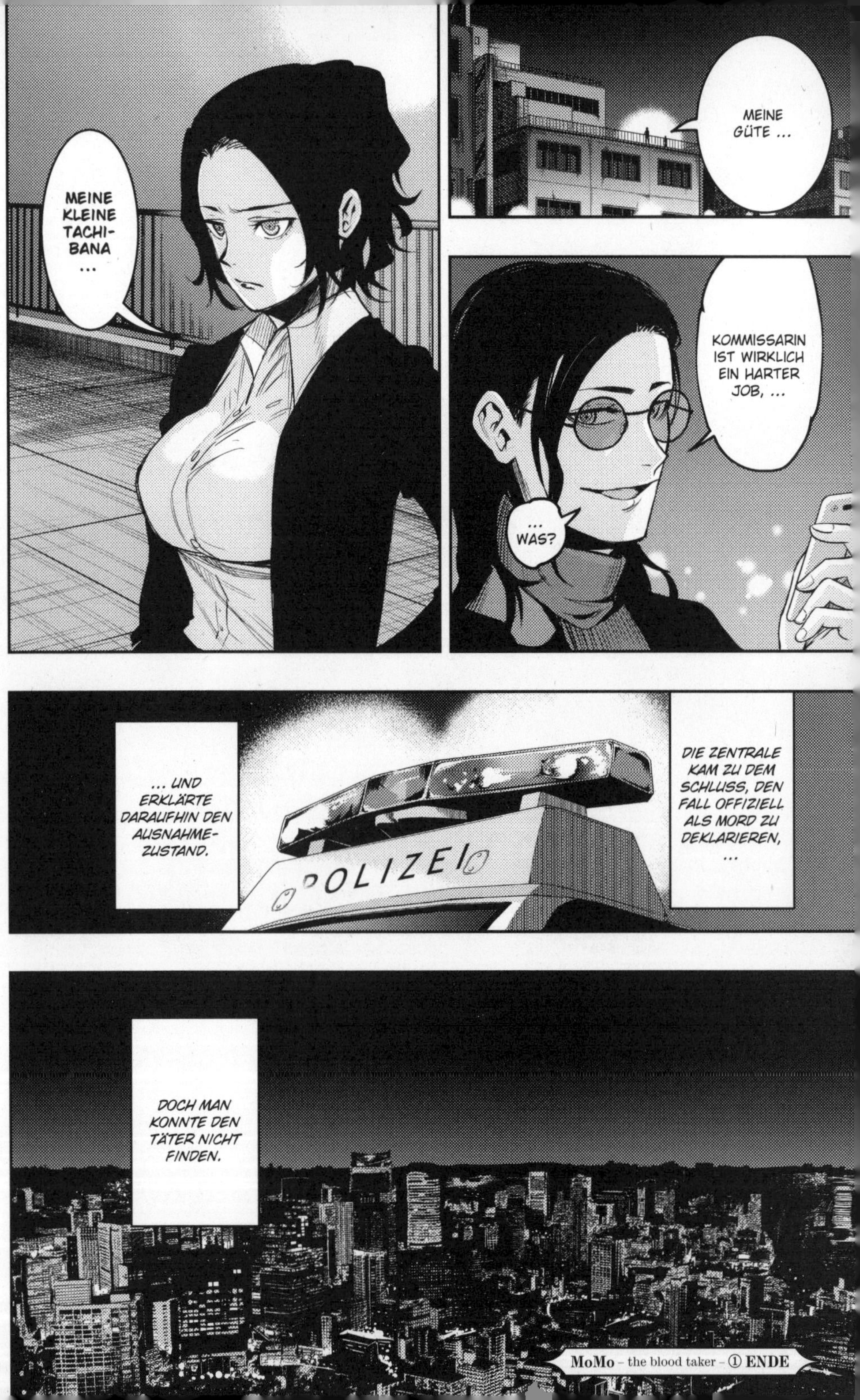
MEINE GÜTE …
KOMMISSARIN IST WIRKLICH EIN HARTER JOB, …
… WAS?
MEINE KLEINE TACHI-BANA …
DIE ZENTRALE KAM ZU DEM SCHLUSS, DEN FALL OFFIZIELL ALS MORD ZU DEKLARIEREN, …
… UND ERKLÄRTE DARAUFHIN DEN AUSNAHME-ZUSTAND.
POLIZEI
DOCH MAN KONNTE DEN TÄTER NICHT FINDEN.
MoMo – the blood taker – ① ENDE

Story & Art
Akira Sugito

Staff
Yoichiro Hiroki
Raku Umino
Kosuke Nakamura
Aki Hoshikawa
Tasuke
Tetsuya Kitabayashi

Special Thanks
Meisaku Takematsu

Editor
Hakko Okuma
Junpei Matsuo

Designer
Chika Suehisa (L.S.D.)

Comics Editor
Naomi Maehara
(Yamamoto Design)

MO -the blood taker- MO

Nachwort

Danke, dass ihr „MoMo – the blood taker -“ in die Hand genommen habt!

Ich bin der Autor Akira Sugito.

Diese Reihe steht in starkem Kontrast zu der Sexy-Comedy-Serie „Boku Girl“ (insgesamt 11 Bände), die ich zuvor gezeichnet habe.

Auch in diesem neuen Genre werde ich mein Bestes geben, um euch gute Unterhaltung zu bieten!

Ich hoffe, dass euch die neue Reihe gefällt und wir uns im nächsten Band wiedersehen!

Sugito

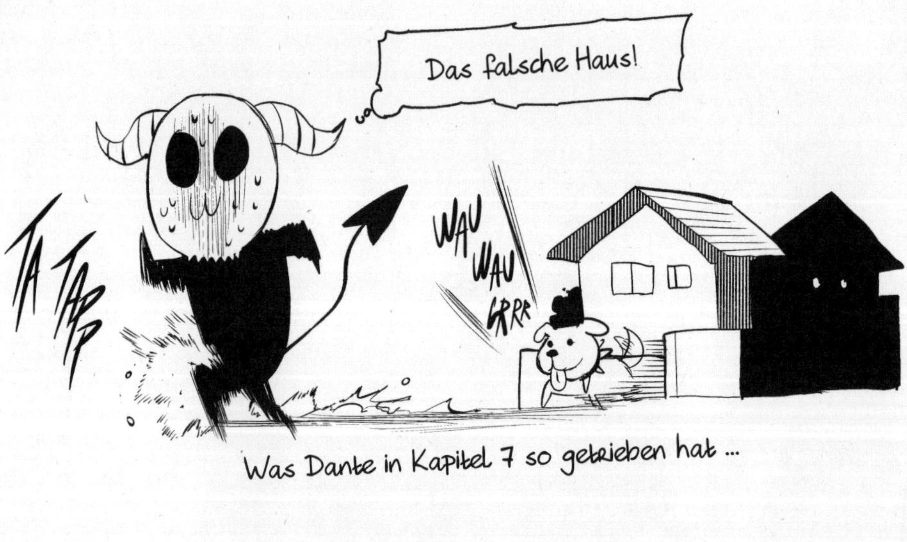

Was Dante in Kapitel 7 so getrieben hat ...

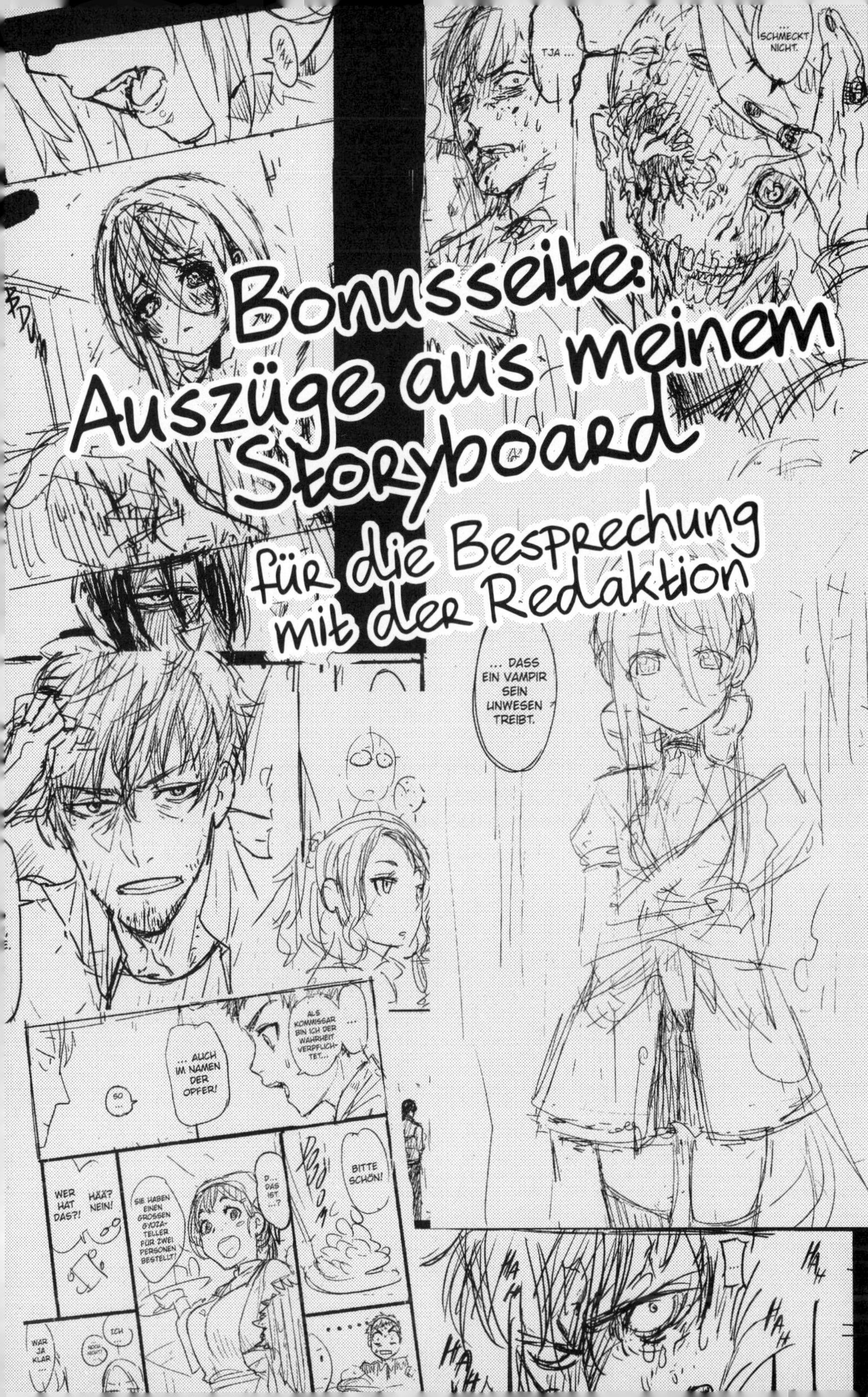
Bonusseite: Auszüge aus meinem Storyboard für die Besprechung mit der Redaktion
... SCHMECKT NICHT.
TJA ...
HAH
... DASS EIN VAMPIR SEIN UNWESEN TREIBT.
ALS KOMMISSAR BIN ICH DER WAHRHEIT VERPFLICHTET ...
...
... AUCH IM NAMEN DER OPFER!
SO ...
BITTE SCHÖN!
D ... DAS IST ...?
SIE HABEN EINEN GROSSEN GYOZA-TELLER FÜR ZWEI PERSONEN BESTELLT!
HÄÄ? NEIN!
WER HAT DAS?!
ICH ...
NOCH NICHT!
WAR JA KLAR ...
HAH
HAH
HAH
HAH

MOMO – THE BLOOD TAKER –

Deutschsprachige Ausgabe / German Edition
© 2022 Crunchyroll SA
CH-1007 Lausanne
3. Auflage

Verlegt unter dem Label KAZÉ MANGA
durch Crunchyroll SA

Aus dem Japanischen von Yuko Keller

Redaktion: Christopher Micksch
Herstellung: Sonja Lesch
Lettering: Paolo Gattone, Chiara Antonelli, Alessio Ravazzani
Druck und Bindung: GGP Media GmbH, Pößneck

ISBN 978-2-88951-583-7